全国高等教育自学考试指定教材

律师专业(基础科段)

民事诉讼原理与实务(一)

[含:民事诉讼原理与实务(一)自学考试大纲]

(2013年版)

全国高等教育自学考试指导委员会 组编

李 浩 编著

潘剑锋 宋朝武 邵 明 审稿

图书在版编目(CIP)数据

民事诉讼原理与实务(一)/李浩著. —北京:北京大学出版社,2013.4
(全国高等教育自学考试指定教材)
ISBN 978-7-301-22322-2

Ⅰ.①民… Ⅱ.①李… Ⅲ.①民事诉讼法-中国-高等教育-自学考试-教材 Ⅳ.①D925.1

中国版本图书馆 CIP 数据核字(2013)第 057580 号

书　　　名:	民事诉讼原理与实务(一)(2013 年版)　含:民事诉讼原理与实务(一)自学考试大纲
著作责任者:	李　浩　编著
责 任 编 辑:	孙战营
标 准 书 号:	ISBN 978-7-301-22322-2/D·3301
出　　　版:	北京大学出版社
地　　　址:	北京市海淀区成府路 205 号　100871
网　　　址:	http://www.pup.cn
新 浪 微 博:	@北京大学出版社
电 子 信 箱:	law@pup.pku.edu.cn
印 刷 者:	北京虎彩文化传播有限公司
	787 毫米×1092 毫米　16 开本　27.5 印张　602 千字
	2013 年 4 月第 1 版　2023 年 3 月第 3 次印刷
定　　　价:	48.00 元

本书如有质量问题,请与教材供应部门联系。

组编前言

21世纪是一个变幻难测的世纪,是一个催人奋进的时代。科学技术飞速发展,知识更替日新月异。希望、困惑、机遇、挑战,随时随地都有可能出现在每一个社会成员的生活之中。抓住机遇,寻求发展,迎接挑战,适应变化的制胜法宝就是学习——依靠自己学习、终生学习。

作为我国高等教育组成部分的自学考试,其职责就是在高等教育这个水平上倡导自学、鼓励自学、帮助自学、推动自学,为每一个自学者铺就成才之路。组织编写供读者学习的教材就是履行这个职责的重要环节。毫无疑问,这种教材应当适合自学,应当有利于学习者掌握和了解新知识、新信息,有利于学习者增强创新意识,培养实践能力,形成自学能力,也有利于学习者学以致用,解决实际工作中所遇到的问题。具有如此特点的书,我们虽然沿用了"教材"这个概念,但它与那种仅供教师讲、学生听,教师不讲学生不懂,以"教"为中心的教科书相比,已经在内容安排、编写体例、行文风格等方面都大不相同了。希望读者对此有所了解,以便从一开始就树立起依靠自己学习的坚定信念,不断探索适合自己的学习方法,充分利用自己已有的知识基础和实际工作经验,最大限度地发挥自己的潜能,达到学习的目标。

欢迎读者提出意见和建议。

祝每一位读者自学成功。

全国高等教育自学考试指导委员会
2009年11月

法律、法规、司法解释缩略语

法律	缩略语
中华人民共和国民事诉讼法(2012)	《民诉法》
中华人民共和国民事诉讼法(试行)(1982)	《试行法》
中华人民共和国海事诉讼特别程序法(1999)	《海事诉讼法》
中华人民共和国人民调解法(2010)	《调解法》
中华人民共和国仲裁法(1994)	《仲裁法》
中华人民共和国公证法(2005)	《公证法》
中华人民共和国企业破产法(2006)	《破产法》
中华人民共和国劳动法(1994)	《劳动法》
中华人民共和国劳动争议调解仲裁法(2007)	《调解仲裁法》
中华人民共和国民法通则(1986)	《民法通则》
中华人民共和国物权法(2007)	《物权法》
中华人民共和国合同法(1999)	《合同法》
中华人民共和国侵权责任法(2009)	《侵权责任法》
中华人民共和国婚姻法(2001)	《婚姻法》
中华人民共和国继承法(1985)	《继承法》
中华人民共和国收养法(1998)	《收养法》
中华人民共和国专利法(2000)	《专利法》
中华人民共和国商标法(2001)	《商标法》
中华人民共和国著作权法(2001)	《著作权法》
中华人民共和国公司法(2005)	《公司法》
中华人民共和国票据法(2004)	《票据法》

立法文件

全国人大常委会关于完善人民陪审员制度的决定(2005)	《陪审员决定》
全国人大常委会关于司法鉴定管理问题的决定(2005)	《鉴定决定》

司法解释

关于适用《中华人民共和国民事诉讼法》若干问题的意见(1992)	《适用意见》

关于民事经济审判方式改革问题的若干规定(1998)	《审改规定》
关于在经济审判工作中严格执行《中华人民共和国民事诉讼法》的若干规定(1991)	《严格执行民诉法规定》
《关于适用中华人民共和国仲裁法若干问题的解释》(2006)	《仲裁法解释》
关于严格执行公开审判制度的若干规定(1999)	《公开审判规定》
关于审判人员在诉讼活动中执行回避制度若干问题的规定(2011)	《回避规定》
关于人民法院合议庭工作的若干规定(2002)	《合议规定》
关于人民法院民事调解工作的若干规定(2004)	《调解规定》
关于审理涉及人民调解协议的民事案件的若干规定(2002)	《审理调解协议规定》
关于人民调解协议司法确认程序的若干规定(2011)	《司法确认规定》
关于民事诉讼证据的若干规定(2001)	《证据规定》
关于适用简易程序审理民事案件的若干规定(2003)	《简易程序规定》
关于适用督促程序若干问题的规定(2001)	《督促程序规定》
审判监督程序若干问题的解释(2008)	《审监解释》
关于受理审查民事申请再审案件的若干意见(2009)	《受理申请再审意见》
关于人民法院执行工作的若干规定(试行)(1998)	《执行规定》
关于适用《中华人民共和国民事诉讼法》执行程序若干问题的解释(2008)	《执行解释》
关于人民法院民事执行中查封、扣押、冻结财产的规定(2004)	《查封规定》
关于人民法院民事执行中拍卖、变卖财产的规定(2004)	《拍卖规定》
关于限制被执行人高消费的若干规定	《限制高消费规定》
关于委托执行若干问题的规定(2011)	《委托执行规定》
人民检察院民事行政抗诉案件办案规则(2001)	《民行抗诉办案规则》

行政法规

诉讼费用交纳办法(2006)	《交纳办法》

目　录

民事诉讼原理与实务(一)自学考试大纲

- 出版前言 ·· (5)
- Ⅰ　课程性质与课程目标 ·· (7)
- Ⅱ　考核目标 ·· (8)
- Ⅲ　课程内容与考核要求 ·· (9)
- Ⅳ　关于大纲的说明与考核实施要求 ··································· (51)
- 附录　题型举例 ·· (55)
- 后记 ·· (56)

民事诉讼原理与实务(一)

第一章　民事诉讼与民事诉讼法 ·· (59)
- 第一节　民事纠纷的解决机制 ··· (59)
- 第二节　民事诉讼 ·· (60)
- 第三节　民事诉讼法 ··· (65)

第二章　基本原则与基本制度 ·· (73)
- 第一节　民事诉讼法的基本原则 ······································ (73)
- 第二节　民事审判的基本制度 ··· (83)

第三章　法院主管与管辖 ·· (93)
- 第一节　法院民事诉讼主管范围 ······································ (93)
- 第二节　法院民事诉讼管辖概述 ······································ (98)
- 第三节　级别管辖 ·· (99)
- 第四节　地域管辖 ·· (101)
- 第五节　裁定管辖 ·· (108)
- 第六节　管辖权异议 ·· (110)

第四章　当事人 ·· (114)
- 第一节　当事人概述 ·· (114)
- 第二节　原告与被告 ·· (119)
- 第三节　共同诉讼 ·· (121)

第四节　诉讼代表人 ………………………………………… (126)
　　第五节　第三人 ……………………………………………… (130)

第五章　诉讼代理人 ……………………………………………… (139)
　　第一节　诉讼代理人概述 …………………………………… (139)
　　第二节　法定诉讼代理人 …………………………………… (141)
　　第三节　委托诉讼代理人 …………………………………… (143)

第六章　民事诉讼证据 …………………………………………… (148)
　　第一节　民事诉讼证据概述 ………………………………… (148)
　　第二节　民事诉讼证据的种类 ……………………………… (152)
　　第三节　民事诉讼证据在理论上的分类 …………………… (161)
　　第四节　证据保全 …………………………………………… (163)

第七章　民事诉讼中的证明 ……………………………………… (169)
　　第一节　证明的对象 ………………………………………… (169)
　　第二节　证明责任 …………………………………………… (176)
　　第三节　证明的标准 ………………………………………… (187)
　　第四节　证明的过程 ………………………………………… (189)

第八章　民事诉讼保障制度 ……………………………………… (201)
　　第一节　期间与期日 ………………………………………… (201)
　　第二节　送达 ………………………………………………… (204)
　　第三节　保全 ………………………………………………… (208)
　　第四节　先予执行 …………………………………………… (213)
　　第五节　对妨害民事诉讼的强制措施 ……………………… (216)
　　第六节　诉讼费用 …………………………………………… (224)

第九章　第一审普通程序 ………………………………………… (232)
　　第一节　普通程序概述 ……………………………………… (232)
　　第二节　诉 …………………………………………………… (233)
　　第三节　起诉与受理 ………………………………………… (244)
　　第四节　审理前的准备 ……………………………………… (249)
　　第五节　开庭审理 …………………………………………… (251)
　　第六节　撤诉与缺席判决 …………………………………… (255)
　　第七节　诉讼中止与诉讼中结 ……………………………… (257)

第十章　简易程序 ………………………………………………… (263)
　　第一节　简易程序概述 ……………………………………… (263)
　　第二节　简易程序的特点 …………………………………… (264)

第三节　简易程序的适用 ··· (266)
　　　第四节　小额案件的特别规定 ··· (268)

第十一章　法院调解 ·· (271)
　　　第一节　法院调解概述 ·· (271)
　　　第二节　法院调解的基本原则 ··· (274)
　　　第三节　调解适用的范围、种类和程序 ································ (278)
　　　第四节　法院调解的效力 ··· (282)

第十二章　法院裁判 ·· (286)
　　　第一节　法院裁判概述 ·· (286)
　　　第二节　判决 ·· (286)
　　　第三节　裁定 ·· (290)
　　　第四节　决定 ·· (292)
　　　第五节　命令 ·· (293)

第十三章　第二审程序 ··· (296)
　　　第一节　第二审程序概述 ··· (296)
　　　第二节　上诉的提起与受理 ·· (298)
　　　第三节　上诉案件的审理 ··· (300)
　　　第四节　上诉案件的裁判 ··· (302)
　　　第五节　上诉案件的调解 ··· (304)

第十四章　再审程序 ·· (307)
　　　第一节　再审程序概述 ·· (307)
　　　第二节　当事人申请再审 ··· (310)
　　　第三节　法院决定再审 ·· (316)
　　　第四节　因检察院监督而再审 ··· (317)
　　　第五节　再审案件的审理与裁判 ·· (320)

第十五章　涉外民事诉讼程序的特别规定 ···································· (325)
　　　第一节　涉外民事诉讼程序概述 ·· (325)
　　　第二节　涉外民事诉讼程序的原则 ····································· (328)
　　　第三节　涉外民事诉讼管辖 ·· (333)
　　　第四节　涉外诉讼的送达与期间 ·· (335)
　　　第五节　司法协助 ·· (338)
　　　第六节　涉港澳台民事诉讼 ·· (342)

第十六章　特别程序 ·· (346)
　　　第一节　特别程序概述 ·· (346)

第二节　选民资格案件 …………………………………………… (347)
　　第三节　宣告失踪案件 …………………………………………… (349)
　　第四节　宣告公民死亡案件 ……………………………………… (351)
　　第五节　认定公民无民事行为能力、限制民事行为能力案件 … (353)
　　第六节　认定财产无主案件 ……………………………………… (354)
　　第七节　确认调解协议案件 ……………………………………… (356)
　　第八节　实现担保物权案件 ……………………………………… (357)

第十七章　督促程序 ………………………………………………… (360)
　　第一节　督促程序概述 …………………………………………… (360)
　　第二节　支付令的申请与受理 …………………………………… (362)
　　第三节　支付令的异议和督促程序的终结 ……………………… (365)
　　第四节　支付令失效后的处置 …………………………………… (367)

第十八章　公示催告程序 …………………………………………… (369)
　　第一节　公示催告程序概述 ……………………………………… (369)
　　第二节　公示催告的申请与受理 ………………………………… (371)
　　第三节　公示催告案件的审理 …………………………………… (372)
　　第四节　除权判决 ………………………………………………… (374)

第十九章　民事执行程序总论 ……………………………………… (377)
　　第一节　民事执行制度概述 ……………………………………… (377)
　　第二节　执行标的与执行依据 …………………………………… (381)
　　第三节　执行机关与执行管辖 …………………………………… (383)
　　第四节　执行参与人 ……………………………………………… (386)
　　第五节　委托执行与协助执行 …………………………………… (388)
　　第六节　执行的进行 ……………………………………………… (391)
　　第七节　执行救济 ………………………………………………… (402)

第二十章　民事执行程序分论 ……………………………………… (410)
　　第一节　各类执行措施概述 ……………………………………… (410)
　　第二节　金钱债权的执行 ………………………………………… (411)
　　第三节　非金钱债权的执行措施 ………………………………… (421)

后记 …………………………………………………………………… (427)

全国高等教育自学考试

律师专业(基础科段)

民事诉讼原理与实务(一)自学考试大纲

全国高等教育自学考试指导委员会制定

大 纲 目 录

出版前言 ·· (5)
I 课程性质与课程目标 ·· (7)
II 考核目标 ··· (8)
III 课程内容与考核要求 ··· (9)
  第一章　民事诉讼与民事诉讼法 ··· (9)
  第二章　基本原则与基本制度 ··· (11)
  第三章　法院主管与管辖 ··· (13)
  第四章　当事人 ·· (15)
  第五章　诉讼代理人 ··· (17)
  第六章　民事诉讼证据 ·· (19)
  第七章　民事诉讼中的证明 ·· (21)
  第八章　民事诉讼保障制度 ·· (23)
  第九章　第一审普通程序 ··· (26)
  第十章　简易程序 ·· (28)
  第十一章　法院调解 ··· (30)
  第十二章　法院裁判 ··· (32)
  第十三章　第二审程序 ·· (34)
  第十四章　再审程序 ··· (36)
  第十五章　涉外民事诉讼程序的特别规定 ································ (38)
  第十六章　特别程序 ··· (40)
  第十七章　督促程序 ··· (42)
  第十八章　公示催告程序 ··· (44)
  第十九章　民事执行程序总论 ··· (46)
  第二十章　民事执行程序分论 ··· (49)
IV 关于大纲的说明与考核实施要求 ··· (51)
附录　题型举例 ··· (55)
后记 ·· (56)

出版前言

为了适应社会主义现代化建设事业的需要,鼓励自学成才,我国在20世纪80代初建立了高等教育自学考试制度。高等教育自学考试是个人自学,社会助学和国家考试相结合的一种高等教育形式。应考者通过规定的专业课程考试并经思想品德鉴定达到毕业要求的,可获得毕业证书;国家承认学历并按照规定享有与普通高等学校毕业生同等的有关待遇。经过30余年的发展,高等教育自学考试为国家培养造就了大批专门人才。

课程自学考试大纲是国家规范自学者学习范围、要求和考试标准的文件。它是按照专业考试计划的要求,具体指导个人自学、社会助学、国家考试、编写教材及自学辅导书的依据。

为更新教育观念,深化教学内容方式、考试制度、质量评价制度改革,更好地提高自学考试人才培养的质量,全国考委各专业委员会按照专业考试计划的要求,组织编写了课程自学考试大纲。

新编写的大纲,在层次上,专科参照一般普通高校专科或高职院校的水平,本科参照一般普通高校本科水平;在内容上,力图反映学科的发展变化以及自然科学和社会科学近年来研究的成果。

全国考委法学类专业委员会参照普通高等学校民事诉讼法课程的教学基本要求,结合自学考试律师专业的实际情况,组织编写的《民事诉讼原理与实务(一)自学考试大纲》,经教育部批准,现颁发施行。各地教育部门、考试机构应认真贯彻执行。

全国高等教育自学考试指导委员会
2012年10月

Ⅰ 课程性质与课程目标

一、课程的性质和特点

《民事诉讼原理与实务(一)》是全国高等教育自学考试律师专业必修的专业课程。该课程的特点是,民事诉讼制度的原理与民事诉讼的实务紧密结合,在学习和把握民事诉讼制度的规律、程序法原理的基础上,用所学的原理和规则来分析和解决诉讼实务中遇到的问题,并通过对诉讼实务中典型案例和疑难案例的思考和分析,进一步加深对民事诉讼原理和诉讼程序的理解。

二、课程目标

1. 了解和掌握民事诉讼法学的基本概念、基本原则、基本制度,以及民事诉讼法规定的各个程序的功能和内容。
2. 了解民事诉讼制度与相关法律制度的关系,民事诉讼中程序公正的蕴含和意义。
3. 运用所学的基本原理和程序规则,分析和解决民事诉讼实务中的问题。

三、与相关课程的联系与区别

《民事诉讼原理与实务(一)》是研究民事诉讼理论与诉讼实务的法律学科。它一方面与研究民商事实体权利义务的民法学等课程有密切关系,另一方面与预防纠纷的公证法学、诉讼外解决纠纷的人民调解法学、仲裁法学有密切关系。

民事诉讼法学与民商事实体法学的区别在于,民商事实体法课程是学习和研究具体的民商事关系中,如物权关系、合同关系、侵权关系、婚姻家庭关系中的权利和义务,而《民事诉讼原理与实务(一)》则是研究在上述实体权利义务发生争议时如何通过当事人的诉讼活动和法院的审判与调解来确认权利、保护权利、解决纠纷。《民事诉讼原理与实务(一)》与公证法学的区别在于,前者研究纠纷的解决,后者研究纠纷的预防;与人民调解法学、仲裁法学的区别在于前者研究诉讼内解决民事纠纷的原理与程序,后者研究诉讼外解决民事纠纷的理论和规则。

四、课程的重点与难点

课程的重点包括:民事诉讼法的特殊原则、法院的民事审判制度、民事诉讼的各个程序、民事诉讼的主要制度、对当事人的程序保障、运用程序原理和规则解析具体事例和案例。

课程的难点是:民事诉讼法基本原则与审判程序之间的关系、各个程序之间的联系与区别;程序原理与程序规则的具体运用。

Ⅱ 考核目标

在本大纲的考核目标中,已按照识记、领会、运用三个层次提出了要求。

识记:要求考生能够记住基本概念、基本原则的含义,基本制度、各个程序的主要内容,各个程序的基本功能和适用的条件,以便在考试时能做出正确的解释、辨别和选择。

领会:要求考生理解基本原则背后的理论依据,相关制度之间的联系与区别,各程序之间的关系。

应用:运用分为单一知识的应用和多种知识的综合应用,前者要求考生运用民事诉讼法知识针对某个单一性问题作出分析、判断和选择,例如对是必要共同诉讼还是普通共同诉讼作出判断;后者要求考生运用原理、制度和规则对多种程序问题进行分析和判断。综合应用主要是对案例进行分析。

Ⅲ 课程内容与考核要求

第一章 民事诉讼与民事诉讼法

一、学习的目标和要求

通过本章的学习,了解民事纠纷的特点和多元的解决民事纠纷的机制;掌握民事诉讼的特点,民事诉讼制度与其周边法律制度的关系;民事诉讼法的概念与调整对象,民事诉讼法的性质,民事诉讼法的任务,新中国民事诉讼法的发展。

二、课程内容

1.1 民事纠纷的解决机制
1.1.1 民事纠纷
1.1.2 民事纠纷的解决机制
1.2 民事诉讼
1.2.1 民事诉讼的特点
1.2.2 民事诉讼制度与周边制度的关系
1.3 民事诉讼法
1.3.1 民事诉讼法的概念
1.3.2 民事诉讼法的性质
1.3.3 我国民事诉讼法的历史发展
1.3.4 民事诉讼法的任务
1.3.5 民事诉讼法的效力
1.3.6 民事诉讼法与相邻法律部门的关系

三、考核知识点与考核要求

(一) 民事纠纷的解决机制
识记:民事纠纷的概念、民事纠纷的各种解决机制、民事诉讼的概念
(二) 民事诉讼
识记:诉讼的特点、民事诉讼的特点

领会：民事诉讼与人民调解的关系、民事诉讼与仲裁的关系、民事诉讼与公证的关系、民事诉讼与破产程序的关系

（三）民事诉讼法

识记：民事诉讼法的概念、民事诉讼法的性质、民事诉讼法的任务、民事诉讼法与民事实体法的关系

领会：民事诉讼法各项任务之间的关系

四、本章重点、难点

本章的重点包括：民事纠纷的多元解决机制、民事诉讼制度的特点、民事诉讼法的概念与调整对象、民事诉讼法的性质、新中国民事诉讼法的发展。

本章的难点包括：民事诉讼制度与其周边法律制度的关系，民事诉讼法与民事实体法的关系。

第二章　基本原则与基本制度

一、学习的目标和要求

通过本章的学习,掌握当事人诉讼权利平等原则、处分原则、辩论原则等反映民事诉讼规律的特有原则,并了解基本原则在诉讼程序中的体现和运用,掌握合议制、回避制等法院审判制度。

二、课程内容

1.1　民事诉讼法的基本原则
1.1.1　基本原则概述
1.1.2　诉讼权利平等原则
1.1.3　处分原则
1.1.4　辩论原则
1.1.5　诚实信用原则
1.1.6　法院调解原则
1.1.7　检察监督原则
1.2　民事审判的基本制度
1.2.1　基本制度概述
1.2.2　合议制
1.2.3　回避制度
1.2.4　公开审判制度
1.2.5　两审终审制

三、考核知识点与考核要求

(一) 民事诉讼法的基本原则

识记:民事诉讼基本原则的作用、基本原则与基本制度的区别、诉讼权利平等原则的内容、处分原则的内容、辩论原则的内容、诚实信用原则的内容、法院调解原则的内容、检察监督的范围和方式

领会:三大诉讼的共有原则、法院保障诉讼权利平等原则实现的职责、处分权与审判权的关系、诚实信用原则的具体要求、法院调解中自愿原则的重要意义、法院调解中合法原则的含义、检察监督原则的变迁

(二) 民事审判的基本制度

识记:合议庭及其组成、回避的法定事由、公开审判制度的内容、法定不公开的情形、

两审终审制的含义

　　领会:合议制的优点、回避的两种方式、公开审判原则的意义

四、本章重点、难点

　　本章的重点包括:诉讼权利平等原则、处分原则、辩论原则、法院调解原则、诚实信用原则、检察监督原则、合议制、回避制、公开审判制、两审终审制。

　　本章的难点包括:基本原则在诉讼程序中的体现和运用、处分原则与辩论原则的关系,基本原则与具体程序规则的关系。

第三章 法院主管与管辖

一、学习的目标和要求

通过本章的学习,掌握法院主管民事案件的范围和类别,确定管辖的原则,级别管辖和地域管辖,协议管辖和管辖权异议。能够运用所学的知识分析有关主管和管辖的案例。

二、课程内容

1.1 法院民事诉讼主管范围

1.1.1 民事诉讼主管概述

1.1.2 民事诉讼主管的标准

1.1.3 法院民事诉讼主管范围

1.1.4 法院主管与其他机构主管民事纠纷的关系

1.1.5 复合型争议的主管问题

1.2 法院民事诉讼管辖概述

1.2.1 管辖的概念和意义

1.2.2 确定管辖的原则

1.2.3 管辖恒定

1.2.4 管辖的分类

1.3 级别管辖

1.3.1 级别管辖的概念

1.3.2 确定级别管辖的标准

1.3.3 各级法院管辖的第一审民事案件

1.4 地域管辖

1.4.1 地域管辖的概念

1.4.2 确定地域管辖的标准

1.4.3 一般地域管辖

1.4.4 特殊地域管辖

1.4.5 专属管辖

1.4.6 共同管辖与选择管辖

1.4.7 协议管辖

1.5 裁定管辖

1.5.1 移送管辖

1.5.2 指定管辖
1.5.3 管辖权转移
1.6 管辖权异议
1.6.1 管辖权异议的概念
1.6.2 法院对管辖权异议的处理

三、考核知识点与考核要求

(一) 法院民事诉讼主管范围
识记：主管的概念、法院主管民事案件的范围
领会：法院主管与仲裁机构主管的关系、民行交叉案件与民刑交叉案件的处理
应用：主管的范围

(二) 法院民事诉讼管辖概述
识记：管辖的概念、管辖在理论上的分类
领会：确定管辖的原则、管辖恒定

(三) 级别管辖
识记：级别管辖的含义
领会：四级法院各自管辖的一审民事案件

(四) 地域管辖
识记：一般地域管辖、特殊地域管辖、专属管辖、协议管辖
领会：共同管辖与选择管辖、明示协议管辖的构成、默示协议管辖的构成
应用：特殊地域管辖、专属管辖、协议管辖

(五) 裁定管辖
识记：移送管辖、管辖权转移
领会：管辖权转移与移送管辖的区别

(六) 管辖权异议
识记：管辖权异议的概念、处理管辖权异议的程序
领会：有权提出管辖权异议的主体

四、本章重点、难点

本章的重点包括：法院主管民事案件的范围、确定管辖的原则、级别管辖和地域管辖、协议管辖和管辖权异议。

本章的难点包括：运用所学的主管管辖知识分析有关主管和管辖的案例。

第四章 当事人

一、学习的目标和要求

通过本章的学习,掌握当事人的概念、成为当事人的条件、当事人的诉讼地位;共同诉讼制度、诉讼代表人制度、第三人制度。能够运用当事人知识分析具体案件中当事人的类别和诉讼地位。

二、课程内容

1.1 当事人概述
1.1.1 当事人的概念与特征
1.1.2 当事人能力和诉讼能力
1.1.3 当事人适格
1.1.4 当事人的诉讼权利和诉讼义务
1.1.5 当事人的更换与追加
1.1.6 诉讼权利义务的承担
1.2 原告与被告
1.2.1 原告与被告的概念
1.2.2 原告和被告的类别
1.3 共同诉讼
1.3.1 共同诉讼概述
1.3.2 必要共同诉讼
1.3.3 普通共同诉讼
1.4 诉讼代表人
1.4.1 诉讼代表人概述
1.4.2 代表人诉讼的种类
1.4.3 诉讼代表人的条件与权限
1.4.4 关于人数不确定的代表人诉讼的特殊程序
1.5 第三人
1.5.1 第三人概述
1.5.2 有独立请求权的第三人
1.5.3 无独立请求权的第三人
1.5.4 撤销之诉的第三人

三、考核知识点与考核要求

（一）当事人概述

识记：当事人的概念与特征、公益诉讼的原告、当事人能力和诉讼能力、当事人适格、当事人追加

领会：正确确定当事人的重要性、公益诉讼原告与一般民事诉讼原告的区别、当事人能力与当事人适格的关系、当事人能力与民事权利能力的关系

应用：当事人的确定

（二）原告与被告

识记：原告与被告的概念

领会：原告和被告的类别

（三）共同诉讼

识记：必要共同诉讼、普通共同诉讼

领会：共同诉讼制度的作用

应用：普通共同诉讼

（四）诉讼代表人

识记：诉讼代表人的概念、诉讼代表人的权限

领会：诉讼代表人制度的作用、有关人数不确定的代表人诉讼的程序

（五）第三人

识记：无独立请求权第三人、撤销之诉的第三人

领会：有独立请求权第三人与无独立请求权第三人的异同、无独立请求权第三人的诉讼地位

应用：无独立请求权的第三人

四、本章重点、难点

本章的重点包括：当事人的概念、当事人的特征、当事人适格、共同诉讼制度、诉讼代表人制度、第三人制度。

本章的难点包括：无独立请求权第三人与有独立请求权第三人的区别；撤销之诉的第三人；运用当事人知识分析具体案件中当事人的类别和诉讼地位。

第五章　诉讼代理人

一、学习的目标和要求

通过本章的学习,掌握诉讼代理人的概念与特征,诉讼代理制度的作用,法定诉讼代理人及其代理权限,委托诉讼代理人的范围及其代理权限。

二、课程内容

1.1　诉讼代理人概述

1.1.1　诉讼代理人的概念与特征

1.1.2　诉讼代理人的种类

1.1.3　民事诉讼代理制度的作用

1.2　法定诉讼代理人

1.2.1　法定诉讼代理人概述

1.2.2　法定诉讼代理人的代理权限

1.2.3　法定诉讼代理权的取得与消灭

1.3　委托诉讼代理人

1.3.1　委托诉讼代理人的概念

1.3.2　委托诉讼代理人的范围

1.3.3　委托诉讼代理人的代理权的产生

1.3.4　委托诉讼代理人的代理权限与诉讼地位

1.3.5　委托诉讼代理权的变更与消灭

三、考核知识点与考核要求

(一) 诉讼代理人概述

识记:诉讼代理人的概念、诉讼代理人的种类

领会:诉讼代理人的特征、诉讼代理制度的作用

(二) 法定诉讼代理人

识记:法定诉讼代理人的代理权限

领会:法定代理人与监护人的关系、法定代理权的产生和消灭

(三) 委托诉讼代理人

识记:委托诉讼代理人的范围、委托诉讼代理人的代理权限

领会:委托诉讼代理人与法定诉讼代理人的区别、委托代理权的变更与消灭

四、本章重点、难点

本章的重点包括：诉讼代理人的概念与特征、法定诉讼代理人的代理权限、委托诉讼代理人的范围及其代理权限。

本章的难点包括：法定代理权的产生和消灭、委托代理人范围的确定、委托代理中的特别授权。

第六章 民事诉讼证据

一、学习的目标和要求

通过本章的学习,掌握证据的构成要件,证据在法律上的分类,证据在诉讼理论上的分类,不同证据的特点,适用于不同类别证据的规则,证据保全的程序和方法。

二、课程内容

1.1 民事诉讼证据概述
1.1.1 民事诉讼证据与民事诉讼证据材料
1.1.2 民事诉讼证据的构成要件
1.1.3 民事诉讼证据的证明力
1.1.4 民事诉讼证据的作用
1.2 民事诉讼证据的种类
1.2.1 书证
1.2.2 物证
1.2.3 视听资料
1.2.4 电子数据
1.2.5 证人证言
1.2.6 当事人的陈述
1.2.7 鉴定意见
1.2.8 勘验笔录
1.3 民事诉讼证据在理论上的分类
1.3.1 本证与反证
1.3.2 直接证据与间接证据
1.3.3 原始证据和传来证据
1.4 证据保全
1.4.1 证据保全的概念
1.4.2 证据保全的条件
1.4.3 证据保全的类型
1.4.4 证据保全的程序
1.4.5 证据保全的方法

三、考核知识点与考核要求

（一）民事诉讼证据概述

识记：民事诉讼证据的概念、民事诉讼证据的构成要件

领会：证据材料与证据的联系与区别、民事诉讼证据的作用

（二）民事诉讼证据的种类

识记：民事诉讼证据的种类、书证的分类、证人的权利与义务、当事人陈述的特点与效力

领会：证人与鉴定人的区别、鉴定人的权利与义务

（三）民事诉讼证据在理论上的分类

识记：本证与反证、直接证据与间接证据、运用间接证据的规则

领会：民事诉讼证据在理论上分类的意义

（四）证据保全

识记：证据保全的概念、证据保全的条件、证据保全的分类

领会：证据保全的程序与方法

四、本章重点、难点

本章的重点包括：证据的构成要件、证据在法律上的分类、证据在诉讼理论上的分类、证据保全的条件和方法。

本章的难点包括：不同证据的特点、适用于不同类别证据的规则。

第七章 民事诉讼中的证明

一、学习的目标和要求

通过本章的学习,掌握证明的对象、证明责任的含义和主要作用、证明责任的分配、证明责任的倒置、推定与证明责任的关系、证明标准、举证期限、诉讼中的事实认定。能够运用本章中关于证明对象、证明责任的分配、证明责任的倒置、举证期限知识分析具体案例。

二、课程内容

1.1 证明的对象
1.1.1 证明对象概述
1.1.2 证明对象的范围
1.1.3 无需证明的事实
1.2 证明责任
1.2.1 证明责任概述
1.2.2 证明责任与主张责任和提供证据责任
1.2.3 证明责任的分配标准
1.2.4 证明责任的倒置
1.2.5 推定与证明责任
1.2.6 证明妨碍与证明责任
1.3 证明的标准
1.3.1 证明标准的含义与作用
1.3.2 民事诉讼证明标准
1.4 证明的过程
1.4.1 举证
1.4.2 质证
1.4.3 认证
1.4.4 事实的认定

三、考核知识点与考核要求

(一)证明的对象
识记:证明对象的范围、诉讼上自认
领会:证明对象的概念,无需证明事实的类别,主要事实、间接事实和辅助事实、经验

法则

（二）证明责任

识记：证明责任的概念与作用、主张责任的概念、提供证据责任的概念、证明责任的分配标准、证明责任倒置的含义、证明妨碍的含义

领会：证明责任与主张责任的关系、证明责任倒置的案件类型、立法推定、司法推定

应用：证明责任的分配、证明妨碍的适用、司法推定的适用

（三）证明的标准

识记：证明标准的含义

领会：确定民事诉讼证明标准的依据

（四）证明的过程

识记：举证期限、法院依职权收集证据的范围、质证的概念

领会：当事人举证与法院调查收集证据的关系、新证据的认定、质证的程序、事实认定的方法

四、本章重点、难点

本章的重点包括：证明的对象、证明责任的含义和主要作用、证明责任的分配、证明责任的倒置、证明标准、举证期限、证明妨碍的适用、诉讼中的事实认定。

本章的难点包括：证明责任的分配、司法推定的适用、推定与证明责任的关系、举证期限中新证据的认定标准。

第八章 民事诉讼保障制度

一、学习的目标和要求

通过本章的学习,系统掌握各项诉讼保障制度的不同功能,各项诉讼保障制度的主要内容。

二、课程内容

1.1 期间与期日
1.1.1 期间的概念和意义
1.1.2 期间的种类
1.1.3 期间的计算
1.1.4 期间的耽误和顺延
1.1.5 期日
1.2 送达
1.2.1 送达的概念和意义
1.2.2 送达的方式
1.2.3 送达的效力
1.3 保全
1.3.1 保全的概念和意义
1.3.2 保全的种类
1.3.3 保全的范围、措施和效力
1.3.4 保全的程序
1.3.5 申请错误的赔偿
1.4 先予执行
1.4.1 先予执行的概念和意义
1.4.2 先予执行的条件
1.4.3 先予执行的范围
1.4.4 先予执行的程序
1.4.5 先予执行错误的补救
1.5 对妨害民事诉讼的强制措施
1.5.1 对妨害民事诉讼强制措施概述

1.5.2 妨害民事诉讼行为的构成和种类
1.5.3 强制措施的种类及适用
1.5.4 妨害民事司法的刑事责任及追究
1.6 诉讼费用
1.6.1 诉讼费用概述
1.6.2 诉讼费用的交纳范围
1.6.3 诉讼费用交纳标准
1.6.4 诉讼费用的交纳和负担
1.6.5 司法救助

三、考核知识点与考核要求

（一）期间与期日

识记：期间的概念、期间的分类、期日

领会：期间的意义、法定期间与指定期间的区别、期间的耽误和顺延

应用：期间的计算

（二）送达

识记：送达的概念、七种送达方式

领会：不同送达方式的适用、送达的法律效力

（三）保全

识记：保全的概念、保全的种类、行为保全的概念

领会：诉讼保全与诉前保全的区别、保全的范围、保全错误的赔偿

应用：保全的条件与申请

（四）先予执行

识记：先予执行的条件、先予执行的适用范围

领会：先予执行的程序、先予执行错误的补救

（五）对妨害民事诉讼的强制措施

识记：妨害民事诉讼强制措施的概念、妨害民事诉讼行为的构成要件、五种强制措施的概念

领会：妨害民事诉讼行为的种类、强制措施的性质、强制措施的适用、妨害民事司法的刑事责任及追究

（六）诉讼费用

识记：交纳诉讼费的意义、诉讼费负担的原则、司法救助的概念

领会：诉讼费用的概念、诉讼费用交纳标准、司法救助的方式

四、本章重点、难点

本章的重点包括：期间的计算、不同送达方式的适用、送达的法律效力、保全的种类、先予执行的程序和适用范围、对妨害民事诉讼的强制措施、诉讼费用。

本章的难点包括：各项诉讼保障制度的不同功能和适用条件；期间的计算；诉讼费负担的原则。

第九章 第一审普通程序

一、学习的目标和要求

通过本章的学习,掌握第一审普通程序在整个民事诉讼程序中的作用和地位,各个程序阶段的内容和功能;诉的要素、诉的种类、诉的合并与分立、反诉;撤诉与缺席判决。

二、课程内容

1.1　普通程序概述
1.1.1　普通程序的概念
1.1.2　普通程序的特征
1.2　诉
1.2.1　诉的概述
1.2.2　诉的种类
1.2.3　诉的合并
1.2.4　诉的变更
1.2.5　反诉
1.3　起诉与受理
1.3.1　起诉
1.3.2　审查起诉
1.3.3　审查后的处理
1.4　审理前的准备
1.4.1　审前准备概述
1.4.2　审前准备的内容
1.5　开庭审理
1.5.1　开庭审理概述
1.5.2　开庭审理的程序
1.5.3　法庭笔录
1.5.4　审理期限
1.5.5　延期审理
1.6　撤诉与缺席判决
1.6.1　撤诉
1.6.2　缺席判决

1.7 诉讼中止与诉讼终结
1.7.1 诉讼中止
1.7.2 诉讼终结

三、考核知识点与考核要求

（一）普通程序概述

识记：普通程序的概念、普通程序的特征

领会：普通程序在整个审判程序中的地位，普通程序与简易程序区别

（二）诉

识记：诉的概念及其特征、给付之诉、确认之诉和形成之诉的概念与特征、诉的合并概念及其条件、诉的变更概念及其种类、反诉的概念与特征、提起反诉的条件

领会：诉的要素、诉的合并的类型、诉的变更的条件、反诉的功能、反诉与反驳的区别、反诉与诉讼抵销的区别

应用：诉的种类、诉的合并、提起反诉的条件及提起后的审理与裁判

（三）起诉与受理

识记：起诉的概念及方式、起诉的条件、立案受理的法律后果

领会：起诉状的内容、审查后的不同处理方式、先行调解

（四）审理前的准备

识记：审前准备的内容

领会：审前准备的功能

（五）开庭审理

识记：开庭审理的程序、法庭笔录作用、延期审理概念

领会：开庭审理的基本要求、审理期限、延期审理的情形

（六）撤诉与缺席判决

识记：撤诉的概念、申请撤诉的条件、缺席判决的概念

领会：撤诉的种类、撤诉的法律后果、缺席判决的情形

应用：缺席判决的适用

（七）诉讼中止与诉讼中结

识记：诉讼中止的概念、诉讼中止的情形、诉讼终结的概念、诉讼终结的情形、

领会：诉讼中止与延期审理的区别

四、本章重点、难点

本章的重点包括：第一审普通程序在整个民事诉讼程序中的作用和地位，各个程序阶段的内容和功能，诉的要素、诉的种类、诉的合并与分立、反诉、撤诉与缺席判决。

本章的难点包括：各个程序阶段的划分、各个程序阶段的功能、诉的种类、反诉。

第十章 简易程序

一、学习的目标和要求

通过本章的学习,掌握简易程序的意义与特点,简易程序适的适用,简易程序中关于小额案件的特别规定。

二、课程内容

1.1　简易程序概述
1.1.1　简易程序的概念
1.1.2　设置简易程序的理由
1.1.3　简易程序的意义
1.1.4　关于简易程序的立法
1.2　简易程序的特点
1.2.1　起诉方式简便
1.2.2　受理程序简便
1.2.3　传唤方式简便
1.2.4　审判组织采用独任制
1.2.5　审理程序简便
1.2.6　审理期限较短
1.2.7　判决快速、简便
1.3　简易程序的适用
1.3.1　适用的法院
1.3.2　适用的案件
1.3.3　适用的方式
1.3.4　适用中的转化
1.4　小额案件的特别规定
1.4.1　对小额案件作出特别规定的必要性
1.4.2　小额案件的界定
1.4.3　小额案件的特别规定

三、考核知识点与考核要求

(一)简易程序概述
识记:简易程序的概念、简易程序的意义

领会:简易程序与普通程序的关系、设置简易程序的理由
(二) 简易程序的特点
识记:简易程序的特点
领会:简易程序和普通程序特征上的区别
(三) 简易程序的适用
识记:适用简易程序案件的标准、适用简易程序的方式
领会:适用简易程序案件的范围
(四) 小额案件的特别规定
识记:小额案件的界定标准、小额案件的程序特征
领会:设置小额案件程序的必要性、小额案件与简易程序的关系

四、本章重点、难点

本章的重点包括:简易程序的特点和意义,简易程序适用的范围,简易程序中关于小额案件的特别规定。

本章的难点包括:简单民事案件的识别,简易程序与小额程序的关系,简易程序与小额程序的具体适用。

第十一章 法院调解

一、学习的目标和要求

通过本章的学习,掌握法院调解制度的性质,法院调解应当遵循的三项基本原则,法院调解的适用范围,调解书的效力,委托调解与协助调解。

二、课程内容

1.1 法院调解概述
1.1.1 法院调解的概念与性质
1.1.2 法院调解与其他调解制度的区别
1.1.3 法院调解与诉讼上和解
1.1.4 法院调解的地位与优点
1.2 法院调解的基本原则
1.2.1 自愿原则
1.2.2 查明事实、分清是非原则
1.2.3 合法原则
1.3 调解适用的范围、种类和程序
1.3.1 调解的适用范围
1.3.2 调解的种类
1.3.3 法院调解的程序
1.3.4 调解的结束
1.3.5 调解书
1.4 法院调解的效力
1.4.1 法院调解的效力
1.4.2 当事人反悔时的处理

三、考核知识点与考核要求

(一) 法院调解概述
识记:法院调解的概念、法院调解的性质
领会:法院调解的优点
(二) 法院调解的基本原则
识记:自愿原则、合法原则

领会:自愿原则在调解中的核心地位,查明、分清是非原则
(三) 调解适用的范围、种类和程序
识记:委托调解、协助调解、调解书
领会:先行调解、调解协议与调解书的关系
(四) 法院调解的效力
识记:调解书的效力
领会:当事人反悔时的处理

四、本章重点、难点

本章的重点包括:法院调解的基本原则、法院调解的适用范围、调解书的效力、委托调解与协助调解。

本章的难点包括:法院调解三原则之间的关系、调解协议与调解书的关系。

第十二章 法院裁判

一、学习的目标和要求

通过本章的学习,掌握法院裁判的含义和种类,判决适用的对象和种类,判决书的主要内容和效力,裁定的含义和适用对象、范围,决定的含义与适用对象,命令的含义与种类。

二、课程内容

1.1　法院裁判概述

1.1.1　法院裁判的含义

1.1.2　裁判的种类

1.2　判决

1.2.1　判决概述

1.2.2　判决书的内容

1.2.3　判决的效力

1.3　裁定

1.3.1　裁定的概念

1.3.2　裁定书记载的事项

1.3.3　裁定适用的范围

1.3.4　裁定的效力

1.4　决定

1.4.1　决定的概念

1.4.2　决定适用的范围

1.4.3　决定的效力

1.5　命令

1.5.1　命令的概念

1.5.2　命令的种类

三、考核知识点与考核要求

(一) 法院裁判概述

识记:法院裁判的含义、裁判的种类

领会:各种裁判类别的区分

（二）判决

识记：判决的概念、给付判决、确认判决、形成判决、判决的效力

领会：其他判决的种类、判决书的内容

（三）裁定

识记：裁定的概念、裁定适用的范围、判决与裁定的区别

领会：裁定书记载的事项、裁定的效力

（四）决定

识记：民事决定的概念、决定适用的范围

领会：决定与裁定的区别、决定的效力

（五）命令

识记：命令的概念

领会：命令的种类

四、本章重点、难点

本章重点问题包括：法院裁判的含义和种类，判决适用的对象和种类，判决书的主要内容和效力，裁定的含义和适用对象，决定的含义与适用对象，命令的含义与种类。

本章难点问题包括：判决、裁定与决定的适用范围。

第十三章 第二审程序

一、学习的目标和要求

通过本章的学习,掌握第二审程序的概念,设置第二审程序的目的,提起上诉需具备的条件,上诉的效果,二审法院对上诉案件审理的方式和审理的范围,二审法院对上诉案件的裁判。

二、课程内容

1.1　第二审程序概述
1.1.1　第二审程序的概念
1.1.2　第二审程序的目的
1.1.3　第二审程序的性质
1.2　上诉的提起与受理
1.2.1　上诉的概念
1.2.2　提起上诉的条件
1.2.3　上诉的效果
1.2.4　对上诉的审查与受理
1.2.5　上诉的撤回
1.3　上诉案件的审理
1.3.1　审理前的准备
1.3.2　上诉案件的审理
1.4　上诉案件的裁判
1.4.1　对一审判决上诉的裁判
1.4.2　对一审裁定上诉的裁判
1.5　上诉案件的调解
1.5.1　上诉案件调解概述
1.5.2　上诉案件的调解书

三、考核知识点与考核要求

(一) 第二审程序概述
识记:第二审程序的概念、第二审程序的目的
领会:第二审程序的性质

(二) 上诉的提起与受理
识记:上诉的概念、提起上诉的条件、上诉的效果
领会:对上诉的审查与受理、上诉撤回的效果
(三) 上诉案件的审理
识记:上诉案件审理的范围、方式
领会:上诉案件审理的地点、不同审理方式的适用
(四) 上诉案件的裁判
识记:发回重审的情形、依法改判的情形
领会:不同处理方式的适用
(五) 上诉案件的调解
识记:上诉案件的调解的情形
领会:二审调解书的效力

四、本章重点、难点

本章重点问题包括:第二审程序的概念,设置第二审程序的目的,提起上诉需具备的条件,二审法院对上诉案件的不同处理。

本章难点问题包括:二审法院对上诉案件审理的方式和审理的范围,二审法院对上诉案件的裁判方式。

第十四章 再审程序

一、学习的目标和要求

通过本章的学习,掌握再审程序的概念和作用,启动再审的三种途径,当事人申请再审的事由和程序,因检察机关提出检察建议或者抗诉而再审,法院依职权发动再审,法院对再审申请的审查,再审适用的程序。

二、课程内容

1.1 再审程序概述
1.1.1 再审程序的概念
1.1.2 再审程序的特征
1.1.3 再审程序的功能
1.1.4 我国审判监督程序的立法状况
1.2 当事人申请再审
1.2.1 当事人申请再审概述
1.2.2 当事人申请再审的条件
1.2.3 判决、裁定的再审事由
1.2.4 调解书的再审事由
1.2.5 当事人申请再审的程序
1.3 法院决定再审
1.3.1 法院决定再审的概念
1.3.2 法院决定再审的条件
1.3.3 法院决定再审的情形
1.4 因检察院监督而再审
1.4.1 检察院对审判程序监督的方式
1.4.2 检察院对审判程序监督的范围
1.4.3 提出检察建议或者抗诉的法定情形
1.4.4 抗诉的程序
1.4.5 申请再审与申请检察建议、抗诉的关系
1.5 再审案件的审理与裁判
1.5.1 再审案件的审理
1.5.2 再审案件的裁判

三、考核知识点与考核要求

（一）再审程序概述

识记：再审程序的概念与特征

领会：再审程序的功能

（二）当事人申请再审

识记：当事人申请再审概念、当事人申请再审的条件、再审事由、申请再审的期间

领会：再审的补充性原则、申请再审的程序

（三）法院决定再审

识记：法院决定再审的概念

领会：法院决定再审的条件、法院决定再审的情形

（四）因检察院监督而再审

识记：检察建议、提出检察建议或者抗诉的法定情形、当事人申请再审与申请检察建议或抗诉的关系、对调解书的监督

领会：检察建议与抗诉的区别、"平行结构"改为"阶梯结构"的缘由

（五）再审案件的审理与裁判

识记：审理再审案件的法院、再审案件的审理程序

领会：审理再审案件的法院与所适用程序之间的关系、再审的裁判

四、本章重点、难点

本章重点问题包括：再审程序的概念和作用，启动再审的三种途径，当事人申请再审的事由和程序，因检察机关提出检察建议或者抗诉而再审，法院依职权发动再审，法院对再审申请的审查，对案件再审适用的审理程序。

本章难点问题包括：申请再审的条件，各类再审事由，三种启动再审程序方式的适用，检察建议与抗诉的异同。

第十五章 涉外民事诉讼程序的特别规定

一、学习的目标和要求

通过本章的学习,掌握涉外民事诉讼的概念与特征,适用于涉外民事诉讼的原则,涉外民事诉讼在管辖、期间与送达问题上的特殊规定,一般司法协助与特殊司法协助。

二、课程内容

1.1 涉外民事诉讼程序概述

1.1.1 涉外民事诉讼

1.1.2 涉外民事诉讼程序

1.2 涉外民事诉讼程序的原则

1.2.1 同等与对等原则

1.2.2 适用我国《民诉法》原则

1.2.3 适用我国缔结或参加的国际条约原则

1.2.4 司法豁免权原则

1.2.5 使用中国通用的语言、文字原则

1.2.6 委托中国律师代理诉讼原则

1.3 涉外民事诉讼管辖

1.3.1 涉外民事诉讼管辖概述

1.3.2 确定涉外民事案件管辖的原则

1.3.3 涉外民事诉讼关于管辖的特别规定

1.4 涉外诉讼的送达与期间

1.4.1 送达

1.4.2 期间

1.5 司法协助

1.5.1 司法协助的概念和意义

1.5.2 一般司法协助

1.5.3 特殊司法协助

1.5.4 我国法院裁决和涉外仲裁裁决的域外执行

1.6 涉港澳台民事诉讼

1.6.1 涉港澳台民事诉讼概述

1.6.2 涉港澳台民事诉讼的特别规定

三、考核知识点与考核要求

（一）涉外民事诉讼程序概述

识记：涉外民事诉讼的概念和特征、涉外民事诉讼程序的概念和特征

领会：涉外民事诉讼程序的适用范围

（二）涉外民事诉讼程序的原则

识记：同等与对等原则、适用我国《民诉法》原则、适用我国缔结或参加的国际条约原则、司法豁免权原则

领会：使用中国通用的语言文字原则、委托中国律师代理诉讼原则

（三）涉外民事诉讼管辖

识记：专属管辖、平行管辖、平行诉讼

领会：确定涉外民事案件管辖的原则

（四）涉外诉讼的送达与期间

识记：送达方式、期间

领会：在送达、期间上作出特别规定的必要性

（五）司法协助

识记：司法协助的概念，一般司法协助的概念与内容、特殊司法协助的概念和内容

领会：司法协助的必要性、司法协助的方法和途径

（六）涉港澳台民事诉讼

识记：涉港澳台民事诉讼的概念

运用：涉港澳台民事诉讼与涉外民事诉讼程序的关系

四、本章重点、难点

本章重点问题包括：涉外民事诉讼的概念与特征，适用于涉外民事诉讼的原则，涉外民事诉讼在管辖、期间与送达问题上的特殊规定，司法协助制度。

本章难点问题包括：涉外民事诉讼原则的适用，一般司法协助与特殊司法协助的条件。

第十六章 特别程序

一、学习的目标和要求

通过本章的学习,掌握特别程序的概念与特点,特别程序适用的范围,每一类特别程序的作用和主要的程序规定。

二、课程内容

1.1　特别程序概述
1.1.1　特别程序的概念
1.1.2　特别程序的特点
1.1.3　特别程序的适用范围
1.2　选民资格案件
1.2.1　选民资格案件的概念和意义
1.2.2　选民资格案件的审理程序
1.3　宣告失踪案件
1.3.1　宣告失踪案件的概念
1.3.2　宣告公民失踪案件的审理程序
1.3.3　变更财产代管人的审理
1.3.4　宣告失踪判决的撤销
1.4　宣告公民死亡案件
1.4.1　宣告死亡案件的概念和意义
1.4.2　宣告死亡案件的审理程序
1.4.3　宣告死亡判决的撤销
1.5　认定公民无民事行为能力、限制民事行为能力案件
1.5.1　认定公民无民事行为能力、限制民事行为能力案件的概念
1.5.2　认定公民无民事行为能力、限制民事行为能力案件的审理程序
1.5.3　认定公民无民事行为能力、限制民事行为能力判决的撤销
1.6　认定财产无主案件
1.6.1　认定财产无主案件的概念和意义
1.6.2　认定财产无主案件的审理程序
1.6.3　认定无主财产判决的撤销
1.7　确认调解协议案件

1.7.1　设置确认调解协议案件程序的必要性
1.7.2　确认调解协议的程序
1.8　实现担保物权案件
1.8.1　设置实现担保物权案件程序的必要性
1.8.2　实现担保物权案件的程序

三、考核知识点与考核要求

（一）特别程序
识记：特别程序的概念、特别程序的特点
领会：特别程序与通常诉讼程序的区别
（二）选民资格案件
识记：选民资格案件的概念
领会：选民资格案件的意义
（三）宣告失踪案件
识记：宣告公民失踪案件的审理程序
领会：申请宣告失踪的条件
（四）宣告公民死亡案件
识记：宣告死亡案件的审理程序
领会：申请宣告死亡的条件
（五）认定公民无民事行为能力、限制民事行为能力案件
识记：认定公民无民事行为能力、限制民事行为能力案件的审理程序
领会：申请宣告认定公民无民事行为能力、限制民事行为能力的条件
（六）认定财产无主案件
识记：认定财产无主案件的审理程序
领会：认定财产无主案件的意义
（七）确认调解协议案件
识记：审理确认调解协议案件的程序
领会：确认调解协议案件的意义
（八）实现担保物权案件
识记：实现担保物权案件的审理程序
领会：实现担保物权的程序的意义

四、本章重点、难点

本章重点问题包括：特别程序的概念与特点，特别程序适用的范围，每一类特别程序的程序规定。

本章难点问题包括：特别程序与通常诉讼程序的区别，每一类特别程序适用对象和程序规定。

第十七章 督促程序

一、学习的目标和要求

通过本章的学习,掌握督促程序的概念与特征,督促程序的意义,申请支付令的条件和程序,对支付令的异议,异议后的程序发展。

二、课程内容

1.1 督促程序概述
1.1.1 督促程序的概念与特征
1.1.2 督促程序的产生与发展
1.1.3 督促程序的意义
1.2 支付令的申请与受理
1.2.1 支付令的申请
1.2.2 支付令的审查与签发
1.3 支付令的异议和督促程序的终结
1.3.1 支付令的异议
1.3.2 督促程序的终结
1.4 支付令失效后的处置

三、考核知识点与考核要求

(一)督促程序
识记:督促程序的概念、特征
领会:督促程序的产生与发展、督促程序的意义

(二)支付令的申请与受理
识记:申请支付令的条件、支付令的管辖与受理
领会:支付令的审查与签发

(三)支付令的异议和督促程序的终结
识记:支付令异议的概念、异议的效力
领会:督促程序终结的概念、督促程序终结的情形

(四)支付令失效后的处理
识记:督促程序与诉讼程序的自动衔接
领会:自动衔接的合理性和必要性

四、本章重点、难点

本章重点问题包括:督促程序的概念与特征,督促程序的意义,申请支付令的条件和程序,对支付令的异议,异议后的程序发展。

本章难点问题包括:申请支付令的条件,对支付令异议的处理。

第十八章 公示催告程序

一、学习的目标和要求

通过本章的学习,掌握公示催告程序的概念、特征,公示催告程序的适用范围,申请公示催告的条件,法院处理公示催告的程序,除权判决的概念与效力。

二、课程内容

1.1　公示催告程序概述
1.1.1　公示催告程序的概念与特征
1.1.2　公示催告程序的适用范围
1.2　公示催告的申请与受理
1.2.1　公示催告的申请
1.2.2　申请公示催告的方式
1.2.3　公示催告申请的审查与受理
1.2.4　公示催告申请的撤回
1.3　公示催告案件的审理
1.3.1　发出止付通知
1.3.2　发布公告
1.3.3　利害关系人申报权利
1.3.4　对申报权利的审查
1.4　除权判决
1.4.1　除权判决的概念
1.4.2　除权判决的效力
1.4.3　除权判决的撤销

三、考核知识点与考核要求

(一) 公示催告程序概述
识记:公示催告程序的概念与特征
领会:公示催告程序的适用范围
(二) 公示催告的申请与受理
识记:申请公示催告的概念、条件和方式
领会:公示催告申请的审查与受理

（三）公示催告案件的审理

识记:停止支付、公告、申报权利

领会:公告的必要性、对申报权利的审查

（四）除权判决

识记:除权判决的概念、作出除权判决的条件

领会:除权判决的效力

四、本章重点、难点

本章重点问题包括:公示催告程序的概念与特征,公示催告程序的适用范围,申请公示催告的条件,法院处理公示催告的程序,除权判决的概念与效力。

本章难点问题包括:公示催告与除权判决的关系、公示催告程序的具体适用。

第十九章 民事执行程序总论

一、学习的目标和要求

通过本章的学习,掌握民事执行的概念与特征,民事执行的基本原则,执行依据的概念与种类,执行标的的概念与范围,委托执行与协助执行,执行的过程,执行救济,执行回转。

二、课程内容

1.1 民事执行制度概述
1.1.1 民事执行的含义与特征
1.1.2 民事执行的分类
1.1.3 民事执行的基本原则
1.1.4 民事执行法
1.2 执行标的与执行依据
1.2.1 执行标的
1.2.2 执行依据
1.3 执行机关与执行管辖
1.3.1 执行机关
1.3.2 执行管辖
1.4 执行参与人
1.4.1 执行参与人的概念
1.4.2 执行当事人
1.4.3 其他执行参与人
1.5 委托执行与协助执行
1.5.1 委托执行
1.5.2 协助执行
1.6 执行的进行
1.6.1 执行开始
1.6.2 执行案件的受理与被执行人财产的查明
1.6.3 采取执行措施
1.6.4 执行竞合及其处理
1.6.5 执行担保与执行和解

1.6.6 暂缓执行与不予执行
1.6.7 执行中止与执行终结
1.7 执行救济
1.7.1 执行救济的概念
1.7.2 执行异议
1.7.3 案外人异议
1.7.4 执行回转

三、考核知识点与考核要求

（一）民事执行制度概述
识记：民事执行的含义、民事执行的种类、民事执行的基本原则
领会：民事执行法的概念、我国民事执行立法的发展

（二）执行标的与执行依据
识记：执行标的的概念，执行依据的概念、执行依据的种类
领会：执行标的的范围、执行依据的特征

（三）执行机关与执行管辖
识记：执行机关的设置、执行管辖
领会：执行机关的组成人员、执行管辖中特殊问题的处理

（四）执行参与人
识记：执行参与人、执行当事人、执行承担
领会：执行义务担当的情形、执行权利担当的情形
应用：联系具体案例分析执行承担的情形

（五）委托执行与协助执行
识记：委托执行的概念、委托执行的条件，协助执行的概念
领会：委托执行的例外、拒不协助的法律后果

（六）执行的进行
识记：申请执行、执行竞合的概念、执行担保的概念、执行和解的概念、暂缓执行的概念、不予执行的概念、执行中止的情形、执行终结的情形
领会：执行竞合的处理、执行担保的效力、执行和解的效力、适用暂缓执行的情形、暂缓执行的效力、不予执行仲裁裁决的法定情形、执行中止与执行终结的区别

（七）执行救济
识记：执行救济的概念、执行异议的概念、执行异议的事由、案外人异议的概念、案外人异议的要件、执行回转的概念。
领会：执行异议的程序、异议对执行的影响、案外人异议与执行异议的区别、案外人异议的程序、执行回转的情形
应用：联系具体案例分析案外人异议与执行异议

四、本章重点、难点

本章重点问题包括：民事执行制度的概念与特征，民事执行制度的基本原则，执行根据的概念与种类、执行标的的概念与范围，执行的过程，执行救济，执行回转。

本章难点问题：执行程序与审判程序的关系，执行依据的种类，执行标的的确定，执行救济，执行竞合的处理，执行中止与执行终结的区别。

第二十章　民事执行程序分论

一、学习的目标和要求

通过本章的学习,掌握执行措施的概念与类型,对金钱债权执行的各种方法,执行中的参与分配,对物的交付请求权执行的各种方法,对行为请求权执行的方法。

二、课程内容

1.1　各类执行措施概述
1.1.1　执行措施的概念与特征
1.1.2　执行措施的分类
1.2　金钱债权的执行
1.2.1　金钱债权执行概述
1.2.2　对存款等财产的执行
1.2.3　对劳动收入的执行
1.2.4　对到期债权的执行
1.2.5　对动产、不动产的执行
1.2.6　对特殊财产的执行
1.2.7　参与分配
1.3　非金钱债权的执行措施
1.3.1　非金钱债权执行措施概念
1.3.2　物的交付请求权的执行
1.3.3　行为请求权的执行

三、考核知识点与考核要求

(一) 各类执行措施概述
识记:执行措施的概念、分类
领会:执行措施的特征
(二) 金钱债权的执行
识记:对存款等财产的执行、对劳动收入的执行、对到期债权的执行、查封和扣押的概念、强制拍卖和变卖的概念、强制管理的概念、参与分配的概念与条件。
领会:查封、扣押的原则,强制拍卖、变卖的效力,强制管理的开始与终结,对特殊财产的执行,以物抵债,参与分配的顺序

应用:对金钱债权执行的各种方法、执行中的参与分配

(三) 非金钱债权的执行措施

识记:对物的交付请求权的执行、可替代行为请求权的执行、不可替代行为请求权的执行

领会:交付动产的执行、交付不动产的执行

应用:对物的交付请求权执行的各种方法、对行为请求权执行的方法

四、本章重点、难点

本章重点问题包括:执行措施的概念,对金钱债权执行的方法,对物的交付请求权的执行、对行为请求权的执行

本章难点问题包括:对到期债权的执行,执行中的参与分配,对行为请求权执行的方法。

Ⅳ 关于大纲的说明与考核实施要求

一、自学考试大纲的目的与作用

《民事诉讼原理与实务(一)》课程自学考试大纲是根据专业自学考试计划的要求,结合自学考试的特点而确定的。其目的是对个人自学、社会助学和课程考试命题进行指导和规定。

《民事诉讼原理与实务(一)》课程自学考试大纲明确了课程学习的内容以及深广度,规定了课程自学考试的范围和标准。因此,它是编写自学考试教材和辅导书的依据,是社会助学组织进行自学考试辅导的依据,是自学者学习教材、掌握课程内容知识范围和程度的依据,也是进行自学考试命题的依据。

二、课程自学考试大纲与教材的关系

《民事诉讼原理与实务(一)》课程自学考试大纲是进行学习和考核的依据,教材是学习掌握课程知识的基本内容和范围,教材的内容是大纲所规定的课程知识和内容的扩展和发挥。大纲与教材所体现的课程内容基本一致,大纲里面的课程内容与考核知识点,教材里一般也有。反过来,课程内容在教材中体现一定的深度和难度,因此教材里有的内容,大纲里则不一定体现。

三、关于自学教材

《民事诉讼原理与实务(一)》,全国高等教育自学考试指导委员会组编,李浩编著,北京大学出版社,2013年版。

四、关于自学要求和自学方法的指导

本大纲的课程基本要求是依据专业考试计划和专业培养目标而确定的,课程基本要求还明确了课程的基本内容,以及对基本内容掌握的程度。基本要求中的知识点构成了课程内容的主体部分,因此,课程基本内容掌握程度、课程考核知识点是高等教育自学考试考核的主要内容。

为有效地指导个人自学和社会助学,本大纲已指明了课程的重点和难点,在章节的基本要求中一般也指明了章节内容的重点和难点。

《民事诉讼原理与实务(一)》课程共7学分。

结合本专业的要求、本课程的特点,以便更好地指导考生如何进行自学,作者提出以下几个具有代表性的学习方法。

1. 系统学习、触类旁通

民事诉讼法本身是一个有系统的整体,其中任何一项原则、制度,任何一个程序或者规则,都不是孤立存在的,它们之间存在着有机联系。系统学习、整体把握,有助于我们在认识和研究某一问题时,不就事论事,隔断联系,而是把它放到全局中去理解和思考,以获得正确的解决。同时也有助于我们在众多的问题中找到结合点,很好地领会民事诉讼法的精神实质。

2. 紧扣民事诉讼法特点的方法

民事诉讼法学是研究民事诉讼法、民事诉讼制度和民事诉讼实践的法律学科。民事诉讼法有其自身的特点,民事诉讼法是程序法,其规制的对象是在法院进行民事诉讼的方法和过程,是当事人及其他诉讼参与人、法院的诉讼行为,以及在实施诉讼行为过程中产生的权利义务关系。因此,要从方法和过程的角度,从当事人、其他诉讼参与人实施诉讼行为,法院实施审判和调解行为的视角,去学习和理解民事诉讼法。

3. 民事诉讼法与民商事实体法相联系的方法

民事诉讼法是程序法,但民事诉讼法的运用离不开民事实体法。这不仅因为民事诉讼程序是为了解决当事人之间民事实体权益的纠纷而设置,而且在于诉讼程序中的许多问题要依赖实体法的规定来解决,如关于当事人的确定、管辖权的确定、证明责任的分配都离不开民商事实体法的相关规定。在民事诉讼中,法院既要适用民事诉讼法,又要适用民商事实体法。对于民事诉讼来说,民事诉讼法与民商事实体法的关系就好比车之两轮、鸟之两翼。

4. 理论联系实际的方法

理论联系实际是任何法学学科都必须遵循的学习方法,对于实践性极强的民事诉讼法学来说更是如此。民事诉讼法规定的原则、制度、程序、规则都是为了处理民事纠纷,实现民事权利而存在的,只有把它们运用于民事诉讼的实务,这些原则、制度、程序、规则的生命力才能体现出来,学习者也才能真正领悟它们的作用和意义。理论联系实际,要求我们把民事诉讼法的规定,与具体案例中提出的问题结合起来,能够用民事诉讼法原理与规则,分析和解决诉讼实务中提出的问题。

5. 结合自学考试的题型特点进行学习

按照《民事诉讼原理与实务(一)自学考试大纲》的要求,题型共有六种:即单项选择题、多项选择题、名词解释题、比较辨析题、论述题和案例分析题。这六种题型又可分为两类:一类是客观性试题,一类是主观性试题。客观性试题主要测验应考者对所学内容的记忆和熟练程度,它包括单项选择题、多项选择题、名词解释题三种题型。主观性试题则除了测验应考者的记忆能力外,还要测验应考者对所学内容的理解深度和运用能力,它包括案例分析题、比较辨析题和论述题三种题型。从这两种题型的特点来看,主观性试题题量少、分值高,而客观性试题则题量多、分值小。针对题型的特点和要求,自学者应注意把握主观性试题的内容,要把每章中的名词概念、比较辨析题和论述题整理出来,反复学习,加深理解。做到概念准确、要点清楚、理解深刻。对客观性试题,要多看教材、民事诉讼法法条和相关的司法解释。要从比较中找出特点,从反复学习中加深理解,增强记忆。

五、对社会助学的要求

1. 社会助学者应根据大纲规定的考试内容和考核目标,认真钻研指定教材,明确本课程与其他课程不同的特点和学习要求,对自学应考者进行切实有效的辅导,帮助他们端正学习态度,改进自学方法,掌握教材内容,提高分析问题、组织问题、解决问题和应考的能力。

2. 要正确处理重点与一般的关系。课程内容有重点和非重点之分,但考试内容是全面的,而且重点和非重点是相互联系,不是截然分开的。因此,社会助学者应指导自学应考者全面系统地学习教材,了解每章的学习目的和要求,掌握全部考试内容和考核知识点,在此基础上再突出重点。要把教材中的重点、难点、疑点讲深讲透,要帮助自学应考者把重点学习和兼顾其他结合起来,避免产生猜题、押题的不良倾向。

3. 对新颁布或新修改法律的辅导。辅导内容应注意包括本教材出版后,考试日 6 个月以前新颁布或者修改法律和司法解释的内容,以适应本课程考试命题范围的要求。

六、对考核内容的说明

1. 本课程要求考生学习和掌握的知识点内容都作为考核的内容。课程中各章的内容均由若干知识点组成,在自学考试中成为考核知识点。因此,课程自学考试大纲所规定的考试内容是以分解为考核知识点的方式给出的。由于各知识点在课程中的地位、作用以及知识点本身的特点不同,自学考试将对各知识点分别按三个认知(或能力)层次确定其考核要求。

2. 在考试之日起 6 个月前,由全国人民代表大会和国务院颁布或修订的法律、法规都将列入相应课程的考试范围。凡大纲、教材内容与现行法律、法规不符的,应以现行法律法规为准。命题时也会对我国经济建设和科技文化发展的重大方针政策的变化予以体现。

七、关于考试命题的若干规定

1.《民事诉讼原理与实务(一)》课程的考试采用闭卷笔试形式,满分为 100 分,60 分为及格线。考试时间为 150 分钟。

2. 本课程的命题考试应根据本大纲所规定的考试内容和考试目标来确定考试范围和考核要求,不要任意扩大或者缩小考试范围,提高或者降低考核要求。考试命题要覆盖到各章,并适当突出重点章节,体现出本课程的内容重点。

3. 本课程试卷中对不同层次要求的分数比例,一般为:识记占 35%,领会占 45%,应用占 20%。

4. 试卷要合理安排难易结构,难易度可分为易、较易、较难、难四个等级。每份试卷中,不同难易度的试题的分数比例,一般为:易占 20%,较易占 30%,较难占 30%,难占 20%。必须注意的是,试题中的难易度和能力层次不是一个概念,在各能力层次中都会存在不同难易度的试题。

5. 本课程考试命题主要采用的题型包括单项选择题、多项选择题、名词解释题、比较辨析题、论述题、案例分析题。各种题型的具体形式,可参见本大纲的附录。

附录　题型举例

一、单项选择题(在每小题列出的四个备选项中只有一个是符合题目要求的,请将其代码填写在题后的括号内。错选、多选或未选均无分。)

下列人员中,当事人不可以申请回避的是(　　)
A. 书记员　　　　　　B. 鉴定人
C. 证人　　　　　　　D. 人民陪审员

二、多项选择题(在每小题列出的五个备选项中至少有两个是符合题目要求的,请将其代码填写在题后的括号内。错选、多选、少选或未选均无分。)

关于法院调解的自愿和合法原则,表述正确的有(　　)
A. 人民法院审理民事案件,应当根据自愿和合法的原则进行调解
B. 调解不成的,应当及时判决
C. 凡能用调解的方式结案的,就不采用判决的方式结案
D. 调解是诉讼的必经程序
E. 对于不具有调解条件的案件,应当判决结案

三、名词解释题

执行回转

四、比较辨析题

比较必要共同诉讼与普通共同诉讼的区别。

五、论述题

论有独立请求权第三人的参诉条件。

六、案例分析题

刘甲、刘乙、刘丙是亲兄弟,他们父母去世时,在徐州沛县留下了老宅十间。刘乙2006年大学毕业后在南京工作,刘丙也于次年到广州工作。2008年,刘甲在妻子去世后,与独子刘丁住在父母亲留下的老宅中。一年后,刘丁去上海读大学。2010年5月,刘甲在沛县因车祸去世。老宅中无人居住。同年7月,连降大雨,王某从老宅边经过,老宅的围墙突然倒塌,造成其重伤。王某欲起诉请求赔偿。请问:

(1) 此案应由哪个法院管辖?为什么?
(2) 王某起诉应当以谁作为被告?为什么?
(3) 本案属于哪一类诉讼?

后 记

《民事诉讼原理与实务(一)自学考试大纲》是根据全国高等教育自学考试律师专业(本科)考试计划的要求,由全国考委法学类专业委员会组织编写。

《民事诉讼原理与实务(一)自学考试大纲》由南京师范大学李浩教授撰写。

全国考委法学类专业委员会于2012年11月对本大纲组织审稿。北京大学法学院潘剑锋教授担任主审,中国政法大学宋朝武教授、中国人民大学法学院邵明教授参加审稿并提出改进意见。

本大纲编审人员付出了辛勤劳动,特此表示感谢。

全国高等教育自学考试指导委员会
法学类专业委员会
2012 年 11 月

全国高等教育自学考试指定教材

律师专业(基础科段)

民事诉讼原理与实务(一)

全国高等教育自学考试指导委员会　组编

第一章 民事诉讼与民事诉讼法

第一节 民事纠纷的解决机制

一、民事纠纷

民事纠纷,是指平等主体的当事人之间,围绕着人身权利和财产权利发生的纠纷。其特征是:

(1) 产生于平等主体之间。这类纠纷产生于处于平等地位的自然人之间、法人之间、其他组织之间及他们相互之间。这是民事纠纷区别于行政纠纷的显著特点,行政纠纷的一方当事人是行政主体,另一方当事人是管理相对人,双方在实体法上的地位并不平等。

(2) 围绕着财产权利或人身权利而发生。从纠纷内容看,多数纠纷产生于财产关系,如因为房屋所有权发生的争议、因买卖合同引起的争议;也有一些纠纷因人身权利而发生,如因名誉权受到侵犯、因姓名权受到侵犯。还有一些纠纷既有人身的属性,又有财产的属性,如著作权中的署名权的争议。

(3) 适用民事实体法解决。这里的民事实体法,是从广义上说的,既包括《民法通则》、《物权法》、《合同法》、《侵权责任法》、《婚姻法》、《收养法》、《继承法》这些传统的民事法律,也包括《公司法》、《票据法》、《保险法》、《破产法》这些商事法律,还包括《专利法》、《商标法》、《著作权法》等知识产权方面的法律。民事案件的范围广,种类多,适用的实体法也多,这与刑事案件实体法的适用形成了鲜明的对比。

(4) 属于私权性质的纠纷。法律有公法和私法之分,民法在性质上为私法,民事权利在属性上为私权,所以因民事权利义务关系发生的纠纷属于私权性质的纠纷。这里需要注意的是,说民事纠纷是私权性质的纠纷,是就它的整体情形、一般情形而言的。多数民事纠纷只与当事人本人有关,与社会的公共利益、他人的合法权益无关。但是也有一些民事纠纷,既关系到当事人本人的权益,又关系到他人的权益甚至社会的公共利益。如婚姻方面的纠纷可能会涉及未成年子女的利益,环境污染方面的纠纷可能涉及不特定多数人的利益。纠纷解决程序的设计与纠纷的性质息息相关,纠纷性质的差异必然会反映在程序中,这是研究程序法所应当注意的。

二、民事纠纷的解决机制

现代社会设置了多样化的解决民事纠纷的机制,它们是:

(1) 和解。和解是纠纷当事人通过协商,互相作出让步,达成解决纠纷的协议。和解完全是当事人自主解决纠纷,没有第三人参与其间。和解有诉讼外和解与诉讼上和解之分,前者在诉讼外作出,后者在诉讼过程中作出。

(2) 调解。调解是由第三者(调解机构或者调解人)出面,对纠纷当事人进行调停说和,用一定的法律规范或者道德规范劝导冲突双方,促使他们在互谅互让的基础上达成解决纠纷的协议。我国的民事调解包括诉讼上的调解与诉讼外的调解,人民法院的调解为诉讼上的调解,人民调解委员会、行政机构、仲裁机构等进行的调解为诉讼外的调解。调解的主体不同,调解所达成协议的法律效力也不同。

(3) 仲裁。仲裁是指双方当事人依书面协议的方式,自愿将纠纷交给第三者(仲裁机构或仲裁人),由其作出具有法律约束力的裁决的一种制度。仲裁兼有自愿的属性和强制的属性,自愿性表现为进行仲裁需要有当事人自愿达成的仲裁协议为前提,当事人可以选择仲裁机构、选择仲裁人等;其强制性表现为仲裁机构有权对纠纷进行审理和作出具有法律约束力的裁决,生效的仲裁裁决书具有强制执行的效力。

(4) 民事诉讼。民事诉讼是指法院在当事人和其他诉讼参与人的参加下,以审理、调解、判决、执行等方式解决民事纠纷的活动以及由这些活动产生的各种诉讼关系的总和。民事诉讼一方面表现为法院、当事人及其他诉讼参与人进行的各种诉讼活动,另一方面表现为从诉讼活动中产生的诉讼关系。例如,法院受理原告起诉后将诉状副本送达被告,法院就分别与原告和被告发生了诉讼关系。

在多种解决纠纷方式并存的情况下,究竟通过什么途径解决,取决于当事人的选择。

第二节 民事诉讼

一、民事诉讼的特点

(一) 诉讼的特点

1. 存在对立的双方当事人

诉讼以存在双方当事人为前提。任何一种诉讼,都有双方当事人存在,都需要通过双方当事人的攻击与防御行为推动诉讼向前发展。在诉讼进行中,如果一方当事人不复存在,诉讼就难以为继,如刑事诉讼中被告人死亡的,法院应终止审理,民事诉讼中原告死亡,没有继承人或者继承人放弃诉讼权利的,法院应当终结诉讼。

2. 法官居中裁判

在诉讼中,法官处于中立裁判者的位置,法官需平等地对待双方当事人,保障双方当事人平等地行使诉讼权利。法官对双方当事人的主张和抗辩进行审理,根据双方当事人提供的证据资料,双方质证、辩论的情形对案件作出裁判。

3. 以法律上的争议为审理对象

在诉讼中,法院审理的对象是法律上的争议;在刑事诉讼中,双方的争议是被告人的行为是否已构成犯罪,应当承担何种刑事责任;在行政诉讼中,双方的争议是被诉的行政行为是否合法,被告是否应当作出某种具体行政行为;而在民事诉讼中,双方的争议是民事法律中的财产权关系或人身权关系。

4. 按照诉讼法设定的程序进行

为了保证诉讼能够公平、迅速地进行,各国都制定了调整诉讼关系的法律,为诉讼设定了相应的程序,当事人和法院均需按照诉讼程序的要求按部就班地实施诉讼行为。

5. 以实体法作为裁判的依据

现代各国的诉讼均奉行依法审判,法官在处理诉讼案件时,不仅要遵循程序法的规定,而且要遵循实体法的规定,在对实体问题作出判决时,要以相应的实体法作为判决的准绳。①

6. 用判决作用解决争讼的典型方式

判决是法院解决诉讼案件的典型方式。在刑事诉讼中,法院须用判决来宣告被告有罪或无罪;行政诉讼中,法院用判决来宣告被诉行政行为是否合法,是应当维持还是应当撤销;民事诉讼中,虽然法院可以通过调解解决争讼,但判决仍不失为解决诉讼案件的典型方式,在当事人不愿意调解或者调解不成的情况下,法院仍然需要运用判决来确定当事人之间的民事权利义务关系。换言之,民事诉讼程序,也是主要是以判决为对象设置的。

(二) 民事诉讼的特点

认识民事诉讼的特征,需从两个视角去观察:一是将它与诉讼外解决民事纠纷的方式进行比较,二是把它同其他诉讼制度进行比较。与调解、仲裁这些诉讼外的解决民事纠纷的方式相比,民事诉讼有如下特征:

1. 民事诉讼具有公权性

民事诉讼是以司法方式解决平等主体之间的纠纷,是由法院代表国家行使审判权解决民事争议。它既不同于群众自治组织性质的人民调解委员会以调解方式解决纠纷,也不同于由民间性质的仲裁委员会以仲裁方式解决纠纷。

2. 民事诉讼具有强制性

强制性是公权力的重要属性。民事诉讼的强制性既表现在案件的受理和审理上,又反映在裁判的执行上。调解、仲裁均建立在当事人自愿的基础上,只要有一方不愿意选择上述方式解决争议,调解、仲裁就无从进行,民事诉讼则不同,只要原告起诉符合民事诉讼法规定的条件,无论被告是否愿意,诉讼均会发生,被告将被强制性地带入诉讼程序。即使被告执意不参加诉讼,法院也可以作出缺席判决。

3. 民事诉讼具有程序性

诉讼是依照法定程序进行的活动,无论是法院还是当事人和其他诉讼参与人,都要按照民事诉讼法设定的程序实施诉讼行为,违反诉讼程序常常会引起严重的后果,如当事人未在法律规定的期间内提出管辖权异议,异议权就消灭;依法应当回避的法官参加了案件的审理,法院的判决会被上级法院撤销等。诉讼外纠纷解决机制程序性较弱,和解如何进

---

① 法官依据事先制定的实体法进行裁判是大陆法系国家的传统,英美法系国家的传统则是依据判例进行裁判,但英美法系国家现在由议会颁布的成文法也越来越多,这一来源自于传统的差异已大为减少。

行完全由当事人自行决定,人民调解没有固定程序规则,仲裁虽然也需要按预先设定程序进行,但其程序相当灵活,当事人的选择权也较大。

4. 民事诉讼具有终局性

现代国家实行司法最终解决原则,把寻求司法救济作为公民对国家享有的宪法上的权利。发生民事纠纷后,当事人虽然可以选择调解解决,但法律仍然为当事人保留着向法院提起民事诉讼的权利;劳动争议虽然要先进行仲裁,但当事人不服仲裁裁决的,仍可以向法院提起民事诉讼。法院的判决是对纠纷的最终解决,判决生效后,纠纷从法律上就得到了终局性的解决,不允许当事人就同一纠纷再次提起诉讼。

二、民事诉讼制度与周边制度的关系

(一) 与人民调解制度的关系

人民调解是我国解决民事纠纷和轻微刑事案件的一项重要制度。

人民调解有着悠久的历史。早在20世纪的40年代,一些抗日根据地政府就开始建立并大力推行人民调解,还用立法规范人民调解制度。新中国成立后,用人民调解解决民事纠纷的传统得到了继承和发扬,政务院于1954年2月颁布了《人民调解委员会暂行通则》,对人民调解委员会的性质、任务、组织、职权、活动原则、工作方法等作出规定。

我国有多部法律、法规、司法解释、行政规章规定人民调解制度,其中较为重要的有《民事诉讼法》(以下称《民诉法》)、《人民调解法》(2010年,以下称《调解法》)、《人民调解委员会组织条例》(国务院,1989年)、《民间纠纷处理办法》(司法部,1990年)、《关于审理涉及人民调解协议民事案件的若干规定》(以下称《审理调解协议规定》)(最高人民法院,2002年)、《人民调解工作若干规定》(司法部,2002年)、《关于进一步加强人民调解工作切实维护社会稳定的意见》(最高人民法院、司法部,2004年)《关于建立健全诉讼与非诉讼相衔接的矛盾纠纷解决机制的若干意见》(最高人民法院,2009年)。

人民调解由人民调解委员会具体负责调解。人民调解委员会在基层人民政府和基层人民法院指导下工作。人民调解委员会应当尊重当事人的诉讼权利,不得因未经调解或者调解不成而阻止当事人向人民法院起诉,也不得阻止当事人通过行政、仲裁途径维护自己的合法权益。

人民调解委员会主持下达成的调解协议依赖当事人自动履行,不能作为法院强制执行的依据。当事人达成调解协议后一方反悔的,另一方当事人可以请求基层人民政府处理,也可以向法院起诉。

人民调解在实践中遇到的问题是调解达成的协议对双方当事人没有任何约束力,一方不履行调解协议,另一方只能到法院起诉[1],起诉到法院后,法院也不考虑双方已达成的调解协议,只是对原纠纷进行处理,就好像调解协议根本不存在似的。这种状况在相当

---

[1] 虽然当事人也可以要求基层人民政府处理,基层人民政府在处理时可以确认调解协议的效力,但由于调解协议经基层人民政府确认后仍然不能作为强制执行的依据,这种确认的实际意义并不大。

程度上妨碍了当事人选择人民调解。

为了解决上述问题,需要赋予调解协议某种法律上的效力。最高人民法院于2002年颁布了《审理调解协议规定》,该《规定》明确了经人民调解委员会达成的协议具有民事合同的性质,当事人应当按照约定履行自己的义务,不得擅自变更或解除调解协议,一方不履行调解协议,另一方可向法院起诉请求履行调解协议。在这一诉讼中,法院审理的对象是调解协议的效力问题,而不是原民事纠纷,因而被告所能提出的抗辩事由是相当有限的,只能就调解协议存在无效或得撤销的事由进行抗辩,若未能提出上述抗辩事由或抗辩事由不成立,法院就应确认调解协议的效力,支持原告的请求。这就从根本上改变了人民调解协议无任何法律约束力的状况。

《调解法》进一步明确了经人民调解所达成协议的效力,规定调解协议具有法律约束力,并要求人民调解委员会督促当事人履行调解协议约定的义务。不过,人民调解毕竟只是民间性的纠纷解决方式,所以对所达成的调解协议,当事人之间如果存在争议,仍然可以向法院提起诉讼。《调解法》还通过司法确认程序,将人民调解与法院的民事审判"对接",赋予调解协议的双方当事人共同向法院申请司法确认的权利。法院受理申请后,应当进行审查,审查后如作出确认调解协议效力的决定,调解协议的内容就具有了强制执行的效力,义务人如不履行协议所约定的义务,权利人就可以向法院申请强制执行。[①] 2012年8月新修订的《民诉法》专门在特别程序中增设了确认调解协议案件的程序。

(二) 与民商事仲裁制度的关系

仲裁制度就其典型形态而言是民商事仲裁。仲裁与诉讼,是我国解决民事纠纷的两种不同方式,这两种方式既各具特色,相互区别,又存在着密切的联系。

民商事仲裁与诉讼的联系集中表现在以下三个问题上,而这三个问题上的联系,实际上又反映了人民法院与仲裁机关的相互关系。

(1) 在受理案件问题上,仲裁与诉讼的关联表现为法院与仲裁机构具有相互排斥的关系。对仲裁与诉讼这两种解决争议的方式,当事人只能选择其一。如果选择了仲裁,在合同中订有仲裁条款或发生争议后达成了书面仲裁协议,就排除了人民法院的管辖,如果一方仍然向人民法院起诉,另一方就可以提出异议,法院查明确有仲裁条款或协议的,就不能受理。仲裁排除法院管辖还表现在当事人选择仲裁后,即使对仲裁机构的裁决不服,也不得再向人民法院起诉。

(2) 在财产保全问题上,仲裁与诉讼的关联表现为人民法院对仲裁机构的协助关系。一方面,仲裁机构是民间性质的,无权对被诉人的财产采取任何强制性措施,也无权采取证据保全措施,但另一方面,仲裁中同样会出现可能因一方当事人的行为或者其他原因,使裁决不能执行或难以执行的情形,出现证据可能灭失或者以后难以取得的情形,即存在着财产保全和证据保全的必要性,这就需要法院给予协助。《仲裁法》第28条、第46条规定,对当事人提出的财产保全与证据保全的申请,仲裁委员会应当将当事人的申请提交法

---

① 参见《调解法》第31—33条。

院,由法院采取保全措施。

(3) 在仲裁裁决执行问题上,仲裁与诉讼的关联表现为法院对仲裁机构的协助与监督关系。仲裁机构无强制执行权,为了使生效的仲裁裁决真正具有法律约束力,便需要法院给予协助,借助法院的强制力来保证仲裁裁决的实现。《仲裁法》第62条、《民诉法》第237条赋予仲裁当事人申请法院强制执行的权利。为了充分发挥仲裁所具有的迅速、有效解决争议的长处,仲裁裁决作出以后,不允许当事人通过向法院起诉的方式再行争执案件的是非曲直,无疑是必要的。但是,为了保证仲裁裁决的合法性、公正性,由司法机关给予仲裁机关某种程度的监督,同样是完全必要的。我国采用申请撤销仲裁裁决和裁定不予执行仲裁裁决两种方式对仲裁实行监督,前者由败诉的一方当事人向仲裁委员会所在地的中级法院申请撤销裁决,后者在胜诉一方当事人申请法院强制执行时,败诉方请求法院不予执行。

(三) 与公证制度的关系

公证是指公证机关依据当事人的申请,为当事人证明民事法律行为,有法律意义的事实和文书。设立公证制度的主要目的在于预防纠纷,民事法律行为等经过公证后,产生纠纷的可能性大为减少,所以公证制度发达的国家,民事诉讼率相应是比较低的,公证与民事诉讼都是与民事纠纷相关的制度,公证是事先预防纠纷,而诉讼则是事后解决纠纷。

公证与民事诉讼的连结点集中体现在证据和执行两大问题上。根据《民诉法》第69条和《公证法》第36条的规定,经过公证的民事法律行为、有法律意义的事实和文书,有相当强的证明力,除非有相反的证据足以推翻该项公证,法院在诉讼中应当把它们作为认定事实的根据。在执行问题上,经公证的债权文书又是法院强制执行的依据之一。对经公证的以给付为内容并载明债务人愿意接受强制执行承诺的债权文书,债务人不履行或者履行不适当的,债权人可以依法向有管辖权的人民法院申请执行。

法律赋予公证文书证据效力和执行效力反映了公证制度与民事诉讼制度的相互支持关系。就法院与公证机构的关系而言,除了支持关系外,还有监督关系。法院的监督作用表现为对公证文书、经公证的债权文书的审查上,如法院发现经公证的债权文书确有错误的,可以裁定不予执行,如发现有相反证据推翻经公证的法律行为等的,可以否定其证据效力。

公证能够预防诉讼,但不能绝对地排除诉讼,尽管经过公证,当事人、利害关系人对公证书的内容仍然有可能发生争议,对此类争议,可通过民事诉讼来解决。

(四) 与破产制度的关系

《破产法》中既有关于破产的实体法方面的规定,又有大量关于法院处理破产事件的程序方面的规定,如关于破产案件的管辖,破产清算和重整、和解的程序,破产清算的程序。

破产程序是指法院审理破产案件所适用的程序。破产程序有狭义与广义之分。狭义专指破产清算程序。广义除破产清算外,还包括重整程序与和解程序。在我国,破产程序主要规定在《破产法》中,我国的《破产法》规定的程序包括破产案件的申请与受理、重整、和解、破产清算,因此是从广义上规定了破产程序。该程序是清偿债务的一种特别程序。当债务人不能清偿到期债务,并且其资产不足以清偿全部债务或者明显缺乏清偿能力时,通过破产清算,将其全部财产分配给债权人,从而终结全部债权债务关系的程序。

我国于1986年12月2日颁布了新中国的第一部破产法——《中华人民共和国企业破产法(试行)》。由于该法仅适用于全民所有制企业,为了解决非全民所有制企业法人的破产问题,1991年4月颁布的《民诉法》专门规定了"企业法人破产还债程序"。所以,长期以来,我国法院在审理破产案中,依据企业法人所有制性质的不同,分别适用不同的法律,相对于《破产法(试行)》,《民诉法》中的"企业法人破产还债程序"规定得较为简单,所以,最高法院在司法解释中规定,法院在审理非全民所有制企业法人的破产案件时,可以参照《破产法(试行)》的相关规定。

破产案件也是民事案件,但它同存在于对立双方当事人的通常的民事案件不同,破产案件在性质上属于非讼案件,正是这个原因,《民诉法》把企业法人破产还债程序放在公示催告程序之后。

2006年8月27日,我国颁布了《中华人民共和国企业破产法》,该法适用于所有的企业法人,该法生效后,无论是全民所有制企业法人,还是其他所有制的企业法人,在破产、重整清算及重整和解问题上,统一适用《破产法》,《民诉法》中的"企业法人破产还债程序"不再适用。

《民诉法》与《破产法》的关系,是一般法与特别法的关系,依据处理特别法与一般法关系的原则,法院审理破产案件,在程序上应当首先适用《破产法》的规定,《破产法》未规定的,适用《民诉法》的规定。

破产案件与通常的民事诉讼案件可能发生联系,这种联系有以下三种情形:(1)诉讼、仲裁正在进行,法院受理了有关该债务人的破产申请,此时应当中止诉讼或仲裁程序,待破产管理人接管债务人的财产后,诉讼或仲裁再继续进行;(2)法院受理破产申请后,有关破产债务人的民事诉讼,只能向受理破产申请的法院提起;(3)债务人的财产已被法院采取财产保全措施,或者针对债务人的强制执行正在进行,法院受理了有关该债务人的破产申请,此时财产保全措施应当解除,执行程序应当中止。

第三节 民事诉讼法

一、民事诉讼法的概念

民事诉讼法,是国家制定的规范法院和诉讼参与人的各种诉讼活动以及由此产生的关系的法律规范的总称。

民事诉讼法调整的对象一是法院、当事人和其他诉讼参与人的诉讼活动,二是从诉讼中产生的各种关系。

民事诉讼法有狭义和广义之分,狭义的民事诉讼法专指民事诉讼法典,我国现行的民事诉讼法典是1991年4月9日颁布实施的《民诉法》。该法于2012年8月31日经过了第二次修订,修订后的规定于2013年1月1日开始实施。广义的民事诉讼法,不仅包民事诉讼法典,而且还包括宪法、其他法律、法规中有关民事诉讼的规范,以及最高人民法院适用民事诉讼法过程中作出的司法解释。

广义的民事诉讼法中有两类特别值得注意:一类是民事实体法中关于民事诉讼的规定,如《民法通则》第126条,《著作权法》第49条、第50条、第54条。另一类是最高人民法院的司法解释。这些司法解释通过两种方式表现出来:一是综合性解释,如《关于适用〈中华人民共和国民事诉讼法〉若干问题的意见》(以下称《适用意见》)、《关于民事经济审判方式改革的若干规定》(以下称《审改规定》);二是针对高级法院就个案请示所作的批复,如《关于人民法院是否受理因邮电部门电报稽延纠纷提起诉讼问题的批复》。这些司法解释是《民诉法》条文的具体化,针对性强,在诉讼实务中经常用到。因此,学习民事诉讼法不仅要把握法典中的条文,也要把握最高法院的司法解释。

司法解释是对《民诉法》的解释与补充,与法典发生冲突时,应当以《民诉法》为准。

二、民事诉讼法的性质

民事诉讼法的性质,可以从以下四个方面说明:

(一) 民事诉讼法是基本法

就民事诉讼法在我国社会主义法律体系中的地位而言,它属于基本法律,其效力仅低于宪法。按照我国《立法法》的规定,民事诉讼法典的立法权在全国人民代表大会。

(二) 民事诉讼法是部门法

从民事诉讼法调整的社会关系看,它调整的是民事诉讼关系,是社会关系中具有自身特点的一类社会关系,这决定了民事诉讼法能够成为一个独立的法律部门。

(三) 民事诉讼法是程序法

从民事诉讼法的内容看,它规定的主要是程序问题,除总则对民事诉讼中的一些共同性问题作出规定外,民事诉讼法规定了三大类程序:(1) 诉讼程序,包括第一审程序、第二审程序、审判监督程序、特别程序、涉外民事诉讼程序;(2) 非讼程序,包括督促程序、公示催告程序、特别程序;(3) 执行程序,包括执行的开始、执行的措施、执行的中止、执行的终结等。其中主要规定的是诉讼程序。

(四) 民事诉讼法多数为强制性规范

民事诉讼法在性质上属于公法,在民事诉讼法中,大多数规范为强制性规范,不允许当事人以合意的方式任意变更,这与私法性质的民法明显不同,民法中有许多任意性规范,这些规范只是在当事人未作出其他安排时才适用,允许当事人通过合意排除其适用。民事诉讼法多数为强制性规范的原因在于法院处理大批量案件程序的效率性、安定性的要求。

此外,违反民事诉讼法中强制性规范与违反民法中的强制性规范的法律后果也不同。违反民法中的强制性规范会导致民事行为无效,而违反诉讼法中的强制性规范并不当然导致诉讼行为无效,该行为在诉讼上仍然会产生效力,只是会产生对行为人不利的后果。如当事人逾期提出上诉仍然会使案件到达上诉审法院,只是法院会由于超过上述期限而驳回上诉。法官应当自行回避而未回避作出的判决并非当然无效,只是当事人提出上诉后判决会被撤销。

三、我国民事诉讼法的历史发展

(一) 旧中国的民事诉讼法

我国自古代就没有独立的民事诉讼法。诸法合一,民刑不分,以刑代民是我国奴隶社会与封建社会法律的特点。

我国历史上第一部民事诉讼法草案是清末的《民事诉讼律(草案)》,由沈家本主持起草,该草案以1890年的日本民诉法为蓝本,参照了德国、奥地利的民诉法,共4编800条,第一编审判衙门;第二编当事人;第三编通常诉讼程序;第四编特别诉讼程序。该法律草案未及通过,清王朝就为辛亥革命推翻。

我国第一部在全国统一实施过的民诉法典是1935年2月1日由中华民国政府制定的《中华民国民事诉讼法》,共9编636条。第一编总则;第二编第一审程序;第三编上诉审程序;第四编控告程序;第五编再审程序;第六编督促程序;第七编保全程序;第八编公示催告程序;第九编人事诉讼程序。

(二) 新中国的民事诉讼法

在新民主主义革命时期,解放区、根据地的政府建立了自己的司法机关,颁布过一系列有关民事诉讼的规定,如1943年颁布的《陕甘宁边区军民诉讼暂行条例》、1944年颁布的《苏中区处理诉讼案件暂行办法》、1946年颁布的《冀南区诉讼简易程序试行法》等;还创立了马锡五审判方式。马锡五是陕甘宁边区陇东专员公署的专员,陇东地区设边区高等法院的分庭,分庭庭长由专员兼任。马锡五审判方式的三大特点是:(1) 深入农村,调查研究;(2) 调解与审判相结合,干部与群众相结合共同断案;(3) 简便的诉讼手续。

新中国成立前夕,中共中央发布了《关于废除国民党六法全书与确定解放区司法原则》的指示,废除了国民党政府的六法全书。新中国成立后,我国尽管制定了宪法、法院组织法,但一直未制定民事诉讼法,直到1982年3月8日,第五届全国人大常委会第二十二次会议讨论通过了《中华人民共和国民事诉讼法(试行)》(以下称《试行法》),《试行法》23章、205条。该法试行9年后,于1991年4月9日被现行《民诉法》取代。现行《民诉法》共4编29章270条,第一编总则,第二编审判程序,第三编执行程序,第四编涉外民事诉讼的特别规定。

2007年,我国对现行《民诉法》进行第一次修改,全国人大常委会于2007年10月28日颁布了修订后的《民诉法》。这次修改,是对《民诉法》的局部修改,仅对其中的审判监督程序和执行程序作了修订。2010年,我国再次启动了修订《民诉法》的程序,2012年8月31日,全国人大常委会通过了《关于修改〈中华人民共和国民事诉讼法〉的决定》(以下称《修改决定》)。此次修订,被定位于全面修订,修订的内容涉及基本原则、回避、诉讼参加人、保全、送达、对妨碍民事诉讼的强制措施、第一审程序、第二审程序、特别程序、审判监督程序、督促程序、执行程序、涉外民事诉讼的特别规定。修订后的《民诉法》由原来的270条增加到284条。

四、民事诉讼法的任务

依据第2条的规定①,我国民事诉讼法的任务包括四个方面:

(一)保护当事人行使诉讼权利

诉讼权利是当事人寻求司法救济,维护自身民事权益的方法和手段,是当事人程序主体地位的依托,也是当事人实施具体诉讼行为的根据,只有充分地保护当事人行使诉讼权利,才能实现民事诉讼的目的。因此,民事诉讼法把保护当事人行使诉讼权利确定为人民法院的职责,作为民事诉讼法的首要任务。

(二)保证人民法院正确、及时审理民事案件

法院的审判活动是民事诉讼的一个极其重要方面,所以,民事诉讼法通过规范法院的审判行为,保证人民法院在查明事实、分清是非的基础上,正确适用民事实体法。在规定的审限内尽快地审结案件,以实现司法的公正和高效。从一定意义上讲,民事诉讼法是法院处理民事案件的操作规程。

(三)确认民事权利义务关系,制裁民事违法行为,保护当事人的合法权益

民事诉讼法是解决民事争议、保护民事权益的程序法。无论是当事人进行诉讼活动,还是法院进行审判活动,目的都在于通过审判来重新确认发生争议的民事权利义务关系。通过判令侵权或违约的一方当事人履行义务来制裁民事违法行为,使合法的民事权益得到保护。

(四)教育公民自觉遵守法律

教育公民自觉遵守法律也是我国民事诉讼法的任务之一。这就要求民事诉讼在解决纠纷的同时,还要充分发挥其教育功能。通过法院对案件的审判,使当事人及其他诉讼参与人,旁听、观看审判的公民受到法制教育,增强法律意识,以自觉地遵守民事法律。

五、民事诉讼法的效力

民事诉讼法的效力,是指民事诉讼对什么人、什么事、在什么时间和空间发生效力。这一问题直接关系到民事诉讼法的适用。

(一)对人的效力

对人的效力是指民事诉讼法适用于哪些人。第4条规定:"凡在中华人民共和国领域内进行民事诉讼,必须遵守本法。"这表明无论是中国的公民、法人或其他组织。还是外国人、无国籍人、外国的企业和组织,只要在我国法院进行民事诉讼,就必须适用我国的民事

---

① 为了精简字数,本教材中凡出现"第XX条规定",或是"根据或者依据第XX条的规定",指的就是《民诉法》中XX条的规定。

诉讼法。我国的民事诉讼法还适用于那些虽然享有外交特权和豁免权,但依照国际条约和我国法律的有关规定其民事诉讼应受我国法院管辖的外国组织和外国人。

(二) 对事的效力

对事的效力是指民事诉讼法适用于哪些案件。依据第3条和其他相关条文的规定,适用民事诉讼法审理的案件有以下五类:

1. 因民法、婚姻法、收养法、继承法等民事实体法调整的平等主体之间的财产关系和人身关系发生的民事案件,如房产纠纷、合同纠纷案件,侵害名誉权、肖像权案件等。

2. 因经济法、劳动法调整的社会关系发生的争议。法律规定适用民事诉讼程序审理的案件,如企业破产案件、劳动合同纠纷等。

3. 适用特别程序审理的选民资格案件和宣告公民失踪、死亡等非讼案件。

4. 按照督促程序解决的债务案件。

5. 按照公示催告程序解决的宣告票据和有关事项无效的案件。

(三) 空间上的效力

空间效力是指民事诉讼法在哪些地方发生效力。根据第4条的规定,凡是在中华人民共和国的领域内进行民事诉讼均适用本法,因此其空间效力范围及于整个中华人民共和国的领域。

(四) 时间上的效力

时间上的效力是指民事诉讼法从什么时间开始生效。我国现行《民诉法》生效的时间是1991年4月9日。从生效之日起,1982年3月8日颁布的《试行法》同时废止。《民诉法》生效后,法院无论是审理生效前受理的案件,还是审理生效后受理的案件,均应适用新法。但如果新法与旧法有不同的规定,且新法生效前诉讼行为已经按照旧法实施,这些适用旧法进行的程序活动依然有效。

六、民事诉讼法与相邻法律部门的关系

(一) 民事诉讼法与民事实体法的关系

民事诉讼法是程序法,它与规定人们在一定社会关系中民事权利与民事义务的民事实体法有着密不可分的相互依存关系,如果没有实体法,民事诉讼法就失去了保护的对象,也就失去了存在的意义,而没有民事诉讼法,实体法上的权利义务发生争执时就无从通过诉讼方式得到解决,受侵害的民事权利难以得到有效保护,因此民事实体法的生命力要通过民事诉讼法来体现。

民事诉讼法除了具有保障实体法实施的价值外,还具有自身独立的价值,民事诉讼法的公正、合理的诉讼程序,保障了当事人主体的地位,使当事人能够充分地行使权利,通过主张、陈述、举证、质证、辩论活动,与对方当事人,与法院进行对话。民事诉讼法还使法院的裁判形成于充分听取当事人及其诉讼代理人的辩论之后,并依据庭审调查的证据和相关的法律而作出。程序公正既保障了当事人的诉讼权利,又使法院的裁判具有正当性和公信力。

从诉讼实务的角度看,把握民事实体法对正确理解和适用民事诉讼法具有十分重要的意义。首先,民事实体法中有一些有关民事诉讼的规范,如股东可以要求查阅公司会计账簿,公司拒绝提供查阅的,股东可以请求法院要求公司提供查阅(《公司法》第34条第2款);因履行集体合同发生争议的,工会可依法提起诉讼(《劳动合同法》第56条)。其次,民事诉讼中的许多问题,需要依据实体法的规定来解决。例如,当事人是否合格、反诉能否成立、受诉法院有无管辖权等程序性问题,离开了实体法的相关规定,往往就无从解决。

对于民事诉讼来说,虽然民事诉讼法与民事实体法的分工不同,但两者是同等重要的,实体法与程序法如同车之两轮、鸟之两翼,它们之间不可能存在主从关系。①

(二) 民事诉讼法与《人民法院组织法》的关系

《人民法院组织法》主要规定法院的组织和活动原则,民事诉讼法则规定了法院审理原则、制度和程序,两者具有不同的调整对象、属于不同的法律部门。但两者都涉及法院审判活动的原则和制度,因此又有相通之处。例如,两者都规定了依法独立审判原则,对当事人适用法律一律平等原则,使用本民族语言文字进行诉讼原则,规定了合议制,陪审制、公开审判制等制度。人民法院审理民事案件时,要遵守上述两部法律的规定。

(三) 民事诉讼法与刑事诉讼法、行政诉讼法的关系

《民诉法》与《刑事诉讼法》、《行政诉讼法》都属于程序法,均担负着保证各自实体法实施的任务,因此它们之间有不少相同或相近之处。例如,三部诉讼法都规定了法院依法独立审判和公开审判,实行合议制、回避制、两审终审制,都规定了第一审程序、第二审程序和审判监督程序。在三部诉讼法中,《民诉法》与《行政诉讼法》在内容上更为接近。但是,它们毕竟服务于不同的实体法,调整不同的诉讼关系,所以也存在着不少差别,例如,民事诉讼由与本案有着直接利害关系的当事人提起,刑事诉讼除自诉案件外,由检察机关代表国家提起,行政诉讼则由具体行政行为的相对人提起;民事诉讼的证明责任由原、被告分担,刑事诉讼由起诉方承担证明责任,行政诉讼则由被告负责证明具体行政行为的事实依据与法律依据。

(四) 民事诉讼法与海事诉讼特别程序法的关系

1999年12月25日,我国颁布了《中华人民共和国海事诉讼特别程序法》(以下称《海事诉讼法》),该法对海事案件的管辖、海事请求保全、海事强制令、海事证据保全、海事担保、送达、审判程序等作出了规定。海事纠纷亦属于平等主体之间的纠纷,但又具有许多不同于一般民事纠纷的特点。《海事诉讼法》是针对海事案件的特点和法院审理海事案件需要适用的特殊程序作出的规定。民事诉讼法与《海事诉讼法》的关系是一般法与特别法的关系,法院在审理海事案件时,应当优先适用特别法,特别法未作规定的,才适用民事诉讼法。

---

① 参见江伟:《市场经济与民事诉讼法学的使命》,载《现代法学》1996年第3期。

阅读法规

《民诉法》第1—4条;《人民调解法》(2010年8月);《关于审理涉及人民调解协议的民事案件的若干规定》(2002年9月);《关于建立健全诉讼与非诉讼相衔接的矛盾纠纷解决机制的若干意见》(2009年7月);《关于人民调解协议的司法确认程序的若干规定》(2011年3月)。

案例解析

【1-1】 甲与乙系同村的村民,甲认为乙建房时占用了甲的宅基地,乙则认为自己建的围墙并未占用甲的宅基地,双方为此发生争吵。

问:他们可以采用哪些方式解决纠纷?

分析要点:甲与乙之间的宅基地纠纷属于平等主体的自然人之间因财产权发生的民事争议。对于该纠纷,双方首先可以通过协商谋求纠纷的化解。如果协商不成,可以请求村里的人民调解委员会进行调解。调解不成,再向法院提起诉讼。也可以直接向法院提起诉讼。

【1-2】 甲与乙经过人民调解委员会调解后,双方达成调解协议,协议的内容为:乙于10日内将已经建成的围墙拆除,向后退0.3米重新建围墙。由于乙迟迟不将围墙拆除,甲向法院提起诉讼,要求法院判令乙拆除围墙。

问:(1) 甲与乙经人民调解达成的协议具有何种效力?

(2) 法院应当如何审理这一案件?

(3) 如何才能使调解协议具有强制执行力?

分析要点:(1) 根据《人民调解法》的规定:经人民调解委员会调解达成的调解协议,具有法律约束力,当事人应当按照约定履行。根据最高法院的司法解释,这里的法律约束力,是指合同法上的约束力。

(2) 由于调解协议具有合同法上的效力,所以法院在受理诉讼后,应当对双方达成的调解协议进行审查而不再是对原纠纷进行审理。如果乙未向法院提出调解协议存在无效或者得撤销的抗辩,或者虽然提出抗辩但不能证明抗辩事由存在,法院将判决乙履行双方已经达成的调解协议。

(3) 双方当事人可以共同到当地的基层人民法院申请确认调解协议的效力,法院经审查后,如果确认调解协议有效,在乙不履行的情况下,甲可以根据法院的确认书申请强制执行调解协议。

【1-3】 甲公司是一家大型的商场,由于市场急剧变化再加上经营管理不善,甲公司欠了多家供货商的货款。由于在供货合同中均约定了如果甲公司不能按照合同约定付款,供货方有权在本地法院提起诉讼,B市的乙公司于2011年1月向该市的法院提起诉

讼,法院根据乙公司的申请对甲公司进行了财产保全。同年3月,甲公司因无力清偿巨额债务向A市法院申请破产,法院依法予以受理。C市的丙公司、D市的丁公司欲起诉追讨货款。

问:(1) B市的法院应当如何处理正在审理的乙与甲之间的诉讼?

(2) 丙公司、丁公司应当向哪一地区的法院提起诉讼?

分析要点:这是与破产事件相关的民事诉讼,需要根据《破产法》的相关规定处理。(1) B市法院应当解除已经采取的财产保全措施,并中止正在进行的诉讼;(2) 尽管根据双方当事人对协议管辖的约定,丙、丁两公司可以向当地的法院提起诉讼,但是依照《破产法》的规定,在法院受理破产申请后,丙、丁两公司只能向A市法院提起诉讼。

【1-4】 安徽省马鞍山市的甲钢铁公司与甘肃省天水市的乙物资公司签订了一份钢材买卖合同,合同约定甲公司将1000吨钢材通过火车由马鞍山市运至天水车站,运费由乙公司承担。由于双方都对北京市海淀区人民法院的宋鱼水法官充分信任,在合同中约定,如果在履行本合同过程中发生争议,任何一方均可向北京市海淀区人民法院提起诉讼。

问:如果发生纠纷,是否可以向北京市海淀区人民法院提起诉讼?

分析要点:《民诉法》对合同纠纷规定的地域管辖是由合同履行地或者被告住所地法院管辖,对合同纠纷,法律虽然允许协议管辖,但是仅允许当事人在协议中选择被告住所地、合同履行地、合同签订地、原告住所地、标的物所在地的法院,本案中双方选择的北京市海淀区人民法院,不属于上述五个地点中的任何一个,故该约定无效,只能按照法定管辖来确定有管辖权的法院。

司法考试题

2002年试卷三第30题"民事诉讼法律关系";第73题"劳动仲裁与诉讼的关系"。

2006年试卷三第35题"民事诉讼与仲裁的关系";第80题"劳动争议的解决方式"。

2008年试卷三第88题"民事诉讼与仲裁的关系"。

2010年试卷三第35题"经人民调解委员会调解达成的调解协议的效力";第43题"仲裁的范围和仲裁协议的效力";第44题"法院对仲裁的司法监督";第81题"仲裁调解";第84题"仲裁协议的效力";第86题"申请撤销仲裁裁决的事由"。

2011年试卷三第35题"民事诉讼法的性质";第36题"民商事仲裁与民事诉讼的区别"。

2012年试卷三第48题"仲裁协议的效力";第49题"仲裁员的回避";第77题"民事诉讼法的修改";第84题"民事诉讼法的修改"。

第二章 基本原则与基本制度

第一节 民事诉讼法的基本原则

一、基本原则概述

(一) 基本原则的含义

从一般意义上说,部门法的基本原则应当是贯彻于该部门法中,对该部门法的各项制度和具体规范起统率作用的立法的指导方针。它反映了该法律部门的基本原理、内在规律和特有价值,是制定、解释、适用该部门法的依据。

我国有刑事、民事、行政三大诉讼制度,这三大诉讼制度既有共同的原理和规律,又有各自的特点和特殊规律,从整体上说,民事诉讼法的基本原则既要反映诉讼制度的共同原理与规律,又要反映民事诉讼制度的特殊原理与规律。因此,民事诉讼法的基本原则应当是,体现诉讼制度的共同原理和民事诉讼的特殊原理,对民事诉讼的主要阶段或某个阶段起指导作用的基本规则。

民事诉讼法的基本原则不同于民事诉讼中的具体制度,更不同于民事诉讼法的具体条文。民事诉讼法的基本原则具有基础性、导向性和抽象性的特点。所谓基础性,是指基本原则是各项具体制度的基础,各项具体制度须按基本原则的要求制定,不得与之相抵触;所谓导向性是指基本原则具有指导作用,能够为参与诉讼活动的法院和诉讼参与人指明方向;所谓抽象性,是指基本原则具有高度的概括性。[1]

(二) 基本原则的种类

我国《民诉法》第一编第一章的标题为"任务、适用范围和基本原则",该章总共16个条文,其中规定基本原则的条文有12个。在《民诉法》规定的基本原则,既有反映三大诉讼共同规律的基本原则,如法院独立行使审判权原则,以事实为根据、以法律为准绳原则,也有反映民事诉讼的规律和特点的原则,如处分原则、法院调解原则等,这些原则可称为特有原则。以下仅对民事诉讼法基本原则中的特有原则作出说明。

二、诉讼权利平等原则

(一) 诉讼权利平等原则的含义与内容

诉讼权利平等原则,是指当事人在民事诉讼中平等地享有和行使诉讼权利。第8条规定,民事诉讼当事人有平等的诉讼权利。人民法院审理民事案件,应当保障和便利当事

---

[1] 参见谭兵主编:《民事诉讼法学》,法律出版社2004年版,第100页。

人行使诉讼权利。这一规定表明,诉讼权利平等原则包含以下两方面内容:

1. 当事人在民事诉讼中享有平等的诉讼权利

当事人平等地享有诉讼权利,是程序公正所要求的。双方当事人在诉讼中具有平等的法律地位,是程序公正的要素之一,而当事人诉讼地位平等,又是通过当事人在诉讼中享有平等的诉讼权利来体现的。一些学者认为,当事人诉讼权利平等原则是由民事法律关系的特点所决定的,由于民事法律关系是平等主体之间的关系,双方当事人在民事活动中的地位平等,所以在民事诉讼中双方的地位、诉讼权利也必须平等。我们认为,当事人在实体法律关系中的地位对其在诉讼中的地位并无决定性影响,否则就很难解释为什么地位并不平等的行政法律关系当事人在行政诉讼中却具有平等地位。

民事诉讼法是通过对诉讼权利作同一性规定和对等性规定来使诉讼权利平等原则具体化的。同一性规定是指为双方当事人规定了内容完全相同的诉讼权利,如委托诉讼代理人、申请回避、收集与提供证据、进行辩论、请求调解、提起上诉等。对等性规定是指诉讼权利的具体内容虽然不同,但双方当事人享有的权利是对应的,如原告有起诉权,被告有答辩权,原告可以放弃或变更诉讼请求,被告可以承认或反驳诉讼请求。这种诉讼权利的对等性是由原、被告在诉讼中所处的不同地位所决定的。原告在诉讼中处于攻击者的地位,被告则处于防御者的地位,这一地位上的差异决定了双方的诉讼权利不可能完全相同。

2. 保障和便利当事人平等地行使诉讼权利

《民诉法》规定当事人享有平等的诉讼权利并对诉讼权利的内容详加规定,这一点固然重要,但这些权利还只是"写在纸上的权利"。要使它们成为当事人实际享有的权利,还有赖于法院在诉讼中切实地予以保障。因此,《民诉法》责成法院保障和便利当事人行使诉讼权利。由于法院在民事诉讼法律关系中所处的重要地位,法院能否切实贯彻这一原则,对双方当事人一视同仁,为双方行使诉讼权利提供便利并给予切实的保障,是该原则能否在诉讼实务中得到落实的关键。

另一方面,法院只有在保障当事人充分行使诉讼权利的前提下,对案件作出裁判才具有正当性。在民事诉讼中,裁判尽管是法院作出的,但是裁判所依据的资料却来自于当事人,是根据当事人提出的主张与抗辩、当事人对事实的陈述、当事人提供的证据资料作出的,所以,只有充分保障当事人的诉讼权利,使当事人在诉讼中展开充分的攻击和防御,才能够使当事人认同和接受裁判结果,尤其是对其不利的裁判结果。

(二)诉讼权利平等原则的适用

首先,《民诉法》通过诉讼程序的设置使该原则具体化。《民诉法》在设计对审结构的诉讼程序时,始终考虑该原则的要求,使原告、被告在诉讼中享有平等的诉讼权利。例如,在赋予原告选择管辖的权利时,使被告相应地享有对管辖权提出异议的权利。

其次,法院在审判实务中便利和保障当事人平等地行使诉讼权利。例如,为了使双方当事人充分行使收集、提供证据的权利,法院在原告起诉时和在向被告送达诉状时发给双方举证须知,告知当事人收集与提供证据的内容、范围、时间。为了使双方当事人更好地行使当庭陈述的权利,法官指导当事人陈述,告知双方陈述应围绕重点进行。

最后,当事人、诉讼代理人密切关注该原则的实施。为了保证该原则的实施,当事人、诉讼代理人一方面应全面了解自己享有哪些诉讼权利,以及行使这些权利的条件和期限,另一方面,应注意法院在双方当事人行使诉讼权利时是否平等地给予了保障,如发现有差别对待,不公平地限制自己行使诉讼权利的情形,在上诉时应加以说明。

三、处分原则

(一) 处分原则的含义与依据

处分原则,是指民事诉讼当事人有权在法律规定的范围内自由处置自己的民事实体权利和民事诉讼权利(第13条第2款)。

处分原则是最能够反映民事诉讼制度特点的原则之一,唯有在民事诉讼中,才实行处分原则,当事人才可以自由地支配其实体权利和诉讼权利。在刑事诉讼和行政诉讼中,由于不实行处分原则,当事人不得自由处置实体权利和诉讼权利。

民事诉讼中之所以实行处分原则,其根本原因在于民事权利的可处分性。民事权利属于私权,主要与当事人本人有关,与国家利益和社会公共利益一般并无关系,因此国家对民事权利原则上持不干预态度,而让权利人自由自主地去处置他的权利,权利人可以行使其权利,也可以不行使甚至放弃他的权利。在发生纠纷时或者权利受到侵害时,权利人可以通过协商方式解决纠纷,也可以选择仲裁或者诉讼。即使选择了诉讼,国家也不要求当事人非得把诉讼进行到底,当事人可以根据案件的具体情况作出选择,可以放弃诉讼请求,可以撤回诉讼,可以与对方当事人达成诉讼上和解。无论当事人作出何种决定,国家总是乐于尊重当事人依法作出的选择。既然国家允许当事人以非诉讼的方式解决民事纠纷,那么也就没有必要对当事人在诉讼中作出的种种选择施加不必要的限制。

(二) 处分原则的内容

处分原则的核心是当事人依法享有的处分权,因此,处分原则的内容,实际上也就是处分权的内容。当事人的处分权,包括两个方面:

一是对实体权利的处分权。当事人通常是成为诉讼标的的有争议的民事权利义务关系的主体,对自己享有的民事权利,有权在法律规定的范围内自由处置,可以自由、自主地作出主张或是变更、放弃其民事权利的决定。

二是对诉讼权利的处分权。当事人对诉讼权利的处分权贯穿于民事诉讼的全过程,在诉讼的初始阶段,当事人有权对起诉权进行处分,在诉讼的最后阶段,当事人有权对执行中的和解权进行处分,在诉讼起点至终点的各个阶段、各个环节,当事人享有内容丰富、形态多样的处分权,《民诉法》赋予当事人多少诉讼权利,当事人就享有多少诉讼权利的处分权,两者的范围是相同的。

尽管我们可以依据权利性质的不同将当事人的处分权划分为对民事实体权利的处分权和对民事诉讼权利的处分权,但在诉讼过程中,当事人对这两种权利的处分,常常是交织在一起的,当事人对民事实体权利的处分,一般是通过对诉讼权利的处分来实现的。例如,当事人在诉讼中作出让步,放弃一定的实体权利以同对方达成调解协议,是通过对请求调解或者接受调解这一诉讼权利的处分实现的。当然,处分诉讼权利并不一定同时处分实体权利,如原告撤回诉讼并不意味着他放弃了自己的民事权利。

(三) 处分权与审判权的关系

为了在民事诉讼中正确地贯彻实施处分原则,还需要正确地认识和处理处分权与审判权之间的关系。

与当事人处分权相对应的,是法院的审判权。由于民事诉讼活动是在这两种权利(力)的相互作用下展开并逐步发展的,诉讼任务的完成又有赖于这两种权利(力)在各自界域内正确行使,同时也由于处分权与审判权的关系实质上反映了当事人的诉讼权利与法院的审判权的关系,正确认识和处理两者的关系对改革和完善我国的民事诉讼制度具有重要意义。

1. 处分权构成了对审判权的合理制约

从民事诉讼法律关系的角度分析,法律既然将处分权赋予当事人,那么就必然要求作为诉讼法律关系相对方的法院承担起不得侵害处分权并保障其实现的任务。处分权对审判权具有直接的影响,审判权的初始运作取决于当事人是否提起诉讼,审判权的作用范围受制于当事人的请求事项和争议事实,审判权通常因当事人提出撤诉申请而停止运作。这足以说明处分权的存在构成了对审判权的合理制约。

处分权对审判权的制约存在着程度上的差异。一些处分权具有绝对性,作出这样或那样的选择完全根据当事人自己的意愿决定,法院必须无条件接受当事人处分的结果,例如,当事人对起诉与否、上诉与否、请求或接受调解与否的处分。另一些处分行为虽然也构成了对审判权运作的制约,但不具有绝对性,它们或者需要经过法院批准后方能产生预期的法律效果,如申请撤诉;或者虽然在通常情况下能够决定审判权运作的范围,但在必要时法院完全可以超出当事人处分行为所设定的范围,例如,对与案件主要事实有密切关联的间接事实,当事人虽未提出,法院也有权令其陈述并予以查明。

2. 审判权应当指导、监督处分权的行使

处分权的正确行使依赖于对处分行为所产生的法律效果的正确认识。一方面,在审判实务中,不少当事人是在缺乏律师帮助的情况下进行诉讼的,由于受到文化程度或法律知识的限制,他们或者根本不了解自己处分行为的后果,或者对某些处分行为的后果存在这样或那样的误解,对这样的当事人,法院应在其实施处分行为前给予指导,告知或提醒当事人处分行为将产生的后果。

另一方面,为了确保当事人的处分行为不超越法律规定的范围,法院对当事人的处分行为应进行必要的监督,应对违法的处分行为进行干预。例如,当法院发现双方当事人恶意串通,一方为逃避强制执行而承认另一方主张的虚假债务时,应不受这一处分行为的限制而判决驳回原告的诉讼请求。

3. 审判权应当保障处分权的实现

鉴于法院在诉讼关系中所处的主导地位,当事人的处分权能否在诉讼中得以实现,在很大程度上取决于法官能否正确对待当事人的处分行为。如果审判权过于扩张,不当进入了那些原本应当由当事人自由处分的界域,当事人的处分权就会受到严重损害甚至化为乌有。当前,诉讼实务中仍存在着一些侵害处分权的现象,如有的法院以种种借口拒绝受理当事人符合法定条件的起诉,有的法官动员当事人撤诉,甚至以"如不撤诉,将判你败诉"来逼迫当事人撤诉,有的法官违反自愿原则进行调解,强迫或变相强迫当事人接受其提出的调解意见。

因此,在贯彻处分原则时,有必要强调处分权是法律赋予的,法官应当尊重当事人合法的处分行为,保障处分权的顺利实现。

四、辩论原则

(一) 辩论原则的含义和内容

辩论原则是指民事诉讼的当事人有权就争议的事实和法律问题,就案件的实体和程序问题,在法院的主持下进行辩论,说明和论证自己主张的真实性和合法性,反驳对方当事人的意见和主张。《民诉法》第 12 条规定:"人民法院审理民事案件时,当事人有权进行辩论。"这一规定界定了辩论原则的含义和内容。

辩论原则一方面确立了当事人在诉讼中的辩论权,使当事人可以通过行使辩论权,积极地参与到诉讼程序中,与对方当事人进行有意义的对话,向法庭充分说明自己的主张和理由,反驳对方当事人提出的不真实的事实、不合法的主张,并通过辩论澄清有争议的案件事实,明确双方的民事权利义务关系。另一方面,辩论原则也使法院承担起保障当事人行使辩论权的义务,它不仅要求法院严格按照程序法的规定为当事人行使辩论权提供时间和机会,而且也要求法院在充分听取当事人的辩论后才能对有争议的事实和权利义务关系作出认定。辩论原则既是诉讼程序民主化的表征,也是审判公正性与合理性的内在要求。

实行辩论原则的前提是存在对审的诉讼结构,因此,辩论原则在民事诉讼中的适用范围应仅限于审判程序,有些学者主张在执行程序中也应当贯彻辩论原则,我们认为,这种观点是值得商榷的。一方面,执行程序主要反映法院与被执行人之间的关系,据以执行的法律文书已经确定,所以在执行程序中既无辩论的相对方,又无辩论的可能和必要。另一方面,即便是在审判程序中,辩论原则也只适用于第一审程序、第二审程序和审判监督程序,而不适用于只有申请人而无被告的特别程序,也不适用于督促程序与公示催告程序。

辩论的内容,可以是程序方面的,也可以是实体方面的。前者如仲裁协议是否有效、受诉法院对案件有无管辖权、当事人是否适格、诉讼代理人的行为是否超越了代理权限范围、当事人的诉讼行为是否有效等;后者包括事实和法律两个方面,如原告提出的作为诉讼请求根据的事实、被告提出的反驳诉讼请求根据的事实是否真实,有无充分证据证明,对特定事实应当适用何种实体法及实体法中的何种条款等。无论涉及哪一方面的内容,辩论均应当围绕着双方当事人有争议的,并且是对正确处理纠纷有意义的问题进行。

辩论原则集中体现在开庭审理的法庭调查阶段(这一阶段中的质证活动实际上是双

方当事人围绕证据材料展开的辩论)和法庭辩论阶段,但辩论开始的时间则在进入开庭审理之前,因为原告起诉和被告答辩已在实质上构成了双方的初次辩论。辩论主要采用口头方式进行,在质证和法庭辩论时,当事人或其诉讼代理人用口头方式进行辩论,但在开庭审理前的起诉与答辩,是采用书面方式进行的。

(二) 辩论原则的功能

辩论原则的功能主要在于保障当事人的辩论权,要求法院在听取当事人辩论后才作出裁判。例如,在简易程序中,尽管法院可以采取简单的方式进行审理,但应当保障当事人陈述意见的权利;当事人违反法律规定,剥夺当事人辩论权的,构成再审的事由,当事人可以申请再审。

(三) 处分原则与辩论原则的关系

处分原则与辩论原则都是反映当事人在民事诉讼中的主体地位的原则,但两者的侧重点不同。处分原则针对的是诉讼请求层面,原告对谁提出诉讼请求,提出何种诉讼请求,提出诉讼请求后是否变更或者撤回,针对未生效的判决或裁定是否上诉,提出何种上诉请求,上诉后是否撤回,是否申请再审,是否申请强制执行等均由当事人来决定。

辩论原则针对的主要是事实和证据问题。以何种事实作为诉讼请求根据或者反驳诉讼请求的根据,对于对方当事人主张的对自己不利的事实,是承认还是否认,提供何种证据供法院调查,这些也要由当事人来决定。

五、诚实信用原则

(一) 诚实信用原则的含义

诚实信用原则,又称诚信原则,是指导法院、当事人及其他诉讼参与人实施诉讼行为的准则,它要求法院公正而迅速地实施审判行为,要求当事人及其他诉讼参与人诚实善意地实施诉讼行为。

诚信原则起源于罗马法,后来规定在法国和德国的民法典中,成为规范契约关系,指导债务履行的基本原则,进入 20 世纪后,又上升为整个民法的基本原则。后来,诚信原则又从民法向包括民事诉讼法在内的其他法域拓展,德国民事诉讼法虽然没有直接规定诚信原则,但它规定了体现了这一原则的当事人的真实义务,日本 1996 年的《新民事诉讼法典》则明确规定了诚实信用原则。[1]

我国的《民法通则》、《合同法》、《担保法》等法律明文规定了诚信原则,我国在 2012 年修订《民诉法》时也增设了诚实信用原则,规定"民事诉讼应当遵循诚实信用原则"(第 13 条第 1 款)。

(二) 诚实信用原则的适用

诚实信用原则对所有参与民事诉讼的主体都具有指导和规制作用,它既适用于当事

---

[1] 日本《新民事诉讼法》在第一编"总则"中增加了"通则",作为第一章。在该章中规定:"法院应为民事诉讼公正并迅速地进行而努力,当事人进行民事诉讼,应以诚实信用为之。"(第 2 条)

人、其他诉讼参与人,又适用于法院的法官和其他辅助人员。

1. 当事人

在民事诉讼中,双方当事人处于对立和对抗的地位,法律允许当事人为获得对自己有利的裁判结果,实施一系列有利于自己的诉讼行为,但为了使得诉讼能够公正而迅速地进行,又需运用诚信原则来规制当事人诉讼行为,促使他们诚实地、善意地进行诉讼。

对当事人的具体规制表现为:

(1) 禁止运用不正当手段形成对自己有利的诉讼状态。如不得为规避上级法院的管辖,起诉时故意减少请求数额,等下级法院受理后再增加请求数额。

(2) 不得滥用诉讼权利。如不得进行虚假诉讼,不得出于拖延诉讼的目的而提出管辖权异议,不得为拖延诉讼故意将重要证据保留到第二审程序再提交。

(3) 不得就案件事实故意向法院做虚假陈述,不得贿买、指使他人作伪证。

(4) 不得为妨碍对方当事人使用证据,而隐匿、销毁证据。

(5) 不得为达到对对方当事人进行突然袭击的目的,故意在答辩期内不提出答辩,等到开庭后才提出答辩。

(7) 不得出于损害对方当事人利益的目的,故意做相互矛盾的陈述。

2. 其他诉讼参与人

对其他诉讼参与人的规制表现为:(1) 证人不得作伪证;(2) 鉴定人不得故意提供虚假的鉴定结论;(3) 翻译人员不得为误导法庭而做错误的翻译;(4) 诉讼代理人不得滥用代理权。

3. 法院

对法院的规制具体表现为:

(1) 不得滥用司法裁量权。法官在适用实体法和程序法时有一定的司法裁量权,法官在行使司法裁量权时也需遵循诚信原则,不得滥用,如对法律的解释应当尊重法律的本意,应当保持统一性和协调性,不能因人而异,因案而异。

(2) 在收集和判断证据时,不得任意取舍。对当事人符合条件的调取证据的申请,不得因为怕麻烦等原因而拒绝调取,也不得有的同意调取,有的拒绝调取。对双方当事人提供的证据,应当同等对待,不能厚此薄彼。

(3) 在认定事实和适用法律时,不得对当事人实施裁判突袭。法官在对事实作出认定前,应当使双方当事人都明了哪些事实是解决本案争议的重要事实,以便引导双方当事人围绕着这些事实举证、质证和辩论。在当事人对事实的重要性存在误解的时候,法官不能听之任之,不能你辩你的,我判我的。在适用法律问题上,如果出现法官的认识与当事人的认识不一致时,法官也应当及时地向当事人说明,否则就会对当事人造成裁判突袭,有悖程序的公正。

(三) 违反诚信原则的后果

为了使诚信原则真正具有约束力,为了使该原则普遍得到遵守,须对违反该原则的行为设置一定的法律后果,当事人违反诚信原则,是为了牟取不正当的利益,因而设置的法律后果就应该是使这种牟取不当利益的目的不能实现,如果行为违法了还应当承担相应的责任,受到相应的制裁,一方违反诚信的行为,还会对对方当事人的利益造成损害,所以还应当对受到损害的一方给予必要的救济。例如,对当事人为规避上级法院的级别管辖而分拆诉讼请求金额的,下级法院发现后,应当将案件移送有管辖权的上级法院审理,对一方当事人为妨碍对方使用而隐匿、销毁证据的,可推定对方的主张成立。法院违反诚信原则,也会损害当事人的权益,对此也需要给予救济。

违反诚信原则的行为往往也是违反民诉法中的其他原则、制度,具体规范的行为。如果其他原则、制度、规范已设置法律后果的,应按设置的后果处理,不必适用诚实信用原则,例如,裁判突袭,是违反辩论原则的行为,对此,当事人一旦提起上诉,上级法院就会以程序违法为由撤销原判决,发回重审。指使、贿买、胁迫他人作伪证的,构成犯罪的,追究刑事责任,未构成犯罪的,予以罚款、拘留。只有在其他原则、制度、具体规范未规定法律后果的情况下,才有必要适用诚信原则处理。

违反诚信原则的行为,因其种类、性质不同,引起的法律后果也不同。

修订前的《民诉法》虽然未规定诚实信用原则,但在审判实务中,对当事人违反诚信原则的诉讼行为,法院会适用《民法通则》第4条诚信原则的规定作出处理。在勋怡公司诉瑞申公司财产权属纠纷案中,原告要求确认存放在被告仓库的两批钢材的所有权归其所有。在审理中,尽管被告承认了原告的诉讼请求,但上海市第二中级法院仍然驳回了原告的诉讼请求。原告不服,提起上诉,被上海高院驳回。上海高院的裁判理由是:"本案一审时,对上诉人勋怡公司的诉请,被上诉人瑞申公司起初还宣称要通过查账解决,继而就确认了勋怡公司的诉请,表现出双方当事人不存在利益冲突,根本无需诉讼。在一审法院主持证据交换和庭审时,双方当事人都未提及涉案财产已被宝山法院查封的事实。直至原审法院得知查封情况后,双方当事人才不得不承认。双方当事人恶意串通,隐瞒事实,编织理由进行诉讼,企图通过法院的确权来对抗法院的查封,是诉讼欺诈行为,违反了《民法通则》第4条关于民事活动应当遵循诚实信用原则的规定。正是由于当事人不诚信的表现,引起和加重了原审法院对当事人诉称的事实的合理怀疑。双方当事人应当为其恶意串通进行诉讼欺诈的行为承担不利后果。"[1]

六、法院调解原则

(一) 法院调解原则的含义和内容

第9条规定:"人民法院审理民事案件,应当根据自愿和合法的原则进行调解;调解不成的,应当及时判决。"这一规定确立了我国民事诉讼法中的法院调解原则。

法院调解原则包含以下四个方面的内容:

(1) 人民法院审理民事案件,应当根据需要和可能,对双方当事人进行调解,软化双方的矛盾,消弭双方的分歧,促使双方在互谅互让的基础上达成调解协议。调解既是人民

---

[1] 《最高人民法院公报》2004年第3期,第30—36页。

法院处理民事诉讼的一种方法,也是一种结案的方式。

（2）人民法院的调解活动应当遵循自愿和合法的原则。自愿是指法院开展调解工作须征得当事人的同意,调解协议须由当事人自己形成或法官提出后当事人同意接受。合法主要是指调解协议的内容不得违法,即不得违反社会的公序良俗,不得违反实体法的禁止性规定,不得损害国家利益和社会公共利益,不得损害第三人的合法权益。

（3）调解原则贯穿于审判程序的各个阶段,无论是第一审程序还是第二审程序、再审程序,无论是普通程序还是简易程序,凡是能够调解的案件,人民法院都应当进行调解。根据修订后的《民诉法》,法院还可以先行调解,即在受理案件前,对适合调解的案件,在征得双方当事人同意后,进行调解(第122条)。

（4）调解不成的,应当及时判决。调解和判决都是解决民事案件的方式。在调解不成的情况下,人民法院应及时采用判决方式解决纠纷,不得久调不决。

（二）适用法院调解原则应当注意的问题

在适用法院调解原则时,应当注意以下四个问题：

1. 正确把握调解的适用范围

民事案件可分为三类情形,一类是特别适合采用调解方式解决的,这类案件主要有：(1) 婚姻家庭纠纷和继承纠纷；(2) 劳务合同纠纷；(3) 交通事故和工伤事故引起的权利义务关系较为明确的损害赔偿纠纷；(4) 宅基地和相邻关系纠纷；(5) 合伙协议纠纷；(6) 诉讼标的额较小的纠纷。第二类是可以采用调解也可以采用判决方式的,这类案件数量众多,难以一一列举。第三类是不得采用调解方式的,这类案件包括适用特别程序、督促程序、公示催告程序、破产还债程序的案件,婚姻关系、身份关系确认案件以及其他依案件性质不能进行调解的民事案件。对第一类案件,法院在开庭审理时应当先行调解,对第二类案件,法院尽可能进行调解；对第三类案件,则不得调解。

2. 调解必须建立在当事人自愿的基础上

尽管《民诉法》规定了法院调解原则,把调解作为处理民事案件的主要方式之一,但从根本上说,以判决方式还是以调解方式结案,选择权在当事人而不是在法院。无论是请求调解还是接受调解,都是当事人对其诉讼权利进行处分的一种方式,在调解中作出让步以达成调解协议,则是当事人对其实体权利处分的一种方式,这些处分必须是当事人自愿作出的。因此,法官在审理中虽然应当通过做当事人的思想工作,引导他们采用协商方式解决纠纷。但不能强制当事人接受调解,法官虽然能够主动提出调解协议的内容,劝当事人考虑和接受,但不能强迫当事人按法官提出的方案达成调解协议。

3. 调解必须在合法的前提下进行

采用调解方式处理争议时,对案件事实和法律适用的要求虽然不像判决那么严格,但这并不意味着在调解中案件事实就无足轻重了,就可以抛开实体法的规定进行调解了。法院在调解时,仍然应当查明案件的基本事实,在事实清楚的基础上,分清双方当事人的是非责任。法官在提出调解方案时,虽然不一定要严格依据实体法的规定,但也不能完全脱离法律的规定,搞无原则的调解。

4. 必须正确处理调解与判决的关系

调解与判决，都是法院处理民事案件的手段，法院在审理民事案件时，应当根据案件的具体情况和当事人的意愿，选择恰当的处理方式。以调解方式解决纠纷，本质上是通过双方的合意解决纠纷，达成调解协议后当事人不会再上诉，进入强制执行的可能性也较小，所以能够调解解决的案件，应尽量采用调解的方法。但调解不能久调不决，调解不成的，法院应当及时判决。

七、检察监督原则

（一）检察监督原则的含义

检察监督原则，是指检察机关有权对法院的民事审判活动和民事执行活动实施法律监督。第14条规定的"人民检察院有权对民事诉讼实行法律监督"，第235条规定的"人民检察院有权对民事执行活动实行法律监督"，是该原则在立法上的表述。

人民检察院是我国的法律监督机关，对法院的民事审判活动实施监督，是其监督职能在民事诉讼中的体现。

（二）检察监督的对象、内容和方式

我国《民诉法》规定的检察监督，主要是检察院对法院的监督，监督的对象一般为法院的民事审判活动和法院的执行行为，虽然在监督的过程中有时会涉及当事人及其诉讼代理人，如在监督法官是否有私下会见当事人、是否有接受请客送礼行为时。但从《民诉法》对监督的具体规定看，监督的对象只包括法院、法官和书记员，一般不包括当事人及其他诉讼参与人的行为。

检察监督的内容主要是三个方面：一是对法官在诉讼中是否有违法违纪的行为实施监督。按照《民诉法》的规定，检察机关主要监督法官在审理案件时是否有贪污受贿、徇私舞弊、枉法裁判的行为。二是对法院的审判过程和审判结果实施监督，看法院在审判过程中是否有可能影响案件正确裁判的违反诉讼程序的行为，看法院裁判中认定事实的主要证据是否充分，适用法律是否正确。三是对法院的民事执行活动实施监督。

检察监督的方式包括两种：一种是检察建议，另一种是抗诉，前者被广泛用于各种程序，后者仅在审判监督程序中适用。

（三）关于检察监督原则的争论

对如何实施检查监督原则，我国理论界和司法实务部门存在着不同认识。有主张弱化甚至取消检察监督的观点，也有坚持检查监督并扩大监督方式的观点。前者主张检察机关应当收缩监督的范围，只监督法官在审判活动中违反职业道德的行为和错误裁判损害了国家利益、社会公共利益的案件。后者认为我国《民诉法》虽然规定了检察监督原则，但由于将监督的方式局限于事后监督，检察监督的效能难以得到充分发挥。为了更为有效地发挥这一原则的作用，今后在对《民诉法》修订时，应当增加检察监督的方式，如规定检察机关有权提起诉讼和参与诉讼。

2012年《民诉法》修订，在一定程度上强化了检察监督。首先，监督的方式除抗诉外，

还可以采用检察建议方式;其次,监督的范围,从对生效裁判的监督扩大到对生效调解书的监督,并从对审判活动的监督拓展到对执行行为的监督;再次,监督的时间,从事后监督向事前延伸,对审判监督程序以外的其他审判程序中审判人员的违法行为,检察机关有权向同级人民法院提出检察建议。不过,在公益诉讼问题上,检察机关目前还未被赋予提起诉讼的权利。

第二节 民事审判的基本制度

一、基本制度概述

民事审判的基本制度,是指法院审判民事案件必须遵循的基本操作规程。审判活动不同于其他社会活动,它具有体现审判规律、反映审判目的一系列特点,这些特点具体表现为审判活动中的一些基本制度。我国审判的基本制度包括合议制度、回避制度、公开审判制度和两审终审制度。这些制度存在于我国的三大审判之中,因此它们既是我国民事审判的基本制度,也是我国刑事审判和行政审判的基本制度。本节是从民事审判的角度说明这些制度的。

民事审判的基本制度与民事诉讼法的基本原则不同。首先,它们不像基本原则那样抽象和概括,而是一系列具体的规范;其次,基本制度主要是从法院角度作出规定的,主要是规范法院的审判行为的,而基本原则有的是关于法院行为的,如自愿、合法调解原则,有的是关于当事人行为的,如处分原则。

民事审判的基本制度虽然主要是规范法院的审判行为的,但它们同当事人的权益有密切的关系。法院在诉讼中按照基本制度的规定实施审判行为,既是严格执行《民诉法》所要求的,也是保障当事人的合法权益所要求的。

二、合议制

(一) 合议制度的概念

合议制度,是指由三名以上的法官或者法官与陪审员组成合议庭行使审判权,对案件进行审理并作出裁判。

我国的审判组织包括合议制和独任制两种形式。独任制度是由一名法官对案件审理并作出裁判的制度。合议制度是相对于独任制度而言的。合议制由三名或三名以上的法官或者法官与陪审员进行审判,可以在审判中发挥众人的智慧,可以避免由一人审判可能出现的失误,有利于提高审判的质量,有利于保证案件的正确处理。所以,合议制是我国民事审判的基本的组织形式,与独任制相比,它具有广泛的适用性。根据《民诉法》的规定,除适用简易程序和特别程序审理的民事案件采用独任制外[①],其他案件一律采用合议制。

---

① 选民名单案件除外,这类案件尽管适用特别程序,但审判组织为合议制,并且要由审判员组成合议庭。

(二) 合议庭的组成

合议制度的组织形式是合议庭。不同审级在审判中的任务有所不同,因此,合议庭的组成人员因审级的不同而异。

1. 第一审合议庭

第一审合议庭的组成有两种情形:一种是由审判员和陪审员共同组成合议庭,另一种是由审判员组成合议庭。法院在审判中究竟采用哪一种方式组成合议庭,应当根据需要和可能来确定。从审判实务看,法院在审理那些专业性和技术性较强的案件时,往往需要邀请有关专业人士作为陪审员参加审判。陪审员虽然不是法官,但作为合议庭的成员,在执行陪审职务时与法官有同等的权利和义务。

为了完善人民陪审员制度,保障公民依法参加审判活动,促进司法公正,全国人大常委会于2004年8月颁布了《关于完善人民陪审员制度的决定》(以下称《陪审员决定》)。该《决定》规定:人民法院审判下列第一审案件,由人民陪审员和法官组成合议庭进行,适用简易程序审理的案件和法律另有规定的案件除外:(1) 社会影响较大的刑事、民事、行政案件;(2) 刑事案件被告人、民事案件原告或者被告、行政案件原告申请由人民陪审员参加合议庭审判的案件。人民陪审员应当随机抽取确定,基层法院由人民陪审员参加合议庭审判的,应当在人民陪审员名单中随机抽取确定,中级、高级法院由人民陪审员参加合议庭审判的,在其所在城市的基层法院的人民陪审员名单中随机抽取确定。合议庭评议案件时,人民陪审员同合议庭其他组成人员意见分歧的,应当将其意见写入笔录,必要时,人民陪审员可以要求合议庭将案件提请院长决定是否提交审判委员会讨论决定。

2. 第二审合议庭

第二审审理的对象不同于第一审。第一审仅对当事人双方的争议进行审理,第二审除审理当事人的争议外,更主要的是要审查一审裁判认定事实和适用法律是否正确。此外,二审裁判的效力也不同于一审,是发生法律效力的终审裁判。因此,在合议庭的组成人员上,对二审的要求应当高于一审。考虑到这一要求,《民诉法》规定二审的合议庭完全由法官组成。

3. 再审、重审合议庭

再审案件适用的程序取决于原来的审级,原来是第一审的,按第一审程序审理,原来是第二审的,按第二审程序审理。再审合议庭的组成也取决于原来的审级,原来是第一审的,按第一审程序组成合议庭,原来是第二审的,按第二审程序组成合议庭。再审合议庭必须另行组成,即原来的独任庭或合议庭的法官或陪审员,一律不得作为再审合议庭的成员。另行组成合议庭可以避免成见,使原审裁判中的错误易于得到纠正。

上级法院发现裁判确有错误而提审的案件,为第二审案件,应当按第二审程序的规定由法官组成合议庭。二审法院发回重审的案件,仍然是一审案件,合议庭应当按一审程序的规定组成。重审的合议庭也必须另行组成。

(三) 合议庭的活动原则

合议庭须由一名成员来担任审判长,主持对案件的审理。当院长或庭长为合议庭成员时,由院长或庭长担任审判长;院长或庭长不是合议庭成员时,由他们指定一名法官担任审判长。陪审员不得担任合议庭的审判长。

合议庭的成员应当自始至终地参与审判活动,中途不得退出或更换。合议庭的成员应认真地参与案件的审理并进行评议,不得将审判的任务交给审判长,搞名为合议、实为独任,一人办案、三人署名。

合议庭的审判活动实行民主集中制。合议庭成员不论为院长、庭长还是一般法官或陪审员,均享有同等的权利。在对案件进行评议时,合议庭实行少数服从多数的原则。评议应制作笔录,由合议庭成员签名,评议中的不同意见,必须如实记入笔录。将不同意见记入笔录,既尊重了合议庭成员的权利,也如实地反映了合议庭成员对案件的不同认识。尽管法院的裁判是按照多数意见作出的,但有时少数意见恰恰反映了对案件的正确认识。笔录中记载的少数意见,有利于二审或再审时纠正原审裁判中的错误。

(四) 合议庭与审判委员会的关系

审判委员会是我国法院内部依照法院组织法设立的领导审判工作的机构,其职能之一是讨论重大疑难案件。合议庭与审判委员会必然会发生工作上的关系。

在民事审判中,必须正确处理审判委员会与合议庭的关系。一方面,审判委员会不能越俎代庖,替代合议庭行使审判权,不能先将裁判结果定下来后再将案件交给合议庭审理,不能将大多数案件都拿到审判委员会来讨论决定,否则,就会形成"先定后审"或者使"审"与"判"处于分离状态,合议庭的审判职能就无法正常行使。另一方面,合议庭也应当自觉接受审判委员会的领导与监督,把重大疑难案件提交审判委员会讨论决定。

在当前的审判方式改革中,一些法院为了改善和提高审判委员会讨论案件的质量,在审判委员会内部设置专业性的机构,如刑事审判专业委员会、民事审判专业委员会。为了更好地发挥合议庭的作用,最高人民法院于2010年2月发布了《关于进一步加强合议庭职责的若干规定》。

三、回避制度

(一) 回避制度的概念

回避制度,是指法官和其他有关人员具有法律规定的不宜参加审理的情形时,退出对某一案件审理或与审理有关的活动的制度。我国《民诉法》第四章对这一制度作了规定,2011年4月,最高人民法院颁发了《关于审判人员在诉讼活动中执行回避制度若干问题的规定》(以下称《回避规定》)。

设立回避制度是为了确保审判的公正性。通过回避制度,可以把存在的可能影响案件公正审理情形的法官和其他有关人员排除出审判的过程,以消除当事人的疑虑,保证审判过程和审判结果的公正性。

(二) 回避的原因与适用对象

为了使有关人员知道在哪些情况下应当回避,同时也为了使当事人知道自己在哪些情形下有权申请回避,法律需要将应当回避的情形一一加以规定。第44条规定的应当回避的法定情形有:(1)是本案的当事人或当事人、诉讼代理人的近亲属。近亲属通常是指配偶、父母、子女、兄弟姐妹、祖父母、外祖父母、孙子女、外孙子女关系。(2)与本案有利害关系,这是指案件处理的结果会直接或间接地影响到法官或其他有关人员的利益。(3)与本案当事人、诉讼代理人有其他关系,可能影响对案件的公正审理。其他关系指除上述关系外的与本案当事人之间存在的足以影响案件公正审理的关系,如师生关系、同学关系、朋友关系等。(4)行为不端。行为不端是指审判人员接受当事人、诉讼代理人请客送礼、违反规定会见当事人、诉讼代理人等情形。对行为不端的审判人员,当事人有权要求他们回避。这一回避事由是2012年修订《民诉法》新增加的。①

《回避规定》细化了应当回避的情形,如规定审判人员为本案当事人推荐、介绍诉讼代理人、辩护人,或者为律师、其他人员介绍办理该案件的;索取、接受本案当事人及其受托人的财物、其他利益,或者要求当事人及其受托人报销费用的;接受本案当事人及其委托人的宴请或者参加由其支付费用的各项活动的等。《回避规定》第8条还对离职后的情形作出规定:审判人员及法院其他工作人员从人民法院离任后二年内,不得以律师身份担任诉讼代理人或者辩护人。审判人员及法院其他工作人员从人民法院离任后,不得担任原任职法院所审理案件的诉讼代理人或者辩护人,但是作为当事人的监护人或者近亲属代理诉讼或者进行辩护的除外。

回避适用的对象首先是法官和陪审员,其次,是书记员、翻译人员、鉴定人、勘验人。将书记员等也作为回避适用的对象,是由于他们虽然不是审判人员,但记录或提供与审判有关的信息,在存在应当回避的法定情形时,他们的行为也可能影响审判的公正进行。

(三) 回避的方式与程序

回避的方式有两种:一种是自行回避,即确有法定的回避原因时,由法官或其他有关人员主动要求回避。另一种是申请回避,即由当事人或其诉讼代理人向法院提出申请要求法官或其他有关人员回避。

法官或其他有关人员在发现自己有法定的回避情形时,应当主动地向审判长、院长或审判委员会提出回避;当事人或其诉讼代理人认为他们有法定的回避情形时,有权利向法院申请回避。

当事人申请回避,可采用口头或书面两种方式,不论采用何种方式,均应当说明申请的理由。在必要时,还应当提供证明应当回避情形存在的证据。提出回避申请的时间,一般在开庭之时。法院按普通程序审理案件时,一般应在合议庭组成后的3日内将合议庭成员告知当事人。在开庭审理时,审判长要询问当事人是否申请回避。当事人如申请回避,就应在此时提出。但有时当事人在审理开始后才得知有应当回避的情形,在这种情况下,可在法庭辩论终结前申请回避。

回避申请提出后,除案件需要采取紧急措施外,被申请人员在回避与否的决定作出前,应当暂停参与案件的审理工作。对当事人等提出的回避申请,法院应进行认真的审

---

① 新法第44条第3款还规定,审判人员有上述行为的,应当依法追究法律责任。

查,并在申请提出的3日内以口头或书面方式作出决定。决定回避的权限依被申请回避人员的不同而异:院长担任审判长时的回避,由审判委员会决定;审判人员的回避,由院长决定;其他人员的回避,如书记员、翻译人员、鉴定人、勘验人的回避,由审判长决定;在实行独任审判时,则由法官决定。

回避是保证审判公正的一项重要制度,申请回避是当事人依法享有的一项重要诉讼权利,为保障回避的正确适用和当事人的这一诉讼权利,《民诉法》对驳回回避申请的决定设置了救济措施。根据第47条的规定,申请人对决定不服的,可以在接到决定时申请复议一次,复议期间,被申请回避的人员,不停止参与本案的审理工作。法院对复议申请,应当在3日内作出复议决定,并通知复议申请人。

(四) 违反回避规定的后果

应当回避而未回避的人员参与了案件的审理,违反了程序公正的起码要求,是诉讼程序的重大瑕疵。《回避规定》对此设置了严重的后果,要求第二审人民法院一旦发现或者根据当事人等的举报发现的确存在此种情形,就应当撤销原判并发回原审法院重新审理。审判人员明知存在应当回避情形而故意不自行回避,或者对符合回避条件的申请故意不作出回避决定的,依照《人民法院审判纪律处分办法(试行)》的规定予以处分。

三、公开审判制度

(一) 公开审判制度的概念和意义

公开审判制度,是指法院对民事案件的审理过程和判决结果向群众、向社会公开的制度。

公开审判是诉讼制度文明和进步的标志。公开审判是相对于秘密审判而言的,封建专制社会实行司法专横,审判多在秘密状态下进行。秘密审判在资产阶级革命时期受到进步思想家的猛烈抨击。资产阶级革命胜利后,公开审判取代了秘密审判,成为诉讼制度中的一项重要原则。公开审判后来逐步成为现代各国诉讼法中的一项重要制度。我国的宪法、法院组织法、三大诉讼法均对公开审判作了规定。为了严格执行这一制度,最高人民法院于1999年3月颁布了《关于严格执行公开审判制度的若干规定》(以下称《公开审判规定》)。

公开审判制度的意义在于:首先,它有利于促进和保障司法公正。这一制度将审判活动置于媒体和社会公众的监督之下,增强了审判活动的透明度,能够促使法官依法公正审判,防止不公开可能出现的因"暗箱操作"而造成的裁判不公。其次,公开审判对当事人及其他诉讼参与人也具有约束作用,能够促使当事人据实陈述案情和证人如实提供证言。最后,公开审判有利于进行法制宣传教育,可以使群众受到生动而形象的法制教育,公开审判的过程,也是通过具体案例进行法制宣传教育的过程。

(二) 公开审判制度的内容和要求

如上所述,公开审判制度包含两方面的内容:一是向群众公开,允许群众旁听案件的审判活动;二是向社会公开,允许大众传媒对案件的审理情况进行采访和报道。公开审的案件,除合议庭评议不公开外,整个审判的过程均应当公开,尤其是举证、质证、辩论、宣判应当公开。依法不公开审理的案件,判决必须公开宣告。对公开审理的案件,为了便于群众参加旁听和新闻媒体采访报道,《民诉法》规定法院应当在开庭前公告当事人的姓名、案由和开庭的时间与地点。

公开审理一般是指开庭审理,但开庭审理与公开审理既有联系又有区别。公开审理以开庭审理为前提,只有开庭审理的案件,群众才能够参与旁听,新闻记者才能够采访报道。但开庭审理并不等同于公开审理,开庭审理的案件中包括那些依法不公开审理的案件,不公开审理并不是不开庭审理。

为了进一步强化司法公开,使民众能更深入地了解法院裁判的状况,2012年《民诉法》修订增设了裁判文书向社会公开,规定"公众可以查阅发生法律效力的判决书、裁定书,但涉及国家秘密、商业秘密和个人隐私的内容除外"(第156条)。这是对法院推行司法公开改革的确认,在《民诉法》修订前,一些法院就开始尝试在网上公开裁判文书。

(三) 公开审判制度的例外情形

公开审判可以产生多方面的积极意义。但对有些民审案件进行公开审理,却会给国家或当事人的利益造成重大损害。考虑到这一情况,各国诉讼法在确立公开审判制度的同时,均规定了不公开审理的例外情形。我国《民诉法》规定的不公开审理的案件包括法定不公开与裁量不公开两种情形。对于法定不公开的情形,法官应当主动关注,并且依职权决定不公开审理。而对于裁量不公开的情形,则要由当事人提出申请后,再由法官决定是否不公开审理。

法定不公开的是:(1) 涉及国家机密的案件。国家机密一般是指关系到国家利益和安全的秘密事项,包括军事方面的秘密、科技方面的秘密、经济方面的秘密等。在案件涉及国家机密时,保守国家机密比公开审判更为重要。(2) 涉及个人隐私的案件。个人隐私是指自然人私生活中不愿向外界公开的内容。为了保障社会成员私生活的安宁与自由,为了避免私生活受到他人的干扰和窥探,现代各国的法律一般都承认和保护隐私权。涉及个人隐私的案件不公开审理,正是保护隐私权在《民诉法》中的体现。

裁量不公开审理的案件包括离婚案件和涉及商业秘密的案件。离婚案件可能涉及夫妻间的私生活和其他不愿让外人知道的事。商业秘密包括处于秘密状态的技术信息和经营信息,这些秘密能够给拥有它们的当事人带来经济上的利益,一旦在诉讼中公开,就会给当事人的经济利益造成损失。所以,《民诉法》允许当事人对这两类案件向法院申请不公开审理,法院接到申请后应对公开审理带来的利益和造成的损失进行考量,然后作出是否公开审理的决定。一般而言,除非有重大理由,法院应当尊重当事人的选择,作出不公开审理的决定。

不公开仅指案件审理的过程,判决结果必须公开,应当公开宣告。

(四) 违反公开审理规定的后果

为了保证公开审判的制度在诉讼中得到切实遵守,《公开审判规定》明确规定:依法公开审理的案件,案件事实未经公开调查不能认定;应当公开审理而未公开的案件,当事人提起上诉的,二审法院应当撤销原判、发回重审;当事人申请再审的,法院可以决定再审,人民检察院提起抗诉的,法院应当决定再审。

四、两审终审制

(一) 两审终审制的概念

两审终审制,是指民事案件经过两级法院审理就告终结的制度。

外国法院一般实行三审终审制,即案件经过三级法院审理后才告终结。在三审中,第二审为事实审,可根据当事人的上诉请求既对一审裁判认定事实又对其适用法律是否正确进行审查,第三审为法律审,只审查下级法院的裁判适用法律有无错误。

我国在中华民国时期实行的是三审终审,新民主主义革命时期革命根据地的法院也实行三审终审。新中国成立后,我国开始实行两审终审,但在例外情况下允许有第三审,可以对二审裁判上诉至最高人民法院。1954年,我国颁布了《人民法院组织法》,该法正式确定了两审终审制,从此中国大陆的民事诉讼完全实行两审终审,但香港、台湾、澳门地区的民事诉讼仍实行三审终审。

我国的法院分为四级:基层法院、中级法院、高级法院、最高法院。在这四级法院中,除最高法院受理的第一审案件实行一审终审外,其余三级法院受理的第一审案件均实行两审终审。

(二) 我国实行两审终审制的理由

我国实行两审终审制的理由主要有四个方面:第一,可以减少当事人的讼累,方便当事人进行诉讼。我国地域辽阔,在一些地方交通又不方便,实行三审终审,审级过多,会使民事关系长期处于不稳定状态,会给双方当事人造成人力、物力、时间上的浪费。第二,可以使高级法院和最高法院摆脱审理具体案件的工作负担,集中精力搞好审判业务的指导监督。第三,我国的审判监督程序可弥补审级少的不足,对确有错误的已生效裁判,当事人可以通过审判监督程序申请再审,法院也可以利用审判监督程序予以纠正。第四,第三审仅作书面审和法律审,对案件事实部分不予过问,因而作用极为有限。

(三) 理论界关于建立三审终审制的探讨

我国学术界的主流观点认为,两审终审制虽有其利,也有其弊。这一制度的弊端主要表现在以下方面:首先,大多数民事案件的终审法院为中级法院,中级法院在法院系统中级别较低,数量多,造成了适用法律因地而异,不利于法律的统一适用;其次,一审法院的法官与二审法院的法官在感情上较为亲近,二审法院的法官在审理上诉案件时容易先入为主地轻信一审法院的处理,尤其是那些一审在作出裁判前向二审法院作过请示汇报的案件,更无法通过上诉纠正其错误;再次,实行两审终审使终审法院靠近案件发生地、当事人所在地,终审法院的法官在处理案件时容易受到人情关系的干扰,不利于公正审判;最后,终审法院级别低容易造成地方保护主义。[①] 为克服两审终审制度的弊端,一些学者主

---

① 参见陈桂明:《诉讼公正与程序保障》,中国法制出版社1996年版,第122—127页。

张建立有限制的三审终审,即法律可规定部分案件(如争议标的数额大的案件、涉及社会公益的案件、集团诉讼案件、判决无独立请求权第三人承担民事责任的案件等)可以上诉到第三审,第三审原则上为法律审。

本教材认为,为了切实发挥上诉制度的作用,保证司法公正,保证法院裁判中适用法律的统一,对现行的两审终审制进行改革,建立有限制的三审终审制,是必要的和可行的。

阅读法规

《民诉法》第8—15条;《关于严格执行公开审判制度的若干规定》(1999年);《关于审判人员严格执行回避制度的若干规定》(2000年);《关于审判人员在诉讼活动中执行回避制度若干问题的规定》(2011年);《关于完善人民陪审员制度的决定》(2002年);《关于人民陪审员参加审判活动若干问题的规定》(2010年);《关于进一步加强合议庭职责的若干规定》(2010年)。

案例解析

【3-1】 刘某向张某借款100万元,后来由于刘某经营不善,出现严重亏损,偿还这笔借款出现困难。张某见刘某还款到期后不提还款的事,向其讨要无果,决定向法院提起诉讼。考虑到刘某当下的清偿能力,张某决定先就其中的50万元的本金起诉。

问:张某是否可以将100万元的借款分成两次诉讼?

分析要点: 张某可以先就50万元提起诉讼。对于张某来说,这100万元是其依法享有的债权,根据处分原则,当事人不仅对其民事权利享有处分权,对其诉讼权利也享有处分权,所以对这100万元的债权,原告分两次起诉,第一次只主张部分债权是可以的,是其依法行使处分权的表现。当然,张某也不能滥用处分权,如把100万元的债权,分成1000次甚至10000次来起诉。

【3-2】 甲公司与乙公司因买卖合同纠纷提起诉讼,甲公司主张乙公司违反了合同,未按照合同规定的时间支付货款,请求法院判决被告支付货款和违约金;乙公司则主张甲公司违约在先,未按照合同约定的时间交付货物,后来交付的货物其中一部分质量也有瑕疵。法院在审理中,发现双方订立的合同由于违反了法律的禁止性规定,属于无效合同。

问:(1)在合同的当事人均未主张无效的情况下,法院是否能够依职权认定合同无效?

(2)如果法院认定无效,是否可以直接在判决中确认合同无效?

分析要点:(1)法院可以依职权认定无效。由于合同中存在违反法律禁止性规定的情形,法院显然不能支持当事人这一建立在违法基础上的诉讼请求,所以法院可以依职权认定合同无效。

(2) 法院既然在审理中就发现合同为无效合同,就有义务通过行使阐明权,告知当事人依据本案事实形成的法律观点,以便使当事人了解法院的法律观点,当事人可以在此基础上变更其诉讼请求。只有及时地行使阐明权,才符合法院应当保障当事人平等地行使诉讼权利的要求,也只有行使阐明权,才能避免对当事人实施裁判突袭。换言之,法院不可以直接在判决中确认合同无效。

【3-3】 周某以高某向其借款6万元未还为由向法院起诉,并向法院提供了借据,高某未提出答辩状,法院认为本案事实清楚,就决定采用简易程序由审判员范某独任审判。在开庭审理之日,高某到庭。在庭审中,高某提出自己从未向周某借过钱,借条是在周某的威逼下写的,范某要求高某就受到威逼的主张举证,由于高某举不出证据,便判决高某偿还6万元和利息。高某败诉后,在法院门前喝农药自杀。

问:法院审理此案在程序上是否存在错误?

分析要点:法院在适用程序上存在错误。该借款纠纷案件开始时采用独任制是正确的。原告起诉提供了借条,被告未作答辩,法院认为该案件是事实清楚,争议不大,所以决定适用简易程序。在开庭时,被告提出借条是在原告的胁迫下所写,意味着案件的基本事实存在着重大争议,对事实存在争议的案件,继续适用简易程序审理,是不妥当的,法院应当将简易程序转为普通程序,组成合议庭进行审理。

【3-4】 刘某因买卖合同纠纷向法院起诉,要求被告冯某履行合同并承担违约责任。法院按照普通程序审理该案件,由于被告要求由人民陪审员参加审理,法院决定由法官张某和人民陪审员乔某、吉某组成合议庭,张某任审判长。刘某得知陪审员乔某是被告的表弟,便要求其回避,但回避申请被张法官当场拒绝。在审理中,被告提出自己未能按照合同约定交货,是由于天降大雨,冲垮了公路。法庭审理后认为,原告未及时告知交货地点是造成被告迟延履行的主要原因,因而驳回了原告要求被告承担违约责任的请求。原告不服判决,提起上诉,二审法院发回重审,一审法院组成合议庭对该案件再次进行审理。

问:(1) 本案合议庭的组成是否合法?
(2) 张某申请回避的理由是否成立?
(3) 张法官的做法是否合法?
(4) 对法院的决定不服,是否可以提出上诉?
(5) 张法官是否可以参加新的合议庭?新合议庭可否由人民陪审员参加?
(6) 一审法院对案件的审判是否存在程序上的错误?

分析要点:(1) 本案虽然不属于有较大社会影响的案件,但由于被告要求人民陪审员参加审理,法院决定由陪审员参加审理是合法的。不过,法院不采用随机抽取的办法而是采用指定的办法确定陪审员,则是不合法的。所以在合议庭的组成上存在重大瑕疵。

(2) 原告申请回避的理由能够成立。乔某是陪审员,属于应当回避的人员的范围,乔某是被告的表弟,虽然不是被告的近亲属,但《民诉法》把"与本案当事人有其他关系,可能影响对案件的公正审理"也作为回避事由,乔某的情况属于这种情形,所以回避理由能

(3) 张法官的做法不合法,根据《民诉法》的规定,审判人员的回避,应当由院长决定。其他人员的回避,由审判长决定。乔某是陪审员,属于审判人员的范围,张法官作为审判长无权决定其是否回避。

(4) 原告不得提起上诉。根据《民诉法》的规定,当事人不服法院作出的回避问题的决定,可以申请复议一次,但无权提起上诉。

(5) 张法官不得参加新的合议庭。为了防止先入为主和保证程序的公正,对发回重审的案件,原审法院需要另行组成合议庭,原合议庭成员不得参加新的合议庭。另行组成的合议庭,仍然是一审的合议庭,所以可以由人民陪审员参加,只是原来合议庭的两名陪审员不得再作为新合议庭的成员。

(6) 法院的审判程序存在重大瑕疵。法院的审判违反了辩论原则,在该案中,被告并未主张自己的违约是原告的过错造成,未向法院陈述原告未及时通知交货地点的事实,法官把当事人未主张的事实、未经当事人辩论的事实作为裁判的基础,背离了辩论原则,会对当事人造成裁判突袭。

司法考试题

2003年试卷三第79题"公开审判制度"、第80题"法院调解原则";

2006年试卷三第37题"审判组织";

2007年试卷三第35题"公开审判制度";

2008年试卷三第38题"处分原则"、"辩论原则"和"平等原则";第83题"审判组织";

2009年试卷三第82题"辩论原则";

2011年试卷三第38题"民事诉讼法的基本原则";

2012年试卷三第35题"法院能动司法+辩论原则+处分原则";第36题"公开审判制度"。

第三章 法院主管与管辖

第一节 法院民事诉讼主管范围

一、民事诉讼主管概述

主管一般是指国家机关的职权范围。法院在民事诉讼中的主管,是指法院受理民事案件的权限范围。民事诉讼中的主管具有两方面的功能:其一,是划定法院在民事诉讼中的受案范围,以确定哪些纠纷属于法院民事审判权的作用范围,哪些纠纷不属于民事审判权作用范围;其二,是解决法院和其他国家机关、社会组织在解决民事纠纷上的分工和权限问题,以便它们按照各自职责范围有条不紊地受理和解决民事纠纷。

明确民事诉讼主管既有利于当事人正确行使起诉权,又有利于法院正确行使审判权。

二、民事诉讼主管的标准

第3条规定了法院主管的标准,即"法院受理公民之间、法人之间、其他组织之间以及他们相互之间因财产关系和人身关系提起的民事诉讼,适用本法的规定"。这一规定是以发生争议的实体法律关系是否属于民事关系为标准来划定民事诉讼主管范围的。民事诉讼法是保证民法实施的程序法,将因民事法律关系发生的争议作为法院民事诉讼主管的对象是理所当然的。

随着我国法治向前推进,我国法院根据这一标准逐步扩大受理民事案件的范围,把那些原来因条件不成熟而未受理但本质上又是符合这一标准的案件列入了受理范围。例如,我国法院原先不受理因证券市场虚假陈述引发的损害赔偿纠纷、不受理企业改制过程中引起的民事纠纷,现在已开始受理。

《民诉法》实施以来的实践还表明,这一概括性的标准是行之有效的,为法院解决主管有疑难的案件提供了法律依据。

三、法院民事诉讼主管范围

我国法院主管的民事案件主要有以下几类:

1. 民事案件

具体包括:(1)由民法调整的物权关系、债权关系、知识产权关系、人身权关系引起的诉讼。(2)由婚姻法、继承法、收养法调整的婚姻家庭关系、继承关系、收养关系引起的诉讼。(3)由经济法调整的经济关系中属于民事性质的诉讼,如因虚假陈述行为、不正当竞争行为引起的损害赔偿案件等。

2. 商事案件

指由商法调整的商事关系引起的诉讼。如票据案件、股东权益纠纷案件、保险合同纠纷案件、海商案件等。

3. 劳动争议案件

劳动合同在我国已普遍采用,在订立、履行、解除劳动合同的过程中,劳动者和用人单位之间可能会发生这样或那样的劳动争议,双方还会发生其他方面的劳动争议。依据劳动法的规定,这些劳动争议属于法院民事诉讼受案范围。

4. 适用特别程序审理的案件和适用督促程序、公示催告程序审理的案件

适用特别程序审理的案件包括:选举法和民事诉讼法规定的选民资格案件,民事诉讼法规定的宣告失踪或宣告死亡案件、认定公民无民事行为能力或限制行为能力案件和认定财产无主案件、确认调解协议案件、实现担保物权案件。

四、法院主管与其他机构主管民事纠纷的关系

(一)法院与人民调解委员会主管民事纠纷的关系

人民调解委员会是依法设立的群众性组织,其任务是调解民间纠纷。《人民调解法》并未对民间纠纷的范围作出界定。法院和人民调解委员会在受理民事纠纷的范围上,有很大的重合性,对法院和人民调解委员会都有权处理的纠纷,双方当事人都同意交人民调解委员会调解的,由调解委员会调解;一方向调解委员会申请调解,另一方向法院起诉的,由法院主管;调解不成或调解达成协议后反悔,当事人向法院起诉的,由法院主管。

(二)法院与乡(镇)人民政府主管民事纠纷的关系

乡(镇)人民政府是我国的基层人民政府,设有司法助理员。司法助理员作为基层人民政府的司法行政工作人员,具体负责处理民间纠纷的工作。1990年4月,司法部发布了《民间纠纷处理办法》,规定基层人民政府处理纠纷的范围为《人民调解委员会组织条例》规定的民间纠纷,即公民之间有关人身、财产权益和其他日常生活中发生的纠纷。

基层人民政府处理民间纠纷与人民调解委员会调解民间纠纷不同,是具有一定强制性的政府行为。基层人民政府可以根据一方当事人的申请受理民间纠纷;对经过调解后仍达不成协议的纠纷,基层人民政府可以作出处理决定;当事人未就原纠纷向法院起诉又不执行决定的,基层人民政府可在其职权范围内采取必要的措施予以执行。这些都说明基层人民政府处理民间纠纷是具有一定强制性的行为。

按照《民间纠纷处理办法》和该《通知》的有关规定,法院与乡(镇)人民政府在主管问题上的关系是:(1)法院主管范围宽于乡(镇)人民政府主管范围,后者只能受理一般的民事纠纷。(2)法院主管优先于乡(镇)人民政府的主管。在一方当事人申请乡(镇)人民政府处理,另一方当事人直接向法院提起诉讼的情况下,由法院主管。(3)纠纷经乡

(镇)人民政府处理后,当事人起诉到法院的,仍然作为民事案件由法院主管。①

(三) **法院与仲裁机构主管民事纠纷的关系**

1. 法院与仲裁委员会主管民事纠纷的关系

1994年《仲裁法》颁布后,我国在许多城市组建了仲裁委员会,仲裁委员会是民间性质的纠纷解决机构。法院与仲裁委员会在民事纠纷主管问题上的关系是:

(1) 共同主管范围内的案件,由当事人选择。平等主体的公民、法人和其他组织之间发生的合同纠纷和其他财产权益纠纷,既属于仲裁委员会主管,又属于法院主管,具体由谁主管取决于当事人的选择。当事人双方达成仲裁协议的,由仲裁委员会受理,不属于法院主管。没有仲裁协议或者仲裁协议无效的,由法院主管。我国仲裁委员会实行一裁终局的制度,因此在作出裁决后当事人就同一纠纷再向法院起诉的,法院不予受理。

(2) 法院单独主管的案件,只能由法院主管。婚姻、收养、监护、扶养、继承纠纷不属于仲裁委员会主管范围,而上述所有纠纷,均属于法院民事诉讼主管的范围。

(3) 当事人在仲裁裁决被法院依法撤销或裁定不予执行、又未重新达成仲裁协议的情况下向法院提起民事诉讼,法院应当受理。

2. 法院与劳动争议仲裁委员会主管民事纠纷的关系

劳动法为解决劳动争议设置了先裁后审的模式。根据《调解仲裁法》的规定,劳动争议发生后,当事人可以向企业的劳动争议调解委员会、依法设立的基层人民调解组织、在乡镇或街道设立的具有劳动争议调解职能的组织申请调解,也可以直接向劳动争议仲裁委员会申请仲裁。达成调解协议后,一方不履行的,另一方可申请仲裁。但对因支付拖欠劳动报酬、工伤医疗费、经济补偿或赔偿金事项达成的调解协议,用人单位不履行的,劳动者可以直接向法院申请支付令(第16条)。

劳动争议仲裁委员会作出裁决后,当事不服的,可以自收到裁决书之日起15日内向法院起诉。但下列仲裁裁决,对用人单位而言,是终局性裁决,而对劳动者而言,不服裁决仍然可以提起诉讼:(1) 追索劳动报酬、工伤医疗费、经济补偿或者赔偿金,不超过当地月最低工资标准12个月金额的争议;(2) 因执行国家的劳动标准在工作时间、休息休假、社会保险等方面发生的争议(第47条)。

对上述仲裁裁决,用人单位虽然无权向法院提起诉讼,但在有证据证明仲裁裁决有下列情形之一时,可以自收到仲裁裁决书之日起30内向劳动争议仲裁委员会所在地的中级法院申请撤销裁决:(1) 适用法律、法规确有错误的;(2) 劳动争议仲裁委员会无管辖权的;(3) 违反法定程序的;(4) 裁决所根据的证据是伪造的;(5) 对方当事人隐瞒了足以影响公正裁决的证据的;(6) 仲裁员在仲裁该案时有索贿受贿、徇私舞弊、枉法裁决行为的(第49条第1款)。

(四) **法院与其他行政机关主管民事纠纷的关系**

其他行政机关,是指乡(镇)人民政府以外的行政机关。行政机关在履行对社会事务

---

① 参见司法部《民间纠纷处理办法》(1990),最高人民法院于《关于如何处理经乡(镇)人民政府调解处理的民间纠纷的通知》(1993)。

管理的职能时,也在其职权范围内处理部分民事权益纠纷。

在法院和行政机关都有权处理民事争议的情况下,就产生了并行主管问题。在并行主管时,既产生了行政机关主管与法院主管的交叉问题,又产生了法院行政诉讼主管与民事诉讼主管的划分问题。我国是按照以下方式解决这一复杂问题的:

(1) 法院主管优先,即一方当事人请求行政机关处理,另一方向法院提起民事诉讼的,由法院主管。

(2) 双方当事人均请求行政机关处理的,由行政机关主管。但行政机关的处理要受司法最终解决原则的支配,当事人不服的,一般仍可以提起诉讼。

(3) 行政机关的处理行为属行政行为性质,当事人不服处理提起诉讼的,属行政诉讼的主管范围。行政机关处理民事争议的方式包括调解、仲裁、裁决。这些方式的性质不同,前两种为非行政行为性质,后一种具有行政行为性质。

(4) 当事人不服行政机关居间调解提起诉讼的,属法院民事诉讼主管范围。如,著作权侵权纠纷可以由著作权行政管理部门调解,调解不成或者调解达成协议后一方反悔的,可以向法院民事起诉。

五、复合型争议的主管问题

现实生活中发生的纠纷相当复杂,有些具有复合性,有的既涉及民事关系,又涉及行政关系,有的在涉及民事关系的同时又具有刑事因素,在民事诉讼受案范围上,如何处理这类具有复合性的纠纷,是一个十分重要的问题。

(一) 民事争议与行政争议

一些争议,既有民事方面的因素,又有行政方面的因素,或者说这些争议既受民事法律调整,又受行政法律调整,如股权是一种具有财产性质的民事权利,但中外合资经营企业股权的变更,须经过主管部门的审批,不仅涉及民事关系,而且涉及行政行为,在股权变更经我国相关主管部门批准后,当事人对股权变更有争议,应当通过行政诉讼途径解决。①

对复合型争议究竟属于民事诉讼受案范围还是属于行政诉讼受案范围,关键要看纠纷是否具有独立性,能否通过民事诉讼解决。一些纠纷尽管有行政因素,但本身构成独立的民事纠纷,可以单独通过民事诉讼方式解决,就属于民事诉讼受案范围。如原告因被告排放污水造成鱼塘中鱼死亡起诉请求赔偿,而被告抗辩其排放污水符合当地环保部门确定的排污标准,系合法行为。由于符合污染物排放标准并不能免除污染造成的民事责任,所以受害人完全可以通过民事诉讼寻求救济,但有些复合型争议,行政性质的争议是前提性问题,是解决民事争议的基础,如果不首先解决行政争议,民事争议就无从解决。这类争议,便需要通过行政诉讼途径解决,属于法院行政诉讼受案范围。

---

① 参见 2004 年第 7 期最高人民法院公报刊载"香港绿谷投资公司诉加全大旅店(国际)投资公司等股权纠纷案",该案原告提起的是民事诉讼,在二审中,最高法院认为当事人诉讼请求中含有要求变更审批结果,提起民事诉讼不当,应通过行政诉讼解决。

复合型争议如果能够区分为相对独立的两个争议,一个是民事性质争议,一个是行政性质争议,而解决行政争议又是处理民事争议的前提。法院如在立案时就发生此种情形,应告知当事人先提起行政诉讼,如果到审理时才发现,则应中止本案的审理,告知当事人解决行政争议,待行政争议解决后,再恢复民事诉讼。

(二) 民事争议与刑事案件

在社会生活中,有时候当事人的某一行为既构成违约或者侵权,又涉嫌触犯刑律。对这类行为,如果对被告已经提起刑事诉讼的,民事部分一般通过附带民事诉讼的方法解决。如果当事人向法院提起民事诉讼,要求追究被告的违约责任或者侵权责任,在诉讼过程中,原告提出被告涉嫌犯罪,要求法院追究其刑事责任的,或者法院在审理过程中发现涉嫌犯罪的,审判实务中采用先刑后民的方法解决,即法院中止民事案件的审理,把案件移送到公安机关或者检察机关,然后根据刑事案件处理的不同情形再来决定是否恢复民事诉讼。如果公诉机关对被告提起了刑事诉讼,民事案件的原告可通过附带民事诉讼解决民事争议,原来的民事诉讼由此而终结。如果侦查的结果是不提起刑事诉讼或者提起刑事诉讼后法院判决无罪或者未给被告人以刑事处罚,法院恢复对民事案件的审理。[1]

当同一行为既涉及民事又涉及刑事时,由于民事诉讼与刑事诉讼的独立性与可分性,以及刑事诉讼能否提起、提起以后的结果如何的不确定性,在有关机关未提起刑事诉讼前,应当允许民事纠纷中的受害一方单独提起民事诉讼,这样才有利于对民事权益的保护。[2] 如对于交通肇事案件的被告,受害人可在启动刑事程序前,就损害赔偿问题单独提起民事诉讼。

最高法院于1998年4月颁布了《关于在审理经济纠纷案件中涉及经济犯罪嫌疑若干问题的规定》,该《规定》明确:(1) 同一公民、法人或者其他组织因不同的法律事实,分别涉及经济纠纷和经济犯罪嫌疑的,经济纠纷案件和经济犯罪嫌疑案件应当分开审理;(2) 单位直接负责的主管人员和其他直接责任人员,以为单位骗取财物为目的,采取欺骗手段对外签订经济合同,骗取的财物被该单位占有、使用或处分构成犯罪的,除依法追究有关人员的刑事责任,责令该单位返还骗取的财物外,如给被害人造成经济损失的,单位应当承担赔偿责任;(3) 单位直接负责的主管人员和其他直接责任人员,以该单位的名义对外签订经济合同,将取得的财物部分或全部占为己有构成犯罪的,除依法追究行为人的刑事责任外,该单位对行为人因签订、履行该经济合同造成的后果,依法应当承担民事责任。[3]

---

[1] 参见《最高人民法院关于审理名誉权案件若干问题的解答》第3条。
[2] 参见《吴国军诉陈晓富、王克祥及德清县中建房地产开发有限公司民间借贷、担保合同纠纷案》,载《最高人民法院公报》2011年第11期,第45—48页。
[3] 参见《广东黄河实业集团有限公司与北京自然中医药科技发展中心一般股权转让侵权纠纷案》,载《最高人民法院公报》2009年第1期,第33—38页。

第二节　法院民事诉讼管辖概述

一、管辖的概念和意义

民事诉讼中的管辖,是指各级法院之间和同级法院之间受理第一审民事案件的分工和权限。它是在法院内部具体落实民事审判权的一项制度。

我国的法院有四级,除最高法院外,每一级都有许多个法院,因此,在解决了某一纠纷属于法院民事诉讼主管范围的问题后,接着就需要通过管辖制度将它们具体分配到各个法院。案件的分配分两步走,第一次在不同级别的法院之间进行,通过分配明确四级法院各自受理第一审民事案件的分工和权限;第二次分配是在同级法院之间进行的,将案件分配到同一级中的各个具体法院。管辖制度正是通过这样的分配来使民事审判权得到具体落实的。

科学、合理地解决管辖问题,在民事诉讼法中对管辖作出明确、具体的规定,对民事诉讼制度的有效运作具有重要意义,既有利于当事人依法行使诉权,又有利于法院依法行使审判权。

二、确定管辖的原则

我国民事诉讼法在确定管辖时,主要考虑了下列因素:(1)便于当事人进行诉讼,如把大多数案件规定由基层法院管辖;(2)便于法院审理案件和执行裁判;(3)保证各级法院工作负担的均衡,如法院的级别越高,管辖的第一审案件就越少;(4)保证案件的公正审判,如设置了管辖权异议;(5)确定性与灵活性相结合,如规定了管辖权转移;(6)有利于维护国家主权,如尽可能在合理的范围内拓宽我国法院对涉外民事案件的管辖权。

三、管辖恒定

管辖恒定,是指确定案件的管辖权,以起诉时为标准,起诉时对案件享有管辖权的法院,不因确定管辖的事实在诉讼过程中发生变化而影响其管辖权。

管辖恒定反映了诉讼经济的要求,它既可以避免因管辖变动造成的司法资源的浪费,又可以减少当事人诉累,使诉讼尽快了结。

管辖恒定包括级别管辖恒定和地域管辖恒定。前者主要指级别管辖按起诉时的诉讼标的额确定后,不因诉讼过程中标的额增加或减少而变动。后者指地域管辖按起诉时的标准确定后,不因为诉讼过程中确定管辖的因素的变动而改变。如管辖依被告住所地确定后,被告住所变更,受诉法院的管辖权并不因此而受到影响。最高人民法院1996年5月在《关于案件级别管辖几个问题的批复》中规定:"当事人在诉讼中增加诉讼请求从而加大诉讼标的金额,致使诉讼标的金额超过受诉法院级别管辖权限的,一般不再变动。但是当事人故意规避有关级别管辖等规定的除外。"这一规定,体现了管辖恒定的要求。

四、管辖的分类

(一) 管辖在法律上的分类

我国《民事诉讼法》第一编第二章专门对管辖作了规定,将管辖分为级别管辖、地域管辖、移送管辖、指定管辖四大类。其中,地域管辖又进一步分为六小类,即一般地域管辖、特殊地域管辖、专属管辖、共同管辖、选择管辖和协议管辖。

(二) 管辖在诉讼理论上的分类

1. 法定管辖和裁定管辖

依管辖是由法律直接规定还是由法院裁定确定为标准,可以将管辖分为法定管辖和裁定管辖。级别管辖和地域管辖均是由民事诉讼法直接规定并可直接适用的管辖,故为法定管辖;移送管辖、指定管辖、管辖权转移,民事诉讼法中虽然都有规定,但需要通过法院的裁定来实现,所以被称为裁定管辖。从两者的关系来看,法定管辖是针对诉讼管辖的一般情形作出的,裁定管辖则是针对特殊情形而规定的,设定裁定管辖,或者是为了落实法定管辖的规定,或者是为了对法定管辖进行个别调整。

2. 专属管辖和协议管辖

依管辖是否由法律强制规定,不允许当事人协商变更为标准,可将管辖分为专属管辖和协议管辖。专属管辖是指法律规定某类案件只能由特定的法院管辖,其他法院无管辖权,当事人也不得以协议方式变更管辖。协议管辖,是指尽管法律已经对管辖作出了规定,但同时法律又允许当事人以书面协议方式选择其他管辖法院,并以当事人的约定为先。

3. 共同管辖和合并管辖

这是以诉讼关系为标准对管辖所作的分类。诉讼关系,是指诉讼主体、诉讼客体与法院辖区存在的联系。两个或两个以上的法院对同一案件具有管辖权的,称为共同管辖。共同管辖既可以因诉讼主体的因素而产生,也可以因诉讼客体的因素而产生,前者如同一诉讼的几个被告的住所地在两个或两个以上法院辖区内,后者如不动产纠纷中作为诉讼标的物的不动产在不同法院的辖区内。合并管辖,亦称牵连管辖,是指对某一案件有管辖权的法院,因另一案件与该案件存在着牵连关系,而对两个案件一并管辖和审理。适用合并管辖的主要情形是原告增加诉讼请求,被告提出反诉,第三人提出与本案有关的诉讼请求。合并管辖的实质是对某案件有管辖权的法院基于牵连关系将另一原本无管辖权的案件并归自己管辖。如法院对另一诉讼原来就有管辖权,则不发生合并管辖问题。

第三节 级别管辖

一、级别管辖的概念

级别管辖,是指按照一定的标准,划分上下级法院之间受理第一审民事案件的分工和权限。

我国的法院有四级,并且每一级都受理第一审民事案件,因此需要运用级别管辖对四级法院受理第一审民事案件的权限进行分工。

二、确定级别管辖的标准

民事诉讼法是根据以下三个方面的标准来确定案件的级别管辖的:

(1) 案件的性质。案件性质不同,审理起来难易程度也不同。重大涉外案件在性质上不同于一般涉外案件。专利案件、海事、海商案件专业性强,在性质上也不同于一般案件。这些性质特殊的案件,应当由较高级别的法院管辖。

(2) 案件的繁简程度。案件情节有简单和复杂之分,简单的案件审理起来相当容易,复杂的案件审理起来有一定的难度,案情越复杂,审理的难度越高。因而在确定级别管辖时,有必要考虑案件的繁简程度,将简单的案件分配给低级别的法院,将复杂的案件分配给级别较高的法院。

(3) 案件的影响范围。案件的处理结果会对社会产生一定的影响。有的案件仅在基层法院的辖区内有一定的影响,有的案件则在全省、自治区、直辖市范围内有重大影响。案件影响范围越大,对审判质量要求就越高,所以要根据案件影响范围的大小来划分级别管辖,将影响范围大的案件分配给级别较高的法院。并且影响范围与法院的级别呈正相关关系,影响范围愈大,受理该案件的法院的级别愈高。

从各国民事诉讼法关于级别管辖的规定看,一般都是以争议标的的金额作为划分级别管辖的主要标准。我国在司法解释中也用争议标的数额来确定级别管辖。2008年2月3日,最高人民法院发布了《关于调整高级人民法院和中级人民法院管辖第一审民商事案件标准的通知》,该《通知》大幅度提高了高级法院、中级法院受理第一审民商事案件争议标的的金额,并规定婚姻、继承、家庭、物业服务、人身损害赔偿、交通事故、劳动争议等案件,以及群体性纠纷案件,一般由基层人民法院管辖。该《通知》扩大了基层法院、中级法院的管辖权限,使绝大部分民商事案件均由这两级法院受理。

三、各级法院管辖的第一审民事案件

(一) 基层法院管辖的第一审民事案件

我国是用除外法来确定基层法院的管辖范围的。依据第18条规定,除了法律规定由其他三级法院管辖的案件外,都由基层法院管辖。这一规定实际上把大多数民事案件都划归基层法院管辖。当事人的住所地、争议财产所在地、纠纷发生地,一般都处在特定的基层法院的辖区之内。由基层法院管辖第一审民事案件,既便于当事人参与诉讼,又便于法院审理案件。

(二) 中级法院管辖的第一审民事案件

中级法院管辖的第一审民事案件有三类:

1. 重大的涉外案件

涉外案件是指具有涉外因素的民事案件。涉外案件分为一般与重大两类,一般涉外案件由基层法院管辖,重大涉外案件由中级法院管辖。重大涉外案件是指争议标的额大,或者案情复杂,或者居住在国外的当事人人数众多的涉外案件(《适用意见》第1条)。

为了保证涉外民商事案件的审判质量,最高人民法院对部分涉外民商事案件规定了集中管辖。所谓集中管辖,是指这部分涉外民商事案件不再依据被告住所地、合同履行地等与法院地之间的联系来确定管辖,而是将这些案件集中到由最高法院指定的少数法院管辖。适用集中管辖的涉外案件,大多数由中级法院管辖。①

2. 在本辖区有重大影响的案件

这是指案件的影响超出了基层法院的辖区,在中级法院辖区内产生了重大影响。

3. 最高人民法院确定由中级法院管辖的案件

这类案件包括但不限于:(1) 海事、海商案件;(2) 专利纠纷案件;(3) 著作权纠纷案件;(4) 重大的涉港、澳、台民事案件;(5) 证券虚假陈述民事赔偿案件。

(三) 高级法院管辖的第一审民事案件

高级法院的主要任务是对本辖区内中级法院和基层法院的审判活动进行指导和监督,审理不服中级法院判决、裁定的上诉案件。因此,高级法院管辖第一审民事案件的数量是相当少的,管辖在本辖区内有重大影响的第一审民事案件。从当前的情况看,各地一般都是把诉讼标的额大的民事案件作为在本辖区内有重大影响的案件,具体数额原来由各高级法院根据本地的情况作出规定后报最高法院批准,后来改为由最高法院根据各地的具体情况作出规定。②

(四) 最高法院管辖的第一审民事案件

最高法院管辖的第一审民事案件有两类:一类是在全国有重大影响的案件;另一类是认为应当由本院审理的案件。

第四节 地 域 管 辖

一、地域管辖的概念

地域管辖,是指按照各法院的辖区和民事案件的隶属关系来划分诉讼管辖。民事诉讼法通过级别管辖将民事案件在四级法院中作了分配,划定了各级法院受理第一审民事案件的权限,但仍然不能确定某一案件具体由哪个法院受理。因为除最高人民法院外,在同一级中仍然有许多个法院,所以还需要进行第二次分配,将已划归同一级法院管辖的第一审案件在各个法院之间进行分配。这一任务是由地域管辖完成的,因此,地域管辖的作用在于确定同级法院在各自辖区内受理第一审民事案件的分工和权限。

---

① 参见《关于涉外民商事案件诉讼管辖若干问题的规定》(2002年2月25日)。
② 参见《关于各高级人民法院受理第一审民事、经济纠纷案件问题的通知》(1999年4月25日)。

二、确定地域管辖的标准

各国确定地域管辖的标准主要有两个：一是诉讼当事人的所在地（主要是被告的住所地）与法院辖区之间的联系；二是诉讼标的、诉讼标的物或法律事实与法院辖区之间的联系。根据以上标准，在当事人的所在地、诉讼标的等在某一法院辖区内时，诉讼就由该地区的法院管辖。

我国民事诉讼法确定地域管辖也采用上述标准。我国法院的辖区同行政区域划分是一致的，在当事人的所在地等在某一行政区域内时，诉讼就由设在该行政区域内的法院管辖。地域管辖实际上是着眼于法院与当事人、诉讼标的、诉讼标的物或法律事实的隶属关系来确定的。从法院方面说，审理案件是其职权，它应当有权审理发生在它辖区内的案件，在当事人的所在地、诉讼标的物所在地等位于某一法院辖区内时，该法院应当有权审理。从当事人方面说，则由于住所、诉讼标的物等处于某一法院辖区内而与该法院产生一种隶属关系，一旦发生诉讼，就应当服从该法院的管辖。

三、一般地域管辖

一般地域管辖，是指以当事人的所在地与法院的隶属关系来确定诉讼管辖。一般地域管辖的通行做法是以被告所在地作为确定管辖的标准，实行"原告就被告"的原则。这主要是为了保护被告免受原告滥诉的侵扰。

（一）原则规定

1. 被告为公民

由被告住所地法院管辖，被告住所地与经常居住地不一致的，由经常居住地法院管辖。公民的住所地是指该公民的户籍所在地，经常居住地是指公民离开住所地至起诉时已连续居住满1年的地方，但公民住院就医的地方除外。

《适用意见》中对下列情况作了补充规定：（1）双方当事人都被监禁或被劳动教养的，由被告原住所地法院管辖。被告被监禁或被劳动教养1年以上的，由被告被监禁地或被劳动教养地法院管辖。（2）双方当事人均被注销城镇户口的，由被告居住地法院管辖。（3）离婚诉讼双方当事人都是军人的，由被告住所地或者被告所在团级以上单位驻地的法院管辖。（4）夫妻双方离开住所地超过1年，一方起诉离婚的案件，由被告经常居住地法院管辖。

2. 被告为法人或其他组织

由被告住所地法院管辖。这里的住所地是指法人或其他组织的主要营业地或主要办事机构所在地。被告如为没有办事机构的公民合伙、合伙型联营体，则由被告注册登记地法院管辖。没有注册登记的，几个被告又不在同一法院辖区的，各被告住所地的法院都有管辖权。

（二）例外规定

例外规定是指法律规定某些案件由原告住所地法院管辖，原告住所地与经常居住地不一致的,由原告经常居住地法院管辖。

《民诉法》规定的四种例外情形是:(1)对不在中华人民共和国领域内居住的人提起的有关身份关系的诉讼。(2)对下落不明或者宣告失踪的人提起的有关身份关系的诉讼。(3)对正在被劳动教养的人提起的诉讼。(4)对正在被监禁的人提起的诉讼。上述规定中的身份关系,是指与人的身份相关的各种关系,如婚姻关系、亲子关系、收养关系等。

《适用意见》规定的例外情形是:(1)被告一方被注销城镇户口的,由原告所在地法院管辖。(2)追索赡养费案件的几个被告住所地不在同一辖区的,可以由原告住所地人民法院管辖。(3)非军人对军人提出的离婚诉讼,如果军人一方为非文职军人,由原告住所地法院管辖。(4)夫妻一方离开住所地超过1年,另一方起诉离婚的案件,由原告住所地法院管辖。夫妻双方离开住所地超过1年,一方起诉离婚的案件,被告无经常居住地的,由原告起诉时居住地的法院管辖。

(三)特别规定

特别规定是最高法院针对定居国外的华侨,在国外居住的我国公民的离婚诉讼作出的,包括四种情形:

(1)在国内结婚并定居国外的华侨,如定居国法院以离婚诉讼须由婚姻缔结地法院管辖为由不予受理,当事人向法院提出离婚诉讼的,由婚姻缔结地或一方在国内的最后居住地法院管辖。

(2)在国外结婚并定居国外的华侨,如定居国法院以离婚诉讼须由国籍所属国法院管辖为由不予受理,当事人向法院提出离婚诉讼的,由一方原住所地或在国内的最后居住地法院管辖。

(3)中国公民一方居住在国外,一方居住在国内,不论哪一方向法院提起离婚诉讼,国内一方住所地的法院都有权管辖。如国外一方在居住国法院起诉,国内一方向人民法院起诉的,受诉法院有权管辖。

(4)中国公民双方在国外但未定居,一方向法院起诉离婚的,应由原告或者被告原住所地的法院管辖。

四、特殊地域管辖

特殊地域管辖,又称特别管辖,通常指不是以被告所在地,而是以引起诉讼的法律事实的所在地、诉讼标的所在地为标准确定诉讼的管辖法院。《民诉法》第23—32条规定了十种属于特殊地域管辖的诉讼:

(1)因合同纠纷提起的诉讼,由被告住所地或者合同履行地法院管辖。合同履行地,是指合同规定的履行义务的地点,主要是指合同标的物的交付地。合同履行地应当在合同中明确约定。对履行地约定不明确的合同,应当根据《合同法》第62条的规定确定履行地,即"履行地点不明确,给付货币的,在接受货币一方所在地履行;交付不动产的,在不动产所在地履行;其他标的,在履行义务一方所在地履行"。确定合同履行地在实践中是个相当复杂的问题,当事人之间、法院之间常常对如何确定合同履行地产生分歧,并由此引

发管辖权争议。《民诉法》施行以来,最高法院曾多次对如何确定合同履行地作出司法解释或批复。这些解释和批复的主要内容是:

其一,如果合同没有实际履行,当事人双方住所地又都不在合同约定的履行地的,应由被告住所地法院管辖。

其二,名称与内容不一致的合同。当事人签订的经济合同虽具有明确、规范的名称,但合同约定的权利义务内容与名称不一致的,应当以该合同约定的权利义务内容确定合同的性质,从而确定合同的履行地;合同的名称与合同约定的权利义务内容不一致,而根据该合同约定的权利义务难以区分合同性质的,以及合同的名称与该合同约定的部分权利义务内容相符的,则以合同的名称确定合同的履行地。

其三,购销合同履行地按下列情况确定:第一,当事人在合同中明确约定履行地点的,以约定的履行地点为合同履行地;当事人在合同中未明确约定履行地点的,以约定的交货地为合同履行地。第二,当事人在合同中明确约定了履行地点或交货地点,但实际履行中以书面方式或双方当事人一致认可的其他方式变更约定的,以变更后的约定确定合同履行地。第三,当事人在合同中对履行地点、交货地点未作约定或约定不明确的,或者虽有约定但未实际交付货物,且当事人双方住所地均不在合同约定的履行地,以及口头购销合同纠纷案件,均不以履行地确定案件管辖。

(2)因保险合同纠纷提起的诉讼,由被告住所地或者保险标的物所在地法院管辖。这类诉讼,被告住所地和保险标的物所在地法院都有管辖权。保险标的物如为运输工具或运输中的货物,则由被告住所地或者运输工具登记注册地、运输目的地、保险事故发生地的法院管辖。

(3)因票据纠纷提起的诉讼,由票据支付地或被告住所地法院管辖。票据纠纷通常是指因票据的签发、取得、使用、转让、承兑、保证等引起的纠纷。票据诉讼由票据支付地或被告住所地法院管辖。票据支付地,是指票据上载明的付款地,如未载明付款地,则以票据付款人(包括代理付款人)的住所地或主营业所所在地为票据付款地。

(4)因公司设立、确认股东资格、分配利润、解散等纠纷提起的诉讼,由公司住所地人民法院管辖(第26条)。

这是此次修订新增加的规定。公司的住所,是指公司的主要办事机构所在地。由公司住所地的法院管辖设立、解散等与公司有关的纠纷,不仅便于当事人进行诉讼,也有利于法院对案件的审理和判决的执行。

(5)因铁路、公路、水上、航空运输和联合运输合同纠纷提起的诉讼,由运输始发地、目的地或被告住所地法院管辖。运输中的始发地,是指旅客或货物的最初出发地,目的地则是指最终到达地。根据最高法院的规定,水上运输或水陆联合运输合同纠纷发生在我国海事法院辖区的,由海事法院管辖。铁路运输合同,由铁路运输法院管辖。其他运输合同纠纷,由始发地、目的地或被告住所地法院管辖。

(6)因侵权行为提起的诉讼,由侵权行为地或者被告住所地法院管辖。侵权行为地,包括侵权行为实施地和侵权结果发生地。在侵权行为实施地和结果发生地不一致时,针对侵权行为提起的诉讼可能存在三处管辖法院,侵权行为实施地、侵权结果发生地和被告住所地的法院都有权管辖。

(7) 因铁路、公路、水上和航空事故请求损害赔偿提起的诉讼,由事故发生地或者车辆、船舶最先到达地、航空器最先降落地或者被告住所地法院管辖。这是针对车辆、船舶、航空器在运行过程中发生事故造成他人财产或人身损害引起诉讼规定的管辖。

(8) 因船舶碰撞或者其他海损事故请求损害赔偿提起的诉讼,由碰撞发生地、碰撞船舶最先到达地、加害船舶被扣留地或者被告住所地法院管辖。

(9) 因海难救助费用提起的诉讼,由救助地或被救助船舶最先到达地法院管辖。

(10) 因共同海损提起的诉讼,由船舶最先到达地、共同海损理算地或者航程终止地法院管辖。共同海损,是指船舶在海运中遭受到海难等意外事故时,为了排除危险,挽救船舶、人员和货物而作出的牺牲或支付的费用。

五、专属管辖

专属管辖,是指法律规定某些特殊类型的案件专门由特定的法院管辖。专属管辖是排他性管辖,既排除了任何外国法院对诉讼的管辖权,又排除了诉讼当事人以协议方式选择国内的其他法院管辖。非专属管辖的诉讼则不具有这种排他性。专属管辖与一般地域管辖和特殊地域管辖的关系是,凡法律规定为专属管辖的诉讼,均适用专属管辖,不得适用一般或特殊地域管辖。根据第33条的规定,属于专属管辖的诉讼有以下三类:

(1) 因不动产纠纷提起的诉讼,专属不动产所在地法院管辖。不动产纠纷诉讼常常需要进行勘验,由不动产所在地法院管辖便于对案件审理,也便于对不动产进行保全和执行。不动产中的土地又是国家领土的组成部分,关系到国家的主权,因此,将因不动产纠纷提起的诉讼规定为专属管辖,是多数国家民事诉讼法的做法。

(2) 因港口作业发生纠纷提起的诉讼,专属港口所在地法院管辖。在港口作业中,一方面会因为装卸、驳运等发生纠纷,另一方面会因违章作业等行为损坏港口设施或造成其他人身或财产的损害引起侵权纠纷,这两类纠纷都由港口所在地法院管辖。

(3) 因继承遗产纠纷提起的诉讼,由被继承人死亡时住所地或主要遗产所在地法院管辖。当遗产有多处且分布在不同法院辖区时,还需要区分主要遗产和非主要遗产。遗产既有动产又有不动产的,一般以不动产所在地作为主要遗产地,动产有多项的,则以价值高的动产所在地作为主要遗产地。由被继承人死亡时住所地或者主要遗产所在地法院管辖继承遗产的诉讼,便于法院查明被继承人、继承人和遗产的有关情况。

第56条第3款规定:为撤销生效判决、裁定、调解书提起的诉讼,由作出生效判决、裁定、调解书的法院管辖。这类诉讼,是2012年修订《民诉法》新增加的,由于只能由作出判决、裁定、调解书的法院撤销,所以也属于专属管辖。

我国《海事诉讼法》第7条还对海事诉讼的专属管辖作了规定。[①]

---

① 参见本书第15章第2节。

六、共同管辖与选择管辖

共同管辖与选择管辖实际上是一个问题的两个方面。共同管辖是从法院角度说,指法律规定两个以上的法院对某类诉讼都有管辖权;选择管辖则是从当事人角度说的,指当两个以上的法院对诉讼都有管辖权时,当事人可以选择其中一个提起诉讼。尽管共同管辖的存在是当事人选择管辖的前提,但法律规定共同管辖和选择管辖的实质在于把管辖选择权赋予当事人。因此,对于共同管辖的诉讼,原告有权从对自己有利的角度在数个有管辖权的法院中进行选择,究竟由哪个法院管辖应当依原告的选择而定,被选中的法院应当尊重当事人的选择,不得将案件移送到另一有管辖权的法院。

对共同管辖的诉讼,原告只能作单一的选择。原告在向某一法院提起诉讼后,选择权便因行使而消灭,管辖也因其选择而确定。实践中可能出现原告选择复数法院,先后向有管辖权的几个法院提起诉讼的情况,也可能出现同一纠纷的双方当事人选择不同的有管辖权的法院提起诉讼的情形。为解决上述情形下如何确定管辖的问题,《民诉法》第35条规定,原告向两个以上有管辖权的法院起诉的,由最先立案的法院管辖。这一规定将法院立案时间的先后作为确定管辖的标准。为防止法院在受理诉讼时互相推诿或者争抢管辖权,《适用意见》第33条规定,两个以上法院都有管辖权的诉讼,先立案的法院不得将案件移送给另一个有管辖权的法院。法院在立案前发现其他有管辖权的法院已先立案的,不得重复立案;立案后发现其他有管辖权的法院已先立案的,裁定将案件移送至先立案的法院。

七、协议管辖

协议管辖,又称合意管辖或约定管辖,是指双方当事人以明示或者默示的方式选择管辖法院。

协议管辖是1991年修订《试行法》时增设的规定。当时针对国内民事诉讼只规定了明示的协议管辖,仅在涉外民事诉讼中两种方式的协议管辖。此次修订对国内民事诉讼增设了默示的协议管辖,将默示协议管辖制度统一适用于涉外与非涉外民事诉讼。协议管辖是民事诉讼中处分原则的体现,它的设立意味着当事人处分权内容的充实和扩大。

(一)明示协议管辖

第34条规定:"合同或者其他财产权益纠纷的当事人可以书面协议选择被告住所地、合同履行地、合同签订地、原告住所地、标的物所在地等与争议有实际联系的地点的人民法院管辖,但不得违反本法对级别管辖和专属管辖的规定。"该规定表明:

(1)协议管辖只适用于合同纠纷案件和其他财产权益纠纷案件,其他民事纠纷不得协议管辖。

(2)协议管辖仅适用于合同纠纷中的第一审案件,对第二审案件,当事人不得以协议方式选择管辖法院。

(3)协议管辖是要式行为,必须采用书面形式。当事人可以在订立合同时约定协议管辖,将协议管辖作为合同的内容之一,也可以在合同订立后、诉讼发生前以书面形式约定协议管辖。如果约定在合同中,有关协议管辖的条款应被视为具有独立性的条款,即使合同被确认为无效,协议管辖条款的效力亦不受影响。

(4) 当事人必须在法律规定的范围内对法院进行选择。法律规定的可供当事人选择的法院是原告住所地、被告住所地、合同签订地、合同履行地、标的物所在地的法院,这五个法院与合同分别有这样或那样的联系。将当事人选择的范围限定于与合同纠纷有实际联系的地点的法院是合理的和必要的。

(5) 当事人必须作确定的、单一的选择。当事人须在协议中对管辖法院作出明确的约定,不明确则管辖无法依协议而确定。当事人在选择时只能选择上述五个法院中的一个,不得选择两个或两个以上,选择多数法院同样无法依据协议确定管辖法院。如违反上述要求,将导致约定管辖的协议无效。

(6) 当事人选择法院时,不得违反有关级别管辖和专属管辖的规定。当事人在协议时只能变更第一审的地域管辖,不得变更级别管辖。专属管辖是强制性管辖,不允许当事人通过协议改变专属管辖。

在诉讼实务中,协议管辖的条款往往规定在格式合同中,并且约定由经营者所在地的法院管辖,对此类协议管辖条款的解释,应当遵循《合同法》第39—41条确立的格式合同的解释规则。

(二) 默示协议管辖

第127条第2款规定:"当事人未提出管辖异议,并应诉答辩的,视为受诉人民法院有管辖权,但违反级别管辖和专属管辖规定的除外。"根据这一规定,成立默示协议管辖需具备下列条件:

(1) 原告向无管辖权的法院起诉,法院受理了原告的诉讼,向被告送达了起诉状。

(2) 被告在答辩期内未向法院提出管辖权异议。即尽管受诉法院对案件无管辖权,原、被告之间也未达成选择受诉法院管辖的书面协议,但被告在答辩期内未就管辖权问题向法院表示不同意见。

(3) 被告向受诉法院提交答辩状并应诉。

设置默示协议管辖后,被告方提出管辖权异议的重要性增加了,因为只有被告提出异议,法院才会做进一步的审查,也才有可能发现那些表面上有管辖权而实际上并无管辖权的案件。而假如被告不提出管辖权异议,法院就不会再作审查,此时就可能发展成为默示协议管辖。当然,按照第127条的规定,被告仅仅是在答辩期不提出管辖权异议,还不会成立默示协议管辖,因为能否成立,还取决于被告的下一步行动。被告可能应诉答辩,也可能既不答辩,又不出庭参加诉讼。当被告选择以上消极行动时,受诉法院是不能根据默示协议管辖取得管辖权的。

第五节 裁定管辖

裁定管辖是指依据法院的裁定确定诉讼管辖。管辖的确定主要是依据法定管辖,裁定管辖是法定管辖的必要补充。民事诉讼法规定的裁定管辖有三种,即移送管辖、指定管辖和管辖权的转移。

一、移送管辖

移送管辖,是指法院在受理民事案件后,发现自己对案件并无管辖权,依法将案件移送给有管辖权的法院审理。移送管辖是为法院受理案件发现错误时提供的一种纠错办法,它只是案件的移送,而不是管辖权的移送。移送管辖通常发生在同级法院之间,用来纠正地域管辖的错误,但有时也发生在上下级法院之间。

第36条规定:"人民法院发现受理的案件不属于本院管辖的,应当移送有管辖权的人民法院……"这一规定表明移送管辖必须同时具备以下三个条件:(1)法院已经受理案件;(2)受理案件的法院发现自己对案件无管辖权;(3)受移送的法院对案件有管辖权。

法院对符合上述三个条件的案件应当移送,但在下列三种情况下不得移送:

(1)受移送的法院即使认为本院对移送来的案件并无管辖权,也不得再自行将案件移送到其他法院,而只能报请上级法院指定管辖。

(2)有管辖权的法院受理案件后,根据管辖恒定的原则,其管辖权不受行政区域变更、当事人住所地或居所地变更的影响,因此不得以上述理由移送管辖。这表明确定管辖的时间标准为原告向法院提起诉讼之时。

(3)两个以上法院对案件都有管辖权时,应当由先立案的法院具体行使管辖权,先立案的法院不得将案件移送至另一有管辖权的法院。

受移送的法院认为受移送的案件依照规定不属于本院管辖的,不得再自行移送,而应当报请上级法院指定管辖。

此外,在两个以上法院对案件都有管辖权时,法院如在立案前发现其他有管辖权的法院已先立案的,不得重复立案,如在立案后发现其他有管辖权的法院已先立案的,应将案件移送到先立案的法院。当事人基于同一法律关系或同一法律事实而发生纠纷,以不同诉讼请求分别向有管辖权的不同法院起诉的,后立案的法院在得知有关法院先立案的情况后,应当将案件移送先立案的法院合并审理。

二、指定管辖

指定管辖,指上级法院以裁定方式指定其下级法院对某一案件行使管辖权。依据第36条、第37条的规定,指定管辖适用于以下三种情形:

(1)受移送的法院认为自己对移送来的案件无管辖权。

(2)有管辖权的法院由于特殊原因,不能行使管辖权。特殊原因从理论上说可能包括两种情形,一是法院的全体法官均需回避,二是有管辖权法院所在地发生了严重的自然灾害。但在实践中,整个法院的全体法官均需回避的情形是极少发生的。

(3) 通过协商未能解决管辖权争议。管辖权争议可分为积极争议和消极争议两种情况,前者指两个或两个以上的法院均认为自己对某一案件有管辖权,争着受理这一案件;后者指两个或两个以上的法院认为自己对某一案件无管辖权,均不愿受理该案。

发生管辖权争议后,应尽可能通过协商解决,协商不成的,应报请他们的共同上级法院指定管辖。如双方为同属一市的基层法院,由该市的中级法院指定管辖;同属一省、自治区、直辖市的两个法院,由该省、自治区、直辖市的高级法院指定管辖;如双方为跨省、自治区、直辖市的法院,先由双方的高级法院协商,协商不成的,由最高法院指定管辖。

在审判中,法院之间如果对案件的地域管辖发生争议,有关法院应按照最高法院《关于在经济审判工作中严格执行〈中华人民共和国民事诉讼法〉的若干规定》(以下称《严格执行民诉法规定》)的要求,立即停止对案件进行实体审理。在争议解决前,任何一方法院均不得对案件作出判决。违反此要求抢先作出判决的,上级法院应以违反程序为由撤销其判决,并将案件移送或指定其他法院审理,或自己提审。

上级法院指定管辖后,应通知报送的法院和被指定行使管辖权的法院,后者应及时告知当事人。

三、管辖权转移

管辖权转移,是指依据上级法院的决定或同意,将案件的管辖权从原来有管辖权的法院转移至无管辖权的法院,使无管辖权的法院因此而取得管辖权。管辖权转移在上下级法院之间进行,通常在直接的上下级法院之间进行,是对级别管辖的变通和个别调整。根据第38条的规定,管辖权转移是指管辖权从下级法院转移至上级法院和从上级法院转移到下级法院,前者为上调性转移,后者为下放性转移。

上调性转移包括:(1) 上级法院认为下级法院管辖的第一审案件应当由自己审理时,有权决定把案件调上来自己审理;(2) 下级法院认为自己管辖的第一审案件需要由上级法院审理时,报请上级法院审理。在第一种情况下,上级法院作出决定后,管辖权即发生转移,在第二种情况下,必须经过上级法院批准后,管辖权才能发生转移。当下级法院遇到当事人一方是本院的法官或者当地党政军负责人的情况,遇到如何适用法律不甚清楚的新型案件时,管辖权向上转移是必要的,有利于案件的公正处理。

修订前的《民诉法》规定了管辖权的下放性转移,即规定上级法院可以把其管辖的案件交给下一级法院管辖,由于该规定可能导致人为地改变案件的终审法院,弱化对当事人的程序保障,所以此次对下放性转移作出限制。限制包括两个方面:其一,确有必要时才可以转移,以"确有必要"作为条件表明一般不应当做下放性转移;其二,要报请其上级法院批准,下放性转移关涉上一级法院的终审权,在转移前经过上级法院同意是必要的,这也使得下一级法院作出下放管辖权的决定更为慎重。

管辖权转移与移送管辖虽然都属裁定管辖,但具有本质上的区别。不同之处表现在三个方面:首先,性质不同。管辖权转移是案件的管辖权发生了移位,而移送管辖移送的仅仅是案件而非管辖权。其次,作用不同。管辖权转移是对级别管辖的变通和微调,是为了使级别管辖有一定的柔性,以更好地适应复杂的案件情况。移送管辖是为了纠正移送法院受理案件的错误,尤其是在地域管辖上的错误,使民事诉讼法关于管辖的规定得到正确执行。最后,程序不同。管辖权转移包括因上级法院的单方决定而转移和因下级法院报请与上级法院同意的双方行为而转移两种情形。移送管辖则仅表现为单方行为,移送的法院作出移送裁定,无需经过受移送法院的同意。

第六节 管辖权异议

一、管辖权异议的概念

管辖权异议,是指当事人向受诉法院提出的该院对案件无管辖权的主张。

规定管辖权异议一方面可以进一步落实当事人诉讼权利平等原则,另一方面也有利于法院正确行使管辖权。我国1991年修订《试行法》时,在第38条[①]中增设了管辖权异议的条文,即"法院受理案件后,当事人对管辖权有异议的,应当在提交答辩状期间提出。法院对当事人提出的异议,应当审查。异议成立的,裁定将案件移送有管辖权的法院;异议不成立的,裁定驳回"。

当事人提出管辖权异议,必须符合下列条件:

(1)提出异议的主体须是本案的当事人。在诉讼实务中,只允许被告提出管辖权异议。但理论界不少学者认为原告在例外情形下也可以提出异议。[②] 对无独立请求权的第三人是否有权提出管辖权异议,尽管最高法院在司法解释中持明确否定的态度,但学者之间仍然存在着较大的争议。[③]

(2)管辖权异议的客体是第一审民事案件的管辖权。当事人只能对第一审民事案件的管辖权提出异议,对第二审民事案件不得提出管辖权异议。对一审案件,当事人既能对地域管辖权提出异议又能对级别管辖权提出异议。

(3)提出管辖权异议的时间须在提交答辩状期间。按期提出的,法院才审查,逾期提出的,法院不予审查。

二、法院对管辖权异议的处理

受诉法院收到当事人提出的管辖权异议后,应当认真进行审查。经审查后,认为异议

[①] 在2012年《民诉法》的修订中,这一条文移到了第127条。

[②] 一些学者认为原告在三种情况下可以提出管辖权异议:(1)原告发现其误向无管辖权的人民法院起诉后;(2)诉讼开始后被追加的共同原告认为受诉人民法院无管辖权;(3)受诉人民法院认为被告提出的管辖权异议成立,或者认为自己无管辖权,依职权将案件移送到其他人民法院,原告对人民法院的移送裁定有异议。参见章武生主编:《民事诉讼法新论》,法律出版社1993年版,第125页。

[③] 朱丹、高明生、陈派清:《无独立请求权的第三人可以提出管辖权异议》,载《法学》1995年第6期。

成立的,裁定将案件移送有管辖权的法院审理。当案件属于共同管辖时,在移送前应征求原告的意见,否则会剥夺原告选择管辖的权利。认为异议不能成立的,应裁定驳回异议。裁定应当送达双方当事人,当事人不服的,可以在10日内向上一级法院提起上诉。当事人未提出上诉或上诉被驳回的,受诉法院应通知当事人参加诉讼。当事人对管辖权问题申诉的,不影响受诉法院对案件的审理。

2007年修订《民诉法》时,"违反法律规定,管辖错误的"被增列为再审事由,因此,上诉被驳回后,当事人还有权申请再审。此次修订取消了这一再审事由,这意味着对驳回异议的裁定,上诉是唯一的救济途径。

阅读法条

《民诉法》第17—38条;《适用意见》第1—37条;《调整管辖标准通知》;《严格执行民诉法规定》第1—8条;《关于审理民事级别管辖异议案件若干问题的规定》(2009)

案例解析

【4-1】 周某的父亲是一位在抗日战争时期参加游击队的老共产党员,周某父亲去世前,曾向其所在单位的党组织表示,开追悼会时希望能用党旗覆盖其遗体,单位的党组织也表示同意,但后来在为周某举行追悼会时,由于上级党组织认为这样不妥,未用党旗覆盖周父遗体。追悼会后,周某与单位交涉未果,把该单位告上法院,要求单位赔礼道歉。

问:法院是否应当受理原告提起的诉讼?

分析要点:在民事诉讼中,法院受理平等主体的公民、法人和其他组织之间因财产权和人身权发生的纠纷,即法院的受案范围应当限于民事纠纷。开追悼会时是否给死者遗体盖党旗,不属于民事纠纷,所以该案件不属于法院的受案范围,法院不应当受理该案件。

【4-2】 户籍在南京市鼓楼区的江霞,2006年与美国公民约翰逊在华盛顿登记结婚,结婚后双方在纽约定居。后因文化背景不同,性格差异大等原因经常发生争吵,江霞于2009年回到南京,住在栖霞区。2011年5月,江霞欲提起离婚诉讼。

问:(1)江霞是否可以向我国法院起诉离婚?
(2)如果可以起诉,应当向哪个法院起诉?

分析要点:(1)可以向我国法院提起离婚诉讼。离婚诉讼属于因身份关系提起的诉讼,根据我国2007年《民诉法》第23条第1项的规定,江霞可以在我国以约翰逊为被告提起离婚诉讼。

(2)这一离婚诉讼,虽然被告为美国人,是涉外案件,但它不属于重大涉外案件,因此从级别管辖说,是由基层法院管辖。由于江霞现在的经常居住地是南京市的栖霞区,所以她应当向栖霞区的法院提起诉讼。

【4-3】 一日,家住南京市鼓楼区的张某与家住南京白下区的王某在江宁区与雨花区交界处为停车发生口角,王某喊来家住安徽省马鞍山市雨山区的刘某与家住芜湖市镜湖区的肖某。一阵激烈的争吵后,王某等欲动手打张某,张某见势不妙,撒腿就跑,王某等三人一边追一边用砖头砸张某,王某等人仍在雨花区,张某已跑到江宁区地界,此时,一块砖头砸中张某腹部,张某忍痛继续跑,终于摆脱了王某等人。第二天,张某发现自己腹部疼痛难忍,到医院就诊后查出脾脏受伤,张某为此花去了医疗费近万元。后来张某通过熟人找到王某,在熟人的调解下王某答应赔偿,双方当即签了一份协议,协议约定赔偿的医药费以2万元为限,王某先付5000元,余款15日内付清。协议中还约定,若因为履行该协议发生纠纷,双方可以通过向南京市中级人民法院提起诉讼来解决。后来张某的治疗费接近3万元,王某付了5000元后也未再付款。现张某准备向法院起诉。

问:张某可以向哪些法院提起诉讼?

分析要点:张某可以向雨花区、江宁区、白下区、镜湖区、雨山区的法院提起诉讼,但不能向南京市中级人民法院提起诉讼。

本案在性质上属于因共同危险行为引起的侵权诉讼,张某提起诉讼时,应当把实施共同危险行为的王某、刘某和肖某作为共同被告诉至法院。根据《民诉法》第28条的规定,该诉讼应当由侵权行为地或者被告所在地的法院管辖。在法解释上,侵权行为地包括行为实施地和结果发生地。本案的情况比较特殊,行为地在雨花区而结果地则在江宁区。而三个被告又在不同地区居住,所以雨花区、江宁区、白下区、镜湖区、雨山区的法院都有管辖权。对多个法院都有管辖权的案件,原告张某有选择管辖的权利。张某如选择在白下区法院起诉,白下区法院对王某等三人亦可取得管辖权。刘某和肖某的住所虽然不在白下区,但由于本案是共同危险行为引起的侵权诉讼,白下区法院基于牵连管辖可获得对刘某和肖某的管辖权。当然,原告也可以选择其他被告住所地的法院提起诉讼。

张某和王某虽然约定由南京市中级法院受理他们之间的纠纷,但该纠纷属于因侵权行为引起的诉讼,而我国民事诉讼法规定的非涉外协议管辖仅限于因合同纠纷引起的诉讼,不包括因侵权行为引起的诉讼。此外,对合同诉讼即使允许协议管辖,也不允许违反级别管辖的规定。本案从案件的性质和诉讼标的的金额看,应当属于基层法院管辖,当事人约定由中级法院管辖也是无效的。

【4-4】 湖南省株洲市的A公司与湖北省黄石市的B公司,签订了一份买卖合同,合同约定"合同履行中如发生纠纷,双方应友好协商解决,若协商不成,双方可向各自住所地人民法院起诉"。在履行合同过程中,双方发生了纠纷,A公司向株洲市的荷塘区法院提起诉讼,法院受理后,B公司提出管辖权异议,认为上述约定应当认定为无效,请求将本案移送到作为合同履行地和被告所在地的湖北省黄石市法院审理。荷塘区法院裁定驳回B公司的管辖权异议。B公司不服,向株洲市中级人民法院提起上诉。

问:合同中关于协议管辖的约定是否有效?

分析要点:此案例涉及的是当事人协议管辖中的约定是否因属于同时选择两个法院

管辖而无效的问题。关于此问题,《最高法院公报》2005年第8期曾刊登过宁夏秦毅实业集团有限公司与阿拉山口欣克有限责任公司买卖合同纠纷案,该案的基本事实与涉及的法律问题与本案相同。在该案件中,最高法院审查后认为,按照本案合同中有关"合同在执行中如发生纠纷,双方可向各自住所地人民法院起诉"的约定,虽然双方均有权提起诉讼,其住所地的法院亦分别享有管辖权,但根据《适用意见》第33条的规定,任何一方提起诉讼且为其住所地法院立案受理后,另一方住所地的法院便不得再重复立案,从而排斥了另一方住所地法院的管辖。故该项约定的实质是选择原告住所地法院管辖。该项约定不但不属于选择两个以上法院管辖的情况,而且完全符合《民诉法》有关协议管辖的规定,应当认定有效并据以确定本案的管辖。

所以,A公司与B公司的约定是有效的,株洲市荷塘区对A公司提起的诉讼有管辖权。

司法考试题

2002年试卷三第21题"离婚案件的管辖";第72题"共同管辖";

2003年试卷三第25题"特殊地域管辖(合同纠纷的管辖确定)";第73题"协议管辖";第77题"地域管辖";第78题"移送管辖";

2005年试卷三第71题"地域管辖";

2006年试卷三第40题"专属管辖";

2007年试卷三第40题"管辖权异议";第80题"侵权纠纷的管辖";

2008年试卷三第82题"侵权案件的管辖法院"、"移送管辖";

2009年试卷三第35题"级别管辖制度";第80题"追索赡养费案件的管辖、移送管辖和管辖恒定";第98题"追索赡养费案件的管辖";

2011年试卷三第77题"离婚诉讼的管辖";第95题"管辖权异议";

2012年试卷三第78题"法院的级别管辖";第95题"法院的地域管辖";第96题"法院的地域管辖"。

第四章 当事人

第一节 当事人概述

一、当事人的概念与特征

（一）当事人的概念

民事诉讼中的当事人，是指因民事权利义务发生争议，以自己的名义进行诉讼，并受人民法院裁判拘束的人。

当事人有广义和狭义之分：广义的当事人包括原告和被告、共同诉讼人、诉讼代表人、第三人；狭义的当事人专指原告和被告。当事人在不同程序中有不同的称谓。在第一审程序中称为原告和被告；在第二审程序中称为上诉人和被上诉人；在审判监督程序中，适用第一审程序再审的，仍称为原告和被告，适用第二审程序再审的，仍称为上诉人和被上诉人；在特别程序中一般称为申请人，但选民资格案件中称为起诉人；在督促程序和企业法人破产还债程序中称为申请人和被申请人，在公示催告程序中称为申请人和利害关系人；在执行程序中称为申请执行人和被执行人。当事人的不同称谓，表明他处于不同诉讼程序，以及因诉讼程序不同而具有的不同诉讼地位和诉讼权利义务。

（二）当事人的特征

1. 以自己的名义进行诉讼。这是确定当事人的一个基本标准，衡量某人是否为诉讼当事人，首先要看他是否以自己的名义起诉或应诉，如果某人以他人的名义进行诉讼，则为诉讼代理人而不是当事人。

2. 民事权利义务发生争执。民事权利义务发生争执是民事诉讼的起因，从原告来说，是因为同被告发生民事纠纷才提起诉讼，寻求司法保护的，就被告而言，也是基于同样的原因才应诉的。

3. 能够引起民事诉讼程序发生、变更或消灭。这一特征表明了当事人民事诉讼主体的地位。唯有当事人才能够引起民事诉讼程序的发生、变更或消灭，当事人以外的人，虽然也以自己的名义参加诉讼，但却不能引起诉讼程序作上述变动。

就大多数情形而言，当事人是发生争执的民事法律关系的主体，是为了保护自身的权益参加诉讼的，与案件审理结果有直接的利害关系，法院所作的判决、裁定、调解书对他们产生拘束力。但也有少数情形，当事人起诉或被诉，并非是由于他们本人的民事权益发生了纠纷，而是因为依据法律的规定对他人的民事权益负有照管、保护的职责。这类当事人并非有争议的民事权利义务关系的主体，他们虽然以自己的名义进行诉讼，但目的却在于保护他人的民事权益。

非实体权利义务主体成为当事人须有法律的特别规定,一般而言,这类当事人包括:(1)破产案件中的清算组织;(2)失踪人的财产代管人;(3)遗产管理人、遗嘱执行人;(4)为保护死者名誉权而提起诉讼的死者的近亲属。

在民事诉讼中,确定由谁作为当事人具有重要意义。诉讼中的管辖问题、回避问题、裁判的拘束力问题,都与当事人密切相关,往往要在确定当事人后才能得到解决。

作为具体诉讼中的当事人亲自实施诉讼,需要具备当事人能力和诉讼能力,并且须是该诉讼适格的当事人。

(三)公益诉讼的原告

公益民事诉讼,是指法律授权的机关、组织,对损害社会公共利益的行为,向法院提起诉讼,请求法院通过判决责令加害人停止实施违法行为,并承担相应民事责任的行为。

与涉及私人利益的诉讼不同,在公益诉讼中,被告实施的违法行为并未直接造成原告财产权或人身权的损害,而是对不特定多数人的利益造成了损害。按照当事人的标准,需要同案件有直接利害关系,但公益诉讼中的原告恰恰是自身的财产权和人身权并未受到侵害,提起诉讼的目的也不是为了维护自身的利益,因而公益诉讼中的原告不同于一般民事诉讼中的原告。

在2012年《民诉法》修订中,立法机关对公益诉讼作出了规定:"对污染环境、侵害众多消费者合法权益等损害社会公共利益的行为,法律规定的机关和有关组织可以向人民法院提起诉讼"(第55条)。该条文一方面界定公益诉讼的范围,另外一方面对有权提出公益诉讼的主体作出规定。该条文在界定范围时用了"等"字,这表明除了法律列举的两类外,其他在性质上属于损害社会公共利益的行为也在公益诉讼之列,如破坏自然资源的行为。"法律规定的机关"意味着国家机关须经法律授权才能够提起公益诉讼。目前得到法律授权的只有海洋环境监管部门,《海洋环境保护法》第90条第2款规定:"对破坏海洋生态、海洋水产资源、海洋保护区,给国家造成重大损失的,由依照本法规定行使海洋环境监督管理权的部门代表国家对责任者提出损害赔偿要求。"当然,随着法律的制定和修改,得到授权的机关还会增加。"有关组织"并不是指法律规定的组织,而是指符合立法宗旨的组织。这些组织依法成立,宗旨在于维护公共利益,如环境保护组织、消费者保护组织。

二、当事人能力和诉讼能力

(一)当事人能力

当事人能力,是指能够成为民事诉讼当事人、享有民事诉讼权利和承担民事诉讼义务的法律上的资格,又称诉讼权利能力。

当事人能力是抽象的作为民事诉讼当事人的资格。当事人能力与民事权利能力有密切的关系。根据第48条第1款规定,公民、法人和其他组织可以作为民事诉讼的当事人,而根据《合同法》第2条的规定,合同的平等主体包括自然人、法人和其他组织。这体现了程序法服务于实体法的一面。

公民(自然人)的当事人能力始于出生、终于死亡,法人和其他组织的当事人能力始于依法成立、终于其终止。法人作为由其法定代表人进行诉讼,其他组织由其主要负责人进行诉讼。

(二) 诉讼能力

诉讼能力,是指当事人亲自进行诉讼活动,以自己的行为行使诉讼权利和承担诉讼义务的法律上的资格,又称诉讼行为能力。有当事人能力而无诉讼能力的人,虽然可以成为民事诉讼的当事人,但却不能自己为诉讼行为,而要由其法定代理人代为诉讼或者由法定代理人委托代理人代为诉讼。

在公民作为诉讼当事人时,诉讼能力问题才具有实际意义。因为作为诉讼当事人的公民,可能并无诉讼能力。法人和其他组织的诉讼能力与当事人能力同时产生,不存在无诉讼能力的问题。

公民的诉讼能力与民事行为能力有密切的联系,但两者的分类不尽相同。民事诉讼能力采用两分法,只有有诉讼能力和无诉讼能力之分;民事行为能力则采用三分法,分为完全民事行为能力、限制民事行为能力和无民事行为能力。在民事诉讼中,具有完全民事行为能力的公民才具有诉讼能力,无民事行为能力和限制民事行为能力的公民均无诉讼能力。

当事人具有诉讼能力是诉讼行为有效的必要条件,因此,无诉讼能力人实施的诉讼行为和针对无诉讼能力人实施的诉讼行为均属无效。

无诉讼能力人实施的诉讼行为能否因法定代理人的追认而补正,我国《民诉法》对此未作出规定,外国民事诉讼法一般采取的是由法院命令限期补正的办法,即如果法定代理人在规定期限内追认,诉讼能力的欠缺便得到补正,诉讼行为自始有效,如果未追认,则诉讼行为无效。从学理解释的角度说,我国也应当采用由人民法院命令限期补正的办法。

三、当事人适格

(一) 当事人适格的含义

当事人适格,是指在具体的诉讼中,作为本案当事人起诉或应诉的资格。适格的当事人,又称为"正当当事人"。

当事人适格与当事人能力不同,当事人能力是抽象的作为诉讼当事人的资格,它与具体的诉讼无关,当事人能力的有无,取决于有无民事权利能力。当事人适格则不同,它是针对具体诉讼而言的,它所要解决的问题是有当事人能力的人在特定的诉讼中能否作为本案的当事人。

当事人适格与否,须将当事人与所提起的诉讼联系起来分析,须看当事人与特定诉讼的诉讼标的之间的关系。欲成为适格的当事人,就必须与诉讼标的有直接联系。例如,甲的汽车被乙损坏,甲的邻居丙向法院提起诉讼,要求乙赔偿甲的损失。由于丙与甲乙之间的债权债务无关,以丙作原告也无法解决甲乙之间的纠纷,丙不是适格的当事人。

我国民事诉讼理论以往虽然未使用当事人适格的概念、未区分当事人能力与具体诉讼中作为当事人的资格,但各民事诉讼法教科书关于当事人概念与特征的阐述,实际上指的是适格的当事人,最高人民法院在对原告和被告作出规定时,所指的实际上也是适格的当事人。

(二) 衡量当事人是否适格的标准

为了使诉讼能够在适格的当事人之间进行,同时也为了使法院的裁判有实际意义,需要用一定的标准来衡量起诉人和被诉人是否是本案的正当当事人。

由于国家设置民事诉讼的目的,是为了通过法院的裁判解决当事人之间民事权益的纠纷,当事人也因为民事实体法上的权利义务关系发生了争议,才有必要通过诉讼方式寻求解决,所以,在通常情况下,应当以当事人是否是发生争议的民事法律关系(本案的诉讼标的)的主体,作为判断当事人适格与否的标准。根据这一标准,凡民事权利或民事法律关系的主体,以该权利或法律关系为诉讼标的进行诉讼时,一般都是适格的当事人。

但是,在例外情况下,非民事权利或民事法律关系主体也可以成为适格的当事人。例外情形有以下两种:

其一,是对他人的权利或法律关系依法享有管理权的人。如继承诉讼中的遗产管理人、遗嘱执行人、破产程序中的清算组织。当受其管理的权利或法律关系涉讼时,上述有管理权的人就成为适格的当事人起诉或应诉。

其二,是确认之诉中对诉讼标的有确认利益的人。在消极的确认之诉中,原告要求法院确认他与被告之间不存在某种法律关系,因此,要求原告和被告是发生争执的法律关系的主体是与这种诉讼的性质相悖的。在消极的确认之诉中,原告只须就诉讼标的有确认的利益,就可以成为适格的当事人,而被告只要与原告对作为诉讼标的的法律关系有争执,就能够成为适格的被告。

四、当事人的诉讼权利和诉讼义务

为了使当事人的诉讼活动能够受到程序法的充分保障,我国民事诉讼法赋予当事人广泛的诉讼权利。为了使民事诉讼活动能够有序地进行,民事诉讼法也为当事人设定了一定的诉讼义务。当事人应当依法行使诉讼权利并履行相应的诉讼义务,人民法院应当保障双方当事人充分实现其诉讼权利,督促双方当事人履行诉讼义务。

(一) 当事人的诉讼权利

当事人享有的诉讼权利主要有:(1) 提起诉讼的权利与反驳诉讼的权利;(2) 委托代理人的权利;(3) 申请回避的权利;(4) 收集和提供证据的权利;(5) 进行陈述、质证和辩论的权利;(6) 选择调解的权利;(7) 自行和解的权利;(8) 申请财产保全和先予执行的权利;(9) 提起上诉的权利;(10) 申请再审的权利;(11) 申请执行的权利;(12) 查阅、复制本案有关材料的权利。

对当事人依法享有的诉讼权利,法院在诉讼中负有保障其实现的职责。

(二) 当事人的诉讼义务

当事人应当履行的诉讼义务主要是:(1) 依法行使诉讼权利,不得滥用诉讼权利;

(2）遵守诉讼秩序；(3）履行生效的法律文书。

五、当事人的更换与追加

(一) 当事人的更换

当事人的更换，是指诉讼进行中，将不适格的当事人更换成适格的当事人。

当事人适格，法院才有审理和裁判的必要，不适格的当事人之间不存在真正的民事权利义务争议，审理这类假想的争议既对当事人无益，又浪费司法资源。一般而言，法院在受理诉讼前，通过对原告起诉的审查，就能解决当事人是否适格的问题。但有的案件的情形比较复杂，法院有时在受理诉讼后才发现当事人不适格，因此有必要在诉讼进行中更换当事人。

对更换当事人，我国原先采用的是法院依职权更换的办法。《试行法》第90条规定："起诉或者应诉的人不符合当事人条件的，人民法院应当通知符合条件的当事人参加诉讼，更换不符合条件的当事人。"最高人民法院对此条款司法解释是："诉讼进行中，发现当事人不符合条件的，应依据民事诉讼法第90条的规定进行更换。通知更换后，不符合条件的原告不愿意退出诉讼的，以裁定驳回起诉，符合条件的原告全部不愿意参加诉讼的，可以终结案件的审理。被告不符合条件，原告不同意更换的，裁定驳回起诉。"从审判实务看，法院依职权更换当事人虽有其必要性，但却与民事诉讼中的处分原则相违背。现行《民诉法》未再规定法院依职权更换当事人，但司法实务仍有沿用以往做法的。本教材认为，处理此问题的恰当方法是，法院行使阐明权，将不适格的情形告知当事人，由当事人作出更换与否的选择。如原告或被告不适格，原告又拒绝退出诉讼或不同意更换被告，法院应驳回原告的起诉。更换被告，无须新的被告同意，法院传唤新的被告参加诉讼后，如符合条件的被告无正当理由拒不到庭，法院可依法作出缺席判决，必要时还可以拘传强制其到庭参加诉讼。当事人是诉的主体，当事人变更势必引起诉的变换，因此更换当事人后，诉讼应重新开始，原当事人的诉讼行为对新当事人不产生效力。

(二) 当事人的追加

当事人的追加，是指法院受理诉讼后，发现必须共同进行诉讼的当事人没有参加诉讼，通知其参加诉讼。

追加当事人也是为了解决当事人适格而采取的措施，主要适用于必要共同诉讼的场合，在必要共同诉讼中，为了通过一次诉讼解决多数当事人之间对共同诉讼标的的争议，防止分别起诉可能引起的裁判抵触，法律要求各当事人共同起诉或被诉，否则当事人便不适格。例如，当共同财产权受到他人侵害时，全体共有人起诉当事人才适格，如果仅有部分共有人提起诉讼，就应当追加当事人。

对未参加诉讼的必须共同参加诉讼的当事人，法院应当以书面形式通知其参加诉讼。追加当事人既可以发生在第一审程序中，也可能发生在第二审程序中。第二审程序中追加当事人涉及因两审终审制而引起的当事人的审级利益问题，所以追加后法院如不能以调解方式结案的，应当将案件发回一审法院重新审理。

六、诉讼权利义务的承担

（一）诉讼权利义务承担的概念

诉讼权利义务的承担，是指在诉讼进行中，由于特定事由的出现，一方当事人的诉讼权利义务转移给案外人，由案外人承受原当事人的诉讼权利和义务后，作为当事人继续进行诉讼。

（二）诉讼权利义务承担的原因

当事人是因为民事实体权益发生纠纷而进行诉讼的，因此，在诉讼过程中，当事人的民事权利义务一旦发生了转移，诉讼权利义务也会随之发生转移。在审判实务中，引起诉讼权利义务承担的主要情形有：

1. 一方当事人死亡

在诉讼进行中，一方当事人死亡，其实体权利义务转移给继承人，故应由死者的继承人承担诉讼权利义务，作为当事人继续进行诉讼。但是，如果实体权利义务是专属于死亡一方当事人的不可转移的人身性质的权利义务，则不发生诉讼权利义务的承担。

2. 法人合并与分立

法人发生合并或分立后，其民事权利和义务由变更后的法人享有和承担。因此，当作为诉讼当事人的法人出现合并或分立时，就要由变更后的新的法人承担原法人的诉讼权利义务。

3. 法人解散、依法被撤销或宣告破产

作为诉讼当事人的法人出现上述情形时，要由清算组接管法人的财产，负责对法人的债权债务进行清理，因此，清算组应当承担该法人的诉讼权利和义务。

（三）诉讼权利义务承担的后果

出现诉讼权利义务承担后，诉讼程序是继续进行而不是重新开始，新当事人参加诉讼后是继续原当事人已经开始的诉讼，所以，原当事人实施的一切诉讼行为，对新当事人都发生效力。

第二节 原告与被告

一、原告与被告的概念

原告，是指为了保护自己的或受其管理的他人的民事权益，以自己的名义向法院提起诉讼，从而引起民事诉讼程序发生的人。

被告，是指被原告诉称侵犯其民事权益或与其发生民事权益争执，而由法院通知应诉的人。

原告和被告，是民事诉讼中最基本的当事人。民事诉讼制度主要是为了解决原、被告之间关于民事权利义务关系的争议而设置的，原、被告的对立关系，是民事诉讼构造的基本形态。共同诉讼制度、第三人制度，实际上是由多数当事人参加的诉讼，它们是建立在原、被告对立关系的基础之上的。原、被告的存在是诉讼得以发生和继续的前提条件，在诉讼进行中，如果原告或被告不复存在，如离婚案件中一方当事人死亡，或者原、被告之间的对立关系不复存在，如原告因发生兼并并入被告，诉讼就没有必要继续进行，就会因此而终结。

原告和被告只是一种诉讼程序上的称谓，原告只表明是提起诉讼的一方当事人，被告则只表明是被提起诉讼的一方当事人，与哪一方当事人有理及诉讼的胜负无关。原告起诉时声称自己享有某种民事权利，以及被告侵犯了这一权利，仅是原告单方面的主张。原告不一定真正享有民事权利，被告也未必侵害了原告的权利。原、被告之间权利义务关系究竟如何，要待法院将案件审结后才能作出结论。

二、原告和被告的类别

在我国民事诉讼中，公民、法人和其他组织可以作为诉讼中的原告或被告。从总体上可以把原告和被告归纳为这三大类，但在诉讼实务中，这三类当事人的情形错综复杂，为了正确地确定诉讼中的原告和被告，最高人民法院在其《适用意见》中对如何确定当事人作出了解释。最高人民法院的司法解释是具体诉讼中确定原、被告的重要依据。

（一）自然人

自然人是主要民事主体之一，自然人在民事活动中与他人发生纠纷，可以作为原告起诉或被告应诉。

根据最高人民法院的司法解释，自然人作为诉讼当事人的情形还包括：

（1）以业主身份作为当事人。即公民成为个体工商户时，个体工商户以营业执照上登记的业主为当事人。

（2）以雇主身份作为当事人。个体工商户、农村承包经营户雇用的人员在进行雇用合同规定的生产经营活动中造成他人损害的，其雇主为当事人。

（3）以直接责任人员的身份为当事人。即法人或其他组织应登记而未登记即以法人或其他组织名义进行民事活动，或者他人冒用法人、其组织名义进行民事活动，或者法人或其他组织依法终止后仍以其名义进行民事活动的，以直接责任人员为当事人。

（二）法人

在现实生活中，大量的民事活动是由法人进行的，因此法人也是民事诉讼中的当事人之一。法人作为当事人，须由其法定代表人进行诉讼。法定代表人一般指法人的正职负责人，如工厂的厂长、公司（指依照《公司法》组建的公司）的董事长等。在没有正职负责人的情况下，则由主持工作的副职负责人担任法定代表人。在诉讼过程中，法定代表人如发生更换，则由新的法定代表人继续进行诉讼。新法定代表人参加诉讼时，应向法院提交身份证明书。法定代表人更换不影响诉讼主体的同一性，因而原法定代表人更换前实施的诉讼行为对新法定代表人有效。根据最高人民法院《适用意见》的规定，法人作为诉讼当事人的情形还包括：

（1）法人因工作人员的职务行为或授权行为发生诉讼时，由该法人作为当事人。

（2）企业法人合并的，因合并前的民事活动发生的诉讼，以合并后的企业法人作为当事人。

（三）其他组织

其他组织是民事诉讼中的第三类当事人。作为民事诉讼当事人的其他组织，是指合法成立，有一定的组织机构和财产，但又不具备法人资格的组织。其他组织作为当事人时，由其主要负责人作为代表人参加诉讼。

其他组织尽管能够以自己的名义参与民事活动，但它们并不能够独立承担民事责任，其民事责任，仍然要由组织的成员来承担。因此，从严格意义上说，其他组织并不能成为独立的民事主体，民事诉讼法承认其他组织具有当事人地位，是从程序法的角度考虑的，是为了便利诉讼。

根据最高人民法院《适用意见》的规定，其他组织包括：

（1）依法登记领取营业执照的私营独资企业、合伙企业（包括合伙型联营企业）和组织。

（2）依法登记领取我国营业执照的中外合作经营企业、外资企业。

（3）企业法人依法设立并领取营业执照的分支机构。社会团体法人依法设立并办理登记的分支机构、代表机构。

（4）中国人民银行、各专业银行设在各地的分支机构。

（5）中国人民保险公司设在各地的分支机构。

（6）经核准登记领取营业执照的乡镇、街道、村办企业。

（7）法人的清算组织。即企业法人和社会团体法人进入清算时，所成立的清算组织。

（四）外国人、无国籍人

外国人、无国籍人可以依法在我国从事民事活动，成为民事法律关系的主体，一般而言，他们也可以成为我国民事诉讼的当事人。

第三节 共同诉讼

一、共同诉讼概述

（一）共同诉讼的概念

在一般情况下，民事诉讼为一对一的诉讼，即原告一方与被告一方均为一人，但也有一些诉讼的当事人为多数。在多数当事人进行的诉讼中，有原告一方为二人以上的，有被告一方为二人以上的，也有原、被告双方均为二人以上的。共同诉讼是指当事人一方或双方为二人以上（包括二人）的诉讼。在民事诉讼理论中，原告方为二人以上的称为积极的共同诉讼，被告方为二人以上的称为消极的共同诉讼，原、被告均为二人以上的称为混合的共同诉讼。

共同诉讼是将多数当事人纳入同一诉讼程序进行诉讼,因而属于诉讼主体的合并,它不同于诉讼客体的合并,后者是指将数个诉讼请求纳入同一诉讼程序审理。

(二)共同诉讼的特征

与当事人为一对一的诉讼相比,共同诉讼具有下列显著特征:

(1)当事人一方或双方为二人以上。这是共同诉讼的本质特征,也是区分共同诉讼与单独诉讼的标准。诉讼主体为二人以上的多数当事人这一特征,给共同诉讼带来了一系列独特的问题,如共同诉讼人中一人来参加诉讼当事人是否适格,多数当事人诉讼行为的关系如何等。

(2)多数当事人在同一诉讼程序中进行诉讼。只要多数当事人在同一诉讼程序中进行诉讼,就能够构成共同诉讼,即使多数当事人在同一诉讼程序中相互独立地各实施各的诉讼行为,也不妨碍成立共同诉讼。

(三)共同诉讼制度的作用

从总体上说,共同诉讼制度的作用一方面在于防止法院作出相矛盾的裁判,另一方面在于可以实现诉讼经济。具体而言,必要共同诉讼具有以上两个方面的作用,因为这类共同诉讼是不可分之诉,若让共同诉讼人分开来进行诉讼,不仅会造成诉讼的不经济,而且可能造成裁判的不一致。普通共同诉讼的作用主要在于节约用于诉讼的时间和费用,这类共同诉讼原本可以单独进行,将单独提起诉讼合并审理,大多是出于诉讼经济的考虑。

二、必要共同诉讼

(一)必要共同诉讼的概念与特征

必要共同诉讼,是指当事人一方或者双方为二人以上,诉讼标的是共同的,法院必须合并审理并在裁判中对诉讼标的合一确定的诉讼。

必要共同诉讼具有下列特征:

(1)当事人一方或双方为二人以上的多数当事人。

(2)多数当事人之间的诉讼标的是共同的。正是由于诉讼标的是共同的,所以多数当事人才必须一同起诉或应诉,法院才有必要追加未一同起诉或应诉的当事人。

(3)法院必须合并审理多数当事人之间的诉讼,并在裁判中合一确定诉讼标的,对多数当事人之间的权利义务作出内容相同的裁判。这一特征是由诉讼标的共同所决定的。

以上三个特征既是必要共同诉讼的特征,也是构成必要共同诉讼的条件。

(二)必要共同诉讼产生的原因

1. 共同诉讼人对诉讼标的原先就有共同的权利或义务

多数当事人原先对诉讼标的是否具有共同的权利或义务关系,取决于当事人之间原先是否就存在一定的民事法律关系。在诉讼实务中,不少当事人原先就有某种民事法律关系,如共同共有人对共有财产有共同的权利和义务关系,承担连带保证责任保证人与被保证的主债务人存在着连带清偿义务关系等。

2. 基于同一事实或法律上的原因，共同诉讼人之间才产生了共同的权利或义务

这种类型的共同诉讼是指多数当事人之间原来并不存在共同的权利或义务关系，只是由于后来发生了同一事实或法律上的原因，才产生了共同的权利或义务。因共同侵权引起的诉讼是这类共同诉讼的典型形态。当数人共同致人损害，受害人起诉要求赔偿时，数个加害人均负有赔偿义务，应当作为共同被告参加诉讼。

（三）司法解释对必要共同诉讼的规定

根据最高人民法院《适用意见》的有关规定，引起必要共同诉讼的具体情形包括：

（1）挂靠。即个体工商户、个人合伙或私营企业挂靠集体企业并以集体企业名义从事生产经营活动的，在诉讼中，该个体工商户、个人合伙或私营企业与其挂靠的集体企业为共同诉讼人。

（2）实际经营者与营业执照业主不一致。即营业执照上登记的业主与实际经营者不一致，以业主和实际经营者为共同诉讼人。

（3）企业法人分立。即企业法人分立的，因分立前的民事活动发生的纠纷，以分立后的企业为共同诉讼人。

（4）个人合伙涉讼。即个人合伙的全体合伙人在诉讼中为共同诉讼人。个人合伙有依法核准登记的字号的，应在法律文书中注明登记的字号。全体合伙人可以推选代表人，被推选的代表人，应由全体合伙人出具推选书。

（5）借用业务介绍信等。即借用业务介绍信、合同专用章、盖章的空白合同书或者银行账户的，出借单位和借用人为共同诉讼人。

（6）继承遗产的诉讼。即在继承遗产的诉讼中，部分继承人起诉的，人民法院应通知其他继承人作为共同原告参加诉讼；被通知的继承人不愿参加诉讼又未明确表示放弃实体权利的，人民法院仍应把其列为共同原告。

（7）代理关系中的连带责任。即被代理人和代理人承担连带责任的，为共同诉讼人。

（8）共同财产涉讼。即共同财产权受到他人侵害，部分共有权人起诉的，其他共有权人应列为共同诉讼人。

（9）连带责任保证。我国《担保法》将保证责任分为一般保证责任和连带责任保证责任。在因连带责任保证合同纠纷提起的诉讼中，债权人向保证人和被保证人一并主张权利的，法院应当将保证人和被保证人列为共同被告；债权人仅起诉保证人或被保证人的，可只列保证人或被保证人为被告。

（四）必要共同诉讼人的追加

固有的必要共同诉讼是不可分之诉，因此，只有全体共同诉讼人一同起诉或应诉，当事人才适格，法院才能够以同一判决合一确定当事人之间的权利和义务。但在诉讼实务中，存在着只有部分共同诉讼人起诉或应诉的情况，如在继承遗产的诉讼中，只有部分继承人起诉；在共同共有财产致人损害中，原告只起诉部分共有人。此时，就需要追加当事人。追加当事人可以由法院依职权追加，也可以根据参加诉讼的当事人的申请追加。法院受理诉讼时，如果发现只有部分必要共同诉讼人起诉或应诉，应当依职权通知未参加诉讼的共同诉讼人参加诉讼。但对已经明确表示放弃实体权利的原告,可不予追加。参加诉讼的共同诉讼人也可以向法院申请追加当事人,对当事人的申请,法院审查后认为有理由的,应同意追加,以书面形式通知被追加的当事人参加诉讼,否则,以裁定驳回。法院追加当事人时,应通知其他已参加诉讼的共同诉讼人。

法院通知未参加诉讼的共同诉讼人参加诉讼后,被通知的人可能不愿意参加诉讼。对被追加人不愿意参加诉讼的,法院应区分被追加人是原告还是被告分别作出处理。被追加的原告既不愿参加诉讼,又不放弃实体权利的,仍追加为共同原告,其不参加诉讼,不影响法院对案件的审理和判决。被追加的被告不愿参加诉讼的,法院一般可以对其缺席判决。对符合拘传条件的被告,则可以通过拘传强制其到庭参加诉讼。

(五) 必要共同诉讼人的内部关系

一方面,必要共同诉讼人都是独立的诉讼主体,他们在诉讼中都要实施诉讼行为,这些行为不可能完全一致,但另一方面,共同诉讼人对诉讼标的有共同的权利或义务,法院对诉讼标的须合一作出判决。由此便产生了如何对待共同诉讼人之间的行为,如何处理他们之间的内部关系的问题。

在外国民事诉讼中,是依据有利原则来处理这一问题,即依据诉讼行为对其他共同诉讼人是否有利来确定行为的效力的,共同诉讼人中一人的行为有利于其他共同诉讼人,其效力及于全体共同诉讼人,否则,仅对其本人生效。我国民事诉讼法采用的是承认原则,即依共同诉讼人中一人的行为是否为其他共同诉讼人承认来决定其效力,其中一人的诉讼行为经其他共同诉讼人承认,对其他共同诉讼人发生效力。采用承认原则的理由是每一共同诉讼人都是独立的诉讼主体,都有权独立实施诉讼行为。从诉讼实践看,承认原则与有利原则并无本质区别,因为必要的共同诉讼人之间具有共同的利害关系,一人的诉讼行为对其他共同诉讼人有利的,其他共同诉讼人一般都乐于承认,而一人的诉讼行为有损于其他共同诉讼人利益的,其他共同诉讼人一般都会拒绝承认。承认原则也存在着例外情形,共同诉讼人之一不服一审判决提出上诉时,不论其他共同诉讼人是否承认上诉行为,上诉的效力都及于全体共同诉讼人。

三、普通共同诉讼

(一) 普通共同诉讼的概念与特征

普通共同诉讼,是指当事人一方或者双方为二人以上,其诉讼标的是同一种类,法院认为可以合并审理,当事人也同意合并审理的诉讼。

普通共同诉讼与必要共同诉讼皆为共同诉讼,它们的相同之处在于当事人均为二人以上,并且法院在一个诉讼程序中合并解决多数当事人之间的民事纠纷。但是,与必要共同诉讼相比,普通共同诉讼具有以下特征:

(1) 普通共同诉讼的诉讼标的是同一种类的,而必要共同诉讼的诉讼标的是同一的。这是普通共同诉讼与必要共同诉讼最主要的区别,也是普通共同诉讼的基本特征。

(2) 普通共同诉讼有数个诉讼请求,而必要共同诉讼只有一个诉讼请求。普通共同诉讼是将数个同种类的诉讼标的合并在一起审理，因而这类共同诉讼必然会有数个诉讼请求，其诉讼请求的个数取决于被合并审理的诉讼标的的个数。必要共同诉讼虽然有数个当事人，但只有一个共同的诉讼标的，所以只有一个诉讼请求。

（3）普通共同诉讼是可分之诉，而必要共同诉讼是不可分之诉。普通共同诉讼是由数个同一种类的诉讼标的合成的，这些诉讼标的均具有独立性，因此合并审理并不具有必然性，也不是唯一的选择，法院是否将它们合并审理，要根据必要和可能来决定。如果法院决定不合并，它们便是各自独立的分开审理的诉。必要共同诉讼的实质是一个诉、数个当事人，是当事人的合并而不是诉的合并，因而无法将它拆分开来审理。

（二）普通共同诉讼的构成要件

构成普通共同诉讼，必须具备下列条件：

（1）两个以上的当事人就同一种类诉讼标的的案件向同一法院起诉。同一种类的诉讼标的是指同一类型的民事法律关系，如甲、乙、丙三人均购买了丁电脑公司的电脑，后因质量问题向丁提起诉讼。这三个诉讼起因于三个独立的买卖合同关系，但它们是同一种类的民事法律关系，所以诉讼标的是同一种类的。诉讼标的如果不是同一种类的，即使被告是同一个人，也不能构成普通共同诉讼。例如，甲因房屋租赁合同纠纷向丙提起诉讼，乙因房屋买卖合同纠纷也向丙提出诉讼，就不能构成普通共同诉讼。

（2）属同一法院管辖，适用同一诉讼程序。管辖权是法院合法行使审判权的前提，因此，只有当法院对诉讼标的为同一种类的数个诉讼均有管辖权时，才能够将它们合并审理。在属于同一法院管辖的前提下，数个诉讼都适用同一种诉讼程序，才有可能构成普通共同诉讼。如果有的诉讼应适用简易程序，有的诉讼应适用普通程序，就不能将它们合并审理。

（3）合并审理符合共同诉讼的目的。民事诉讼法主要是基于诉讼经济的考虑才设立普通共同诉讼制度的，如果合并审理不能够达到节约人力、物力和费用的目的，实行共同诉讼就缺乏实际意义，如果实行共同诉讼反而会导致程序的复杂化和诉讼延滞，就没有理由合并审理。

（4）法院认为可以合并审理。这是构成普通共同诉讼的一个不可缺少的条件，对当事人分别提起的诉讼，只有在法院认为可以合并审理的情况下，才有可能形成共同诉讼。只有当分别提起的诉讼符合上述三个条件时，法院才会认为它们是可以合并审理的。

（5）当事人同意合并审理。法院对认为可以合并审理的诉讼，还应征求当事人的意见，只有在当事人也同意合并审理的情况下，法院才能够合并审理。民事诉讼法将当事人同意作为普通共同诉讼的构成要件之一，是为了充分尊重当事人的意愿。这实际上赋予诉讼当事人对法院合并审理的建议说"不"的权利，如果当事人认为合并审理会有损自己的利益，他们就有权拒绝。

（三）普通共同诉讼人之间的关系

普通共同诉讼是将数个诉讼标的为同一种类的相互独立的诉合并到一个诉讼程序中审理，但合并审理并未改变诉的独立性的本质，由于各个诉是独立的，普通共同诉讼中每个共同诉讼人的行为也是独立的,他们虽然被合并在一个程序中进行诉讼,但实质上仍然是各打各的官司。因此,第52条第2款规定:"……对诉讼标的没有共同权利义务的,其中一人的诉讼行为对其他共同诉讼人不发生效力。"由于各个共同诉讼人的诉讼行为是独立的,所以他们每个人实施的诉讼行为,无论是有利的还是不利的,均对本人产生效力,而不会影响到其他共同诉讼人。例如,共同原告中一个放弃诉讼请求或撤回诉讼,并不会对其他共同诉讼人产生不利的影响。

但是,普通共同诉讼人诉讼行为的独立性也不是绝对的,作为例外,普通共同诉讼人实施的有利于自己的诉讼行为也可能会对其他共同诉讼人产生有利的影响。例如,甲、乙、丙三人分别对丁提起侵权赔偿诉讼,诉讼的理由是丁厂排出的废水污染了他们各自的鱼塘,造成塘里的鱼大量死亡。甲和乙均就鱼是遭废水污染而死提供了强有力的证据,由于甲、乙、丙三人的鱼塘相邻,都受到丁排出的废水污染,甲、乙提供的证据会有利于法院认定丙鱼塘里的鱼也是因受丁厂的污染而死亡。

第四节　诉讼代表人

一、诉讼代表人概述

(一) 诉讼代表人的概念与性质

诉讼代表人,是指由人数众多的一方当事人推选出来,代表该方当事人进行诉讼的人。第53条、第54条和《适用意见》第59条至第64条对诉讼代表人作了规定。根据上述规定,我国民事诉讼中的诉讼代表人包括人数确定代表人诉讼中的诉讼代表人和人数不确定代表人诉讼中的诉讼代表人两种。

从《民诉法》关于我国诉讼代表人的规定看,我国的诉讼代表人制度是在吸收共同诉讼制度和诉讼代理制度的优点,结合两者长处的基础上建立的一项新制度。这就决定了诉讼代表人制度既有自己的独特属性,又有共同诉讼制度和诉讼代理制度的共同属性。

诉讼具体由代表人进行而不是由全体当事人进行,这是诉讼代表人制度的显著特点,也是代表人诉讼与共同诉讼的重大区别。在代表人诉讼中,人数众多的一方当事人只要推选出了诉讼代表人,就可以脱离诉讼,将诉讼交给代表人实施。共同诉讼则不同,全体共同诉讼人均应参加诉讼。此外,从诉讼行为的效力来说,诉讼代表人也不同于共同诉讼人,诉讼代表人实施的诉讼行为,除法律规定须经过被代表的当事人同意才对全体当事人有效外,原则上其效力及于全体。共同诉讼人的诉讼行为要么经其他当事人同意后才对其他当事人有效,要么相互独立,其中一人的行为对其他当事人不发生效力。

诉讼代表人具有双重身份,一方面他是诉讼当事人,另一方面又是代表人。这是诉讼代表人的又一显著特征,也是诉讼代表人与单纯代理当事人实施诉讼行为的诉讼代理人的区别之所在。由于诉讼代表人本人也是当事人,所以他们同诉讼结果、同被代表的当事人具有共同的利害关系,这就决定了诉讼代表人在保护全体当事人共同利益的同时,也保护了自身的合法利益,同时也决定了诉讼后果要由诉讼代表人和被代表的当事人共同承担。而这些特点,诉讼代理人是不具备的,他们与诉讼没有直接利害关系,也不承担诉讼后果。

(二) 诉讼代表人制度的作用

1. 能够有效地处理群体性纠纷

在现代社会中,群体性纠纷日益增多,生产者、经营者实施的侵权或违约行为往往会造成数百人甚至成千上万人的人身或财产损害,在多数受害人分别提起的诉讼中,受害人与加害人之间的法律关系是同一种类,采用普通的共同诉讼将众多的原告人合并到同一诉讼程序审理,由于原告人数众多,诉讼无法有效进行。代表人诉讼正是为了适应解决群体性和大型化纠纷的需要而产生的。

2. 有利于简化诉讼程序,实现诉讼经济

对群体性纠纷,如果让各原告人分别进行诉讼,当事人和法院都要为诉讼花费大量的人力、物力和时间,而且由于由不同法院分别审理,可能造成法院裁判的抵触,通过代表人诉讼,既可以将各个诉讼合并到一个程序中审理,收到简化诉讼程序的效果,又可以防止法院作出互相矛盾的裁判。

二、代表人诉讼的种类

我国的代表人诉讼制度分为以下两种:

(一) 人数确定的代表人诉讼

人数确定的代表人诉讼,是指由起诉时人数已确定的众多的共同诉讼人推选出来作为代表,代替全体共同诉讼人参加诉讼,实施诉讼行为。

构成人数确定的代表人诉讼,须符合以下四个条件:

(1) 当事人一方人数众多。当事人一方人数众多,全体当事人都参加诉讼无论对当事人行使诉讼权利还是对法院审理案件都有困难,才有必要以推选代表人的方式减少出庭参加诉讼的人数。究竟达到多少人才算是人数众多,《民诉法》本身未规定,但司法实务中需要确定一个具体标准才便于操作,《适用意见》设定的标准一般为10人以上。在法律中,"以上"一词一般是包括本数的,所以共同诉讼中一方当事人达到10人就应当算人数众多。

(2) 起诉时当事人人数已经确定。这是这类代表人诉讼与人数不确定的代表人诉讼的主要区别。

(3) 众多当事人之间具有共同的或同一种类的诉讼标的。代表人诉讼是以共同诉讼为基础的,众多当事人之间如果不能够形成共同的诉讼关系,当然也就不能构成代表人诉讼。

(4) 当事人推选出若干代表人。在代表人诉讼中,诉讼行为是由代表人具体实施的,因而推选出代表人是进行这类诉讼的构成要件之一。在人数确定的共同诉讼中,可以由全体当事人推选共同的代表人,也可以由部分当事人推选自己的代表人。推选不出代表人的当事人,在必要的共同诉讼中可以由自己参加诉讼,在普通共同诉讼中可以另行起诉。

(二) 人数不确定的代表人诉讼

人数不确定的代表人诉讼,是指由人数不确定共同诉讼人中向法院登记权利的人推选出代表,由代表人以全体共同诉讼人的名义参加诉讼,实施诉讼行为。

构成人数不确定的代表人诉讼须具备下列条件:

(1) 当事人一方人数众多且具体人数在起诉时尚未确定。这类诉讼通常是同一种侵权行为或标准合同引起的诉讼,受害人多、分布地域广,因而起诉时当事人的人数不易确定。如某制药厂生产的质量不合格的药品,使众多服用此药品的人身体受到伤害。

(2) 诉讼标的为同一种类,即多数当事人之间没有共同的权利或义务关系,不存在共同的诉讼标的,但各当事人的诉讼标的属同一种类。

(3) 推选出诉讼代表人。以一定的方式产生诉讼代表人,是进行代表人诉讼的前提。由于起诉时当事人的人数尚未确定,因而不可能由全体共同诉讼人来推选代表人,代表人只能从部分当事人(向人民法院登记的那部分权利人)中产生。产生的方式依次是:① 选定。即由向人民法院登记的那部分权利人选出诉讼代表人。② 商定。在权利人推选不出代表人时,由人民法院与权利人通过协商方式产生代表人。③ 指定。在协商不成的情况下,由人民法院在权利人中指定代表人。

三、诉讼代表人的条件与权限

(一) 诉讼代表人的条件与人数

担任诉讼代表人,须具备以下条件:

(1) 是本案的共同诉讼人。无论是人数确定的代表人诉讼,还是人数不确定的代表人诉讼,代表人均须从参加本案共同诉讼的当事人中产生,不是本案当事人的人不得作为代表人。

(2) 具有一定的诉讼能力。代表人具备相应的法律知识,有一定的陈述、举证、质证、辩论能力,才能很好地代表全体当事人进行诉讼。因此,当事人中如有律师、法学院的教师等法律职业者,推选他们作为诉讼代表人最适合,如果没有法律职业者,则一般应推选文化程度、智力水平较高的人。

(3) 适合担任代表人。即乐于担任诉讼代表人,愿意为全体当事人进行诉讼,为全体或多数当事人所信赖。

诉讼代表人的人数不可过多,人数太多有悖于设置代表人诉讼制度的本意。但代表人的人数也不宜太少,太少则不利于维护全体当事人的利益。根据最高人民法院《适用意见》第62条的规定,当事人可以推选2至5名诉讼代表人,每位代表人还可以委托1至2人作为诉讼代理人。

(二) 诉讼代表人的权限

代表人在诉讼的权限相当于未被授权处分实体权利的诉讼代理人。代表人在诉讼中实施诉讼行为或接受诉讼行为,原则上对被代表的全体当事人产生法律效力,但代表人在实施处分被代表的当事人的实体权利的行为时,如变更或放弃诉讼请求、撤回诉讼、与对方当事人达成和解或调解协议等,则必须取得被代表人的当事人同意。《民诉法》对代表人的权利作上述限制,目的在于防止代表人滥用诉讼权利,保护被代表的当事人的权益。

(三) 诉讼代表人的更换

代表人产生后,一般可以作为代表人进行诉讼至诉讼终结,但如出现特殊情况,则需更换代表人,特殊情况包括代表人死亡或丧失行为能力,代表人因不尽职责或与对方当事人恶意通谋,损害了被代表人利益,被代表人要求更换。在需要更换代表人时,人民法院应裁定中止诉讼,然后由法院召集全体被代表人,以推选、协商等方式重新确定诉讼代表人,新的代表人产生后,再恢复诉讼。

四、关于人数不确定的代表人诉讼的特殊程序

与人数确定的代表人诉讼相比,人数不确定的代表人诉讼有一系列特殊的问题,这些问题需要通过专门的程序解决。

(一) 公告

在人数不确定的代表人诉讼中,向法院提起诉讼的有时只是具有同种类法律上利益的人中的少数人,为了利用同一诉讼程序尽可能多地解决同种类纠纷,人民法院在受理案件后,可根据《民诉法》的规定,发出公告,在公告中说明案件情况和诉讼请求,通知尚未起诉的权利人在规定期间内来法院登记。公告的方式包括在报纸、电视等媒体上发布,在当事人所在地区张贴公告等。公告的期限由法院视具体情况决定,但最少不得少于30日。

(二) 登记

登记是指人民法院对见到公告后前来参加诉讼的权利人进行登记。登记的目的是确定当事人的人数,以便为进一步的诉讼活动做好准备。登记对后续诉讼的意义主要表现在两个方面:其一,是为权利人推选诉讼代表人做好准备;其二,是为确定裁判的效力范围做好准备。在公告期内,与已提起的诉讼具有同种类法律上利益(一般是指同种类侵权行为或违约行为的受害人)的人可以去人民法院办理登记,表明愿意作为当事人参与诉讼。权利人向法院登记时,应证明自己与对方当事人的法律关系和所受到的损失,证明不了的,不予登记。权利人未在公告期内向人民法院登记,仅表明他不作为本次代表人诉讼的当事人,对其实体权利无任何不利影响。权利人虽去登记但因未提供相应证明而被拒绝登记的,实体权利也不受影响,他们都可以另行提起诉讼。

(三) 裁判效力

法院对人数不确定的代表人诉讼作出裁判后,裁判的拘束力仅及于参加登记的全体权利人,对未参加登记的权利人无直接拘束力,但存在着适用于他们的可能性。未参加登记的权利人在诉讼时效期限内提起诉讼,法院认定其请求成立时,应裁定直接适用法院对代表人诉讼已作出的裁判,而无需另行作出裁判。直接适用已作出的裁判,既有利于实现诉讼经济,又可以防止裁判相抵触。

第五节 第 三 人

一、第三人概述

(一) 第三人的概念

民事诉讼中的第三人,是指对他人之间的诉讼标的有独立的请求权,或者虽然没有独立请求权,但同案件处理结果有法律上的利害关系,而参加他人之间正在进行的诉讼的人。根据2012年修订后的《民诉法》第56条的规定,第三人可以分为有独立请求权的第三人、无独立请求权的第三人、撤销之诉的第三人三种类型。

(二) 第三人的特征

第三人具有下列特征:

1. 参加他人正在进行的诉讼

第三人是相对于本诉的当事人而言的,相对于本诉的原告和被告,参加诉讼的当事人为第三人。因此,如果不是参加到他人已开始的诉讼中去,就不会发生第三人的问题。

2. 与正在进行的诉讼有法律上的利害关系

这种利害关系有三种情形:一种是原、被告争执的诉讼标的侵害了第三人的民事权益;另一种是法院对诉讼的处理结果影响到第三人与一方诉讼当事人的法律关系,给第三人带来不利或有利的影响;第三种是生效的判决、裁定、调解书损害了第三人的合法权益。利害关系的存在,是第三人参加诉讼的前提与依据。

3. 在诉讼中具有独立的地位

第三人参加诉讼后,具有独立的诉讼地位,他们或者作为第三方当事人,与本诉的双方当事人进行诉讼,或者加入到其中一方当事人,辅助该当事人与另一方当事人进行诉讼。即使辅助一方进行诉讼,其目的也是为维护自身的利益。其诉讼行为也具有相当的独立性。这一特征使第三人区别于共同诉讼人。

(三) 第三人制度的作用

虽然使用的名称不尽相同,但多数国家的民事诉讼法都设有实质为第三人的制度。第三人制度的作用在于:

1. 有利于维护利害关系人的合法权益

当他人之间的诉讼涉及案外第三人的民事权益,影响到第三人民事权利义务时,让第三人参加诉讼程序,使他有机会向法庭提出主张和陈述意见,从程序公正和程序保障的要求说,无论如何是必要的。在原、被告之间的诉讼损害了第三人的利益,让案外第三人事后提起撤销之诉也是为了维护利害关系人的合法权益。

2. 有利于防止法院作出互相矛盾的裁判

在当事人之间的诉讼标的涉及案外人的权益或者牵连到与案外人的另一个法律关系

时,如果不让案外人作为第三人参加诉讼,而是在处理完当事人之间的诉讼后再来审理当事人与案外人之间的纠纷,就很有可能作出内容相冲突的裁判。当案外人对诉讼标的提出独立的诉讼请求时尤其如此。

3. 有利于实现诉讼经济

诉讼经济要求尽可能发挥诉讼程序的效率,使程序的利用最大化而使诉讼成本最小化。第三人制度能够使两个相互牵连的纠纷通过一次诉讼得到解决,避免了分别进行诉讼造成的低效率和不经济。

二、有独立请求权的第三人

有独立请求权的第三人,是指对他人之间的诉讼标的,主张独立的请求权,而参加到原、被告正在进行的诉讼的人。

(一) 有独立请求权的第三人参加诉讼的条件

作为有独立请求权的第三人参加诉讼,必须符合下列条件:

1. 对本诉原、被告争议的诉讼标的,主张独立的请求权

这是指第三人对本诉的诉讼标的,提出实体权利主张,请求法院将原、被告争执的民事权益,判决自己所有。第三人主张独立的请求权有两种情形:一种是主张全部的实体权利,即主张双方当事人争执的民事权益,既不归原告所有,又不归被告所有,而是全部归自己所有。例如,甲、乙两单位为某块土地的使用权发生诉讼,丙向法院主张该土地的使用权应全部归自己。另一种是仅主张部分实体权利,如在前例中,丙主张该土地中一部分的使用权归自己。对本诉的诉讼标的主张全部或部分独立的请求权,是作为有独立请求权的第三人参加诉讼的依据,能否作为有独立请求权的第三人参加诉讼,关键在于是否提出了独立的请求权。提出独立的请求权是程序性质的要件,与提出者是否真正享有所主张的实体权利无关,因此,只要案外人对本诉的诉讼标的提出了独立的诉讼请求,就满足了作为有独立请求权的第三人的条件,法院既无需审查请求权能否成立,也不得以第三人不享有所主张的权利为由拒绝其参加诉讼。

2. 本诉正在进行

本诉正在进行是时间方面的条件,它是指第三人欲参加的诉讼已经开始而尚未终结,具体是指法院受理诉讼后作出裁判前。第三人一般应在第一审程序中参加诉讼。作为例外,法院也可以允许第三人直接在第二审程序中参加诉讼,但考虑到两审终审的要求和当事人审级上的利益,二审法院对这类诉讼经调解达不成协议的,应撤销一审判决,发回重审。

3. 以提出诉讼的方式参加

第三人对本诉的双方当事人提出了独立的诉讼请求,提出了与本诉的诉讼标的有紧密关联的新的诉,所以应当以起诉方式参加诉讼。第三人提起的诉讼必须符合《民诉法》关于起诉和受理条件的规定,审理本诉的法院才能够受理。

（二）有独立请求权的第三人的诉讼地位

有独立请求权的第三人在诉讼中具有相当于原告的诉讼地位。有独立请求的第三人对本诉当事人争执的诉讼标的提出了独立的诉讼请求，他既反对本诉中原告的主张，又反对被告的主张，认为他们的主张均侵犯了自己的合法权益，因而将他们置于被告的地位。此外，有独立请求权的第三人是以提起诉讼的方式参加诉讼的，在起诉时，要履行与原告相同的手续，如提交起诉状、预交诉讼费用等。因此，就参加之诉而言，有独立请求权的第三人无疑处于原告的诉讼地位，享有原告的诉讼权利。

有独立请求权的第三人虽然在提起诉讼时将本诉的双方当事人均作为被告，但在参加之诉中，居于被告地位的本诉的原告与被告并非共同诉讼人，因为他们对诉讼标的具有对立的而不是共同的利害关系。

三、无独立请求权的第三人

无独立请求权的第三人，是指因正在进行的诉讼的裁判结果与他具有法律上的利害关系，而参加诉讼的人。

（一）无独立请求权的第三人参加诉讼的条件

作为无独立请求权的第三人参加诉讼，必须符合以下条件：

（1）与案件处理结果有法律上的利害关系。衡量第三人能否作为无独立请求权的第三人参加诉讼的主要标准是第三人与案件处理结果有无法律上的利害关系。法律上的利害关系是指民事实体法上的权利义务关系。第三人同他人之间的诉讼结果有法律上的利害关系，通常是由于第三人与诉讼当事人之间存在着某种法律关系，而该法律关系又与发生争议的法律关系有密切的联系，法院对后一法律关系的裁判，直接影响到前一法律关系中双方当事人的权利义务。第三人与案件处理结果具有的法律上利害关系，包括三种类型：其一，义务性关系。如甲公司从乙公司处购进一批组装的电脑后，发现质量不合格，对乙提起诉讼，要求退货和赔偿，而乙公司的电脑散件是从丙公司买来的，假如法院判决电脑质量不合格，乙公司败诉后就会向丙公司提出索赔要求，丙公司将因此而承担赔偿的义务。其二，权利性关系。即假如一方当事人败诉，会影响第三人权利的实现。例如，当债权人依据《合同法》第73条行使代位权，起诉次债务人，要求其向自己履行债务时，由于案件处理结果会影响债务人权利的实现，债务人可以作为无独立请求权第三人参加诉讼；在债权人依据《合同法》第74条向债务人提起的撤销债务人的转让行为的诉讼中，由于该裁判结果会影响转让行为的受益人或受让人的权利，所以受益人或受让人可以作为无独立请求权第三人参加诉讼。其三，权利义务性关系，即一方当事人败诉会使第三人享有一定的权利和承担一定的义务。例如，根据最高人民法院1999年6月颁布的《关于审理农业承包合同纠纷案件若干问题的规定（试行）》第2条的规定，当发包方所属的半数以上村民，以签订承包合同时违反土地管理法和村民委员会组织法等法律规定的民主议定原则，或其所签的合同内容违背多数村民意志，损害集体和村民利益为由，以发包方为被告，要求确认承包合同的效力提起诉讼时，人民法院受理后应当通知承包方作为第三人参加诉讼。这类案件的处理结果与承包方的利害关系就是权利义务性关系。因为如果发包方败诉，一方面会使承包方失去承包经营权，另一方面也会使承包方负担交还所承包的土地等标的物的义务和享有要求发包方赔偿损失的权利。在这三种类型的法律上利害关系中，审判实务中最常见的是义务性利害关系。第三人往往是为避免被告败诉而使自己承担义务，才参加被告一方进行诉讼。

2. 他人之间的诉讼正在进行，第三人以案件处理结果与自己有法律上利害关系为由要求参加诉讼，时间须在法院受理诉讼后作出裁判前，一般也应在第一审程序中参加诉讼。这与成为有独立请求的第三人相同。

3. 申请参加诉讼或由法院通知其参加诉讼。依照第56条第2款的规定，作为无独立请求权第三人参加诉讼的方式有两种，一种是由第三人主动申请参加，另一种是法院通知第三人参加。他人之间的诉讼影响到第三人与一方当事人法律上的权利义务关系，第三人为维护自身的权益，应当有机会参与诉讼程序，因而申请参加诉讼是必要的。但另一方面，第三人参加诉讼的结果又往往使自己向被参加的一方当事人（被告）承担责任或者直接向原告承担责任，所以第三人又往往不愿意主动申请参加诉讼。在此情况下，法院通知第三人参加诉讼也是必要的。从程序上说，与案件处理结果有法律上的利害关系，还只是成为无独立请求权的第三人的可能，将可能变为现实，还须由第三人向法院提出参加诉讼的申请，或者由法院通知其参加诉讼。

（二）无独立请求权的第三人的诉讼地位

无独立请求权的第三人参加诉讼，是为了维护自己的合法权益，是为了避免被参加一方当事人败诉而影响自身的权益，他并未向法院提出任何诉讼请求，因此，无论他参加原告一方进行诉讼，还是参加被告一方进行诉讼，都不具有与当事人完全相同的诉讼地位。

无独立请求权的第三人的诉讼地位既有从属性的一面，又有独立性的一面，无独立请求权的第三人是参加一方当事人进行诉讼，参加诉讼的目的是为了帮助被参加的一方赢得诉讼，因而不得实施与参加人地位和参加目的相悖的诉讼行为，如不得申请撤回诉讼或放弃诉讼请求，不得提起反诉，不得承认对方当事人的诉讼请求，不得在被参加一方反对的情况下申请调解。但另一方面，无独立请求权的第三人作为广义的当事人，又享有一些独立的诉讼权利，如有权委托代理人进行诉讼，有权向法庭陈述自己的意见，有权提供证据并参加质证活动，有权参加法庭辩论等。

在一定情况下，无独立请求权的第三人还可以取得与被参加诉讼的当事人完全相同的诉讼地位，即"人民法院判决承担民事责任的第三人，有当事人的诉讼权利义务"。然而，如果仅从字面上理解民事诉讼法的这一规定，是存在疑问的，因为是否判决第三人承担民事责任，要到审理终结前才能确定，而第三人的诉讼地位，则是在他参与诉讼时就应解决的问题。因此，对民事诉讼法这一规定的正确解释应当是，当法院根据被告的申请或依职权通知第三人参加被告一方参加诉讼，其目的在于确定第三人是否应当承担民事责任时，就应当依法使该第三人从参加诉讼之时起就具有当事人的诉讼权利和义务，使该第三人有权承认诉讼请求，有权进行和解或申请调解、有权提出反诉。

（三）不得作为第三人通知其参加诉讼的几种情形

为防止一些法院在审判实务中不适当地扩大无独立请求权的第三人的范围，为防止与案件处理结果本无利害关系的人被强行拉入诉讼，《严格执行民诉法规定》对无独立请求权的第三人的范围作了限定，明确规定不得将下列人员作为无独立请求权的第三人通知其参加诉讼：

（1）与原、被告双方争议的诉讼标的无直接牵连和不负有返还或者赔偿义务的人；

（2）与原告或被告约定仲裁或有约定管辖的案外人，或者专属管辖案件的一方当事人；

（3）产品质量纠纷案件中原、被告法律关系之外的下列人员：其一，是证据已证明已经提供了合同约定或者符合法律规定的产品的；其二，是案件中的当事人未在规定的质量异议期内向其提出异议的人；其三，是案件中的收货方已经认可向其提供产品质量的人。

（4）已经履行其义务，或者依法取得了一方当事人的财产，并支付了相应对价的原、被告之间法律关系以外的人。

此外，根据最高人民法院的批复，在工商行政管理部门进行鉴证、商检局对商品质量进行检验的合同中，当事人以合同纠纷提起诉讼，并以工商行政管理部门、商检局有过错应承担民事责任为由要求将它们列为第三人的，法院不宜将工商局、商检局列为第三人。

（四）两种第三人之间的区别

有独立请求权的第三人和无独立请求权的第三人虽然都是作为第三人参加他人之间正在进行的诉讼，但他们之间存在着以下区别：

（1）参加诉讼的根据不同。与他人之间案件的处理结果有法律上利害关系，是无独立请求权的第三人参加诉讼的根据，而有独立请求权的第三人参加诉讼的根据则是对他人之间的诉讼标的主张独立的请求权。

（2）参加诉讼的方式不同。无独立请求权的第三人，以申请参加或法院通知其参加的方式参加诉讼，有独立请求权的第三人则以向法院提起诉讼的方式参加诉讼。

（3）诉讼地位不同。无独立请求权的第三人在诉讼中一般处于辅助人的地位，辅助被参加的一方当事人进行诉讼，因而不享有与处分实体权利有关的诉讼权利；有独立请求权的第三人在诉讼中处于原告的地位，享有原告的诉讼权利。

（4）是否会被判决承担民事责任不同。无独立请求权的第三人一般参加被告一方进行诉讼，并且在被告败诉的情况下对被告负有返还或赔偿的义务，因而可能被法院判决承担民事责任；有独立请求权的第三人在诉讼中处于原告的地位，即使败诉，也只是诉讼请求被驳回，不会被判决承担民事责任。

四、撤销之诉的第三人

撤销之诉的第三人，是指为撤销法院针对原、被告所作出的判决、裁定、调解书而以提起诉讼的方式参加诉讼的第三人。这类第三人，是《修改决定》规定的一种新类型的第三人。增设这类第三人，是为了应对近年来出现的虚假诉讼。

虚假诉讼,是指原、被告为了牟取非法的利益,恶意串通,虚构民事法律关系和案件事实,提供虚假证据,骗取法院的判决书、裁定书、调解书的行为。当事人进行虚假诉讼,往往是为了转移财产、逃避债务或者侵吞他人的财产。虚假诉讼危害极大,它既对国家的司法制度造成了严重的破坏,也往往直接损害了案外第三人的利益。

根据新增的第56条第3款的规定,撤销之诉的第三人,既可以是有独立请求权的第三人,也可以是无独立请求权第三人。

这类第三人提起撤销之诉的条件是:(1)因不可以归责于本人的原因未参加诉讼。造成损害第三人利益的虚假诉讼之所以能够得逞,是由于请求撤销的那个诉讼进行之时第三人完全不知情,被排除在诉讼之外而失去了向法院揭露虚假诉讼的机会。如果第三人已经参加了诉讼,其主张及提供的事实已经为法院所考虑,再提起撤销之诉就缺乏正当性和必要性。如果法院当时已经通知其参加诉讼,该第三人无正当理由不参加,第三人就要对自己的行为负责,不再享有提起撤销之诉的权利。(2)有证据证明请求撤销的判决书、裁定书、调解书的内容全部或者部分存在错误。这里的错误主要是指这些司法文书缺乏事实基础,是根据双方当事人主张的虚假事实、提供的虚假证据作出的。(3)被请求撤销的司法文书损害其民事权益。这个条件实际上是要求第三人与案件有利害关系,存在着诉的利益。(4)在知道或者应当知道其民事权益受到损害之日起6个月内提出。这是时间方面的要件,目的在于促使第三人在合理的期间内提起诉讼。(5)向制作司法文书的法院提出。这表明这类诉讼专属于审理原诉的法院管辖。原被告之间的诉是该法院审理的、案件的整套资料都在该法院、判决书、裁定书、调解书也是该法院作出的,所以只能向该法院提起诉讼。

法院受理第三人提起的撤销之诉后,要在三方当事人的参加下,对原被告之间的诉讼和第三人提出的撤销请求进行审理,以确定原、被告之间的诉是否为虚假诉讼,法院的司法文书是否损害了第三人利益,然后再根据不同情况作出撤销司法文书或者驳回诉讼请求的判决。

阅读法规

《民诉法》第五章"诉讼参加人"(第48—56条);《适用意见》第38—69条;《严格执行民诉法规定》第9—11条。

案例解析

【5-1】 某公司的女职员黄某,婚后经常受到其丈夫金某的辱骂甚至殴打。经公司的工会和当地派出所多次教育,金某当时虽然有所收敛,但时间一久,就会旧病复发,黄某虽然也多次想过离婚,但害怕金某报复,最终却选择了忍耐。当地妇联了解到这一情况后,向法院提起诉讼,要求判决解除黄某与金某的婚姻关系。

问:(1) 妇联是否是本案适格的当事人?
(2) 妇联可以采取哪些措施帮助黄某?

分析要点:(1) 妇联不是本案适格的当事人。婚姻关系存在于黄某和金某之间,黄某与该婚姻关系有直接利害关系,妇联组织虽然负有保护妇女合法权益的职责,但它毕竟与其成员的婚姻无法律上的直接利害关系,无权以自己的名义替黄某起诉离婚。

(2) 妇联正确的做法是根据《民诉法》第15条规定的支持起诉原则,在确定黄某确实想离婚后,从精神和行动上支持其提起离婚诉讼,如帮助她克服恐惧心理,为她提供法律方面的知识,指派法律部的工作人员作为黄某诉讼代理人等。

【5-2】 甲、乙、丙各从华联商场购买滨海电视机厂生产的液晶电视一台,买回后发现屏幕有雪花点,要求退货。商场不同意,甲、乙、丙分别将华联商场告上法院。
问:(1) 法院如果将这三个诉讼合并审理,属于哪一类共同诉讼?
(2) 在审理中,乙遇车祸身亡,整个共同诉讼是否应当中止?
(3) 甲对一审法院判决提出上诉,上诉的效力是否及于乙、丙?
(4) 滨海电视机厂在本案中处于什么地位?

分析要点:(1) 属于普通的共同诉讼。因为甲乙丙三人以同一被告提起了要求退货的诉讼,这三个诉讼都起因于买卖电视机,它们的诉讼标的是同一种类的。

(2) 诉讼不应当中止。第52条第2款规定:"对诉讼标的没有共同权利义务的,其中一人的诉讼行为对其他共同诉讼人不发生效力。"普通共同诉讼虽然是把几个诉讼合并到同一程序审理,但实质上各个诉讼仍然是独立的,其中一人存在导致诉讼中止的情形,不会影响其他人进行诉讼。

(3) 上诉的效力只限于甲,不会及于乙和丙。其原因与第二个问题相同。

(4) 滨海电视机厂应当作为无独立请求权的第三人参加诉讼。电视机厂同本案的裁判结果有法律上的利害关系,华联商场如败诉,将会向电视机厂追偿,所以华联商场应当申请法院告知电视机厂。

【5-3】 乙公司向甲银行贷款100万,由丙公司提供连带责任保证,乙公司逾期未尝还借贷,甲银行欲起诉。
问:(1) 本案是否必须将乙、丙作为共同被告?
(2) 如果甲银行只起诉丙公司,当事人问题如何处理?
(3) 如果甲银行将乙公司和丙公司共同作为被告,法院应当如何处理?

分析要点:(1) 根据《适用意见》第53条的规定,甲银行既可以只起诉债务人乙公司,也可以只起诉担保人丙公司,在只起诉其中一方时,不发生当事人不适格的问题。当然甲银行也可以把乙公司和丙公司作为共同被告。

(2) 法院应当向丙公司释明,丙公司可以申请追加乙公司作为无独立请求权第三人,因为一旦判决丙公司败诉,丙公司履行债务后会向乙公司追偿。

(3) 如果甲银行选择将乙和丙作为共同被告,法院在审理中需要合一确定两被告的义务和责任。

【5-4】 实木王家具公司的所谓的高档产品被曝光后,某市购买该公司家具的消费者纷纷向法院提起诉讼,要求退货并赔偿损失,至 2011 年 8 月 1 日,该市的北海区法院已收到 25 份诉状,预计还会有一些消费者提起诉讼。

问:(1) 此类诉讼可以采用何种诉讼形式?

(2) 如果法院作出了判决,对那些没有提起诉讼的消费者是否有效?

分析要点: (1) 法院应当采取人数不确定的代表人诉讼。该案件中各原告都同实木王公司存在家具买卖关系,都是请求退货和赔偿,因此诉讼标的是同一种类的,且已经提起诉讼的就有 25 人之多,所以应当采用代表人诉讼。由于原告的人数还会进一步增加,所以是人数不确定的代表人诉讼。

(2) 人民法院对人数不确定的代表人诉讼作出裁判后,裁判的拘束力仅及于参加登记的全体权利人,对未参加登记的权利人无直接拘束力,但具有预决效力。未参加登记的权利人在诉讼时效期限内提起诉讼,法院认定其请求成立时,应裁定直接适用法院对代表人诉讼已作出的裁判,而无需另行作出裁判。直接适用已作出的裁判,既有利于实现诉讼经济,又可以防止裁判相抵触。

【5-5】 在上例中,如果决定采用代表人诉讼,且审理后判决支持原告们的退货请求,并判决给予赔偿。

问:(1) 在诉讼中,如果五名诉讼代表人均同意和解,与被告达成了和解协议,并申请撤回诉讼。该和解协议是否有效?法院应如何对待撤诉?

(2) 如果针对代表人的判决生效后,又有新的消费者提起诉讼,法院应当如何处理?

分析要点: (1) 和解协议须经全体共同诉讼人同意后才能对全体原告发生效力,才能办理撤诉手续。如果只是诉讼代表人同意,和解协议仅对他们生效,其他未参与诉讼的当事人,应当另行选择诉讼代表人,由新选出的代表人继续进行诉讼。

(2) 对判决生效后新提起诉讼的消费者,法院可以直接适用认定支持原告的判决,只要他们的诉讼是在诉讼时效期间内提出的,至于赔偿的数额,这要根据新的诉讼的具体情况确定。

【5-6】 刘某与张某是夫妻,刘某欲和张某离婚,为了将来离婚时使对方少分夫妻共同财产,便让与他合伙做生意的谢某向法院起诉,称刘某曾向他借款 50 万,为了使经法院相信借款事实的存在,刘某还写了一张借条给谢某。法院受理谢某提起的诉讼后,对双方进行了调解,并很快达成了调解协议。8 个月后,刘某向法院提起离婚诉讼,在分割财产时,张某才知道有这样一份法院调解书,但她认为这笔债务根本就不存在。

问:张某可以采取何种方式维护自己的权益?

分析要点: 根据第 56 条第 3 款的规定,张某可以把刘某与谢某作为共同被告,向制作调解书的法院提起诉讼,请求法院撤销调解书。张在诉讼中需证明谢某要求刘某偿还的债务是虚假的。

司法考试题

2002年试卷三第22题"当事人适格";第26题"必要共同诉讼当事人诉讼地位的确定";第63题"共同诉讼";第69题"委托诉讼代理人的资格";

2003年试卷三第66题"委托诉讼代理人的代理权限";第72题"非实体权利义务主体当事人的范围";

2004年试卷三第37题"委托诉讼代理人的代理权限";第41题"无独立请求权的第三人";第45题"第三人参加诉讼的时间";第47题"委托诉讼代理人的范围";第73题"委托诉讼代理人与法定诉讼代理人";

2005年试卷三第43题"必要共同诉讼";第46题"当事人适格";第50题"企业法人分立后当事人的认定";

2006年试卷三第43题"当事人的认定";第84题"诉讼中的当事人意思自治事项";

2007年试卷三第37题"共同诉讼人"、"第三人";第86题"法定诉人";第87题"必要共同诉讼与普通共同诉讼";

2008年试卷三第42题"共同诉讼"、"第三人";第44题"当事人适格";第48题"诉讼代表人";第84题"诉讼参与人的确定";

2009年试卷三第38题"当事人适格(被告的确定)";第39题"有独立请求权的第三人的参诉方式、诉讼权利的行使以及撤诉制度"。第97题"追索赡养费案件(当事人的确定)";

2010年试卷第40题"多数当事人,个人合伙的诉讼主体资格";第41题"第三人的诉讼权利与义务";第46题"人身损害被告的确定";第80题"第一审继承案件遗漏诉讼参加人的处理";

2011年试卷三第45题"当事人的合并";第80题"无独立请求权的第三人";第97题"无独立请求权的第三人";

2012年试卷三第45题"当事人变更+再审申请主体";2012年试卷三第81题"当事人的能力与当事人适格"。

第五章 诉讼代理人

第一节 诉讼代理人概述

一、诉讼代理人的概念与特征

民事诉讼代理人，是指依据法律的规定或者当事人的授权，在民事诉讼中为当事人的利益进行诉讼活动的人。

在诉讼代理中，代理人代理当事人进行诉讼活动的权限称为诉讼代理权，代理实施的诉讼行为，称为诉讼代理行为。代理人代理当事人实施的诉讼行为，包括代为诉讼行为和代受诉讼行为两个方面，前者如代为提出诉讼请求，陈述事实和理由，向法庭提供证据；后者如代为接受对方当事人提出的调解意见，代当事人接受诉讼文书等。

诉讼代理人具有如下特征：

（一）以被代理人的名义实施诉讼行为

这是诉讼代理人的身份所决定的。一方面，民事诉讼发生在双方当事人之间，诉讼代理人参与诉讼的目的是为了维护所代理的当事人的利益，是帮助当事人进行诉讼。另一方面，诉讼的后果要由当事人承担，而法律后果须和名义保持一致性。所以，诉讼代理人只能以被代理的当事人的名义实施诉讼行为。

（二）具有诉讼行为能力和一定的诉讼知识

具有诉讼行为能力是代理人履行诉讼代理职责的前提条件。代理人如欠缺诉讼行为能力，就不能实施有效的诉讼行为，当然也就不具有诉讼代理人的资格。在整个诉讼代理期间，诉讼行为能力始终是必须的，一旦丧失，诉讼代理人的资格也就随之而消失。

民事纠纷产生于人们的社会活动之中，民事纠纷既涉及民事实体法方面的法律知识，又涉及民事诉讼程序方面的知识和诉讼经验和技能，诉讼代理人除了须具备诉讼行为能力外，还应具备法律方面的专业知识和一定的诉讼经验。

（三）在代理权限范围内实施诉讼行为

代理人进行诉讼活动的权利来自代理权，而代理权来源于法律的规定或当事人的授权。诉讼代理人的行为受到代理权限的限制，只能在代理权限范围内实施诉讼行为，超越代理权限范围，代理行为便成为无效的行为，不能产生诉讼上的效果。

（四）诉讼代理行为的法律后果由被代理人承担

代理人是替被代理的当事人进行诉讼，并且是在代理权限范围内以当事人的名义实施诉讼行为，因而代理行为的后果显然应归属于被代理人。代理的后果既可能因代理人的积极行为而产生，又可能因代理人的消极行为而产生，代理的法律后果既包括程序性后果,又包括实体性后果。如诉讼代理人申请回避而导致人民法院作出回避决定,系积极行为产生的程序性后果;诉讼代理人对对方当事人主张的事实未表示反对致使人民法院认定该事实并判决被代理人承担某种义务,系消极行为产生的实体性后果。诉讼代理人的行为只要是在代理权限内,无论其为积极还是消极,也无论其法律后果是否有利于被代理人,均应当由被代理人承担。诉讼代理人如实施了妨害民事诉讼的行为,由于该行为非代理权内的行为,应由诉讼代理人承担由此产生的诉讼法上的后果。

(五)在同一诉讼中只能代理一方当事人,不能代理双方当事人

同一诉讼中的双方当事人的利益是相对立的,诉讼代理人不可能自相矛盾地为双方当事人实施诉讼行为,并且,原、被告的诉讼代理人在法庭上须随所代理的当事人分坐两侧。故民事诉讼代理不同于民法中的代理,民事活动中双方当事人的利益未必截然对立,所以存在着双方代理的可能及如何确定双方代理行为的效力问题。在民事诉讼中,代理人代理同一案件的双方当事人进行诉讼断无发生的可能。

在诉讼实务中,成为问题的是代理人能否代理共同诉讼中一方当事人进行诉讼。这要看数个共同诉讼人之间的利益是否存在着冲突,如果存在着现实的或潜在的冲突,就不得同时代理他们进行诉讼。如在共同侵权的诉讼中,诉讼代理人就不得代理两个或两个以上的被告,因为尽管在反对原告上,共同被告的利益具有一致性,但在侵权责任大小问题上共同被告之间是存在着利益冲突的。如果共同诉讼人之间不存在利益冲突,则应当允许诉讼代理人代理数位共同诉讼人进行诉讼。

二、诉讼代理人的种类

《试行法》规定了三类诉讼代理人,即法定诉讼代理人、指定诉讼代理人和委托诉讼代理人。现行《民诉法》只规定两类——法定诉讼代理人和委托诉讼代理人代理人。

这是否意味着诉讼实务中就完全不存在由法院指定诉讼代理人的必要性呢?并非如此,因为监护人之间可能互相推诿,当发生推诿时,法院仍然有指定的必要。

三、民事诉讼代理制度的作用

诉讼代理是民事诉讼中一项不可或缺的制度,它的作用表现在以下三个方面:

(一)它保证了民事诉讼的正常进行

无民事行为能力人和限制民事行为能力人无诉讼能力,但作为民事主体,他们难免要与他人发生民事纠纷,需要起诉或应诉。如果没有诉讼代理制度,无诉讼行为能力人的诉讼就无法进行。

(二)它有助于保护诉讼当事人的合法权益

随着我国社会逐步走向法治化,国家颁布的法律、法规越来越复杂,尤其是那些知识产权方面、金融方面的新型案件,既涉及技术、经济上的专业知识,又涉及法律上的专门性问题。进行诉讼还需要掌握程序法方面的知识和技巧,一般的诉讼当事人往往不具备法律方面的专业知识和诉讼上的技能。另一方面,我国的民事审判方式已由过去的职权主

义转为具有较多当事人主义因素的辩论式诉讼。在辩论式诉讼中,当事人的地位虽然提高了,但他们在诉讼中的责任也加重了,如果不能及时地、有效地实施诉讼行为,就很有可能为此而承担不利的诉讼结果。因此对当事人来说,寻求诉讼代理人的帮助,尤其是具有法律专业知识、熟悉诉讼程序和技能的律师的帮助是极为重要的。诉讼代理制度的存在满足了那些需要寻求帮助的当事人的需要,有效地维护了他们的合法权益。

(三)它有利于人民法院正确处理诉讼

在实务中,多数案件的诉讼代理人是由律师担任的。律师谙熟程序规则和相关的实体法,由律师作为诉讼代理人,既能够向审判人员提供有价值的法律意见,又能够使诉讼程序合法、有序地向前发展。

第二节 法定诉讼代理人

一、法定诉讼代理人概述

法定诉讼代理人,是指根据法律规定代理无诉讼行为能力的当事人实施诉讼行为的人。

法定诉讼代理人与委托诉讼代理人不同,前者作为诉讼代理人既与当事人的意志无关,也不取决于他本人的意愿,而是由于法律的规定。后者作为诉讼代理人是由当事人选择和委任的,同时也以其本人同意作为代理人为条件。

法定诉讼代理人主要是为无诉讼行为能力的当事人设立的,因此法定诉讼代理人的范围一般与监护人的范围是一致的。法定诉讼代理人的范围是否仅限于监护人,则因各国民事诉讼法规定的不同而异。日本民事诉讼法不仅把民法上有亲权的人作为诉讼代理人,而且把由法院临时选任的人、失踪人的财产管理人、继承财产的管理人均作为法定诉讼代理人。我国《民诉法》规定的规定诉讼代理人的范围相对来说要窄一些,该法第57条规定:"无诉讼行为能力人由他的监护人作为法定代理人代为诉讼……"

法定诉讼代理人为两人时,如未成年人的父母,是应当由他们共同代理诉讼,还是只需其中一人代理诉讼即可?外国诉讼法学者对此存在着争议,日本多数学者认为像提起诉讼、提出上诉这样一些重大的诉讼行为,应当由法定诉讼代理人共同进行。或许是由于我国诉讼实务中极少提出这样的问题,这一问题尚未引起理论界的关注。但这一问题是客观存在的。

二、法定诉讼代理人的代理权限

法定诉讼代理人是代理无民事行为能力或限制民事行为能力的当事人进行诉讼,这样的当事人因年龄或精神方面的原因通常不出庭参加诉讼,即使出庭也因为欠缺诉讼能力而不得实施诉讼行为。从监护人角度说,根据《民法通则》和《婚姻法》的有关规定,监护人不仅负有保护被监护人的人身、财产及其他合法权益的责任,而且在被监护人造成他人损害时还须负侵权赔偿责任。

因此，为了有效地保护被监护人的合法权益和充分发挥诉讼代理人的作用，同时也为了使诉讼能够顺利地进行，让法定诉讼代理人处于与当事人类似的地位，使他们享有包括处分被代理人的实体权利在内的广泛的诉讼权利是必要的。但另一方面，法定诉讼代理人毕竟不是当事人，担任法定诉讼代理人的情况又比较复杂，因此也可能出现法定诉讼代理人在处分当事人的实体权利时侵害当事人权益的情况，如反常地承认对方当事人的诉讼请求，与对方当事人达成对被代理人明显不利的调解协议等。为防止被监护人的利益受到损害，人民法院应当对法定诉讼代理人的行为进行必要的监督。

法定诉讼代理人虽然具有类似于当事人的诉讼权利，但他们与当事人仍然是存在区别的。例如，他们必须以当事人的名义进行诉讼，人民法院裁判针对当事人而不是他们作出，法定诉讼代理人在诉讼过程中死亡或丧失行为能力，人民法院可另行指定监护人代理诉讼而不必终结诉讼。

三、法定诉讼代理权的取得与消灭

法定诉讼代理人的诉讼代理权来源于他监护人的身份，是监护权的内容之一。因此，法定诉讼代理权的取得依赖于监护权的取得。被监护人的民事争议发生前，诉讼代理权便存在于监护权之中，发生争议需要进行诉讼时，监护人即可行使此权利。

法定诉讼代理人的代理权的发生有两种情况：一种是诉讼发生前便存在，在多数情况下无民事行为能力人和限制民事行为能力人的监护人早在诉讼发生前就已确定好，因此诉讼发生前代理权便存在；另一种是诉讼发生后才存在，被人民法院指定代理诉讼的监护人便是受指定后才取得诉讼代理权。

诉讼代理权的有无直接关系到代理人诉讼行为的效力，因此人民法院在进入实体审理前就需要对代理人调查核实，当发生疑问时，人民法院还要要求代理人进行证明。法定诉讼代理人的身份可以用户口簿，居民委员会、村民委员会的指定文书或证明，以及人民法院的裁决来证明。

法定诉讼代理人的代理权因监护权的消灭而消灭。根据《民法通则》的有关规定，引起监护权消灭的情形包括：(1) 被监护人取得或恢复民事行为能力；(2) 监护人死亡或丧失民事行为能力；(3) 因离婚或解除收养关系监护人失去监护权。

代理诉讼的监护人在诉讼进行过程中如失去了监护权，应及时把这一情况告知人民法院，并退出诉讼，但在被监护人死亡的情况下，如法定诉讼代理人不知其死亡继续实施诉讼行为，则应当认为诉讼行为依然有效，如果为了被监护人的继承人的利益需要继续进行诉讼的，也应当允许原来的法定诉讼代理人继续进行诉讼。

第三节 委托诉讼代理人

一、委托诉讼代理人的概念

委托诉讼代理人,是指受诉讼当事人或法定代理人的委托,以当事人的名义代为诉讼行为的人。

正如民法中的委托代理不同于法定代理一样,民事诉讼中的委托代理人也具有不同于法定代理人的一些特点:第一,代理权来源不同。委托诉讼代理人的代理权来源于当事人或其法定代理人的授权委托行为,而法定诉讼代理人的代理权来源于法律的直接规定。第二,代理权限不同。委托诉讼代理人代理权的大小取决于当事人、法定代理人的授权委托,因而不同的诉讼代理人有代理权大小之别,法定诉讼代理人都具有相当于当事人的诉讼权利,他们之间的代理权限是相同的,无大小之别。第三,证明代理权的方式不同。委托诉讼代理人证明其代理权的方式是向人民法院提交由被代理人签署的授权委托书,法定诉讼代理人证明代理权的方式则是出具证明其为监护人身份的证件或文书。第四,诉讼代理人的情况不同。在诉讼实务中,委托诉讼代理人通常由律师担任,而法定诉讼代理人则通常由被监护人的父母、配偶及其他近亲属担任。

二、委托诉讼代理人的范围

委托诉讼代理人的范围涉及的是哪些人可以接受委托代理民事诉讼的问题。为了保护被代理人的利益和保证诉讼的顺利进行,各国法律对诉讼代理人的资格均有限制。归结起来,有两种立法模式,一种是采用律师强制主义或原则上采用律师强制主义,如《日本新民事诉讼法》第54条第1款对诉讼代理人的资格专门作了规定,即"除法律规定能进行裁判上行为的代理人外,非律师不能作为诉讼代理人。但是,在简易法院,经法院许可,非律师的人,可以作为诉讼代理人。"另一种是对诉讼代理人规定了相当宽的范围,律师和非律师均可以作为委托诉讼代理人。我国采用的是后一种立法模式,对诉讼代理人的范围规定得相当广泛。依据第58条的规定,委托诉讼代理人包括:

(一)律师、基层法律工作者

律师是为社会提供法律服务的执业人员。律师执业,须取得律师资格和执业证书。接受民事案件当事人的委托,作为代理人参加诉讼,是律师业务之一,也是律师为社会提供法律服务的一种主要方式。当前,我国的律师队伍已逐步壮大,加之律师具有法律专业知识和诉讼技能、经验的优势,因此,律师已成为我国委托诉讼代理人的主体部分。基层法律服务工作者是2012年修订新增加的,在基层,尤其是在农村,律师人数很少[①],往往不能满足诉讼代理的需求,而基层却活跃着一大批法律工作者,接受当事人的委托参与诉讼。

---

① 律师集中在城市,尤其是大城市,是一个具有普遍性的现象。

(二) 当事人的近亲属或者工作人员

近亲属包括配偶、父母、子女、兄弟姐妹、祖父母、外祖父母、孙子女、外孙子女。当事人对近亲属一般都比较信任，可能会委托他们作为诉讼代理人。法人或者其他组织作为当事人时，常常委托其适合代理诉讼的工作人员作为诉讼代理人，对于实践中的这一做法，立法机关在本次修订中予以确认。

(三) 当事人所在社区、单位或者有关社会团体推荐的人

社区、单位与当事人有十分紧密的关系，在当事人涉讼时，社区、单位出于对当事人利益的关心，在征得当事人同意后，可以推荐够胜任诉讼的人作为诉讼代理人。工会、妇联、残联、消费者保护协会、环境保护组织等社会团体，为了支持其团体或组织成员进行诉讼，也可以向法院推荐诉讼代理人。

对当事人可以委托多少诉讼代理人，多数国家在民事诉讼法中未作限制性规定，由当事人根据案件的具体情况和自己的财力来决定。我国《民诉法》对代理人的人数作了限定，规定"当事人、法定代理人可以委托一至二人作为诉讼代理人"。如委托二人作为诉讼代理人，各自的代理事项和代理权限应当在授权委托书中分别载明。

三、委托诉讼代理人的代理权的产生

委托诉讼代理人的代理权产生于当事人、法定代理人的授权委托行为。从形式上看，民事诉讼中的授权委托不同于民法中的授权委托，民法中的委托代理除法律规定用书面形式的外，可以用书面形式，也可以用口头形式。为了保证授权行为的确定性和代理权限的明晰性，《民诉法》规定授权委托必须以书面方式进行，即"委托他人代为诉讼，必须向法院提交由委托人签名或盖章的授权委托书"。

授权委托书是授予代理权的凭证，其真实与否，直接关系到代理权的有无和大小。为保证来自国外的授权委托书的真实性，民事诉讼法还特别规定侨居国外的我国公民从外国寄交或托交的授权委托书，须经我国驻该国的使领馆证明；没有使领馆的，由与我国有外交关系的第三国驻该国的使领馆证明，再转由我国驻该第三国使领馆证明，或者由当地的爱国华侨团体证明。

四、委托诉讼代理人的代理权限与诉讼地位

(一) 代理权限

委托诉讼代理人代理权限的大小，取决于被代理人的授权，当事人、法定代理人授予他多大的权利，他就具有多大代理权。

当事人在民事诉讼中的权利大体可分为两大类：一类是纯程序性质的或者与实体权利关系不那么密切的诉讼权利，如申请回避、提出管辖权异议、申请复议、陈述案情、提供证据、进行质证和辩论等；另一类是实体权利或与实体权利紧密相关的诉讼权利，如代为承认、变更、放弃诉讼请求，进行和解，提起反诉或者上诉。这两类权利在性质上有很大区别。当事人在授予代理权时，可以只授予第一类权利而保留第二类权利，也可以在授予第

一类权利的同时,将第二类权利中的部分或全部授予诉讼代理人。

第二类权利对当事人的利益关系重大,因此民事诉讼法对这类权利持特别慎重的态度,明确规定诉讼代理人除非经过委托人的特别授权,不得在诉讼中实施这类行为。

对需要特别授权的事项,当事人在授权委托书中必须一一写明,有的当事人为图方便省事,在授权委托书代理权限一项中只概括地写上"全权代理"。对这种不规范的授权,最高人民法院《适用意见》明确规定"授权委托书仅写'全权代理'而无具体授权的,诉讼代理人无权代为承认、放弃、变更诉讼请求,进行和解,提起反诉或者上诉"。

此外,如果当事人在授权委托书中没有写明代理人在执行程序中有代理权及具体的代理事项,代理人的代理权仅限于第一审或第二审程序,在执行程序中没有代理权,不能代理当事人直接领取或者处分标的物。

(二)诉讼地位

委托诉讼代理人在诉讼中的地位如何,要依他所具有的代理权限和委托人是否参与诉讼这两大因素而定。如果当事人、法定代理人既把进行诉讼的权利又把属于特别授权的那些权利大部或全部授予他,而委托人本人又不参与诉讼,委托诉讼代理人就处于与当事人相当的诉讼地位。如果当事人、法定代理人仅仅把代理诉讼所必须的权利授予他而保留那些需要特别授权的权利,则委托诉讼代理人与当事人的诉讼地位相去甚远。他仅是帮助当事人进行诉讼的诉讼参加人而已。

不论委托诉讼代理人的代理权限如何,在当事人、法定代理人参加诉讼的场合,都存在着诉讼代理人与委托人之间的关系问题。委托诉讼代理人在诉讼中具有独立的诉讼地位,可以在代理权限范围内独立地代为或代受诉讼行为,但这是否意味着他可以不顾与他一同出庭的当事人、法定代理人的意见,甚至不顾他们的反对,来实施诉讼行为呢?对此应当作具体分析。如果诉讼行为的内容是关于案件事实的陈述,由于当事人对案件事实关系最清楚,显然应当有更大的发言权,基于这一考虑,《日本新民事诉讼法》第57条规定了当事人的更正权,即诉讼代理人所作的事实上的陈述,经当事人即时撤销或更正时,不发生效力。我国《民诉法》虽未对此作出规定,但实践中也是承认当事人、法定代理人的更正权的。如果诉讼行为的内容是关于法律问题的,委托诉讼代理人有权作出独立的判断。代理诉讼的律师对法律问题的认识和判断一般比当事人本人更为正确和准确,但这并不是说律师可以把自己的看法强加于当事人。律师应当事先说服当事人接受自己的观点,以免在法庭上与当事人发生冲突。诉讼代理人应当竭尽全力维护委托人的合法权益,但对委托人提出的违法的、无理的要求则应当拒绝,如果委托人坚持要求诉讼代理人从事违法活动或隐瞒案件事实,诉讼代理人为律师的,应当依据《律师法》的规定拒绝代理。

当事人委托诉讼代理人后,本人可以出庭参加诉讼,也可以不再出庭。有不少当事人之所以委托代理人进行诉讼,就是为了使自己能够从诉讼中解脱出来,因此允许当事人不再参加诉讼是合理的。但离婚诉讼是例外,这类诉讼涉及夫妻的感情是否破裂和哪一方更适合抚养子女等唯有当事人才能说得清楚的问题,尤其是对离与不离的问题,由诉讼代理人表达意见是不合适的。此外,人民法院对离婚诉讼通常要进行调解,当事人本人如不出庭参加诉讼,调解就无从进行。因此,第62条对离婚诉讼的代理问题作了特别规定。按此规定,委托了诉讼代理人的离婚诉讼的当事人,本人除不能表达意思的外,仍应当出庭参加诉讼。确因特殊情况无法出庭的,必须向人民法院提交离与不离的书面意见。在仅有代理人出庭的情况下,法院为了查明案件事实,可以传唤当事人本人出庭,对当事人进行询问。

五、委托诉讼代理权的变更与消灭

委托代理关系在诉讼过程中可能会发生变化,由于这样或者那样的原因,诉讼代理人可能会辞去委托,委托人也可能变更代理权限的范围或者取消委托。是否变更代理权,是当事人的权利,可以由当事人单方面作出决定,但当事人在作出变更或解除代理权的决定后,必须用书面形式告知人民法院,并由人民法院通知对方当事人。诉讼代理人在代理权变更或解除前实施的诉讼行为,其效力不受代理权变更或解除的影响。

委托诉讼代理权因下列原因之一而消灭:(1)诉讼结束。当事人是针对特定的审级委托代理人进行诉讼的,因而代理人的任务仅限于该审级,该审级终结,代理权便因诉讼任务的完成而消灭。(2)代理人死亡或者丧失诉讼行为能力。此种情形下当事人事实上已经无法继续代理诉讼;(3)代理人辞去委托或被代理人取消委托。委托代理是意定代理,需要尊重双方的意愿。

阅读法规

《民诉法》第57—62条;《适用意见》第67—69条。

案例解析

【6-1】 甲委托律师乙代理诉讼,在授权委托书中写明授权系全权委托,授权乙代为一切诉讼行为。

问:(1)乙是否有权撤回诉讼,与被告和解?

(2)乙是否有权申请回避,对管辖权异议的裁定提出上诉?

(3)如果在委托书中载明授权乙提出上诉,乙据此是否在上诉审中获得了代理权?

分析要点:(1)乙无权撤回诉讼,与被告和解。因为尽管甲在授权委托书中写明是"全权委托",但并无具体授权,根据《适用意见》第69条的规定:"对于无具体授权的,法院将按一般代理处理。"所以乙无权撤诉与和解。

(2)乙有权申请回避,申请财产保全。这些诉讼行为都是与当事人实体权利无直接关系的行为,作为诉讼代理人,当然有权实施。

(3)并未取得在第二审的代理权。当事人的授权,仅限于第一审,至第一审程序终结,律师的代理权限也随之消灭。到了第二审,需要重新进行授权委托。

【6-2】 甲是一个正在上高中的16岁的男生,一日在学校踢球,由于和对方球队的同学乙发生冲突,甲故意用球踢乙的脸部,导致对方眼睛受伤。乙向法院起诉要求赔偿,甲之父丙作为代理人参加诉讼。

问:(1)如果在法庭上丙与甲对案件事实的陈述不一致,是否应当以丙的陈述为准?

(2)如果在调解中丙愿意赔偿乙的损失而甲反对,法院应当如何处置?

分析要点:(1)在本案中,甲的诉讼地位是当事人,丙的诉讼地位是法定代理人,但尽管丙是法定代理人,由于涉及案件事实问题,一般应当以当事人的陈述为准,何况在本案中甲已经16周岁。

(2)法院在调解中可以根据丙的意愿就赔偿问题进行调解。因为甲虽然是当事人,但他并无诉讼行为能力,无权对实体权利进行处分,而作为法定代理人的丙则有权对实体权利作出处分。

【6-3】 在外地上寄宿学校的年仅14岁的未成年人甲因骑车撞人被诉至法院,甲不敢把此事告诉父母,便委托其好友乙作为诉讼代理人。乙17岁有余,在当地开一家餐馆,生意兴隆。

问:乙能否成为甲的诉讼代理人?

分析要点:乙不能成为诉讼代理人。因为委托诉讼代理人,是一项重要的诉讼行为,委托者本人需要有诉讼行为能力,而甲只有14岁,是限制民事行为能力人,并无诉讼能力。所以尽管乙可以视为具有完全民事行为能力人,但仍然不能成为本案的诉讼代理人。

司法考试题

2002年试卷三第69题"委托诉讼代理人的资格";

2003年试卷三第66题"委托诉讼代理人的代理权限";

2004年试卷三第37题"委托诉讼代理人的代理权限";第47题"委托诉讼代理人的范围";第73题"委托诉讼代理人与法定诉讼代理人";

2011年试卷三第83题"法定诉讼代理人";

第六章　民事诉讼证据

第一节　民事诉讼证据概述

一、民事诉讼证据与民事诉讼证据材料

民事诉讼证据与民事诉讼证据材料(以下称证据与证据材料)是证据理论中既有联系又有区别的两个概念。证据,是指能够证明民事案件真实情况的各种事实,也是法院认定有争议的案件事实的根据。证据材料,是指民事诉讼中当事人向法院提供的或者法院依职权收集的用以证明案件事实的各种材料。

证据与证据材料的联系表现为,证据来源于证据材料,证据材料是证据的初始形态,离开了诉讼中出现的各种证据材料,证据便成为无源之水,无本之木。它们之间的区别表现为:首先,证据材料只是为了证明目的而提出的各种材料,这些材料中有的符合证据的条件,能够成为法院认定案件事实的根据,有的不具备证据条件,不能作为证据使用。证据材料成为诉讼证据,还需经过质证,还要经过法庭的审核和认定。其次,证据材料出现在诉讼中较早的阶段,在起诉与答辩时或者在法庭审理初期,当事人便向法庭提出各种证据材料,而证据则形成于诉讼中较后的阶段,至法庭调查终结或法庭评议阶段,才能确定哪些证据材料可以作为本案的证据。

虽然证据与证据材料之间存在着重大的区别,但我国《民诉法》在使用证据这一概念时未对它们作出区分,因而在证据这一概念下包含了证据和证据材料两种情形。在民事诉讼法中,证据一词有时是指证据材料,如"以上证据必须查证属实,才能作为认定事实的根据","人民法院应当按照法定程序,全面、客观地审查核实证据";有时则是指证据本身,如"有新证据,足以推翻原判决、裁定的","原判决、裁定认定事实的主要证据不足的"。我国民事诉讼理论在使用证据这一概念时,同样也是有时指证据材料,有时指证据本身,前者如"提供证据"、"调查收集证据",后者如"证据应具有合法性"、"证据应当充分"。由于理论和实践中已习惯于不加区分地使用证据一词,加之区分会造成行文的累赘,本教材使用证据一词时也未作区分,尽管如此,但分清证据一词具有的不同含义,对正确理解民事诉讼法关于证据的规定和本教材关于证据的阐述仍具有重要意义。

证据是内容与形式的统一体,其内容是与案件事实相关联,对案件事实具有证明作用的各种事实,其形式表现为书证、物证、视听资料、电子数据、证人证言、当事人陈述、鉴定意见、勘验笔录。证据总是以这八种形式中的某一种作为载体而进入诉讼的。

证据是个多面体,须从不同角度进行观察和认识才能够完整地把握它。从本体上看,证据是客观存在的一些事实,是与案件事实有联系的事实;从形式上看,证据又是法律规

定的各种诉讼材料;从作用上看,证据一方面是当事人向法院展示案件事实的各种方法,另一方面也是法院借以确定案件事实的真实情况,获得裁判事实依据的手段。

二、民事诉讼证据的构成要件

正如社会组织必须符合一定的条件才能成为法人一样,证据材料必须具备一定的条件,才能够成为民事诉讼证据。这些条件是:

(一) 必须是客观存在的事实,即具有客观性

客观性是指民事诉讼证据本身必须是客观的、真实的,而不是想象的、虚构的、捏造的。

法院在诉讼中的任务是要解决当事人之间的民事争议,为此,法院必须搞清楚民事权利义务关系的真实情况。当事人之间民事权利义务关系的发生、变更和消灭均缘于一定的法律事实,这些事实发生在诉讼前,审判人员无法直接感知,但法律事实发生时会形成并留下一定的材料或物品,会被别人所了解。无论是事实发生时留下的材料或物品,还是证人耳闻目睹的事实,都是客观存在。法院正是通过这些客观存在的证据,才能够正确地把握案件事实的真实情况,才能够作出正确的裁判,反之,如果作为认定事实依据的证据是伪造的、虚假的,裁判就会出现错误。因此,民事诉讼证据必须是客观存在的事实,客观性是它最本质的属性。

强调民事诉讼证据具有客观性,并不否认证据的提供、运用具有主观的一面。在诉讼中,无论是收集证据、提供证据,还是审查核实证据、运用证据认定案件事实,都离不开人的活动,而人的这些活动又难免带有主观的成分,所以,证据除了客观性一面外,还有主观性的一面。但是,在客观性与主观性中,客观性代表了证据的本质属性,主观性必须符合客观性的要求。

强调证据必须具备客观性条件具有两方面的意义:其一,是要求当事人在举证时必须向法院提供真实的证据,不得伪造、篡改证据;要求证人如实作证,不得作伪证;要求鉴定人提供科学、客观的鉴定结论;其二,是要求法院在调查收集证据时必须客观、全面,不得先入为主,更不得只收集有利于一方当事人的证据;要求法院在审查核实证据时必须持客观、公正的立场和态度。

(二) 必须与待证事实存在着联系,即具有关联性

关联性又称"相关性",是指诉讼证据必须与待证的案件事实存在一定的联系。

诉讼证据与待证案件事实的联系可以表现为直接的联系,如借据可以直接证明借贷的事实、医生手术后将纱布留在病人体内的事实可直接证明存在医疗过失行为;也可以表现为间接的联系,如在因交通事故而引起的侵权诉讼中,原告为证明被告是侵权行为人,所提出的被告车辆在事故发生那段时间到过事故发生地、被告车辆在事故发生后就送到修理厂上漆的证据。诉讼证据与待证事实的联系可以表现为肯定的联系;也可以表现为否定的联系,如在确认亲子关系的诉讼,原告提供的孩子出生于夫妻关系存续期间的证据对待证事实具有肯定作用,而被告提供的受孕期间原告与第三者有性关系的事实对待证

事实具有否定作用。只要同待证事实存在着联系，无论是哪一种形式的联系，都符合关联性的要求。因此，判断有无关联性的标准应当是，由于证据的存在，使得待证事实的真实或虚假变得更为清晰，从而有助于证明待证事实的真伪。

从理论上说，关联性是在客观性的基础上进一步揭示了证据的特征，因为并非所有客观存在的事实或材料都可以作为诉讼证据，能够作为诉讼证据的，只有那些与待证事实存在一定联系的事实或材料。

明确证据具备关联性的条件的意义在于：(1) 使当事人、诉讼代理人在收集、提供证据时将注意力集中于哪些与案件事实有关联的材料；(2) 帮助法院排除无关联性的材料，以限定和缩小调查和审核证据的范围。

（三）必须符合法律的要求，不为法律所禁止，即具有合法性

合法性是指证据必须按照法定程序收集和提供，必须符合法律规定的条件，才能够作为诉讼证据。

合法性包括以下三个方面的内容：

（1）收集证据的合法性。这主要是指当事人、诉讼代理人和法院在收集证据时应符合法律的要求，不得违反法律的规定。例如，当事人在制作录音、录像资料这类证据时，不得未经对方当事人同意偷录偷摄；法院调查收集证据，应由两人以上共同进行，不得由一名审判员或书记员前去调查，也不得由具有法定应当回避情形而未回避的审判人员去调查。

（2）证据形式的合法性。这包含两层意思：其一，是证据的形式应当符合法律的要求，必须以法律规定的存在形式表现出来。如单位向法院提交的证明文书，应由单位负责人签名或盖章，并加盖单位印章。其二，是当法律规定某些事实或法律行为须用特定形式的证据来证明时，应当使用特定形式的证据。例如，婚姻状况需要用结婚证、离婚证来证明，土地使用权要用土地使用权证来证明，保证合同、抵押合同等，需要用书面形式的合同来证明。

（3）证据材料转化为诉讼证据的合法性。这是指证据材料成为证据必须经过法律规定的质证程序，未经质证，无论是当事人提供的证据材料，还是法院依职权调查收集的证据材料，都不得作为法院认定事实的根据。法院如果在裁判中使用了未经质证的证据材料，在运用证据上就违反了合法性的要求。

合法性是在客观性和关联性基础上进一步揭示证据的特征，它告诉人们，仅仅是真实的和与案件事实有关联的材料还不能成为诉讼证据，它们能否成为证据，还要经过合法性的检验，只有同时也具备合法性的材料，才能成为诉讼证据。

明确证据具有合法性条件的意义在于：使当事人和法院在收集和运用证据的过程中始终注意合法性的要求，以便把那些不具备合法性要求的证据材料从证据中排除出去。

三、民事诉讼证据的证明力

证据的证明力，是指证据证明案件事实的能力。虽然各类证据对待证的案件事实都

具有一定的证明作用,但证明作用的大小却不尽相同,有的证据具有很强的证明力,有的证据具有较强的证明力,有的证据只有相当弱的证明力。证据证明力之间的差异是客观存在的,例如,就单个直接证据与单个间接证据而言,直接证据具有强证明力而间接证据只有弱证明力;就原始证据和传来证据而言,原始证据的证明力明显地强于传来证据。

证据证明力的大小虽然是一种客观存在,但由于诉讼是法官依据法律规定运用证据判断事实的真伪、认定案件事实的活动,对证明力大小的判断离不开法律的规定和法官的认识活动。

依据证据的证明力由法律统一作出规定还是委诸法官内心的判断,在诉讼理论上可以把证据制度分为法定证据制度和自由心证证据制度。现代各国的诉讼一般都实行自由心证的证据制度。

我国民事诉讼中实行的是以审判人员对证据的自由运用与判断为主,以受法律预置规定约束为辅的证据制度。这一证据制度要求:当法律和司法解释中已对证据证明力的大小作出规定时,审判人员在诉讼中必须依照规定确定证据的证明力,否则将构成认定事实违法;当法律和司法解释未作规定时,审判人员应当依据理性、良心、生活经验等对证据的证明力作出判断。

四、民事诉讼证据的作用

(一)证据是当事人维护自己民事权益的武器

对进入诉讼的当事人来说,证据是至关重要的,是否掌握着充分的证据,常常直接决定诉讼的胜负。在发生民事纠纷时,当事人要使自己的权利主张得到法院的支持,需要用证据证明权利主张所依据的事实,如果当事人未掌握充分的证据,或者重要的证据丢失了,即使当事人主张的案件事实本身是真实的,法院也无法从法律上予以确认。在诉讼中,有争议的案件事实需要通过证据来确认,离开了证据,空谈案件事实是没有意义的。

(二)证据是法院查明案件事实真相的手段

法院判案需要"以事实为根据",而诉讼中的"以事实为根据",说到底是以证据为根据。有争议的案件事实发生在诉讼前,法院事先并不了解这些事实,这些事实也不会重现于法庭。在诉讼中,由于利害关系的对立,当事人对案件事实的陈述往往是各执一词,截然相反。为了查明案件事实的真相,法院必须凭借证明活动,因此证据又是法院确定案件事实真相的手段。

(三)证据是使裁判具有公信力的基础

在法治社会中,公众信赖法院作出的裁判,不是由于法院是拥有裁判大权的国家司法机关,也不是仅仅出于对审判人员所具有的智慧和品格的信赖,而是因为审判人员认定事实是以证据为依据的,是因为诉讼中认定事实是严格按证据规则运作的。

第二节 民事诉讼证据的种类

一、书证

（一）书证的概念与特征

书证是指以文字、符号、图形等所记载的内容或表达的思想来证明案件事实的证据。书证的主要形式是各种书面文件，如合同书、信函、电报、电传、图纸、图表等，但书证有时也可能表现为一定的物品，如刻有文字或图案的石碑、竹木等。

书证的特点在于：(1) 书证以其表达的思想内容证明案件事实。书证将一定的民事法律行为或其他案件事实以文字等形式记载下来，在发生诉讼时用来证明争议事实。(2) 书证往往能够直接证明案件的主要事实。有相当一部分书证是在当事人实施民事法律行为的过程中形成的，是对民事权利和义务关系的记载，日后在法律行为的内容上发生争执时，这些书证可以直接起到证明作用。(3) 书证的真实性强，即使伪造，也易于发现。书证一般形成于诉讼前，是对案件事实的客观记载，只要内容后来未被篡改，就具有很强的真实性。书证虽然也可能被伪造、被篡改，但伪造的书证、经篡改的书证可以通过笔迹鉴定等方式来发现。

（二）书证的证明作用

书证在民事诉讼中具有十分重要的证明作用。有的国家在民事诉讼中实行书证优先主义，使书证具有优于其他证据的证明力。有些国家虽未实行书证优先主义，但由于规定某些法律行为只能以书证方式证明，所以也使书证具有比其他形式的证据更为重要的作用。我国法律虽未作上述规定，但法律也规定了当事人应当以书面形式实施某些法律行为，如订立书面合伙协议、保证合同、抵押合同等。在法律未要求采用书面形式的情况下，当事人为了防止日后发生争议时口说无凭，也往往主动选择书面形式实施法律行为。因此，在我国民事诉讼中，书证的作用也是相当显著的。

（三）书证的分类

书证的种类繁多、形式多样，对书证可以从不同的角度、以不同的标准作如下分类：

（1）公文书和私文书。这是以制作书证的主体为标准进行的分类。公文书一般是指国家公务人员在其职权范围内制作的文书，在我国，除了国家机关制作的文书为公文书外，企业事业单位、社会团体在其权限范围内制作的文书也被称作公文书。私文书是指公民个人制作的文书。

区分公文书与私文书的意义主要在于判断文书是否真实的方式不同。对公文书，主要是看该文书是否为有关单位及其公职人员在其职权范围内制作，而对于私文书，则主要看文书是否由制作者本人签名或盖章。对公文书的真伪发生疑问时，可采用向制作文书的单位调查询问的方式解决，而对私文书的真伪发生疑问时，则通过核对笔迹印章或进行文书鉴定的方式解决。

（2）处分性书证与报道性书证。这是以文书的内容和所产生的法律效果为标准进行的分类。处分性书证是记载一定的民事法律行为的内容，以设立、变更或终止一定的民事法律关系为目的的书证，如合同书、变更合同的协议书、遗嘱、授权委托书等。报道性书证是指记载一定的事实，不以产生一定的民事权利义务关系为目的的书证，如记载案件事实的日记、信件等。

处分性书证能够直接证明有争议的民事权利义务关系，因而一般具有较强的证明力，报道性书证对待证事实虽然也具有证明作用，但一般不具有直接的证明作用。

（3）普通书证与特别书证。这是以书证的制作是否必须采用特定形式或履行特定手续为标准进行的分类。普通书证只要求其内容记载一定的案件事实即可，在制作方式和程序上无特别要求，如书信、日记、借条、收据都属普通书证。特别书证是指法律规定必须采用某种特定形式或履行某种特定手续制作的书证，如土地使用权证、房产证、经公证证明的合同书等。

特别书证的制定经过严格的程序，其内容比较完善、真实性也较强，所以在诉讼中具有较强的证明力。例如，经过公证、登记的书证，其证明力一般高于其他书证。

（4）原本、正本、副本、影印本、节录本。这是以文书制作方式为标准进行的分类。原本是文书制作人最初制作的原始文本。书证的其他文本都来源于原本。正本是指依原本全文制作，对外具有与原本同样效力的书证。副本也是按原本全文制作，对外具有与正本同样的效力的书证。影印本是指采用复印、拍摄等方式复制而成的书证。节录本则是摘抄文书原本、正本等部分内容的书证。

（四）书证的提出

当书证为举证的一方当事人持有时，举证人只要把书证提交法庭即可。但当书证为对方当事人或第三人持有时，如何才能使举证人得到书证便成为问题。德、日两国的民事诉讼法是采用以下方法解决这一棘手问题的：当文书为他人所持有时，举证人可以向法院提出申请，请求法院命令文书持有人提出；在申请时，应载明文书的形式、内容、持有人、文书能证明的事实以及持有人有提出文书义务的缘由；法院认为申请有理由时，可以裁定方式命令持有人提出。对方当事人接到法院命令后，如拒不提出，法院就可以据此认为举证人关于文书的主张是真实的，对方当事人为妨害举证人使用而故意销毁文书时，亦同。第三人如不服从法院提出文书的命令，法院以罚款予以制裁。

我国《民诉法》未规定举证人作为证据引用的书证由对方当事人或第三人持有时的处理办法，实践中采取的方法是由举证人向法院说明情况后，法院将该书证作为当事人因客观原因不能自行收集的证据，由法院调查收集。如持有证据的对方当事人拒不提供，法院在有证据证明该当事人无正当理由拒不提供，且举证人主张该证据的内容不利于对方当事人的情况下，可以确定举证人主张的事实成立。

（五）书证的证据效力

书证的证据力，是指书证所具有的证明待证事实的能力和效果。书证欲具有证据力，须满足两个条件：一是书证本身是真实的，二是书证所表达的内容对待证事实能够起到证明作用。据此,可以把书证的证据力区分为形式上的证据力和实质上的证据力。判断书证有无形式上证据力的标准是书证本身是否具有真实性,是否为当事人主张的文书的制作者所作。判断书证有无实质上证据力的标准则是书证所记载的内容是否真实可靠、与待证事实有无关联性。书证形式上的证据力与实质上的证据力的关系是:形式上的证据力是实质上的证据力的前提,有形式上的证据力,才可能有实质上的证据力,无形式上的证据力就不可能有实质上的证据力。但有形式上的证据力,未必一定有实质上的证据力,当书证记载的内容不真实或是与待证事实无关联时,就不具有实质上的证据力。作为法院认定待证事实根据的书证,必须既有形式上的证据力又有实质上的证据力,是两种证据力的统一。

从证明的过程看,书证形式上的证据力问题先于实质上的证据力而发生,因此书证有无形式上的证据力是诉讼中首先需要解决的问题。为了简化在此问题上的证明,德、日等国民事诉讼法中设有公文书真实的推定,即从文书的形式和内容上可以看出该文书确系国家公务人员在其职务范围内所作时,审判人员便应推定文书本身是真实的。对于私文书,则要求提供文书者对文书的真实性进行证明,但如果私文书由本人或其代理人签名或盖章时,也推定其为真实。

书证形式上的证据力被确认后,法院还要进一步对实质上的证据力进行审查,在审查过程中,允许当事人提供证据证明文书所载的内容不真实、不全面。书证实质上的证据力的大小,由法院依据书证内容的具体情形作出判断。

二、物证

(一) 物证的概念与特征

物证是指以其形状、质量、规格、受损坏的程度等来证明案件事实的物品。物证也是民事诉讼中的一类重要证据,常见的物证包括所有权、使用权有争议的物品、买卖合同、承揽合同纠纷中质量存在争议的标的物、侵权纠纷中受到损坏的物品等。

物证具有以下特点:(1) 可靠性较强。物证是以自身的形状、质量、规格等证明案件事实的,只要物证不是伪造的,它就不会受到人们主观因素的影响,就能够相当可靠地证明案件事实。(2) 稳定性较强。除那些易腐、易变质的物品以外,物证形成后,不会在短时间内发生变化,所以具有较强的稳定性。(3) 需要结合举证人的说明发挥证明作用。物证虽然被称为"不动嘴的证据",但物证在发挥证明作用时,往往需要举证人对物证本身及物证与待证事实之间的关系作出解释和说明。

以物证是否为原件为标准,可以将物证分为原始物证和复制物证。一般而言,原始物证比经复制的物证更为可靠,并可以作为勘验、鉴定的材料,所以民事诉讼法要求物证必须提交原物,只有在提交原物确有困难的情况下,才允许提交复制品或照片。

(二) 物证与书证的区别

物证和书证虽然都属于以实物形态表现出来的证据,但两者有明显的不同,它们之间的主要区别在于:(1) 物证是以其存在、外形、特征证明案件事实,书证则是以文书或物品所记载的思想内容证明案件事实;(2)法律对物证无形式上的特定要求,只要能以其存在、外形、特征证明案件事实,就可以作为物证;对书证则不同,法律有时规定必须具备特定形式才具有证据效力。

在实务中,也存在某一实物证据既是书证又是物证的情形,当以刻在该物品上的文字所反映的思想内容证明案件事实时,它是书证,当以该物品的外部特征证明案件事实时,它又是物证。

三、视听资料

(一) 视听资料的概念

视听资料,是指利用录音、录像来证明案件事实的证据。视听资料主要包括录音资料、录像资料两大类。

视听资料是随着音像技术发展而出现,并被广泛运用于诉讼的一种新型证据。照相机、录音机、录像机及相关的储存设备的发明和应用,使人们可以把当事人进行意思表示和其他具有法律意义的行为或事件拍摄、录制下来。日后一旦发生诉讼,便把它们作为证据来使用。视听资料已被各国广泛运用于民事诉讼,但外国民事诉讼法或证据法一般不把它们作为一类独立的证据,而是将它们归入书证或物证。我国民事诉讼法鉴于视听资料具有书证、物证不能包容的特点,将它规定为一类独立的证据。

(二) 视听资料的特征

与传统的各类证据相比,视听资料具有下列特点:

(1) 生动逼真。视听资料或者记录了当事人进行民事活动时的情况,或者记录具有法律意义的事件发生时的情况,对人们的形象、动作、表情、声音等做了连续性的录制。将视听资料在法庭上播放,可以生动逼真地再现当时的情况,有力地证明案件事实。

(2) 不易制作、便于保管。视听资料的制作需要相应的技术设备,没有相应的设备就无法制作,更为主要的是,制作视听资料需经过对方当事人同意,未经对方同意擅自录制在程序上不合法,而将要录制的内容如果于对方当事人不利,对方就不会同意。因此,制作视听资料在实务中并不是一件简单容易的事。与制作不同,对视听资料的保管是相当便利的。视听资料的体积小、重量轻、易于保存,只要妥善保管,虽然经过很长的时间,这些资料不仅不会丢失,而且能像当时一样清晰地再现案件的真实情况。

(3) 易于伪造。视听资料是运用技术手段制作的,在制作过程中如果能够如实录制,则能够真实地记载案件事实。但视听资料也很容易通过技术手段篡改或伪造,如可以通过消磁、剪辑等方式改变录音、录像带的内容。针对视听资料具有易于伪造的特点,第71条规定:"人民法院对视听资料,应当辨别真伪,并结合本案的其他证据,审查确定能否作为认定事实的根据。"《证据规定》第69条进一步规定,存有疑点的视听资料,不得单独作为认定案件事实的依据。

四、电子数据①

(一) 电子数据的概念与特征

电子数据,是指以电子形式存在的,作为证据使用的一切材料及其派生物,是通过电子技术和设备而形成的证据。② 电子则是指含有电的、数据的、磁性的、光学的、电磁的、无线的技术或具有类似性能的技术。③

电子数据种类繁多,常见的有电子邮件、电子签章、电子记录、电子数据交换、计算机磁盘、光盘、网页、计算机域名、IP地址、数字化的音频、图像文件等。

电子数据是随着微电子技术、尤其是计算机、互联网及其相关设备、软件的出现而产生的一种新证据,随着数字化时代的来临,电子证据将日益频繁地出现在民事诉讼中,发挥着越来越重要的作用。

与传统的非电子形态的证据相比,电子数据具有以下特征:(1) 储存在一定的介质上。电子证据离不开一定的电子介质,电子证据的各种信息储存在软盘、光盘、硬盘等电子介质上,这些介质是信息的载体。(2) 须通过一定的电子设备来显现。电子介质中储存的信息须借助计算机等电子设备来播放、显现,否则无法用来证明案件事实。(3) 信息量大,传播速度快。电子数据包含的信息量大,如一张光盘、一个硬盘中储存的信息是传统书证中一张纸、一本书无法比拟的。电子数据中的信息还可以通过因特网传播,其速度也是传统证据所不及的。

(二) 关于电子数据的立法

电子数据出现后,许多国家用立法对这类新型的证据进行规制,规制的方式大致有三种。第一种是单独立法,如南非的《1983年计算机证据法》、加拿大的《1998年统一电子证据法》;第二种是在电子商务法或电子交易法中规定电子证据,如美国的《国际与国内商务电子签章法》、《统一计算机信息交易法》、新加坡的《电子交易法》;第三种是在证据法中对电子数据作出规定,如英国《1995年民事证据法》中关于电子数据的规定。

电子数据已被运用于我国的民事诉讼,我国也需要对电子数据作出规制。2004年8月,我国颁布了《中华人民共和国电子签名法》。在2012年《民诉讼》修订中,立法机关在证据种类中增加了"电子数据"这一新的证据种类。

五、证人证言

(一) 证人证言的概念与特征

证人是指应当事人的要求和法院的传唤到法庭作证的人。证人就案件事实向法院所作的陈述称为证人证言。

证人证言也是民事诉讼中的一项重要证据。有些案件事实,如突发性和非持续性的

---

① 这是本次修订新增加的一种独立的证据类型。
② 参见何家弘主编:《电子证据法研究》,法律出版社2002年版,第5页。
③ 参见《美国国际与国内商务电子签章法》第106条和《美国统一电子交易法》第1条关于电子的定义。

民事侵权行为,受害人往往难以用其他证据来证明谁是加害人和加害人具有过错,但只要该侵权行为被他人所见,就可通过证人证言来证明。

证人证言具有如下特点:(1)证人具有不可替代性。能否成为某一案件中的证人,取决于是否了解需要证明的案件事实,了解案件事实的人才能够作为证人,证人的这种作用不可能由不了解案件事实的人替代。(2)证人证言只包括证人就案件事实所作的陈述。证人在作证时,有时除了陈述案件事实外,还向法庭说明他对案件事实的评论和推测,这些评论和推测,不属于证人证言的范围,证人有时还会发表对案件所涉及的法律问题的看法,这些看法同样不属于证人证言的范围。(3)证人证言的真实性、可靠性受到多种因素的影响。证人证言的形成要经过了解、记忆、叙述三个阶段,在每个阶段都可能出现影响证言准确性的因素,如了解得不全面、部分忘记、叙述时有遗漏等。此外,证人如果与诉讼当事人有亲友关系、仇恨关系,也可能会影响证言的真实性。

(二) 证人的范围

我国民事诉讼中的证人,包括单位和个人两大类,凡是知道案件情况的单位和个人都有义务出庭作证。单位因业务关系而了解案件事实,应由单位的法定代表人、负责人或他们授权的人代表单位作证。个人作为证人,除了解情案件事实外,还须能够正确表达自己的意志。

下列人员不得作为证人:

(1) 不能正确表达意志的人。能够向法庭正确表达自己的意志,是作为证人的必备条件。精神病人、生理上有缺陷的人、幼年人,如果不具备这一条件,就不能作为证人。

(2) 诉讼代理人。在同一案件,诉讼代理人的身份与证人的身份是相互冲突的,因而不能既担任诉讼代理人又作为证人。诉讼代理人如了解案件的重要事实,有出庭作证的必要,可在取消委托或辞去委托后,以证人身份出庭作证。

(3) 办理本案的审判人员、书记官、鉴定人、翻译人员和检察人员。办理本案的上述人员如同时作为案件的证人,就有可能影响到司法的公正,所以不得作为本案的证人。

与当事人有亲属关系和其他密切关系的人如果了解案件事实,可以作为证人出庭作证,但他们所提供的对该当事人有利的证言,可信度和证明力较低,一般低于其他证人提供的证言。在缺乏其他证据印证的情况下,不得单独将上述证言作为认定案件事实的依据。

(三) 证人的权利和义务

证人是民事诉讼参与人之一,证人参与诉讼,在法律上应享有一定的权利和承担一定的义务。证人享有的权利是:

(1) 补充、更正权。证人出庭作证时,书记员须将证人陈述的内容如实记入笔录,书记员的记录可能与证人的陈述有出入,证人在核对笔录时,对笔录中误记或漏记的,有权要求更正。

(2) 获得保护权。证人提供不利于一方当事人的证言后,该当事人事后可能会以各种手段伤害证人,证人因作证人身安全受到威胁的,有权要求法院给予保护。

(3) 损失补偿权。证人出庭作证难免会耽搁其工作,还会增加相应的开支,如差旅费、住宿费等。对误工减少的收入和出庭引起的合理开支,证人有权要求获得补偿。

证人承担的义务包括:

(1) 出庭义务。按照法院的通知出庭是证人的基本义务,证人出庭,才能向法庭提供证言,才能接受当事人和审判人员的询问,因此各国民事诉讼法都把出庭规定为证人的义务,并对违反该项义务的证人规定了罚款、拘传等制裁措施。我国《民诉法》虽然也规定了证人有义务出庭,但对拒不出庭的证人未设定制裁措施。证人出庭作证是原则,但根据第74条的规定,有下列情形之一的,证人经法院许可,可以不出庭:① 因健康原因不能出庭的;② 因路途遥远,交通不便不能出庭的;③ 因自然灾害等不可抗力不能出庭的;④ 具有其他正当理由不能出庭的。再不出庭的情况下,可视情况采用书面证据、视听传输技术或视听资料等方式作证。

(2) 如实陈述的义务。证人出庭后,应如实向法庭陈述所了解的案件事实,如实回答审判人员、当事人、诉讼代理人向他提出的问题,不得对事实进行增减,更不得作伪证。对违反此项义务作伪证的证人,各国法律都规定了包括刑事责任在内的制裁措施。

六、当事人的陈述

(一) 当事人陈述的概念与特征

当事人的陈述,是指当事人在诉讼中就与本案有关的事实,尤其是作为诉讼请求根据或反驳诉讼请求根据的事实,向法院所作的陈述。在诉讼中,当事人向法院所作的陈述往往包含多方面的内容,如关于诉讼请求的陈述、关于诉讼请求或反驳诉讼请求所依据的事实的陈述、关于与案件有关的其他事实的陈述、关于证据来源的陈述、关于案件的性质和法律问题的陈述等。在上述内容中,可能成为诉讼证据的,只是当事人关于案件事实的陈述。

当事人陈述的显著特征是,实与虚同在,真与伪并存。当事人通常是发生争议的权利或法律关系的承担者,亲身经历了引起法律关系发生、变更或消灭的事实,对案件事实了解得最清楚。但另一方面,当事人与诉讼结果有直接利害关系,受利害关系的驱使,当事人很有可能作出不真实的对自己有利的陈述。例如,为了获得胜诉,当事人可能故意夸大或缩小事实,甚至主张根本不存在的事实。正是当事人在诉讼中所处的特殊地位和当事人与事实关系的两面性,决定了当事人陈述具有真实与虚假并存的特点。针对这一特点,第75条规定:"人民法院对当事人的陈述,应当结合本案的其他证据,审查确定能否作为认定案件事实的根据。当事人拒绝陈述的,不影响人民法院根据证据认定案件事实。"

(二) 当事人陈述的证据效力

当事人对案件事实陈述的情况不同,证据效力也有所不同,具体而言,可分为以下三种情形:

(1) 具有免除对方当事人证明的效力。当事人如在诉讼中以承认对方当事人所主张的事实的方式作出了不利于自己的陈述,该陈述一般具有免除对当事人证明的效力。

(2) 具有证据效力。当事人所作的对自己有利的陈述,经其他证据证明为真实后,法院可以把当事人的陈述作为认定案件事实的根据之一。

(3) 不具有证据效力。当事人所作的有利于己的陈述,如果未得到其他证据证实,法院不得将该陈述作为认定案件事实的根据,该陈述也就无任何证据效力。关于这一点,最高法院在司法解释中曾反复强调。如《借贷案件意见》第 4 条规定:"人民法院审理借贷案件的起诉时,根据民事诉讼法第 108 条的规定,应要求原告提供书面借据;无书面借据的,应提供必要的事实根据。对于不具备上述条件的起诉,裁定不予受理。"《审改规定》第 21 条规定:"当事人对自己的主张,只有本人陈述而不能提出其他相关证据的,除对方当事人认可外,其主张不予支持。"

七、鉴定意见①

(一) 鉴定意见的概念与特征

鉴定意见,是指鉴定人运用专门知识对案件中的专门性问题进行分析、鉴别、判断后作出的意见。鉴定人须是对所需要鉴定的问题具有专门的科学技术知识的人。民事诉讼中的鉴定,主要包括文书鉴定、医学鉴定、工程质量鉴定、产品质量鉴定、会计鉴定等。

鉴定意见以鉴定书的形式表现出来,其内容主要包括鉴定对象、鉴定方法、鉴定意见和依据,鉴定书制作完成后,鉴定人须在鉴定书上签名或盖章,然后加盖证明鉴定人身份的鉴定部门的公章。

鉴定意见在民事诉讼中具有重要作用,它一方面可以帮助审判人员判断那些需要具备专门的技术知识和经验才能够作出正确判断的问题,另一方面可以帮助审判人员审查其他证据材料,以确定当事人提供证据材料的真伪,如对有争议的借据、收条等进行文书鉴定。

鉴定意见作为民事证据之一,具有以下两个基本特点:(1) 它是针对诉讼中有待查明的事实问题作出的,鉴定过程中即使涉及法律问题,也不属于鉴定人的工作范围;(2) 它是对专门性问题作出结论。鉴定意见虽然也叙述作为鉴定对象的案件事实,但其核心是鉴定人利用其专门知识和经验对鉴定对象进行分析鉴别后得出的结论性意见。

(二) 鉴定人与证人的区别

在英美法系国家的证据法中,对证人与鉴定人不作区别,鉴定人属于证人的范畴,只是由于这类证人具有专门知识,被称为专家证人。大陆法系国家的民事诉讼法将证人与鉴定人区别开来,证人证言与鉴定意见是两种不同的证据方法。我国《民诉法》鉴于证人证言和鉴定意见有许多不同之处,将它们规定为两种独立的证据形式。

鉴定人与证人的区别表现为:(1) 是否需要专门知识不同;(2) 了解案件事实的时间不同;(3) 能否申请回避不同;(4) 能否更换不同;(5) 向法庭提供的信息不同。

(三) 鉴定人的确定

修订前的《民诉法》采用由法院指定鉴定人的方法,2012 年修订后,在当事人申请鉴

---

① 本次《民诉法》修订前,这类证据称为"鉴定结论"。

定的情况下,首先由双方当事人通过协商确定鉴定部门。当事人经过协商不能取得一致意见时,才由法院指定。在当事人未申请而法院认为有必要鉴定时,法院应当委托有鉴定资格的人鉴定(第76条)。

我国的鉴定部门有两种:一种是法律或行政法规已明确规定的鉴定部门,如根据我国标准化法的规定,县级以上政府标准化行政主管部门或由其授权的检验机构是对产品是否符合标准进行检验的法定机构,处理产品是否符合标准的争议,要以上述检验机构提供的检验结论为准。另一种是法律和行政法规未对鉴定部门作出规定。在前一种情况下,无论是当事人商定的鉴定部门,还是法院指定的鉴定部门,都必须是法定的鉴定部门。

(四) 鉴定人的权利和义务

作为诉讼参与人,鉴定人也享有一定的诉讼权利和承担一定的诉讼义务。

鉴定人的主要权利是:(1) 了解权。鉴定人有权了解进行鉴定所必须的案件材料,有权通过询问当事人和证人了解有关情况,有权参加现场勘验。(2) 自主鉴定权。同时有几个鉴定人时,相互之间可以进行讨论,在意见一致时可以共同写出鉴定结论,意见不一致时由各人写出自己的鉴定结论;如认为提供鉴定的材料有问题,还可以拒绝鉴定。(3) 报酬请求权。鉴定人的工作一般是有偿的,他们有权请求委托人给付规定或约定的鉴定费、差旅费和其他必要的费用。(4) 请求保护权。因鉴定而受到当事人打击报复时,有权请求法院给予保护。

鉴定人的主要义务是:(1) 及时鉴定义务。鉴定人受委托后,应当及时地、科学地作出鉴定结论。(2) 公正鉴定义务。鉴定人不得接受他人的请托,不得收受当事人贿赂,故意作虚假鉴定。(3) 出庭义务。鉴定人应当按照法院的通知出庭,接受当事人、诉讼代理人和审判人员的询问,回答与鉴定有关的各种问题。在实务中,鉴定人一般是把鉴定结论交给法院,由法院在质证过程中宣读,鉴定人很少出庭接受询问。这严重影响了质证的效果,甚至无从开展有实际意义的质证。针对这一问题,新增的第78条规定:"当事人对鉴定意见有异议或者人民法院认为鉴定人有必要出庭的,鉴定人应当出庭作证。经人民法院通知,鉴定人拒不出庭作证的,鉴定意见不得作为认定事实的根据;支付鉴定费用的当事人可以要求返还鉴定费用。"

八、勘验笔录

(一) 勘验笔录的概念与特征

勘验笔录,是指审判人员在诉讼过程中对与争议有关的现场、物品进行查验、测量、拍照后制作的笔录,是通过勘验、检查等方法形成的证据。民事诉讼中的勘验笔录主要包括现场勘验笔录、物证勘验笔录和人身检查笔录。在民事诉讼中,勘验笔录既是一种独立的证据,也是一种固定和保全证据的方法。

勘验笔录是审判人员以查看、检验等方式亲自认知现场、物品等,并将认知结果记录下来后形成的证据。这一特点使它既不同于物证,又不同于书证。勘验的对象可能是物品,勘验过程中也要对物证进行拍照,但照片是作为笔录的一部分发挥证明作用的。它既不是物证本身,也不是物证的复制品。在用文字、图表等记载的内容证明案件事实这一点上,勘验笔录与书证不无共同之处,但它们之间有许多不同点:首先,制作的时间不同。书证形成于诉讼前,而勘验笔录一般是进入诉讼后才制作。其次,制作的主体不同。书证一般由审判人员以外的人制作,而后者则由审判人员制作或在审判人员的参与、指导下制作。再次,反映的内容不同。书证的内容可以反映制作人的主观意志,而勘验笔录则必须是对勘验对象的客观记载,不得掺入勘验人的主观意志。最后,能否重新制作不同。书证一旦提交法庭后,即使制作当初内容有遗漏,或者某些重要的问题表述得不清楚,也不存在重新制作的问题;勘验笔录则不同,在必要时可以根据当事人提出的申请或者由法院依职权重新勘验并制作新的勘验笔录。

(二) 勘验笔录的制作

制作勘验笔录,有两种情形:一是法院依据当事人的申请而制作,一是法院在认为有必要时依职权而制作。在前一种情形下,当事人应以书面或口头方式向法院提出申请,并在申请中表明勘验对象和通过勘验可以证明的案件事实。如果需勘验的物品为对方当事人或第三人占有,应在申请中说明。对于当事人提出的申请,法院如果认为确有必要,应当及时进行勘验。

法院在对现场或物品进行勘验时,应严格按照法定程序进行。勘验人必须以出示法院证件的方式表明身份,并邀请当地基层组织或者当事人所在单位派人参加。还应通知当事人或当事人的成年家属到场。通知的目的是让他们了解勘验的情况,以维护他们的正当权益,但如果他们拒不到场,不影响勘验的进行。在必要时,法院还可以通知有关单位或个人保护现场,并协助进行勘验,有关单位和个人接到通知后,有保护和协助的义务。

勘验笔录应记载勘验的时间、地点和场所,勘验人、记录人的基本情况;在场的当事人或其成年家属(如他们拒不到场,也应将情况记入笔录)、被邀请参加人;勘验对象;勘验情况和勘验结果。写完上述内容后,还应由勘验人、记录人、当事人或其成年家属、被邀请参加人在笔录结尾处分别签名或盖章。

制作勘验笔录以文字记载方式为主,以拍照、摄像、测量、绘图等方式为辅。勘验过程中如遇到技术上的专门性问题,法院可以通知鉴定人参加。制作勘验笔录,最重要的是要客观、全面地记载勘验对象的情况,切不可把勘验人主观上的分析判断写入笔录。

第三节 民事诉讼证据在理论上的分类

一、本证与反证

按照证据与证明责任的关系,可以把证据分为本证与反证。本证是指对待证事实负有证明责任一方当事人提出的、用于证明待证事实的证据。反证则是指对待证事实不负证明责任的一方当事人,为证明该事实不存在或不真实而提供的证据。

区分本证与反证的标准是举证人与证明责任的关系,它与举证人在诉讼中处于原告还是被告的诉讼地位无关。原告和被告在诉讼中都可能提出本证。例如,在原告要求被告清偿借款的诉讼中,原告主张存在借贷关系而被告予以否认,原告对与被告存在借贷关系负证明责任,故原告提出的用于证明借贷关系发生的借据为本证;如被告一方面承认借款的事实,另一方面主张借款已还清,则应由被告对债务已清偿的事实负证明责任,被告提出的原告出具的还款收据同样为本证。

反证的作用和目的在于削弱、动摇本证的证明力。因此,在负有证明责任一方当事人提出本证,并使事实的认定发生不利于对方当事人变化时,对方当事人才有提出反证的必要。反证通常在本证之后提出,但也不排除先行提出的可能。对先行提出的反证,一般无调查的必要。

反证不同于对本证的反驳。证据反驳是指一方当事人针对对方所提出的证据,指出该证据不真实、不合法或与待证事实不具有关联性,不能作为认定事实的依据。当事人在对证据进行反驳时,既未主张新的事实,又未提出新的证据。反证则不同,提供反证是为了证明对方当事人主张的事实不存在。

区分本证与反证的实践意义在于:(1) 说明这两种证据在证明标准上存在重大区别。本证是负有证明责任的一方当事人提出的,为了使所主张的待证事实被法院所确认,本证一般必须达到使审判人员确信该事实很可能存在的程度。反证则不同,只要能动摇审判人员对待证事实的确信,使待证事实陷于真伪不明状态,就可以达到目的。(2) 明确调查证据的顺序。在本证与反证都已提出的情况下,审判人员应先调查本证,如果本证的证明力很弱,明显达不到证明标准,就没有必要再对反证进行调查。

二、直接证据与间接证据

根据证据与待证事实之间联系的不同,可以把证据分为直接证据与间接证据。直接证据是指与待证的案件事实具有直接联系,能够单独证明案件事实的证据,如合伙协议书可直接证明合伙关系的存在,授权委托书可直接证明代理权的授予及代理权限。间接证据是指与待证的案件事实之间具有间接联系,不能单独证明案件事实,因而需要与其他证据结合起来才能证明案件事实的证据。

直接证据能够单独证明案件事实,其证明力一般强于间接证据,运用它来认定案件事实也较为便捷。间接证据虽然不能单独用来证明案件事实,但也具有重要的证明作用,它一方面可以用来补强直接证据的效力,对案件事实起辅助性的证明作用,另一方面可以在缺乏直接证据的情况下,运用多个间接证据,形成证据链条,证明案件事实。

运用间接证据认定案件事实需遵循如下的证明规则:(1) 各个间接证据本身必须真实可靠;(2) 间接证据须具备一定的数量,并构成完整的证明链条;(3) 间接证据本身须具有一致性,相互之间不存在矛盾。

区分直接证据与间接证据的实践意义在于:其一,使各诉讼主体认识证据与案件事实之间存在不同的联系及直接证据所具有的直截了当的证明作用,以便尽量收集和运用直接证据,用直接证据来证明或认定案件事实。其二,在无法获得直接证据,必须借助间接证据认定案件事实时,应当遵守有关间接证据的证明规则。

三、原始证据和传来证据

按照证据来源的不同,即按照是否来自原始出处,可以把证据分为原始证据和传来证据。

原始证据是直接来源于案件事实的证据,是第一手证据材料,当事人建立合同关系时制作的合同书,立遗嘱人亲笔所书的遗嘱,证人亲眼所见的侵权事实等,都属于原始证据。传来证据又称派生证据,是指由原始证据衍生出来的证据,是经过复制、转述等中间环节而形成的证据。相对于原始证据而言,它是第二手证据材料。合同书的抄本、物证的复制品、证人转述他人所见的案件事实等,都属于传来证据。

原始证据直接来源于案件事实,未经过任何中间环节,因而其可靠性和证明力优于传来证据。传来证据与案件事实之间存在着中间环节,在复制、转述的过程中可能发生信息衰减或失真,与原始证据相比,其证明力较弱。传来证据在诉讼中的作用表现在两个方面:其一,是作为获得原始证据的线索,通过传来证据获得原始证据;其二,是在获得原始证据确有困难的情况下,用传来证据来证明和认定案件事实。运用传来证据认定案件事实须具备一定的条件,传来证据要能够同原始证据核对并查证属实,无法与原始证据核对的复印件、复制品,因其本身是否真实无法确定,不得作为认定案件事实的依据。

区分原始证据与传来证据的实践意义主要在于:(1)确立原始证据的证明力优于传来证据的证据规则,使人们尽可能收集和提供原始证据。《民诉法》第70条第1款规定的"书证应当提交原件。物证应当提交原物。提交原件或者原物确有困难的,可以提交复制品、照片、副本、节录本"的规定,正是反映了这一证据规则。(2)确立使用传来证据须极为谨慎的证据规则。传来证据在经过中间环节时可能出现信息失真,因此对传来证据应格外慎重,须将它与原始证据核对无误后才能使用。

第四节 证据保全

一、证据保全的概念

证据保全,是指法院在起诉前或在对证据进行调查前,依据申请人、当事人的请求,或依职权对可能灭失或今后难以取得的证据,予以调查收集和固定保存的行为。

从起诉、受理到法院开庭调查证据,需要经过一段时间。在这段时间内,有些证据可能出现重大变化,到开庭时再收集,将无法或难以收集到。这将会给当事人举证证明自己所主张的事实和法院查明案件事实真相造成无法弥补的损失。为防止出现这种情况,需要事先对证据进行固定和保存。证据保全正是这样一种事先固定和保存证据的制度。

二、证据保全的条件

证据只要具备下列条件之一的,诉讼参加人即可以申请法院采取证据保全措施,法院也可以主动进行证据保全:

1. 证据与待证事实存在关联性

申请保全的证据与待证事实存在关联性,具有证明作用,才有保全的必要。是否具有关联性,申请人最清楚,在申请人需要负担保全的费用、提供担保的情况下,申请人也会慎重地考虑关联性问题。申请人向法院申请保全时,应当向法院说明关联性问题。

2. 证据可能灭失或者在将来难以取得

灭失是指如不及时收集证据,不对其采取保全措施,就会使证据丧失,如证人因年迈、患有重病等原因可能死亡,物证将会变质、腐烂或被销毁等。将来难以取得是指证据将来虽然不至于灭失,但要获取它们将会遇到相当大的困难,如证人将去外省打工、将出国留学,物证将由他人带出国等。

3. 在开庭前进行

这是证据保全时间方面的条件。之所以将时间定在开庭之前,是因为开庭后已进入调查证据的程序,已无进行证据保全的必要。进行证据保全的时间,应当在起诉之前或者起诉后开庭审理前。当事人起诉后申请证据保全的,提出申请的时间不得迟于举证时限届满前7日。

三、证据保全的类型

(一) 诉前证据保全与诉讼证据保全

这是以申请保全时间为标准所做的分类。

诉前证据保全,是指利害关系人在提起诉讼前申请证据保全。在诉前申请诉前保全,一方面有利于打算起诉的利害关系人收集证据,另一方面也有利于避免诉讼。通过保全收集到证据后,增加了利害关系人同对方协商解决纠纷的可能,在未保全到证据或者未保全到所预期的对自己有利的证据时,利害关系人不会贸然起诉。

我国在1999年颁布的《海事诉讼法》中首次规定了诉前的证据保全,其后我国又在修订专利法、商标法、著作权法时增加了证据保全的内容。2012年修订《民诉法》,立法机关增设了诉前的证据保全,规定:"因情况紧急,在证据可能灭失或者以后难以取得的情况下,利害关系人可以在提起诉讼或者申请仲裁前证据所在地、被申请人住所地或者对案件有管辖权的人民法院申请保全证据"(第81条第2款)。从此,诉前由法院进行的证据保全,成为适用于各类民事案件的一项制度。

诉讼中的证据保全。这是指当事人在诉讼中提出的证据保全。当事人可以在提起诉讼的同时向法院申请证据保全,也可以在法院受理案件后直至法院开始证据调查前申请证据保全。诉讼证据保全一般在第一审程序中提出。

诉前证据保全与诉讼中的证据保全除了采取保全措施的时间不同外,还存在以下区别;首先,申请人的称谓不同。诉讼中的证据保全,提出申请的人成为当事人,而诉前申请保全的,既可能将来提起诉讼,又可能申请仲裁,即使欲提起诉讼的,也还未起诉,所以只能称为利害关系人。其次,申请的条件不同。诉讼中的证据保全,以证据可能灭失或者以后难以取得为条件,诉前证据保全,除了具备上述条件外,还需要满足情况紧急的条件,因为如果不是情况紧急,可以等到起诉后再申请保全。再次,法院是否依职权进行不同。诉讼中的证据保全,虽然一般情况下依当事人申请而实施,但法院认为必要时也可以依职权进行,但诉前证据保全只能够依照利害关系人的申请而进行。最后,是否会被解除不同。诉讼中的证据保全,在法院采取保全措施后,不发生被解除的问题,但诉前证据保全,则存在采取后又被解除的可能,如果利害关系人在法院采取保全措施后的30日内既不提起诉讼又不申请仲裁,法院将依法解除已采取的保全措施。

(二) 依申请保全和依职权保全

这是以保全是由法院被动进行还是主动进行进行的分类。

依申请保全,是指法院根据利害关系人或者当事人的申请采取证据保全措施。证明权是当事人的一项重要诉讼权利,申请证据保全,是证明权的内容之一。证据保全,也是当事人收集证据的方式之一,一般而言,在当事人或者利害关系人向法院提出申请后,法院才会采取证据保全措施。有权向法院申请证据保全的,既包括已经提起诉讼的和将要提起诉讼的人,又包括仲裁案件的当事人。

依职权保全,是指法院主动采取证据保全措施。与依申请保全相比,依职权保全在民事诉讼中较少发生。《民诉法》并未具体规定在何种情况下法院应当依职权采取证据保全措施,但从解释论看,法院依职权保全的范围应当与法院依职权收集证据的范围相一致,如当该项证据涉及国家利益或者社会公共利益时。依职权保全,只有在诉讼中才有可能出现。

(三) 由公证机关保全和由法院保全

这是以采取保全的主体为标准所做的分类。

保全证据,是公证机关的业务之一。[①] 由于公证机关不是司法机关,所以在保全中无权采取强制性手段,往往只能用拍照、录音、录像、现场记录等方式进行,为了防止被保全人的对抗,保全行为往往采取隐蔽的方式进行。诉前证据保全,既可以申请法院进行,也可以由公证机关进行。

法院对证据进行保全,是法院的职权之一,是法院为了查明案件事实依申请或者依职权实施的收集证据的行为。

四、证据保全的程序

证据保全一般因利害关系人、当事人提出申请而采取。

[①] 根据我国《公证法》第11条的规定,保全证据是公证事项之一,公证机构可以根据自然人、法人或者其他组织的申请,进行证据保全。

向公证机关申请保全,应向证人住所地、物证所在地的公证机关提出申请。利害关系人诉前向法院申请保全,应向证据所在地、被申请人住所地或者对案件有管辖权的法院提出。

申请证据保全一般应采用书面形式。申请人提出申请时,应向法院表明需要保全的证据的种类、该证据能够证明的案件事实,以及要求采取证据保全措施的理由。法院收到申请后,如果认为符合采取证据保全措施的条件,应裁定采取证据保全;如认为不符合条件,应裁定驳回。法院在必要时,还可以要求申请人提供相应的担保,申请人拒绝提供担保的,法院可裁定驳回。

法院采取证据保全措施,是由法官单方面进行,还是要通知申请人及对方当事人到场后进行,《民诉法》未作规定,但《证据规定》第24条第2款规定:"人民法院进行证据保全,可以要求当事人或者诉讼代理人到场。"证据保全实质上是将原来开庭后进行的法庭调查活动因出现特殊情况而移到开庭前进行,并且,保全下来的证据在以后开庭时可能因证人死亡、物证变质等原因已无法像一般证据材料那样进行质证,因此,证据保全不宜仅仅作为法院单方面固定和保存证据的行为。除非通知当事人反而会影响甚至阻碍证据保全的进行,法院应通知双方当事人于实施保全行为的期日到场。

五、证据保全的方法

法院采取证据保全措施,需要根据不同证据的特点,采用不同的方法。对书证,可采用复印的方法;对物证,可根据具体情况,采用制作勘验笔录的方法、提取保存的方法,也可以采用拍照、摄像、绘图的方法;对证人证言,可采用制作证言笔录或者录音录像的方法。不论采用哪种方法进行保全,都应当做到客观、全面、真实地反映证据的本来面目。经保全获得的证据,应当由采取保全措施的法院存卷保管。

阅读法规

《民诉法》第63条、第67—81条;《适用意见》第77、78条;《审改规定》、《证据规定》相关部分。

案例解析

【9-1】 原告北大方正公司和红楼计算机研究所一直怀疑被告高术天力公司和高术公司盗卖自己的计算机软件,就派出自己分公司的两名员工,在北京石景山附近开了一个文字处理商店,然后由这两名员工和被告接洽,请被告代购激光照排机,并指明要在照排机上安装盗版的方正公司的照排软件。被告同意帮助购买和安装盗版软件。在与被告接洽之前,两名员工就请北京市公证处进行证据保全。在购买的过程中,他们故意问被告员工盗版软件是否好用。被告员工告知盗版软件与正版软件一样好用,并且说在这之前他

们也帮别的公司安装过盗版软件,使用起来一点问题也没有。上述情况均由在场的穿便衣的公证员做了记录,进行了证据保全。①

问:原告的取证方法是否合法?

分析要点:在民事诉讼中,尽管法律对于违法行为作出了较多的明文规定,但由于社会关系的广泛性和利益关系的复杂性,除另有明文规定外,法律对于违法行为不采取穷尽式的列举规定,而存在较多的空间根据利益衡量、价值取向来解决,故对于法律没有明文禁止的行为,主要根据该行为实质上的正当性进行判断。本案中原告采用了陷阱取证的方式,陷阱取证有两种类型,一种为犯意诱发型,另一种为机会提供型,前者是在对方根本就不打算实施犯罪或违法行为时去引诱对方,后者则是对方原本就打算从事犯罪或违法行为时,为对方提供适当的机会,通过犯意诱发型陷阱取证的方式获得的证据不能作为认定犯罪或违法的证据,但通过机会提供型陷阱取证的方式获得的证据则可以作为认定事实的根据。从本案的情况看,被告原来就从事过盗卖原告软件的行为,并且盗卖行为在诉讼前仍在继续,因而原告的陷阱取证的方式属于机会提供型,其目的并无不正当性,其行为并未损害社会公共利益和他人合法权益。另一方面,在知识产权侵权诉讼中,侵权行为人实施侵权行为具有很大的隐蔽性,而权利人要想获得侵权的证据相当困难。因此,从利益衡量的角度看,原告的取证行为并不违法。

【9-2】 甲因停放在房屋旁边的汽车被砸而起诉乙,要求法院判决乙赔偿。甲向法院提供了下列证据:(1) 乙与自己素来有矛盾;(2) 汽车被砸前一天乙扬言要进行报复;(3) 自己汽车被砸那段时间,有人看见乙曾出现在甲家的附近;(4) 在距离汽车被砸现场的草丛中发现一根铁棍,是乙家中的。乙否认甲主张的事实,向法院提供如下证据:(1) 那根铁棍虽然是自己的,但距离事发半个多月已经丢失;(2) 那天出现在甲家的附近,是去还一个朋友的录像带,而该朋友与甲住在同一小区相邻的楼。

问:(1) 上述证据是直接证据还是间接证据?
(2) 根据上述证据法官能否认定甲主张的事实?

分析要点:(1) 直接证据是指与待证的案件事实具有直接联系,能够单独证明案件事实的证据,间接证据是指与待证的案件事实之间具有间接联系,不能单独证明案件事实,需要与其他证据结合起来才能证明案件事实的证据。在本案中,甲所提出的证据都属于间接证据,因为他们中的每一个都不足以证明本案的主要事实,即证明乙砸坏了甲停放住宅附近的汽车这一事实。

(2) 还不能认定甲主张的事实。本案中尽管甲提供了四个间接本证,用这些证据证明其主张的乙砸坏汽车的事实,但由于乙针对甲提供的本证,举出了两个间接反证,这些反证削弱了本证的证明力。

【9-3】 甲向法院提起诉讼,称乙曾向他借5万元,至今未归还,请求法院判决乙还本

---

① 本案的详细情况请看《最高人民法院公报》2006年第11期。

付息,为了证明其主张,甲向法院提供了一份由乙亲笔书写的借条,乙否认借款事实,并称该借条并非自己所写。根据乙提供的用于比对的笔迹,法官无法判断借条是否为乙所写,此时需要鉴定,但由于鉴定所需要的费用较高,原、被告均不愿意预交鉴定费。鉴于此,法院判决乙败诉。

问:法院的这一判决是否正确?

分析要点:合议庭的这一判决值得商榷。甲向法院提供他所称的由乙书写的借据后,乙否认曾写过这一借据,就应当由甲对借据是乙所写进行证明。在需要鉴定时,应当由对借据真实性负证明责任的甲预交鉴定费,如果经过法院释明后甲仍然不交,法院应当判决甲败诉。

【9-4】 甲诉称乙欠其工程款8万元,乙则辩称该款已经付清,并提供一名证人,该证人出庭作证他当时看到乙付给甲8万元现金,法官对该证人的证词存在怀疑。为了查明事实,法官提议双方接受测谎,甲和乙均同意。但后来甲按照指定的时间来到鉴定机构,乙则未前来接受测谎。法官联系乙,乙手机一直处于关机状态。甲顺利地通过了测谎。再次开庭时,乙未到庭,法院缺席判决被告败诉。

问:测谎结论能否作为证据使用?

分析要点:测谎实际上是一种心理测试,对测谎结论能否作为证据使用,法律并无明确的规定,理论界对此也存在着较大的争议,在我国的民事司法实务中,有不少法院采用测谎的方法,前提是双方当事人均同意接受测谎。在本案中,法院借助测谎结论认定争议事实具有合理性。

司法考试题

2005年试卷三第48题"证人及证人证言";
2006年试卷三第47题"间接证据";
2007年试卷三第81题"民事证据的分类";
2008年试卷三第45题"证人及证人证言";
2009年试卷三第40题"民事证据学理上的分类(间接证据与直接证据、本证与反证)";
2010年试卷三第83题"证据分类和证据种类";
2011年试卷三第83题"证人证言";
2012年试卷三第98题"证据类别的认定";第99题"证据类别的认定"+"证明责任的分配"。

第七章 民事诉讼中的证明

第一节 证明的对象

一、证明对象概述

民事诉讼中的证明,是法院和当事人运用证据确定案件事实的活动。证明是诉讼活动的重要组成部分。对于诉讼当事人来说,证明的目的是为了说服法院,使法院相信其关于案件事实的主张,从而作出有利于自己的裁判;对于法院来说,证明的目的是确定有争议的案件事实的真伪,获得裁判的事实根据。

法院在诉讼中是以三段论的方法作出裁判的,即以法律为大前提,以事实为小前提,然后通过推论作出裁判。三段论中的事实是指由实体法规范规定的法律要件事实,实体法规范将这些事实与一定的民事权利义务关系联系起来,规定当存在一定的法律要件事实时,就引起民事权利义务关系的发生、变更或消灭。因此,尽管有争议的民事权利义务关系是法院裁判的对象,但法院必须首先确定案件事实,然后才能适用法律对权利义务关系作出裁判。

案件事实发生在诉讼前,当事人无法将它们重现于法庭,欲使法院相信其主张的事实,通常只能采用提出证据证明的办法。对发生在诉讼前双方各执一词的案件事实,审判人员事先无从知晓其真伪,在诉讼中也不得凭空推测和认定,只能运用证据,通过证明活动予以查明。

民事权利义务纠纷常常涉及多方面的事实,法院在裁判中对民事权利义务关系的确认也依赖于对多种事实的确定,但是,在具体的诉讼中,并非所有的案件事实都需要借助证据来认定,需要运用证据加以证明的,往往只是其中一部分案件事实。在诸案件事实中决定哪些需要证明、哪些不必证明,是证明对象的确定问题。

诉讼中的证明过程包括证明对象的确定、证明责任的分配、证据的提供、证据调查、确立证明标准、运用证据认定案件事实等环节和步骤。证明对象的确定是证明过程的第一个环节,也是整个证明活动的起点。

明确证明对象对当事人和法院都具有重要意义。对当事人来说,确定了证明对象,就可以围绕着证明对象收集、提供证据,进行质证和辩论;对于法院来说,证明对象的确定意味着证据调查范围的划定和审理对象的明晰。

一般而言,作为民事诉讼的证明对象应符合以下条件:(1) 该事实系当事人在诉讼中主张的事实。民事诉讼实行诉审分离。作为法院审理对象的,通常是当事人在诉讼中提出的事实,法院一般不能将当事人未提出的事实作为调查的对象。但是,如果该事实系法院应当依职权主动查明的事实,则不受这一条件的限制。(2)该事实具有实体法或程序法意义。法院在诉讼中需要查明的,是那些对正确适用民事实体法和民事诉讼法具有重要意义的案件事实。这些事实主要包括原告提出的作为诉讼请求根据的事实,被告提出的作为反驳诉讼请求或反诉根据的事实,具有重要程序法意义的事实。(3)双方当事人对该事实存在争议。无争议的事实法院可以径行认定,无需通过证明来确定。(4)该事实处于真伪不明状态。有些事实,当事人之间虽存有争议,但对于法院来说,这些事实的真伪已经明了,因而同样不必证明,如法院可以通过推定等证明以外的方式来确定的事实。

二、证明对象的范围

民事诉讼中的证明对象通常包括以下几个方面:

(一)民事实体法事实

民事实体法事实是引起民事法律关系发生、变更或消灭的事实。民事实体法事实主要包括以下四类:(1)产生权利或法律关系的事实,如购买房屋可以取得房屋的所有权,订立合伙协议能够产生合伙关系;(2)变更权利或法律关系的事实,如将房屋租赁关系变更为买卖关系,将一般保证责任改变为连带保证责任;(3)消灭权利或法律关系的事实,如债务的免除、债务的清偿等;(4)妨碍权利或法律关系产生、变更或消灭的事实,如欺诈、胁迫且损害国家利益等导致合同无效的事实。

民事实体法确定的作为证明对象的事实一般是以抽象的法律概念或术语表现出来的,如行为能力、代理权、欺诈、不可抗力、过失、因果关系等。在证明过程中,这些抽象的事实必须转化为具体的生活事实。这是由于在实际诉讼中,当事人是通过主张并证明具体的事实来证明抽象事实的,法院也是通过具体的事实来认定抽象的事实。例如,当不可抗力成为合同诉讼中的证明对象时,被告方主张的不可抗力可能是洪水淹没了工厂,也可能是因地震造成交通运输中断。

民事实体法事实关系到诉讼当事人的实体权利义务,也关系到法院对案件的实体处理,因此是民事诉讼中主要的证明对象。研究民事诉讼中的证明对象及与证明对象有关的问题,如证明责任问题、证明标准问题,也是围绕着民事实体法事实展开的。

作为证明对象的实体法事实,可以分为三个层次:

(1)主要事实(法律要件事实)。这是指由民事实体法规范规定的作为形成特定民事权利义务关系基本要素的事实。例如,在一般的侵权诉讼中,构成侵权责任须具备客观和主观两方面的要件,属于客观要件的事实为损害事实、加害行为和因果关系,属于主观要件的事实为加害人的责任能力和主观过错。在诉讼中,法院是通过确定主要事实存在与否来确定民事权利义务关系是否存在的。

(2)间接事实。指用来推断主要事实是否存在的事实。在一些情况下,主要事实本身难以用直接方式证明,需要通过先证明与主要事实有关的另一些事实,来间接地推断主要事实存在与否。如主要事实是过错,而过错是行为人的一种心理状态,难以直接证明,需要通过对与过错有关的间接事实的证明来推断存在过错。

(3) 辅助事实。指与证据能力和证明力有关的事实。证据能力，又称证据资格，证据能力的有无，直接关系到证据材料能否作为证据来使用。证明力，是指证据证明待证事实的能力。证据能力与证明力常常会成为质证和法庭辩论的主要问题，而证据能力的有无、证明力的大小又与一些事实紧密相关。如音像资料在录制时是否存在严重侵害被录制者隐私的情形，直接关系到该音像资料能否作为证据使用；证人与当事人之间是否存在亲属关系，直接关系到证言证明力的大小。

(二) 民事程序法事实

民事程序法事实，是指能够引起民事诉讼法律关系发生、变更或消灭的事实，即诉讼上的法律事实。民事程序法事实对民事诉讼程序的开始、进行和终止具有重要意义。

民事程序法事实有两种情况，一种是需要当事人向法院主张后，才需要证明的，如关于存在仲裁协议或协议管辖的事实、关于耽误期限有正当理由的事实等；另一种是不需当事人主张，法院应主动予以查明的，如提起诉讼的原告是否是本案的正当当事人、受诉法院是否对案件有管辖权、是否存在应当采取民事强制措施的法定情形等。本教材认为，前一种程序法事实，需要主张事实的当事人提出证据来证明，应当作为证明对象，后一种程序法事实，虽然是由法院主动查明的，但确定这些事实存在与否，对正确适用民事诉讼法具有重要意义，因而它们也应当成为证明对象。

民事程序法事实也可以分为主要事实、间接事实和辅助事实三个层次。

(三) 外国法律和地方性法规、习惯

审判人员应当知悉本国的法律，因此本国法律不应成为诉讼中的证明对象，但外国法律不属于审判人员职务上应当知悉的范围。地方性法规数量多、变化快，本地的审判人员往往不了解外地制定的地方性法规。存在于某一地方的习惯一般只为本地人所知悉，审理案件的审判人员并不清楚。所以，在当事人主张适用外国法、地方性法规或要求从习惯时，它们也成为证明的对象。

证据事实是否应当成为证明对象，是证据理论中颇具争议的问题。我国的民事诉讼法教材一般都认为证据事实也应当成为证明对象，理由是：其一，证据必须查证属实，才能作为认定事实的根据，而查证属实的过程也就是证明的过程；其二，审判实务中常把证据事实作为证明对象。本教材倾向于不把证据列入证明对象的范围，证据材料虽然本身也存在着审查核实的问题，但证据不应等同于证据材料。证据是用来证明案件事实的，如果把证据本身也作为证明对象，就很难划清证明对象与证据之间的界线，就必然会造成两者关系的混淆。

三、无需证明的事实

有些案件事实，当事人虽然作为诉讼请求或者反驳诉讼请求的根据提出，并且为对方当事人所争议，但在诉讼中却不必进行证明。有些国家的民事诉讼法对哪些事实是无需证明的事实作了明确的规定，我国《民诉法》对此未作规定，最高人民法院在《证据规定》

第8条、第9条中规定了无需证明事实的范围,它们是:

(一)诉讼上自认的事实

1. 诉讼上自认的概念

诉讼上自认,是指一方当事人在诉讼中向法院承认对方当事人所主张的不利于自己的案件主要事实。

自认的事实免予证明的理由是:第一,对于对方主张的不利于自己的事实,另一方当事人会加以否认或反驳。未否认而予以承认,说明该事实是真实的。第二,法院在诉讼中应审理当事人之间有争议的案件事实,作出自认说明双方对该事实无争议,所以不必再证明。

诉讼上自认的对象必须是案件事实,对方当事人关于适用或解释法律的陈述不能成为自认的对象,因为如何适用和解释法律,是审判人员职权范围内的事,当事人对法律的自认不能拘束法院,在诉讼中没有实际意义。自认的对象还必须是具体化了的案件的主要事实,间接事实和辅助性事实不能成为自认的对象。

诉讼上自认不同于对诉讼请求的承认。尽管对诉讼请求的承认也会发生作为诉讼请求根据的事实无需证明的效果,但两者在对象上和法律后果上还是存在区别的。前者的对象为诉讼请求或反驳诉讼请求所依据的事实,后者为诉讼请求本身,前者未必导致作出自认的一方当事人败诉,因为在自认的同时往往会提出新的事实进行抗辩,后者可直接导致法院根据承认作出被告败诉的判决。

诉讼上自认也不同于附加理由的否认。在附加理由的否认中,一方当事人虽然也承认对方主张的部分事实,但却提出另一个法律关系来否定对方主张的法律关系,例如,原告主张曾将一幅名画交给被告保管,要求被告返还,被告虽然承认收到画,但主张原告已将画卖给他。附加理由的否认其实质为否认对方的主张,因而对方当事人仍应就所主张的事实负证明责任。

2. 诉讼上自认的分类

依据不同的标准,诉讼上的自认可以分为以下几类:

(1)完全自认与限制自认。依据当事人作出自认时是否有附加或限制,可分为完全自认与限制自认。前者指当事人完全承认对方主张的不利于自己的事实。如原告主张借款1万元给被告,被告承认这一事实。后者指当事人在承认不利于己的事实的同时,提出新的事实进行抗辩或者仅承认对方主张的部分事实。如在承认借款的同时,提出后来该款已作为对方付给自己的货款或者只承认借款3000元。

(2)明示自认与默示自认。依据作出自认的方式不同,可分为明示自认与默示自认。前者指当事人以口头或书面方式明确表示承认,后者则是对不利于自己的事实保持沉默,不予争执与反驳。多数国家民诉法规定的诉讼上自认包括明示或默示两种,我国司法实务中原来只承认明示的诉讼上自认。《证据规定》第8条第2款增设了默示自认的规定,即"对一方当事人陈述的事实,另一方当事人既未表示承认也未否认,经审判人员充分说明并询问后,其仍不明确表示肯定或者否定的,视为对该项事实的承认。"

(3) 当事人自认与诉讼代理人自认。依据自认的主体不同,可分为当事人自认与诉讼代理人自认。前者为当事人和法定代理人作出的自认,后者为委托代理人作出的自认。在当事人与诉讼代理人共同出庭时,当事人认为诉讼代理人自认有误时,有权及时予以更正。《证据规定》第8条第3款关于诉讼代理人自认的规定是:"当事人委托诉讼代理人参加诉讼的,代理人的承认视为当事人的承认。但未经特别授权的代理人对事实的承认直接导致承认对方诉讼请求的除外;当事人在场但对其代理人的承认不做否认表示的,视为当事人的承认。"对事实的承认有时会产生承认诉讼请求的效果,代理人在未经特别授权的情况下作出这样的承认,既超越了代理权限的范围,又有悖于代理人的职责,损害了诉讼当事人的利益,因而最高法院在司法解释中将这类承认从诉讼上自认中排除出去是很有必要的。

3. 诉讼上自认的效力

《证据规定》第8条第1款规定:"在诉讼过程中,一方当事人对另一方当事人陈述的案件事实明确表示承认的,另一方当事人无需举证。但涉及身份关系的案件除外。"该规定表明,对于主张被自认事实的当事人来说,自认具有免除证明的效力。当事人作出完全自认后,对方主张的事实全部不必证明;当事人作出限制自认后,也具有全部或部分免除证明的效果。前者如承认借款1万元的事实,但同时主张这1万元借款后来又转变为对方付给自己的货款。后者如只承认对方主张的1万元借款中的3000元,仅3000元部分免于证明。

自认不适用于身份关系案件的原因在于:法院之所以不再审查被自认的事实是否真实,是由于与这些事实相关的权利是当事人的私权,权利人在诉讼中有权处分这些权利。涉及身份关系的案件不仅关系当事人的私权,而且也关系到社会的公共利益,这类案件中的权利是不允许当事人任意处分的。为了维护社会的公益,为了使裁判建立在客观真实的基础之上,对涉及身份关系的案件,只要法院认为有必要,就应当调查当事人未主张的事实,要求当事人对已作出自认的事实进行证明,依职权主动调查收集证据。自认对作出承认的一方当事人亦产生拘束力,具体表现为一旦作出了自认,便不得任意撤回。

自认一般应具有拘束法院的效力,法院应当以自认的事实作为裁判的基础。但是,当法院怀疑当事人为规避法律或达到其他非法目的,恶意串通作出自认时,可不顾自认而继续对事实进行调查。在自认可能损害第三人的合法权益时,法院也会无视自认而依据证据对事实作出认定。在虚假诉讼中,被告会轻易地承认原告主张的事实,但法官怀疑是虚假诉讼时,更应当抛开自认对事实进行调查。[①]

4. 自认的撤回

在通常情况下,当事人在诉讼中作出自认后,是不允许将其撤回的。因为如果允许随意撤回自认,既有悖于诚实信用原则,又会破坏诉讼程序的安定和造成审判的延滞。但作

---

① 参见《宁夏瀛海建材集团有限公司与宁夏瀛海银川建材有限公司、第三人中国石油宁夏化工厂债权纠纷案》,载《最高人民法院公报》2011年第7期,第32—36页。

为例外,在当事人具有充分而正当的理由时,允许将自认撤回。我国民事诉讼中允许撤回的情形包括:(1)当事人在法庭辩论终结前撤回承认并经对方当事人同意;(2)有充分证据证明其承认行为是在受到胁迫或者重大误解情况下作出且与事实不符的。

(二)众所周知的事实和自然规律及定理

众所周知的事实,又称为周知的事实,是指一定区域内大多数人都知道的事实。众所周知的事实不必证明,是因为该事实为当地的人们普遍知晓,审理案件的法官作为当地社区的成员,也知道这一事实。周知的事实既有为全国甚至全世界都周知的事实,如2008年5月12日中国四川的汶川县发生了大地震,可以说是世界周知,也有仅为当地人所周知,如某地的一所学校发生了食物中毒,几十名学生上吐下泻,被送到医院救治。

对于被法官认为是周知的事实,一些国家的学说和判例允许当事人提出不同主张,并允许提供反证。这实际上意味着将周知事实排除出证明对象是有条件的,在当事人未提出异议的情况下才免予证明。这种处置办法既有利于保护当事人的权益,又有利于准确认定案件事实。因此,我国民事诉讼中也允许当事人对被法院认为是周知的事实提出异议,用相反的证据推翻被认为是众所周知的事实。

自然规律与科学定理不必证明,是由于它们的科学性与正确性早已被反复验证。

在一些国家的民事诉讼中,法官在职务上知晓的事实也属于免证事实。

(三)经验法则

经验法则是指人们从生活经验中总结和归纳出的关于事物因果关系或事物状态的知识。人们在对事物进行判断时,往往需要借助经验法则,以一定的经验法则为前提。法官对诉讼中争议事实的判断,同样需要运用经验法则。

在法官对事实作出推断时,经验法则相对于被推断的事实处于大前提的地位,所以经验法则具有与法律相同的功能。是否存在某一经验法则,要由法官依职权来调查和认定,所以经验法则不是当事人主张的事实,一般也不成为证明的对象。

(四)推定的事实

推定的事实,是指从已知事实经过推论推断出的另一事实。推定的事实不必证明,是由于法官可以从已知事实中推断出作为证明对象的另一事实存在与否。

将推定事实列为无需证明的事实,有两点需要说明:

第一,当作为推定事实的前提事实处于不明状态时,主张推定事实存在的当事人虽然不必证明推定事实,但需要对前提事实的存在进行证明。

第二,推定事实并非都是不可争议的事实,在法律允许当事人提出相反的证据推翻推定事实的情况下,当事人提出反证推翻推定后,推定事实将重新成为证明的对象。

(五)预决的事实

预决的事实一般是指生效判决所确定的事实。生效判决分为刑事判决、行政判决与民事判决。因而预决关系可分为刑事判决对民事诉讼的预决关系、行政判决对民事诉讼的预决关系和民事判决对后一民事诉讼的预决关系。

《证据规定》第9条把"已为人民法院发生法律效力的裁判所确认的事实"和"已为仲

裁机构的生效裁决所确认的事实"作为当事人无需举证的事实。

预决的事实不必证明的理由在于,该事实在前一诉讼中已经经过法院审理并为法院的生效判决所确认,如果允许法官在后一诉讼中再次对事实进行认定,不仅不利于提高诉讼效率,而且可能出现互相矛盾的事实认定。规定前诉生效裁判中认定的事实在后诉中不必证明,实际上是赋予前诉裁判中事实的认定具有既判力,即具有拘束后诉法官的效力。①

在适用这一规定时,须注意以下问题:

(1) 特别程序判决对事实的认定。特别程序是一种非讼程序,在特别程序中,法官是根据事实的当时状态进行认定的,随着时间的经过,事实状态可能会发生变化,如未成年人成为成年人、精神病被治愈等,因而法官对这类判决中事实认定的预决效力需慎重对待。

(2) 刑事判决对民事诉讼的预决关系。刑事判决对民事诉讼的预决关系,应具体分析,不宜一概而论。刑事判决可分为有罪判决和无罪判决,法院在有罪判决中认定被告实施了伤害、诽谤等犯罪行为,受害人如今后单独对犯罪人提起民事诉讼,民事被告人是否对原告实施了伤害、诽谤行为因刑事判决的存在可以不必再证明。法院作出的判决如果是无罪判决,无罪判决对今后的民事诉讼是否具有预决效力则需要作进一步的分析。法院作出无罪判决有两种情形:一种是指控的犯罪事实已被否定,法院在诉讼中已查明犯罪行为并非被告人所为;另一种是由于案件事实不清、证据不足,不能认定被告人有罪,而作出证据不足、指控犯罪不能成立的无罪判决。第一种情形的无罪判决对民事诉讼应具有预决效力,被告否认实施侵权行为,并提出无罪判决的刑事判决书副本的,审理民事侵权纠纷的法院应当据此认定被告人未实施伤害、诽谤等侵害人身权的行为。第二种情形的无罪判决对民事诉讼不应具有预决效力,因为这种无罪判决是建立在证据不足、不能认定被告人有罪的基础上的。由于民事诉讼实行与刑事诉讼不同的证明标准,民事诉讼的证明标准可低于刑事诉讼,在证据相同的情况下,被告人在刑事诉讼中因证据不足被认定为无罪,不等于在民事诉讼中也一定被认定为侵权行为不能成立而无责。

(3) 前诉与后诉的当事人需相同。前诉判决中认定的事实对后诉有预决效力,也是由于双方当事人在前诉中已经对该事实进行过质证和辩论,如果后诉当事人与前诉当事人不同,则不宜把事实认定的预决效力扩大到未参加前诉的后诉当事人。②

(4) 当事人在前诉中已经得到了充分的程序保障。这是指当事人在前诉中已被赋予

---

① 判决的预决效力,实质上涉及的是既判力的客观范围,即判决对哪些事项的判断有既判力的问题。大陆法系民事诉讼理论中的主流观点认为,既判力的客观范围一般应限于判决的主文,而不包括判决的理由。外国民事诉讼理论也有主张判决的效力不只限于判决主文的,如美国民事诉讼理论中关于争点排除效力的学说。该说认为,对当事人在前诉争执过的事实,法院在判决理由中作出实质性判断后,应产生在后诉中不得再进行争执的效果。日本学者中也有主张争点排除效力的,但这一主张尚未被法院接受。关于这一问题,请参阅白绿铉著:《美国民事诉讼法》,经济日报出版社1996年版,第155—161页;〔日〕兼子一、竹下守夫著:《民事诉讼法》,白绿铉译,法律出版社1995年版,第164—165页。

② 这一问题需要与既判力的主观范围联系起来考虑。

对争议事实陈述、举证、质证、辩论的权利,法院已为当事人提供了充分的程序保障,如果当事人并未被提供充分的程序保障,如生效判决是在被告缺席的情形下作出的,或者前诉判决之所以认定该事实是由于当事人作出了自认,就不宜简单地认可前诉判决的预决效力。

（5）当事人可以提出证据来推翻预决事实。当事人如果认为前诉判决中认定的事实不正确,有权提出证据来推翻这一认定,在当事人已经提出充分证据的情况下,法院应当根据新的证据重新对事实进行认定。

（六）公证证明的事实

各国的法律都赋予经公证证明的法律事实和文书很强的证据效力。第69条规定:"经过法定程序公证证明的法律事实和文书,人民法院应当作为认定事实的根据,但有相反证据足以推翻公证证明的除外。"根据这一规定,当事人主张的事实如经过公证证明,便成为无需证明的事实。

经公证证明的事实无需证明不是绝对的,当事人可以提出反证对该事实进行争议。公证证明的事实一旦被反证推翻,主张该事实的当事人仍要承担证明责任。

第二节 证明责任

一、证明责任概述

（一）证明责任的含义

1. 证明责任含义的界说

民事诉讼中的证明责任,又称"举证责任",是指当作为裁判基础的法律要件事实在诉讼中处于真伪不明状态时,当事人一方因法院不能认定这一事实而承受的不利裁判的危险。

"证明责任"这一术语最早出现于罗马法初期。长期以来,证明责任一直被解释为当事人就自己所提出的主张向法院提供证据的责任,直到19世纪后期,法学家们才对证明责任的含义有了更深入的认识。1883年,德国诉讼法学者尤利乌斯·格尔查将证明责任区分为主观的证明责任与客观的证明责任,他认为前者指在诉讼过程中,当事人为避免败诉,向法院提出证据的责任;后者则是指在案件事实存在与否真伪不明时,由一方当事人承担的受到不利裁判的后果。主观的证明责任,是从举证行为的角度下定义,同时它又被认为是客观的证明责任在诉讼中的投影,所以又被称为"行为责任"、"形式的证明责任"。客观的证明责任,发生在诉讼终结时,与事实真伪不明引起的法律后果紧密相关,因而又被认为是主观证明责任的基础,又被称为"结果责任"、"实质的证明责任"。

在德国和日本,尽管承认证明责任一词具有多义性,但学者们大多认为,在两种意义的责任中,客观的证明责任才能代表证明责任的本质,故客观的证明责任早已成为这两个国家诉讼法理论中的通说。

在英美法系国家,直到1898年美国学者塞耶(Thayen)才指出证明责任有两种含义:一种是指负有这种特定责任的当事人,对他所主张的任何为对方所争执的事实负担的危险——如果最终其主张得不到证明,他将会败诉;第二种是指在诉讼开始时,或是在审理或辩论过程中的任何阶段,对争议事实提出证据的责任。第一种含义的证明责任又被称为"法定的证明责任"、"说明责任"或"说不服的危险",而第二种含义的证明责任则被称为"提供证据的责任"或"不提供证据的危险"。英美法系国家的证据理论至今仍认为证明责任包含上述两种含义。

我国民事诉讼理论对证明责任含义的理解经历了行为责任说→双重含义说→危险负担说的变化。这一变化反映了对证明责任这一复杂问题认识的不断深化。行为责任说把证明责任理解为当事人在诉讼中就自己所主张的事实向法院提供证据的责任;双重含义说认为证明责任一方面是指当事人对所主张的事实有责任提供证据证明,另一方面是指不尽证明责任应承受的裁判上的不利后果;危险负担说则认为证明责任是当事人在诉讼中承担的案件事实真伪不明的风险。行为责任说着眼于当事人的举证行为给证明责任下定义,未能说明证明责任的本质;双重含义说虽然已触及到事实真伪不明风险负担这一实质性问题,但仍未说明在行为和结果这两种责任中究竟哪一种是证明责任的本质属性;危险负担说不仅把证明责任与诉讼中案件事实真伪不明现象联系起来,而且明确地指出了设置证明责任制度的主要目的,是为了解决法院在遇到案件事实真伪不明的困难情形时,如何作出判决的问题。这正是本教材采用危险负担说的理由。

2. 理解证明责任含义应当注意的问题

理解证明责任的含义,应注意下列问题:

第一,证明责任与作为裁判基础的法律要件事实(以下称要件事实)处于真伪不明状态具有紧密联系,是要件事实处于真伪不明状态时引起的诉讼上的风险。当事人负担证明责任,实际上是负担这一诉讼上的风险。有争议的要件事实经过证明活动后会呈现出三种状态:其一,是该事实已被证明为真;其二,是该事实被证明为假;其三,是该事实真伪均未获得证明。前两种状态均与证明责任无关,因为法院是依据已查明的事实作出裁判的。唯有第三种状态,才涉及证明责任问题。在现代诉讼中,即使当事人主张的要件事实在诉讼终结前仍处于真伪不明的状态,为了实现解决纠纷的目的,法院也不得因此而拒绝作出裁判。在要件事实真伪不明时,法院必须作出非此即彼的判决,将真伪不明引起的不利诉讼结果判归对该要件事实负证明责任的一方当事人。

第二,证明责任是在作为裁判基础的法律要件事实处于真伪不明的状态时发挥裁判依据的作用的。诉讼证明涉及的事实包括作为裁判基础的要件事实(又称主要事实)和用来帮助澄清和确定要件事实的间接事实和辅助性事实。证明责任发生的原因是要件事实真伪不明而不是间接事实、辅助事实真伪不明。尽管在有些情况下,要件事实真伪不明是由于间接事实、辅助事实未被证明而引起的,但间接事实、辅助事实未被证明不是发生证明责任的直接原因。

第三,证明责任只能由一方当事人负担,而不能由双方当事人对同一事实负担证明责任。证明责任的主要作用是在事实真伪不明时引导法院对案件作出裁判,只有当事实的证明责任确定由一方当事人负担时,证明责任的这一作用才能够发挥,如果某事实的证明责任让双方当事人共同负担,在该事实处于真伪不明时,法院就无从根据证明责任作出裁判。当我们说民事诉讼中的双方当事人都负担证明责任时,是指他们对不同的案件事实负有证明责任,即原告对一些事实负有证明责任,被告对另一些事实负有证明责任。

此外,法院在诉讼中是不承担证明责任的。尽管法院在例外情形下也要依职权调查收集证据和运用自己收集的证据,但由于证明责任不是指收集和提供证据的行为,因而不能据此认为法院也承担证明责任。在遇到要件事实真伪不明时,法院并不承担因此而引起的不利诉讼后果,法院只是依据证明责任分担的规则,将由此产生的不利诉讼结果判归一方当事人负担。

第四,证明责任既存在于法院原则上不得主动调查收集证据的辩论主义民事诉讼模式中,又存在于要求法院主动调查收集证据的职权主义诉讼模式中,因为即使法院依职权调查收集证据,同样也存在着案件事实真伪不明的情形,因而照样需要依据证明责任的规则作出裁判。实行民事审判方式改革后,我国民事诉讼制度的职权成分大为弱化,证据主要由当事人收集和提供,但法院在法律规定的特定情况下仍然会依职权调查收集证据。在此情形下,当事人对自己主张的事实未能充分举证不一定会败诉,但是,如果法院也未收集到证据,该事实仍处于真伪不明状态,法院最终还是要依据证明责任作出裁判,负证明责任的当事人还是要承担不利的诉讼结果。

(二) 证明责任的作用

第一,引导法院在事实真伪不明状态下作出裁判。这是证明责任在民事诉讼中的主要作用。在诉讼中,虽然多数有争议的案件事实通过当事人的举证活动和法院必要的调查收集证据活动可以查明,但也有部分案件事实虽然经过当事人和法院的努力,仍然无法查明其真实还是虚假。在现代各国的诉讼中,为了实现通过法院裁判强制性地解决纠纷的目的,即使当事人主张的法律要件事实在诉讼终结前仍然处于真伪不明状态,法院也不得因此而拒绝作出裁判。在此情形下,法院必须借助证明责任的规则进行裁判,即将案件事实真伪不明引起的不利后果判归对该要件事实负证明责任的一方当事人负担。

第二,在事实真伪不明时为法院提供裁判案件的准则是证明责任的核心作用,除此之外,证明责任在诉讼中的作用还表现为:(1) 为当事人在诉讼中展开进攻和防御提供依据;(2) 为指导当事人的证明活动提供依据;(3) 为确定应由哪一方当事人首先提出证据提供依据;(4) 为确定本证与反证提供依据;(5) 为确定诉讼上自认提供了依据;(6) 为法院正确评价当事人的证明情况,以决定应要求哪一方当事人继续举证提供依据;(7) 为预测诉讼的结果提供依据。

正是由于证明责任在整个民事诉讼过程中都发挥着重要的作用,所以国外有些学者将它称为"民事诉讼的脊椎"。

二、证明责任与主张责任和提供证据责任

（一）证明责任与主张责任

主张责任，是指当事人为了获得对自己有利的裁判，需要向法院主张对自己有利的案件事实。

在民事诉讼中，法院一般不主动调查当事人未主张的案件事实，也不得以当事人未主张的案件事实作为裁判的依据，因此作为当事人来说，客观上就需要向法院主张对自己有利的案件事实，如果有对自己有利的事实而不向法院主张，就存在着承担败诉后果的危险。

我国《民诉法》虽然未明确规定法院调查的事实以当事人在诉讼中主张的为限，但从民事诉讼运作的实际情况看，当事人也需要在诉讼过程中主张有利于自己的案件事实，否则同样有败诉的危险，因为当事人自己不提出这些事实，法院一般无从知道，也就不能以它们为依据作出有利于一方当事人的裁判。我国对原来的民事审判方式进行改革后，实行辩论式诉讼，在辩论式诉讼中，为了保证程序的公正和审判人员的中立，法庭一般不主动调查那些当事人在诉讼中未主张的事实，因而当事人在诉讼中的主张责任更为明显。

主张责任也存在如何在双方当事人之间分配的问题，即在诉讼中，需要明确原告应提出哪些事实作为自己诉讼请求的依据，被告应提出哪些事实作为反驳诉讼请求的依据。主张责任的分配取决于证明责任的分配，是按照分配证明责任的同一标准进行分配的。这就是说，原告对其负有证明责任的事实同时也负有主张责任，被告对其负有证明责任的事实同样也负有主张责任。

（二）证明责任与提供证据责任

提供证据责任，是指当事人在诉讼过程中，为避免败诉危险而向法院提供证据的必要性。

提供证据责任与主张责任有密切关系。在通常情况下，提供证据责任后于主张责任而发生，在当事人已主张一定事实的情况下，才有提供证据证明的必要。但另一方面，提供证据责任并不一定紧随主张责任而发生，因为在有些情况下，当事人对所主张的事实并无举证证明的必要。例如，当一方主张的事实为对方在诉讼中承认、或者法院适用推定假定该事实存在，或者该事实本身是众所周知的事实时，主张事实的当事人可免除提供证据的责任。

提供证据责任与证明责任既有联系又有区别。它们之间的联系表现为：（1）对负担证明责任的当事人来说，承担提供证据责任是为了避免证明责任在诉讼终结时实际发生；（2）在案件事实发生争议时，负担证明责任的一方当事人在诉讼中负担首先提供证据责任；（3）当事人与证据距离的远近、哪一方当事人有能力负担提供证据责任，有时会影响到证明责任的分配。

证明责任与提供证据责任之间的区别主要表现在责任转移与否不同。证明责任按照实体法的规定或分配证明责任的标准确定由某一方当事人承担后，始终固定于该当事人，

不会随着证据的提出转移于对方当事人;提供证据的责任则会在证明过程中发生转移。提供证据责任的转移与败诉危险的暂时转换具有对应关系,它随着败诉危险的转移而转移。

三、证明责任的分配标准

（一）证明责任分配的含义

证明责任的分配,是指按照一定的标准,将事实真伪不明的风险,在双方当事人之间进行分配,使原告负担一些事实真伪不明的风险,被告负担另一些事实真伪不明的风险。

证明责任是因事实真伪不明而引起的诉讼上的风险,如果仅让一方当事人负担所有的证明责任,显然有悖于当事人诉讼地位的平等和程序的公正,因此有必要将证明责任在双方当事人之间进行分配。

证明责任分配的核心问题是应当按照什么样的标准来分配证明责任,如何分配证明责任才既符合公平、正义的要求,又能使诉讼较为迅速地得到解决。

（二）证明责任分配的学说

证明责任的分配,是民事证据制度的核心问题,也是民事诉讼理论中最具争议的问题之一。

国外诉讼理论对证明责任分配问题的认识,大致有两种情形:一种认为具体诉讼中的证明责任分配错综复杂、情况各异,因而事先很难制定一套分配证明责任的统一标准,而只能针对案件事实的具体情况个别地作出判断。在确定具体事实的证明责任应由哪一方当事人承担时,审判人员应综合考虑各种相关因素,这些因素包括:政策(policy)、公平(fairness)、证据之保持(procession of proof)及证据之距离、盖然性(probability)、经验法则(ordinary human experience)、便利(convenience)、请求改变现状者应就有关事实负证明责任。也有学者认为分配证明责任,是实体法的功能,而实体法在分配证明责任时,主要以政策(policy)、盖然性(probability)、证据之保持(procession of proof)这三 p 要素为基准。持这种观点的,主要是英美法系的学者。

另一种观点则认为尽管证明责任分配问题异常复杂,但仍然有规律可循,通过研究,找出分配证明责任的统一标准,不仅是必要的,而且是可能的。持这种观点的,主要是大陆法系国家,尤其是德、日两国的学者。经过持久而深入的研究,德、日两国的学者提出了众多的分担证明责任的学说,这些学说基本上可以归结为两大类——规范说与反规范说。

1. 规范说

又称法律要件分类说。规范说中包括多种学说,在德国长期居通说地位的是罗森贝克的学说,在日本居通说地位的是特别要件说。罗森贝克将民法规范分为四大类:(1) 权利发生规范,指能够引起某一权利发生的规范,这类规范又被称为"请求权规范"、"基本规范"、"通常规范";(2) 权利障碍规范,指在权利欲发生之初,便与之对抗,使之不得发生的规范;(3) 权利消灭规范,指在权利发生之后与之对抗,将已发生权利消灭的规范,如债务的履行、免除等;(4) 权利排除规范,指权利发生之后,权利人欲行使权利之际始发生对抗作用将权利排除的规范,如意思表示错误。在对法律规范作上述分类后,罗森贝克提出的分配证明责任的原则是:主张权利存在的人,应就权利发生的法律要件事实负证明责任;否认权利存在的人,应对存在权利障碍要件、权利消灭要件或权利排除要件事实负证明责任。

特别要件说将民事实体法中引起权利发生、变更、消灭的事实分为特别要件与一般要件两大类,前者指与权利发生、变更、消灭有直接重要关系的事实,如订立合同、立遗嘱、变更合同、免除债务等,后者则指普遍存在于权利发生与变动时的事实,如有相应的民事行为能力、意思表示真实等。该说在此基础上提出的分配证明责任的原则是,主张权利发生或者主张已发生的权利变更或消灭的当事人,只需就引起权利发生、变更或消灭的特别要件事实负证明责任,一般要件事实的欠缺则由否认权利发生、变更或消灭的对方当事人负证明责任。

2. 反规范说

反规范说是在修正或否定法律要件分类说的基础上提出的分配证明责任的新学说。反规范说主要包括以下三种学说:(1) 危险领域说。该说以待证事实属哪一方当事人控制的危险领域为标准,决定证明责任的分担,即当事人应当对其所能控制的危险领域中的事实负证明责任。在具体确定待证事实属哪一方当事人控制的危险领域时,应考量举证的难易、与证据的距离、有利于损害的防范和对损害的救济四个因素。(2) 盖然性说。该说主张以待证事实发生的盖然性的高低作为分配证明责任的主要依据,把待证事实证明的难易作为分配证明责任的辅助性依据。按此学说,如某事实的发生率高,主张的一方不承担证明责任,而要由主张该事实未发生的一方负证明责任。(3) 损害归属说。该说主张以实体法确定的责任归属或损害归属作为分配证明责任的标准。在实际运用中,该说又具体化为盖然性原则、保护原则、担保原则、信赖原则和惩罚原则,并依据这些原则来确定损害的归属。

反规范说虽然指出了法律要件分类说的缺陷,并启迪了分配证明责任的新思维,但它们本身也存在这样或那样的缺陷,分配标准的多元化是新学说的主要缺陷,多元化意味着缺乏统一的分配标准,要由审判人员根据具体情形来决定适用何种分配标准,而这样做又难免会使证明责任的分配失去安定性和可预见性。

在上述各种分配证明责任的学说中,没有哪一种是完美无缺的,但相比较而言,法律要件分类说合理成分更多一些,缺陷更少一些。因此,在德国、日本以及我国台湾地区,法律要件分类说长期处于通说地位,它尽管受到新学说的挑战,但通说的地位并未发生根本动摇。

(三) 我国民事诉讼证明责任的分配

1. 第64条第1款并未解决证明责任分配问题

第64条第1款规定:"当事人对自己提出的主张,有责任提供证据。"我国一些民事诉讼法教材根据这一规定,对证明责任的分配作出界说,将证明责任的分配解释为原告对自己提出的主张,应举证证明;被告对自己提出的主张,应举证证明;第三人对自己提出的主张,也应举证证明。

本教材认为,这种解释并不能真正解决证明责任分配问题,因为它仍然停留在"谁主张,谁举证"这一最一般表述的层面上,而未触及双方当事人各应当对哪些事实负证明责任,从而在诉讼中各应当主张哪些事实这一实质性问题。并且,这种解释也无法解决事实真伪不明时审判人员如何作出裁判的问题。例如,在侵权诉讼中,原、被告就是否存在过失问题发生了争执,原告主张被告有过失,并陈述了有关过失的若干事实,被告则主张自己无过失,同时也提出若干事实作为无过失的依据,按照《民诉法》的上述规定和据此所作的解释,原告应对其主张的被告有过失负证明责任,被告则应对其主张的自己无过失负证明责任,于是便出现了双方当事人对过失这一法律要件事实都负有证明责任的结果。随之而来的问题是,如果证明的结果是原告不能证明被告有过失的主张,被告也证明不了自己无过失,过失的存在与否至证明终了仍然处于不明状态,审判人员将如何作出裁判呢?

2. 我国民事诉讼中证明责任的分配标准

在我国的民事实体法和最高人民法院的司法解释中,有时对某一要件事实的证明责任作出了明确规定,在法律或司法解释已明确规定证明责任归属的情况下,无疑应根据规定确定证明责任的负担。但实体法和司法解释中直接规定证明责任的终究是少数,在未作规定的大多数情形下,仍有必要设定一定的原则来作为分配证明责任的标准。

我们主张以法律要件分类说作为分配证明责任的标准,并参照其他分配证明责任的学说,对按此标准不能获得公正分配结果的少数例外情形实行证明责任的倒置。采用法律要件分类说的理由在于:第一,该学说是分配证明责任诸种学说中较为成熟的理论,它在德国、日本及我国的台湾经受了长期的实践检验,被司法实务证明具有一般妥当性;第二,该学说在我国已有一定的理论基础,我国已有一些学者和审判人员主张依该学说分配证明责任;第三,该学说在我国也有一定的实践基础,已有不少审判人员在审判实务中自觉或不自觉地运用该学说分配证明责任。

按照法律要件分类说,我国民事诉讼中分配证明责任的标准应当是:

(1)凡主张权利或法律关系存在的当事人,只需对产生权利或法律关系的特别要件事实(如订立合同、立有遗嘱、存在构成侵权责任的事实等)负证明责任,阻碍权利或法律关系发生的事实(如行为人无相应的民事行为能力、欺诈、胁迫等)则作为一般要件事实,由否认权利或法律关系存在的对方当事人负证明责任。

(2)凡主张已发生的权利或法律关系变更或消灭的当事人,只须就存在变更或消灭的特别要件事实(如变更合同的补充协议、修改遗嘱、债务的免除等)负证明责任,一般要件事实的存在由否认变更或消灭的对方当事人负证明责任。

在大多数案件中,按照以上标准分配证明责任能够获得公平合理的结果,但有时难免也会出现少数与公平正义要求相背离的例外情形,对少数属于例外情形的案件,需要参照反规范说,对证明责任实行倒置。

四、证明责任的倒置

证明责任的倒置,是指将依据法律要件分类说应当由主张权利的一方当事人负担的证明责任,改由否认权利的另一方当事人就法律要件事实的不存在负证明责任。证明责任的倒置主要发生在侵权诉讼中,在侵权诉讼中,被告人有过失、被告的违法行为与原告所受损害有因果关系,是产生损害赔偿请求权的要件事实,按照法律要件分类说,本应当由主张赔偿请求权的原告负证明责任,但实行证明责任倒置后,否认损害赔偿请求权的被告须对自己无过失、对原告所受损害与自己的违法行为不存在因果关系负证明责任。

证明责任的倒置,是以法律要件分类说作为分配证明责任的标准为前提的,是对该说分配证明责任的局部修正。在决定是否应当将证明责任倒置时,证据距离的远近、盖然性的高低、实体法的立法目的,是立法者经常考虑的几个因素。

实行证明责任倒置的诉讼主要有:

1. 因新产品制造方法发明专利引起的专利侵权诉讼

在这类诉讼中,原告既然指控被告因使用其专利方法制造产品而构成侵权,就应对所主张的事实负证明责任,但这类诉讼中证据处在被告的控制之下,证据离被告近而离原告远,因此,我国《专利法》实行证明责任倒置,规定由被告提供其新产品制造方法的证明。需要注意的是,法律强调的是"新产品制造方法"。[①]

2. 因污染环境引起的损害赔偿诉讼

因污染环境引起的民事责任一般属无过错责任,因而被告是否存在故意或过失不再是诉讼中的证明对象。按照证明责任分配的原则,原告须对损害事实的存在,被告有污染行为、污染行为与损害之间有因果关系负证明责任,在这三项事实中,由于污染造成的损害具有隐蔽性和复杂性,涉及许多科学方面的知识,因果关系常常无法或难以证明,为了使原告索赔有更多的胜诉机会,需要对因果关系的证明责任实行倒置,即在原告证明被告有污染行为和自己受到损害的事实后,由被告对污染行为与损害结果不存在因果关系负证明责任(《侵权责任法》第66条)。

3. 建筑物、构筑物或者其他设施及其搁置物、悬挂物发生脱落、坠落致人损害

根据《侵权责任法》第85条规定,这类侵权责任仍然实行过错责任,按照分配证明责任的标准,过错属产生损害赔偿请求权的要件事实,应由受害人负证明责任,但由于加害人更接近证据,加上致人损害时加害人有过错的盖然性大,《侵权责任法》作出了证明责任倒置的规定,让管理人或者使用人对自己无过错负证明责任。

4. 堆放物、林木、窨井等地下设施致人损害的侵权诉讼

在堆放物倒塌致人损害、林木折断致人损害引起的侵权诉讼中,要有堆放人、林木的所有人或管理人对自己无过错负担证明责任;在窨井等地下设施致人损害引起的侵权诉

---

① 参见孙文清、杜健:《非新产品方法专利侵权诉讼原告举证责任的例外》,载《人民法院报》2002年2月23日第6版。

讼中,要有管理人对自己已尽到管理职责因而无过错负担证明责任(《侵权责任法》第88条、第90条、第91条)。

5. 抛掷物或坠落物致人损害的侵权诉讼

这类情形致人损害时,如果难以确定具体侵权人的,要由可能加害的建筑物的使用人对自己不是侵权人负证明责任,如果不能证明自己不是侵权人,就要对受害人承担补偿责任(《侵权责任法》第87条)。

6. 共同危险行为致人损害的侵权诉讼

共同危险行为,又称准共同侵权行为,是指数人共同实施可能造成他人损害的危险行为,但损害发生后无法判明数人中究竟何人所为的侵权行为。按照证明责任分配的标准,原告主张损害赔偿请求权,应当对被告确实实施了加害行为负证明责任,但在共同危险行为致人损害中,原告恰恰无法证明数个实施了共同危险行为的人中究竟谁是加害者。为了保护受害人的权益,需要实行证明责任倒置,即"由实施危险行为的人就其行为与损害结果之间不存在因果关系举证责任"(《证据规定》第4条)。

《证据规定》还对因医疗行为引起的侵权诉讼规定了"过错"与"因果关系"证明责任的双重倒置,但《侵权责任法》对这两个要件未实行证明责任倒置,仍然要求由患者承担证明责任。对医疗过错,《侵权责任法》规定在一些情形下实行过错推定,使患者较容易完成对过错的证明。

五、推定与证明责任

推定与证明责任有着密切的关系。推定的类别不同,对证明责任的影响也不同。有的推定会引起证明责任的转移,有的推定直接表明了特定事实的证明责任由哪一方当事人负担,有的推定则仅仅使负担证明责任的当事人易于证明推定事实和法官易于从推论中作出关于案件事实的结论。

(一) 立法推定

立法推定,又称"法律上的推定",是指是由法律明文规定的推定,它是司法推定的对称。立法推定可以分为推论推定和直接推定两种:

1. 推论推定

是指法律规定应当从某一已知事实的存在作出与之相关的未知事实存在(或不存在)的假定。这种推定存在着已知事实甲和未已知事实乙,已知事实是作出推论所依据的事实,所以被称为"基础事实"或"前提事实",未知事实是从已知事实中推断出的事实,所以被称为"推定事实"。

这种推定是各类推定中最具有典型性的。在提及推定时,一般是指这种推定。它广泛存在于各国的民事法律中,有些推定几乎为各国法律所共有。如关于失踪达一定年限的人被假定为死亡的推定、关于夫妻关系存续期间所出生的子女被假定为婚生子女的推定等。我国法律中也有这种推定,如《民法通则》第23条关于失踪人死亡的推定、《著作权法》第11条关于作者的推定等。

立法上的推论推定对证明责任的影响表现在两个方面：

（1）减轻了主张推定事实的一方当事人证明上的困难。主张推定事实的一方当事人，本来对推定事实负有证明责任，应证明推定事实。推定事实证明起来相当困难，但由于推定的存在，证明的困难被缓解了。主张推定事实存在的当事人只需要证明那些相对较为容易证明的基础事实，基础事实一旦得到证明，法官就会依照法律的规定作出推定事实的假定。这实际上是通过变更证明主题，使当事人较容易地完成对推定事实的证明。

（2）将不存在推定事实的证明责任转移于对方当事人。当推定事实因基础事实得到证明被假定存在后，否认推定事实的一方要推翻该推定事实，就需要对不存在推定事实负证明责任。对不存在推定事实，该当事人负有提供本证的责任，即该当事人必须提出充分证据证明不存在推定事实。如果仅仅提出一些证据，使推定事实存在与否陷于真伪不明状态，仍然会承担不利的诉讼结果。

2. 立法上的直接推定

是指法律不依赖于任何基础事实便直接假定某一法律要件事实存在。侵权民事责任中的过错推定，是这种推定在民事法律中的典型代表。例如，《民法通则》第126条关于建筑物等倒塌、脱落、坠落致人损害时其所有人或管理人有过错的推定。

直接推定是一种暂定的真实，它与推论推定共同之处是因推定而处于不利地位的一方当事人可以提供证据推翻这一推定，并且该方当事人对不存在推定事实负证明责任。直接推定与推论推定的区别在于：首先，是否依赖基础事实不同。作出直接推定不依赖于任何基础事实，而作出推论推定则是以基础事实的存在被确认为前提。其次，对证明责任的影响不同。直接推定的作用在于确定推定事实不存在的证明责任由哪一方当事人负担，而推论推定的作用是缓解证明困难和转换证明责任。

（二）司法推定

司法推定，又称"事实上的推定"，是指法官依据经验法则，从已知事实推断推定事实存在的假定。如根据某人在事故发生后的瞬间正驾驶着某辆汽车这一事实，法官可以推断该人在事故发生时正驾驶着这辆汽车。

司法推定与立法上的推论推定具有共同之处：首先，它们都是从基础事实推断推定事实；其次，它们都缓解了推定事实证明上的困难。它们之间的区别在于：司法推定未被法律规定，而立法上的推论推定由法律规定；司法推定不具有转换证明责任的作用，而立法上的推论推定具有转换证明责任的作用。

在司法推定领域，德国提出了"表见证明"的学说、日本则形成了"大致推定"的理论。

表见证明是指法院利用具有高度盖然性的经验法则，就一再重复出现的事件或现象（定型事象），从已存在的某种事实，推断作为证明对象的待证事实的证明过程。[1] 例如，德国法院从已查明的栏杆已经及时合上挡仍然有人在火车经过的通道上被撞着一事实，利用表见证明认定受害人自己有过失；从有人把载重汽车开到公路边的人行道上，利用表

---

[1] 参见陈荣宗、林庆苗：《民事诉讼法》，台湾三民书局股份有限公司2001年修订第2版，第623—624页。

见证明认定司机有责任。①

表见证明具有以下特征:(1)它是一种间接证明,是运用具有高度盖然性的定型化的经验法则,从间接事实推定主要事实存在;(2)原告只须证明推定的前提事实,无须主张和证明与待证事实相关的个别的具体的事实,因为适用表见证明后,事实关系虽然还存在未明了的空白部分,也允许抽象地认定待证事实;(3)被告可以提出反证,证明还存在其他可能性,以阻止表见证明的适用;(4)法官通过适用表见证明,已获得待证事实存在的心证,因而无需考虑证明责任问题;(5)法官若误用表见证明,构成上诉第三审的理由。②

表见证明能够帮助法官克服心中的疑点,使法官较为容易形成心证。表见证明也使得当事人可以较容易地证明存在过失、因果关系这些要件。

大致推定是指当存在非因过失损害便不至于发生的经验法则时,在原告证明损害已发生后,若被告不能证明存在表明其无过失的例外情形,法院便可据此推定被告存在着过失。

大致推定改变了一般的证明规则,按照一般的规则,原告主张被告有过错和存在因果关系,需主张并证明过错和因果关系的具体事实,但在适用大致推定的场合,原告无需主张和证明具体的事实,相反要由被告来提供不存在过失和因果关系的具体证据,如果被告不能举证,法官就会认定过错和因果关系存在。

六、证明妨碍与证明责任

证明妨碍,是指不负证明责任一方当事人,因故意或者过失,使负有证明责任的一方陷于举证不能状态时,法院在事实认定上,就负有证明责任当事人所主张的事实,作出有利于该当事人的认定。

在有些情况下,主张某事实、对该事实负有证明责任的当事人并不掌握着对其有利的证据,该证据恰恰为对方当事人持有或控制。如重要的书证为对方当事人所占有,对方当事人持有需要鉴定的物品,对方当事人掌握着关键性证人的名单。在此情形下,如果对方当事人不给予必要的协助,主张事实的一方当事人将无法进行证明。此时,就需要用证明妨碍的法理与规则给予救济。

构成证明妨碍,须具备下列要件:(1)当事人须实施了妨害对方获得证据的行为;(2)对方当事人陷于举证不能状态,无法证明其主张的事实;(3)一方妨碍对方获得证据的行为与对方举证不能存在因果关系;(4)实施妨碍举证的一方当事人主观上存在着过错。这四个要件中,前三个是客观方面的要件,后一个是主观方面的要件。

对证明妨碍行为如何处置,存在着两种认识:一种认为应当实行证明责任倒置,即本来应当由对方当事人来证明其主张的事实存在,出现证明妨碍后,反过来由实施妨碍行为的一方来证明该事实不存在,若不能证明,则要由该当事人承担不利后果;另一种意见认

---

① 参见〔德〕汉斯·普维庭:《现代证明责任问题》,吴越译,法律出版社2000年版,第149页。
② 参见龚赛红:《医疗损害赔偿立法研究》,法律出版社2001年版,第297页。

为,对待证明妨碍,不宜不分青红皂白地一概采取证明责任倒置的方法,当事人由于过失造成证据灭失,该证据不一定对其不利,所以由法官根据案件的具体情形,按照公平原则权衡双方的利益来处理更为妥当。

《证据规定》第75条对如何处置证明妨碍作出了规定:"有证据证明一方当事人持有证据无正当理由拒不提供,如果对方当事人主张该证据的内容不利于证据持有人,可以推定该主张成立。"可见我国基本上采取的是第一种意见。

第三节 证明的标准

一、证明标准的含义与作用

证明标准,是指审判人员在诉讼中认定案件事实所要达到的证明程度。证明标准确定以后,一旦证据的证明力已达到这一标准,待证事实的真实就算已得到证明,审判人员就应当认定该事实,以该事实的存在作为裁判的依据。反之,审判人员就应当认为待证事实未被证明为真或者仍处于真伪不明状态。

证明标准同当事人行使诉讼权利与法院行使审判权,同证明责任问题具有密切关系。有争议的法律要件事实的证明责任确定由一方当事人负担后,随之而来的问题是证据必须达到何种程度,事实真伪不明的状态才算被打破,提供证据的负担才能够解除,败诉的危险才不至于从可能转化为现实。这些都取决于对证明标准的合理界定。对于当事人来说,只有了解了证明标准,才不至于因为对证明标准估计过低而在证据明显不足时贸然提起诉讼,同时也不至于由于对证明标准估计过高而在证据已经具备的情况下迟迟不敢起诉。在证明过程中,提供反证的必要性也同证明标准有关,因为只有当负担证明责任的一方当事人提出的本证已达到证明标准,审判人员将作出有利于该当事人的认定时,另一方当事人才有提供反证的必要。对于审判人员来说,只有明确了证明标准,才能够正确把握认定案件事实需要具备何种程度的证据,才能以之去衡量待证事实已经得到证明还是仍然处于真伪不明状态,才能决定是否有必要要求当事人进一步补充证据或者依法主动调查收集证据。

证明标准虽然对于诉讼实务极为重要,但它又是无形的、内在的。证明标准无形地存在于诉讼中,它看不见、摸不着,人们虽然可以感觉它、分析它、研究它,根据司法实践的经验在理论上描述它、说明它,但无论如何不能够将它有形化;证明标准又是内在的,它是司法从业人员,尤其是法官内心的一杆秤,是靠使用这一标准的人的心智把握的尺度,同时也是靠法律职业共同体从业人员形成的共识来维系的。证明标准还具有最低性的特点,所谓最低性,是指证明标准为法官认定事实划定了一条底线,如果证据的证明力达到或者超过了这条底线,即使还未形成100%的内心确信,就可以认定负有证明责任的一方当事人所主张的事实是真实的,而低于这一底线,法官就要把事实归于真伪不明适用证明责任下裁判。①

二、民事诉讼证明标准

我国的证据学理论原先认为,刑事诉讼、民事诉讼、行政诉讼这三大诉讼应当实行同样的、无差别的证明标准,在认定案件事实时都应当达到事实清楚,证据确实、充分。确实、充分既包括对证据质的要求,又包括对证据量的要求。具体而言,它要求:(1)据以定案的各种证据均已查证属实;(2)案件事实都有必要的证据予以证明;(3)证据之间、证据与案件事实之间的矛盾已得到合理排除;(4)得出的结论是唯一的,排除了其他可能性。这四点必须同时具备,才能认为证据已达到确实、充分的程度。

我国对刑事证据的研究起步较早,关于证据确实、充分四个方面的具体要求是刑事诉讼法学者通过对刑事证据的研究得出的结论。后来,我国一些民事诉讼法学者和从事民事审判的审判人员对一元的证明标准提出了质疑,他们通过对民事诉讼证明过程的研究,发现民事诉讼证明与刑事诉讼证明存在着较大的差异,并基于对民事诉讼证明的特殊性的认识,提出了民事诉讼应当具有自己的证明标准,这一证明标准应当低于刑事诉讼中的证明标准。

我们认为民事诉讼中的证明标准应当有别于刑事诉讼,应实行低于刑事诉讼的证明标准,即刑事诉讼中的证明标准应当是达到一种确然的证明程度,即只有当审判人员从证据中获得犯罪事实确系被告人所为的心证时,才能够认定犯罪事实。民事诉讼中的证明标准应是盖然性的证明要求,即当审判人员从证据中得到待证事实很可能像一方当事人主张的那样的心证时,就可以认定该事实。

上述证明标准的差别在于对证据分量的要求不同。"确实"是对证据质的要求,是指一切证据材料都必须经查证属实后才能作为认定案件事实的根据。这是民事与刑事诉讼共同要求的,不应有任何区别。"充分"是对证据量的要求,民事诉讼中"充分"的标准可低于刑事诉讼,不必非达到确然性证明不可。刑事诉讼中的"充分"必须达到通过证据得出的结论是唯一的,排除了其他可能性的高度。民事诉讼则不必作如此高的要求,只要证据表明事实极可能如此,即使不能排除其他可能性存在,也不妨碍法院认定这一事实。

民事诉讼应当实行盖然性证明标准的原因还在于:它与"法律真实"的证明任务相契合,它有利于提高诉讼的效率和审判人员认知案件事实的能力,可以减少审判人员依赖证明责任下裁判。

《民事诉讼法》对证明标准并未作出规定,《证据规定》第73条第1款在吸收理论研究成果和总结审判实务经验的基础上对此作出了规定,即"双方当事人对同一事实分别举出相反的证据,但都没有足够的依据否定对方证据的,人民法院应当结合案件情况,判断

---

① 参见李浩:《证明标准新探》,载《中国法学》2002年第4期。

一方提供证据的证明力是否明显大于另一方提供证据的证明力,并对证明力较大的证据予以确认"。这一规定实际上是确立了高度盖然性的证明标准。

民事诉讼中盖然性证明标准具体又可以分为两个层次——高度盖然性和较高程度的盖然性。高度盖然性,是指审判人员从证据中虽然尚未形成事实必定如此的确信,但在内心中形成了事实极有可能或非常可能如此的判断,即审判人员的心证接近确然但又未达到确然。较高程度的盖然性,是指证明已达到了事实可能如此的程度。如果审判人员从证据中获得的心证为事实存在的可能性大于不存在的可能性,该心证就满足了较高程度盖然性的要求。

高度盖然性的证明要求适用于民事诉讼中的一般情形,当事人作为诉讼请求依据或反驳诉讼请求依据的实体法事实成为证明对象时,一般都应当适用高度盖然性的证明要求。只有少数例外情形,才能够适当降低证明要求,适用较高程度盖然性的证明要求。少数例外情形是指那些举证特别困难的案件。对举证特别困难的案件,当事人难以提出确切证据证明所主张的事实,为缓和证明的负担才不得不满足于较高程度的盖然性证明。

第四节 证明的过程

一、举证

(一) 举证的方式

当事人向法院提供证据,主要有以下两种方式:

(1) 实际提交证据。当证据为当事人占有或控制,而又能够将它们提交法院时,应采用实际提交的方式,如将书证、物证、视听资料等提交给法院。证据对当事人诉讼的胜败关系重大,因而法院在收到当事人提供的证据后,应当出具收据,注明证据的名称、收到的时间、份数和页数,并由审判员或书记员在收据上签名或盖章。

(2) 提供证据来源或线索。有的证据虽然由举证一方当事人占有,但由于体积庞大或固定于某一地点而无法实际提交,对这样的证据,当事人只能向法院说明证据的基本情况后申请法院进行勘验;有的证据,从性质上无法采用实际提交的方式,如当事人欲用证人证言作为证据时,只能向法院表明证人的姓名、单位、住址、证人能够证明的案件事实;有的证据,由对方当事人或第三人占有或控制,举证一方当事人无法获得这些证据,因而只能提供证据线索后申请法院调取。当事人申请法院调取证据时,应向法院说明证据的种类、通过该证据可证明的案件事实、该证据由谁占有或控制以及自己无法收集的原因。

(二) 举证期限①

1. 举证期限的概念

举证期限,是指民事诉讼当事人向法院提供证据的期限。当事人必须在规定的时间期限内提供证据,无正当理由逾期提出证据,将承担对其不利的法律后果。举证期限由以下两个要素构成:

(1) 一定的期间。举证期限的存在必定依赖于一定的期间,期间的长短可以由法律规定、法院指定,也可以由当事人协商确定。期间一旦确定,对双方当事人便产生约束力,当事人须在该期限内完成举证行为。

(2) 逾期举证的法律后果。设定逾期举证的法律后果,是为了促使当事人遵守已确定的举证期限,因为如果不规定逾期举证的法律后果,期限将变得毫无约束力。修订后的《民诉法》对逾期提出的证据,首先要求法院责令当事人说明理由,如果存在着正当理由,如该证据是新出现的证据或者是新发现的证据,当事人有权提出,无需为逾期提交承担任何不利后果。如果缺乏正当理由,也就是说当事人对逾期提交存在过错,新法规定了两种法律后果,一种是法院不采纳该证据,另一种是虽然采纳该证据,但对有过错的当事人进行训诫或者罚款(第 65 条)。

根据在《诉讼费缴纳办法》第 40 条和《证据规定》第 46 条的规定,逾期举证且存在过错的一方还要赔偿拖延诉讼造成的损失,即赔偿对方当事人由此造成的损失。

2. 设置举证期限的理由

修订前的《民诉法》并未规定举证期限,对证据的提供实行的是"随时提出主义",因此当事人不仅在第一审中可以在法庭上提供新的证据,而且在上诉审和再审中,还可以通过提出新证据来推翻原判决(1991 年《民诉法》第 125 条、179 条)。

未规定举证期限给法院的民事审判工作带来了一系列的问题。首先,影响了法院的办案率。举证无期限造成了部分当事人拖延举证,使法院迟迟不能下判,而法院办案又有审限方面的要求,举证无期限,办案有审限的矛盾变得相当突出。其次,致使诉讼中常常出现"证据突袭"。一些当事人或诉讼代理人为了对对方实施意外打击,以收到出奇制胜的效果,在提起诉讼或进行答辩时将关键性的证据藏而不露,等到开庭审理时作为杀手锏突然抛出,使对方当事人措手不及,无法进行有效的质证。再次,增加了诉讼成本,浪费了司法资源。一方突然提出证据后,另一方当事人往往要求给时间进行准备,以便认真审查对方提出的证据或者收集相反的证据进行反驳。法院也需要时间来审核新提出的证据。因此,法官往往不得不将正在进行审理的活动停下来,择日再次开庭。多次开庭势必增加

---

① 举证期限是为了促使当事人及时提供证据而规定的一项制度。1991 年的《民诉法》未规定举证期限制度,2001 年 12 月,最高人民法院在《证据规定》中设立了这一制度。为了防止因当事人拖延举证造成的诉讼迟延,2012 年《民诉法》为当事人设置了及时提供证据的义务,规定了举证期限制度(第 65 条)。

新法虽然规定了举证期限,但只是规定了一个总体框架,这项制度的细节,则是授权最高人民法院去确定,如法律规定"人民法院根据当事人的主张和案件审理情况,确定当事人应当提供的证据及其期限";当事人逾期提交证据是否存在正当理由的标准,也是由最高人民法院确定。《证据规定》在设立的举证期限时,做了相当具体细致的规定,鉴于《证据规定》也是正在实施的司法解释,所以关于举证期限的内容依据新《民诉法》和《证据规定》而写。

当事人和法院的诉讼成本。最后,有损于生效裁判的稳定性。有的当事人因故意或重大过失,在一审中不积极提供证据,等到败诉后再来收集证据,甚至将重要的证据留到二审时提出,而二审法院只好依据新提出的证据将一审判决撤销,发回重审或改判;有的当事人甚至拖到再审时才将关键性的证据抛出,使已发生法律效力的判决因出现新的证据而被推翻。这对法院裁判的稳定性构成了相当大的威胁。

为了解决上述问题,《证据规定》和修订后的《民诉法》规定了举证期限。

3. 举证期限的确定

(1) 实行证据交换时举证期限的确定。

证据交换,是指庭审前双方当事人在法官的主持下交换案件的事实和证据方面的信息。证据交换是审前准备程序的核心内容,具有整理争点、使争点明晰化、防止突然袭击、使双方当事人公平论战,使双方当事人全面了解案情的情况、固定争点和证据,促使双方和解,为法院开庭审理作好充分准备的功能。

证据交换,可以依当事人的申请而开始,也可以由法院依职权决定而实施。证据交换,一般适用于证据较多或复杂疑难的案件,对这样的案件,法院应当在答辩期满后,开庭审理前组织当事人进行证据交换。

我国民事诉讼中的证据交换是在审判人员主持下进行的。证据交换不是单纯地把拟将在开庭时提供的证据告知对方,而是对双方将要提出的证据作初步审查。在证据交换中,每一方当事人均应当对对方提出的证据表明有无异议,如有异议,还应当进一步说明理由。审判人员对当事人无异议的事实和证据,应记入案卷,对有异议的证据也应当记录在卷并载明异议的理由。

在证据交换中,一方当事人收到对方交换的证据后,认为需提出新证据进行反驳的,可向主持证据交换的审判人员提出,审判人员则应再次组织证据交换。证据交换的次数根据案件的具体情况确定,一般不超过两次,但案情特别复杂、证据特别多的除外。

实行证据交换的,证据交换之日即为举证期限届满之日,证据交换终了之时即为举证期限届满之时。

(2) 不实行证据交换时举证期限的确定。

证据交换只适用于部分案件。那些不实行证据交换的案件,举证期限通过以下两种方式确定:

其一,法院指定。在审判实务中,举证期限一般由法院指定。法院是通过举证通知书向当事人指定举证期限。法院在向当事人送达案件受理通知书和应诉通知书的同时,向当事人送达举证通知书。举证通知书中须载明证明责任的分配原则与要求,可以向法院申请调查取证的情形、法院指定的举证期限以及逾期举证的法律后果。

为了使当事人有充裕的时间收集、准备证据,对适用普通程序审理的案件,法院指定的举证期限不得少于30日。对适用简易程序审理的案件,法院可以根据案件的具体情况确定举证期限的时间长短,不受30日的限制。即使是适用简易程序的案件,法院在指定时,也应当在时间上充分保障当事人举证的权利。法院指定的举证期限,从当事人收到案件受理通知书和应诉通知书的次日起计算。

其二,当事人协商确定。为了充分尊重当事人的意愿和充实程序选择权的内容,举证期限也可以由双方当事人协商确定。当事人协商确定的期限,须经法院认可。法院一般应认可当事人协商确定的举证期限,除非该时限太长,会导致诉讼迟延。

4. 举证期限的延长与重新指定

《证据规定》就已经规定了举证期限的延长,新《民诉法》对此予以确认,规定"当事人在该期限内提供证据确有困难的,可以向人民法院申请延长期限,人民法院根据当事人的申请适当延长"(第65条)。

举证期限确定后,当事人应当抓紧时间收集和准备证据,以便在期限届满前完成举证。当事人在举证期限内提交证据确有困难的,可以在举证期限内向法院申请延期举证,法院经审查后可以适当延长举证期限。在延长的期限内举证仍有困难的,当事人还可以再次申请延长期限。能否再次延期要由法院审查后决定,当事人申请确有理由并且不至于延误诉讼的,法院应予延长,否则,可拒绝再次延长。

重新指定举证期限是指法院指定举证期限后,因出现了特殊情形,法院为当事人重新指定举证期限。重新指定举证期限一般发生在第一次指定的举证期限届满之后。根据《证据规定》第35条的规定,法院须在以下两种情形下为当事人重新指定举证期限:(1)当事人因法院认定的法律关系的性质与自己主张的不一致而变更诉讼请求;(2)当事人因法院认定的民事行为的效力与自己主张的不一致而变更诉讼请求。诉讼请求一旦变更,对方当事人须针对新的诉讼请求进行答辩,双方当事人所需要的证据也会与原来有所不同,因此,当事人变更诉讼请求的,法院应当重新指定举证期限。

5. 新的证据

在《证据规定》中,新的证据这一概念有其特定的含义,它不是指那些当事人于举证期限届满后提出的证据,而是指当事人于举证期限届满后提出的,不受举证期限限制的证据。当事人于举证期限届满后提出的证据,凡不属于新的证据的,要受到失权效果的约束,或者被法院训诫、罚款,但如果属新的证据,则不发生上述问题,应允许它们进入诉讼。新的证据,一般是指并非是由于当事人本人的过错而未能在举证期限内提出的证据。"新的证据"也就是新法中的"理由成立"。新证据包括:

(1)一审中的新证据。具体有两种情形:其一,是当事人在一审举证期限届满后新发现的证据。新发现又可以分为发现一审举证期限届满后新出现的证据和原来就存在但举证期限届满后才发现的两种情况。对于后一种情况,应当以当事人在举证期限内未能发现不存在过失为限,即依照通常情形,当事人无从知道该证据已经存在。其二,是当事人因客观原因无法在举证期限内提供,申请延期后,经法院准许,但在延长的期限内仍然无法提供的证据。

(2)二审中的新证据。这也包括两种情形:一种是一审庭审结束后新发现的证据。一审庭审结束后应理解为一审法庭辩论终结后,新发现同样也包括发现新出现的证据和发现原来就存在的证据两种情况。另一种是当事人在一审举证期限届满前申请法院调查取证未获准许,二审法院经审查认为应当准许并依当事人申请调取的证据。之所以将这种情形作为二审中的新证据,是因为该证据未能在一审中取得并非是当事人的过错。

(3) 再审中的新证据。按照1991年《民诉法》的规定,再审中的新的证据,是指在原审中未提出的证据,至于因何原因当事人未在原审中提出,则在所不问。只要这种新提出的证据足以推翻原审裁判即可。《证据规定》实施后,再审新证据的含义发生了变化,在判断是否为新证据时,还要看当事人主观方面的情形,即看当事人在原审中未提出是否存在过错,如果存在过错,就不再是再审中的新证据。

新证据还包括视为新证据的情形。视为新证据是指虽然不属于本来意义上的新证据,但立法者出于某种考虑,把它作为新证据看待,使它和新证据具有同样的效力。根据《证据规定》第43条第2款之规定,视为新证据须满足三个条件:当事人申请延期举证并获法院准许;当事人因客观原因未能在获准的延长期内提供;该证据虽然是在延长期届满后发现的,但不审理该证据将导致裁判明显不公。

被视为新证据的证据,尽管是在举证期限届满后提出的,但同样不会被失权或者承担其他不利后果。

为了保障程序的公正和防止对方当事人受到新证据的突袭,一方提出新证据后,法院应当及时告知对方,并指定一个合理的期限,让对方当事人进行准备,以针对新证据提出意见或者收集相反的证据进行辩驳。对方当事人为反驳新证据而举出的证据,亦属新证据的范畴,是附带发生的新证据。

最高人民法院在2008年12月11日发布了《举证期限通知》,该《通知》第10条专门对如何认定新证据作出了补充规定,即认定新证据需要考虑两个方面的因素,一是证据是否在举证期限内已经客观存在,二是当事人未在举证期限内提供证据是否存在故意或者重大过失的情形;这一规定实际上是放宽了新证据的标准,按照这一规定,当事人逾期举证如果只是存在一般的过失,那就仍然属于新证据,不会受到证据失权的制裁,只有在存在故意或者重大过失的情况下,才不属于新证据。

6. 费用制裁

按照最高人民法院对新证据作出的新的解释,至少当事人因为一般过错而逾期提交的证据,不会再受到证据失权的制裁,从实体公正这一诉讼的价值目标来说,这无疑是值得肯定的;但另一方面,当事人对于逾期提交证据毕竟是有过错的,正是由于该当事人的过错,使得诉讼程序被不当地延长了,法院和对方当事人都为此而增加了诉讼成本,本来一审就可以终结的案件现在要进入二审甚至再审。因此,在允许逾期提交的证据进入诉讼的同时,有必要对存在过错的当事人实行费用制裁,即让该当事人负担由此多发生的诉讼费用,由该当事人赔偿对方当事人由此所蒙受的损失。根据新法的规定。法院还可以对当事人采取民事诉讼强制措施中的罚款。

(三) 证据收据

为了防止当事人与法院在是否收到证据、收到多少份证据、收到的证据是复印件还是原件等问题上发生争执,同时也为了促使法院工作人员慎重保管证据,此次修订增加了证据收据的内容,规定:"人民法院收到当事人提交的证据材料,应当出具收据,写明证据名称、页数、份数、原件或者复印件以及收到时间等,并由经办人员签名或者盖章"(第66条)。

(四)当事人举证与法院依职权调查收集证据的关系

当事人举证,是指当事人向法院提供自己占有的和通过收集取得的各种证据和证据线索。调查收集证据是指法院在诉讼中依职权调查收集证据。

新中国成立后,我国民事诉讼在证据问题上一直实行当事人提供证据与法院调查取证相结合的方针,《试行法》关于此问题的规定体现了这一方针,该法第56条一方面规定"当事人对自己提出的主张,有责任提供证据",另一方面要求"人民法院应当按照法定程序,全面地、客观地收集和调查证据"。在审判实务中,法院更注重自己的调查取证。

偏重法院调查收集证据的做法在当时虽然具有一定的合理性,但也带来了多方面的负面效应。20世纪80年代后期,我国法院开始了民事审判方式的改革,改革的一项重要内容就是改强调法院调查取证为"加强当事人的举证责任"(实际上是强调证据主要应当由当事人提供)。1991年4月,我国颁布了修订后的《民诉法》,修订后的法律充分肯定了民事审判方式改革的成果,对《试行法》关于当事人提供证据与法院调查收集证据并重的规定作了实质性的修改。修订后的《民诉法》贯穿了"谁主张,谁举证"的精神,明确了提供证据的责任应当由主张案件事实的当事人承担。与此同时,修订后的《民诉法》不再要求法院全面、客观地收集和调查证据,而是明确了法院在证明中的主要任务是全面、客观地审查核实证据。只是在当事人因客观原因无法自行收集证据或者法院出于审理案件的需要认为有必要调查取证时,法律才要求法院依职权调查收集证据(第64条)。

审判方式改革后,法院虽然不再越俎代庖,承担本应由当事人承担的调查收集证据的工作,但在举证问题上,法院仍然积极地协助当事人,一方面,法院制定各类案件的举证须知,告知当事人举证的内容、范围和要求,使当事人了解自己应当收集和提供哪些证据。另一方面,法院帮助当事人收集那些因客观原因无法自行收集的证据。

1998年6月,最高人民法院在总结审判实践经验的基础上,进一步明确了法院调查收集证据的范围。它们是:(1)当事人及其诉讼代理人因客观原因不能自行收集并已提出调查取证的申请和该证据线索的;(2)应当由法院勘验或者委托鉴定的;(3)当事人双方提出的影响查明案件主要事实的证据材料相互矛盾,经庭审质证无法认定其效力的;(4)法院认为需要自行调查收集的其他证据。

2001年12月颁布了《证据规定》,该《规定》第15条重新界定了"法院认为审理案件需要的证据"的范围,这类证据包括以下两类:

(1)涉及可能有损国家利益、社会公共利益或者他人合法权益的事实。在民事活动中,当事人可能恶意串通,实施损害国家利益、社会公共利益或第三人合法权益的民事行为,也可能实施以合法形式掩盖非法目的的民事行为。当诉讼涉及这类行为时,双方当事人都竭力掩盖事实的真相,都不会把证明自己违法行为的证据提交给法院,因而法院为揭露上述违法行为,只有自己去收集证据。

（2）涉及依职权追加当事人、中止诉讼、终结诉讼、回避等与实体争议无关的程序事项。这些事项都属于与当事人之间实体权利义务争议无关的程序性事项，属于诉讼法上的要件事实。诉讼法属于公法，诉讼程序的进行事关公益，因而，即便在实行辩论主义的大陆法系国家，这些事项也不属于辩论主义的范围，法律要求法官依职权主动查明一定范围的程序性事实，而不必等到当事人提出申请。要求法院通过职权调查确定程序性事实，也是由于这些事实与当事人的实体权利无关，不能由当事人任意处分。

这一范围明显小于原先规定的范围。尤其是，按照原来的规定，在当事人提供的证据互相有矛盾，法官据此无法认定争议事实时，法官可依职权去调查收集证据，而依据现在的规定，法官应当直接依据证明责任的规则作出裁判。对这一依职权调查取证的范围，存在不同认识。一些学者认为对鉴定、勘验，即便当事人未提出申请，法官也可以依职权决定进行。为核实当事人提交的证据，法官在必要时也可以依职权调查收集证据。

二、质证

（一）质证概述

1. 质证的概念及其构成

质证，是指诉讼当事人、诉讼代理人在法庭的主持下，对所提供的证据进行宣读、展示、辨认、质疑、说明、辩驳等活动。质证既是当事人、诉讼代理人之间相互审查和检验对方提供的证据，又是帮助法庭鉴别、判断证据。

质证的主体是当事人和诉讼代理人，当事人包括原告、被告、第三人等。审判人员虽然主持质证活动，虽然也需要将自己调查收集的材料在质证中出示，虽然有时也会向当事人发问，但不是质证的主体。审判人员在质证中的任务是引导当事人进行质证、维持质证活动的秩序和听证。

质证的客体是进入诉讼程序的各种证据，既包括当事人向法庭提供的证据，又包括法院依职权调查收集的证据。前者由双方当事人互相质证，后者则由审判人员出示后，让当事人进行质证。

质证的内容是审查诉讼材料是否具备证据的特征，即是否具有客观性、关联性、合法性，以向法庭表明哪些材料可以作为认定案件事实的依据，哪些材料不得作为认定案件事实的根据。

2. 质证的意义

质证在民事诉讼中具有重要作用。对当事人来说，它是维护自身合法权益的一种手段。当事人通过质证，一方面可以向法庭说明自己提供的证据是真实可靠的和这些证据所具有的证明力，另一方面可以向法庭揭露对方当事人提供的虚假的证据、违法取得的证据，或者说明对方提供的证据只有很弱的证明力。对于法院来说，它既是将证据材料转化为诉讼证据的一个必经的环节，也是审查核实证据的法定方式。根据第68条的规定，除涉及国家秘密、商业秘密和个人隐私的证据不得在公开开庭时出示外，证据应当在法庭上出示，并由当事人互相质证。《证据规定》进一步明确："证据应当在法庭上出示，由当事人质证。未经质证的证据,不能作为认定案件事实的依据"(第47条)。

(二) 质证的程序

质证的程序一般包括以下三个步骤:

(1) 出示证据。质证开始于一方当事人向法庭和对方当事人出示证据。出示的方式包括宣读、展示、播放等。出示证据的顺序为首先由原告出示,被告进行质证,然后由被告出示,原告进行质证。第三人参加诉讼时,可以对原告或被告出示的证据进行质证。对第三人出示的证据,原告和被告可进行质证。法院调查收集的证据,在当事人出示证据后出示,由原告、被告和第三人进行质证。

(2) 辨认证据。一方当事人出示证据后,由另一方进行辨认。辨认的意义在于了解另一方当事人对所出示证据的态度,以便决定是否需要继续进行质证。辨认的结果分为认可和不予认可两种。认可一般以明示方式进行,如承认对方宣读的书证的内容是真实的,但也可以表现为不予反驳的默示方式。对已经为对方当事人认可的证据,法院可以直接确认其证明力,无需作进一步质证。

(3) 对证据质询和辩驳。一方出示的证据为另一方否认后,否认一方当事人就要向法庭说明否认的理由。否认的理由包括指出对方出示的证据是伪造或变造的、对方出示的证据是采用违法手段收集的,说明对方提出的证人与该当事人有亲属关系或其他密切关系等。质证方陈述完否认的理由后,出示方还可以针对否认的理由进行反辩。然后再由质证方对反驳的理由进行辩驳,直至法庭认为该证据已审查核实清楚。在质证过程中,质证方经法庭许可后还可以向出示方提出各种问题,除非所提问题与质证目的无关,出示方应作出回答。审判人员在必要时,也可以向当事人发问。

质证一般采用一证一质,逐个进行的方法,也可以采用其他灵活的方法,当案件具有两个以上独立存在的事实或诉讼请求时,法庭可以要求当事人逐项陈述,逐个出示证据并分别进行质证。

三、认证

(一) 认证的概念和意义

认证,是指法庭对经过质证的各种证据材料作出判断和决定,确认其能否作为认定案件事实的根据。

认证不同于对案件事实的认定,首先,认证一般发生在法庭调查阶段,而对案件事实的认定往往发生在法庭辩论终结后的评议阶段。其次,认证是对证据材料是否具有三性的确认,是对证据能力的认定,而不是对证据证明力的大小的最终判断,而对案件事实的认定,势必要涉及对证明力的判断;最后,认证是对单个证据的认定,而对案件事实的认定,需要对全部证据的证明力进行综合判断。

认证在庭审中具有重要意义,具体表现为:(1) 认证是举证、质证目的的实现。(2) 认证为认定案件事实奠定了基础。通过认证,从当事人提供的证据材料中鉴别出哪些可以作为证据,哪些不得作为证据,从而为认定案件事实奠定了基础。

（二）认证的标准与方法

1. 认证的标准

指法庭评价证据材料能否成为诉讼证据的标准。由于证据材料成为证据须具备客观性、关联性和合法性，这三性也就成为认证的标准。

2. 认证的方法

主要包括对单个证据进行审查认定和综合若干证据进行审查认定，按照最高人民法院的规定，对单一证据，应当注意从以下几个方面进行审查：(1) 证据取得的方式；(2) 证据形成的原因；(3) 证据的形式；(4) 提供证据者的情况及其与本案的关系；(5) 书证是否系原件，物证是否系原物；复印件或者复制品是否与原件、原物的内容、形式及其他特征相符合。有时候，仅对单个证据进行审查无法或难以作出能否认定的结论，因此需要将若干证据综合在一起，通过比较、对照，确定它们能否作为认定案件事实的根据。

认证的时间视具体情形而定，经质证后能够当即认证的，应当即予以认定，当即难以认定的，可以在休庭后经过合议再作出认定，合议后认为仍存有疑问，需要继续举证或进行鉴定、勘验等工作的，可以在下次开庭质证后认定。

四、事实的认定

对事实的认定，是指审判人员在法庭评议阶段，综合本案全部证据的证明力，对当事人争议的实体法上的事实存在与否作出判断。对事实的认定包括认定争议事实的真实或对争议事实不予认定两种情形。当审判人员认为本证的证明力已符合证明标准，心中已产生了争议事实为真的确信后，就可以认定这一事实存在。反之，如果认为本证的证明力弱，或者反证证明力与本证的证明力不相上下甚至超过本证，审判人员不相信当事人主张的事实为真或者仍难以判断真伪，就可以以证据不足为理由对争议事实不予认定。

事实认定的过程也是审判人员对证据评价的过程。在通常情况下，法律并未给审判人员评价证据设定标准，审判人员可以依据生活经验自由地对证据的证明力的大小作出评价，但也存在着例外。例如，有些证据，由于证明力相对较弱，仅仅凭单一证据对事实作出认定存在着较大的风险，所以需要对这类证据进行补强，结合其他证据来对事实作出认定。这类不能单独作为认定案件事实依据的证据包括：(1) 未成年人所作的与其年龄和智力状况不相当的证言；(2) 与一方当事人或者其代理人有利害关系的证人出具的证言；(3) 存有疑点的视听资料；(4) 无法与原件、原物核对的复印件、复制品；(5) 无正当理由未出庭作证的证人证言(《证据规定》第69条)。

还有一些证据，在证明力的大小上存在着可比性，一些证据的证明力通常会比另一些证据的证明力更强。当存在着这些可以比较的证据时，审判人员需要适用。《证据规定》第77条规定，法院就数个证据对同一事实的证明力，可以依照下列原则认定：(1) 国家机关、社会团体依职权制作的公文书证的证明力一般大于其他书证；(2) 物证、档案、鉴定结论、勘验笔录或者经过公证、登记的书证，其证明力一般大于其他书证、视听资料和证人证言；(3) 原始证据的证明力一般大于传来证据；(4) 直接证据的证明力一般大于间接证据;(5)证人提供的对与其有亲属或者其他密切关系的当事人有利的证言,其证明力一般小于其他证人证言。需要注意的是,该规定只适用于一般情况,它并不排除审判人员根据本案的特殊情况,对证据证明力大小作出不同的判断。

阅读法规

《民诉法》第64—68条;《适用意见》第72—78条;《审改规定》第1—4条,第6—16条,第21—30条;《证据规定》第1—9条,第15—19条,第32—52条,第63—66条,第69—79条;《侵权责任法》等民商事实体法中关于证明责任的条文。

案例解析

【10-1】 原告张志强称其从被告苏宁公司购买冰箱一台,后因该冰箱存在质量问题进行调换,被告苏宁公司用旧冰箱冒充新机器予以调换,存在欺诈行为,故要求被告双倍返还购货款并赔偿相关损失。被告苏宁公司辩称:给原告张志强调换的冰箱是新机,亦无质量问题,不存在欺诈行为。

本案争议的焦点是被告苏宁公司提供的第二台冰箱是否为新机。一审法院认为苏宁公司是长期从事家电销售的大公司,应当具备足够的能力来证实交付原告的第二台冰箱为新机。[①] 因此,证明第二台冰箱为新机的举证责任应由被告承担。后因被告举证不足,一审法院判决支持了原告的诉讼请求。被告败诉后,向徐州市中级人民法院提起上诉。二审法院认为一审法院分配举证责任错误,应当由张志强对其主张的第二台冰箱是旧冰箱负举证责任,并因张志强举证不足改判张志强败诉。[②]

问:一审法院还是二审法院分配证明责任正确?

分析要点:一审法院对证明责任做了错误的分配。本案原告以被告给他调换的第二台冰箱是旧冰箱为由要求被告双倍返还购买冰箱款,这是依据《消费者权益保护法》第49条提出的诉讼请求,而按照该条的规定,只有在经营者存在欺诈时,这一请求权才能够成立。当法律对证明责任的分配已经作出明确规定时,法院应当按照法律的规定确定证明责任的承担,而不应当根据自己对公正的理解去改变证明责任的分配。因此,一审法院以苏宁公司比张志强举证能力强为由,把证明责任分配给苏宁公司是错误的,二审法院对证明责任做了正确的分配。

【10-2】 甲与乙因海鲜贸易发生纠纷,一日,甲向法院起诉,要求乙向其支付90万元的货款和10万元的违约金,乙在答辩状中提出由于甲交付的部分鲍鱼和对虾质量不合格,自己才未按照合同约定的价格付款。在调解中,乙承认欠款90万,同意按照90万元

---

① 一审法院在这里实际上是通过对双方当事人举证能力的比较和衡量,来决定举证责任的分配。
② 参见《最高人民法院公报》2006年第10期。

支付货款,但提出需要分两年把欠款还清;甲虽然同意不再要求支付违约金,但要求一次性付清货款。由于双方都不愿意再作出让步,法院调解未成。后来,法院判决乙支付90万元货款和违约金10万元,理由是乙在诉讼中已经承认欠款90万元。

问:这一判决是否正确?

分析要点:法院的判决不正确。理由是乙承认欠货款90万元,虽然是在诉讼中作出的,但他是在法院调解的过程中做出的。对这样的承认,《证据规定》第67条明确规定:"在诉讼中,当事人为达成调解协议或者和解的目的作出妥协所涉及的对案件事实的认可,不得在其后的诉讼中作为对其不利的证据。"

【10-3】 刘某在自书遗嘱中载明:位于南京市玄武区龙蟠花园16栋406室,住房一套面积5.3.3,给小儿子继承。2008年刘某去世后,刘某的大儿子认为,从父亲的遗嘱看只是把房子的5.3.3平方米给弟弟继承,其余部分应当按照法定继承在自己与弟弟之间分配。小儿子则认为,遗嘱是笔误。法院审理后认为:按照一般人的常识,不可能在遗嘱中指定小儿子只继承5.3.3平方米(该面积还不到一间厨房大),且刘某年事已高,书写能力差,写遗嘱时房产证尚未到,刘某晚年与小儿子住在一起。结合上述情况,法院推定,刘某在遗嘱中是要把整套房屋都给小儿子继承,遗嘱上5.3.3平方米是53.3平方米的误写,并据此作出了原告胜诉的判决。

问:法官的推理是否符合经验法则?

分析要点:法官的推理符合经验法则。因为按照人们的生活经验,在没有特殊理由的情况下,立遗嘱人不可能把整套房屋中不足一间厨房大的面积指定给某位继承人继承。本案中还有其他一些支持可能是误写结论的证据。

【10-4】 唐女士称其在开楼道防盗门时,由于防盗门的把手突然断裂,造成其摔倒受伤,把小区物业公司告上法院;物业公司则认为是唐某先滑倒再去拉防盗门把手并致使其断裂。法院审理后查明:证人齐某证明,当他赶到扶起唐女士时,唐向他述说是防盗门的把手断裂造成其摔倒的;防盗门把手在事件发生前确有松动;当天天气晴好,门前台阶上并无湿滑情形。后来,法官认定原告主张的事实,判决被告赔偿。①

问:法院对事实的认定是否正确?

分析要点:对于本案中原告摔倒的原因,原、被告给出了不同的说法,应当说这两种情形都有可能存在。由于唐女士摔倒时并无人看见,也未有摄像头将当时情形摄入,法官要想完全确切地确定当时的事实已属不可能。但民事诉讼最低限度的证明标准是高度的盖然性,即当法官根据现有的证据,认为一种可能性明显大于另一种可能性时,就能够对争议事实作出认定。本案正是法官运用这一证明标准的范例。

---

① 参见李芹、史建颖:《门把手断裂摔伤业主,依证据法官推定因果》,载《人民法院报》2010年7月25日。

司法考试题

2002年试卷三第27题"举证期限的延长";第76题"补强证据规则";

2003年试卷三第21题"证明责任的承担(建筑物致人损害诉讼)";

2004年试卷三第40题"举证期限";第46题"证明对象";

2005年试卷三第42题"法院依申请调取证据的质证";第70题"自认";第77题"证据证明力";第78题"证明责任倒置";

2006年试卷三第83题"证明责任的承担";

2007年试卷三第33题"举证期限";第45题"民事诉讼证明责任的分配";

2008年试卷三第33题"民事诉讼证明责任的分配";第80题"民事诉讼证明责任的分配";第90题"民事诉讼中的证据收集";

2009年试卷三第41题"举证期限和证据交换";第42题"自认";

2010年试卷三第48题"免于证明的事项;自认的法律效果";

2011年试卷三第84题"证明责任";第98题"自认";第99题"免证事由";

2012年试卷三第37题"证明责任的分配";第83题"法院依职权调查取证的范围"。

第八章 民事诉讼保障制度

第一节 期间与期日

一、期间的概念和意义

民事诉讼中的期间,是指法院、当事人和其他诉讼参与人实施诉讼行为依法应遵守的期限。期间这一概念有狭义和广义之分,狭义仅指期限,广义包括期限与期日。

为了保证民事诉讼能够富有效率地进行,所有的诉讼行为都应当在一个合理的时间内完成。《民诉法》规定期间,既是对法院完成审判行为时间上的法定要求,也是对当事人和其他诉讼参与人实施诉讼行为时间上的法定要求。

期间在民事诉讼中具有十分重要的作用。具体表现为:

(一) 有利于促使各诉讼主体在规定的时间内完成诉讼行为,保证民事纠纷及时得到解决

民事诉讼顺利、及时地完成有赖于相关诉讼主体的配合,有赖于各诉讼主体在规定的时间内完成其诉讼行为。《民诉法》通过设置期间对各诉讼主体完成诉讼行为的时间作出明确的规定,并预置违反期间规定将承担的不利法律后果,可以有效地促使各诉讼主体及时地实施诉讼行为,从而使诉讼不致发生拖延,使民事纠纷尽快得到解决。

(二) 有利于保护当事人及其他诉讼参与人的合法权益

实施诉讼行为需要一定的时间,《民诉法》对期间的规定为当事人及其他诉讼参与人完成诉讼行为提供了时间上的保障,使他们能够有充裕、合理的时间进行各项诉讼活动,只要他们在规定的期限内完成诉讼行为,在该行为符合法律的其他规定时,就会产生相应的法律效力。此外,法院如果不能在合理的时间内完成诉讼行为,也会对当事人及其他诉讼参与人的合法权益造成损害,《民诉法》在期间中对法院完成诉讼行为的期间作出规定,可以防止和减少这种损害,从另一方面保护了当事人及其他诉讼参与人的合法权益。

(三) 有利于维护诉讼程序的严肃性

诉讼活动是一种严肃的活动,诉讼程序是严肃的法律程序,它要求参与诉讼的各主体都严格遵循包括时间要求在内的各项程序规则。《民诉法》关于期间的规定明确了对参与诉讼的各方时间上的要求,使他们知道只有在规定的时间内完成诉讼行为才有效,并使他们自觉遵守期间的规定,因而从实施诉讼行为的时间上维护了诉讼程序的严肃性。

二、期间的种类

期间可以按照不同的标准进行分类。以由法律规定还是由法院指定为标准,可以把

期间分为法定期间和指定期间;以期间设定后是否允许变动为标准,可以把期间分为不变期间和可变期间。从不同角度对期间作分类研究,有利于我们全面地认识期间。

(一) 法定期间

法定期间,是指由法律明确规定的诉讼期间。法定期间原则上为不变期间,除法律本身明文规定的允许变动的例外情形外,无论是法院还是诉讼参与人,都不得任意改变。

当事人及其他诉讼参与人在只有法律规定的期间内完成诉讼行为,该行为才具有法律效力。如《民诉法》规定对一审判决上诉的期间为 15 日,对一审裁定上诉的期间为 10 日,当事人只有在规定的期间内提出上诉,才能产生上诉的效力,引起第二审程序的发生;如果超过法律规定的上诉期间才提出上诉,则不能产生上诉的效果。

《民诉法》规定的法定期间相当多,除上诉期间外,还包括提出管辖权异议的期间、申请再审的期间、申请执行的期间等。

(二) 指定期间

指定期间,是指法院根据案件的具体情况和审理案件的需要,依职权指定当事人及其他诉讼参与人完成某项诉讼行为的期间。

为了使对完成诉讼行为的时间要求明确、具体,法律应尽可能对各种期间作出规定,但案件的情况和对案件的审理都十分复杂,有些期间法律难以预先作出规定,只能由法院根据案件的具体情况酌情作出规定。在民事诉讼中,法定期间是主要的,指定期间是法定期间的必要补充。

指定期间包括法院指定当事人举证的期间、当事人履行判决书的期间、法院的执行员指定被执行人履行生效法律文书确定的义务的期间,法院指定当事人补正诉状的期间等。

指定期间是可变期间,法院在作出指定后,如情况发生了重大变化,法院可以根据变化了的情况重新指定,也可以延长原来指定的期间。但这并不是说法院可以任意改变其指定的期间,任意改变既有损于期间的严肃性,又可能会损害当事人及其他诉讼参与人的合法权益。因此,法院在指定期间后,应以不变为原则,遇有正当理由时,才允许变更。

三、期间的计算

期间的计算会遇到一些复杂的问题,法律对期间的计算作出明确、具体的规定,计算期间时才不致引起歧义和争执。《民诉法》规定的期间的计算方法是:

(一) 期间以时、日、月、年为单位计算

期间开始的时和日,不计算在期间内。如第 101 条规定对情况紧急的财产保全的申请,法院接受申请后必须在 48 小时内作出裁定。在计算这 48 小时,法院收到申请的这一小时不应计算在内,应当从接受申请后的第一个小时开始计算。当期间以日计算时,各种期间均从次日开始计算。

(二) 期间届满的最后一日为节假日的,以节假日后的第一日为期间届满的日期

"节假日"专指国家统一规定的节假日,不包括专为某一类人规定的节假日,如教师节、母亲节就不属于这里所说的节假日。例如,某当事人于 2011 年 3 月 9 日收到驳回起

诉的裁定书。他可在 10 日内提出上诉,而上诉期满的最后一天 3 月 19 日恰逢双休日中的星期六,则应以 3 月 21 日星期一为其上诉期届满的"日期"。

(三) 期间不包括在途时间,诉讼文书在期间届满前交邮的,不算过期

这意味着法院在计算诉讼文书的期间时,不应以收到的日期,而应当扣除在途时间,以当事人交邮的时间(邮戳时间)为准。如 2011 年 5 月 10 日为上诉期届满日,只要装有上诉状的邮件上的邮戳为 5 月 10 日,不管法院几天后收到,都未超过上诉期间。

(四) 立案期限的计算

我国《民诉法》为法院规定了审限,审限是从立案之日起开始计算的,因此立案日的确定关系到审限的计算。原告起诉状内容有欠缺需要补正的,立案期限从补正后交给法院的次日开始计算;诉状由上级法院或基层法院转交的,从受诉法院或法庭收到诉状的次日起计算(《适用意见》第 80 条)。

四、期间的耽误和顺延

期间的耽误,是指当事人、诉讼代理人没有在规定的期限内完成某项诉讼行为。期间耽误的法律后果一般是丧失了再为该项诉讼行为的权利,即发生失去某种诉讼权利的不利后果。

但是,如果当事人、诉讼代理人耽误期间有法律规定的正当理由,则允许申请顺延期间。第 83 条对此作了规定,即"当事人因不可抗拒的事由或者其他正当理由耽误期限的,在障碍消除后的 10 日内,可以申请顺延期限,是否准许,由人民法院决定。"这里不可抗拒的事由,是指当事人不能预见、不能避免并不能克服的客观情况,如发生洪水、地震等重大自然灾害,交通、通讯中断,使当事人无法在规定的诉讼期限内完成诉讼行为。其他正当理由是指不可抗拒事由以外的使当事人无法在规定期限内完成诉讼行为的事由,如突遇交通事故、患重病住院抢救等。

当事人顺延期限的申请,必须在障碍消除后的 10 日内提出,逾期则会失去申请顺延的权利。对 10 日内提出的申请,法院应即时进行审查,凡有符合法律规定的顺延事由的,应允许顺延。对法定期间,顺延的时间一般为被耽误的时间,如判决的上诉期限为 15 日,当事人在上诉期限开始后的第 10 日住院,出院后向法院申请顺延诉讼期限,法院应当允许再顺延 5 日,以补齐被耽误的时间。如果被耽误的是指定期间,则由法院根据具体情况决定顺延的时间。

五、期日

(一) 期日的概念

期日,是指当事人及其他诉讼参与人与法院会合为诉讼行为的时间。期日包括审前准备程序的期日、调解的期日、开庭审理的期日、宣告判决的期日等。

期日由法院依职权指定,审判组织为合议庭时,由审判长指定,为独任制法庭时,由独任法官指定。指定期日,一般采用通知书的方式。在通知书中,应当载明接受通知人的姓

名,到场的时间和地点,诉讼活动的内容,不到场的法律后果。在接受通知人在场时,法院也可以采用口头方式指定期日。

期日和期间虽然都是对实施诉讼行为时间上的要求,但它们之间存在以下区别:(1)期间是诉讼参与人或法院单独为诉讼行为的期限,而期日则是诉讼参与人和法院会合在一起为诉讼行为的时间。(2)期间有始期和终期,期日则只规定开始的时间,不规定终止的时间。因为期日终止的时间,要由法院根据具体情况来确定。(3)期间有法定期间与指定期间两种情况,期日则都由法院指定。法院在指定时,不仅要指定具体的日期,而且要指定开始的具体时刻。(4)期间有不变期间与可变期间之分,期日则可由法院根据具体情况变更。(5)期间通常为一段较长的时间,故期间开始后法院、诉讼参与人不必立即为诉讼行为,只要在规定的期间内完成诉讼行为即符合法律的要求;期日是具体的日期和时刻,故确定的时刻一到,诉讼行为就必须立即开始实施。

(二)期日的耽误

期日确定后,审判人员和诉讼参与人均应在规定的日期和时刻到指定地点实施诉讼行为。但实践中也难免会发生耽误期日的情形。

当事人及其他诉讼参与人耽误了期日,没有在规定的期日完成诉讼行为,会引起什么样的法律后果,要依据具体情况而定。首先,要看耽误期日有无正当理由,对确有正当理由的,法院应重新指定期日。其次,在无正当理由耽误期日的情况下,还要看耽误的是哪一类期日及法律对耽误这类期日是如何规定的。如原告经传票传唤后无正当理由耽误了开庭审理期日的,会承受撤诉的法律后果。而当事人如果耽误的是调解的期日,则由于法律并未规定因此产生不利的法律后果,当事人不会因为未到庭而承担败诉的后果。

第二节 送 达

一、送达的概念和意义

(一)送达的概念和特征

民事诉讼中的送达,是指法院按照法定程序和方式,将诉讼文书送交当事人或其他诉讼参与人,使其知悉诉讼文书内容的行为。送达这一诉讼行为具有如下特征:

(1)送达是法院依职权实施的诉讼行为。送达的主体必须是法院,受送达人必须是当事人及其他诉讼参与人。当事人及其他诉讼参与人之间,法院之间递交诉讼文书的行为不能称为送达,当事人及其他诉讼参与人向法院递交诉讼文书也不能称为送达,均不能适用《民诉法》关于送达的规定。

(2)送达是法院在诉讼中实施的行为。法院在诉讼中向当事人及其他诉讼参与人送交诉讼文书的行为是送达,法院在诉讼以外向公民、法人或其他组织送交某种文书的行为不能称为送达。

(3)送达的客体是各种诉讼文书。法院在诉讼中送达的是起诉状副本、传票、出庭通知书、支付令、判决书、裁定书、调解书等诉讼文书。送达的目的是为了使受送达人知悉诉讼文书的内容。

(4) 送达须严格按照法律规定的程序和方式进行。《民诉法》对送达的程序和方式作了较为具体的规定,法院必须按规定送达才为有效送达,如违反法律规定的程序和方式,就不具有送达的效力。

(二) 送达的意义

送达是民事诉讼中的一项重要制度,依法送达诉讼文书,对法院、对当事人和其他诉讼参与人具有重要意义。对法院来说,依法送达诉讼文书是严格执行《民诉法》的一个重要环节,是保证诉讼程序合法性和诉讼行为有效性的重要措施,也是保证诉讼顺利进行所必须的。对当事人来说,送达直接关系到他们的权益,因为法院依法将诉讼文书送达后,他们才能够了解到诉讼文书的内容,才能依据文书的内容和要求实施必要的诉讼行为。

由于人口流动的频繁化和快速化,送达难已成为诉讼实务中的一个突出问题。

二、送达的方式

《民诉法》共规定了七种送达方式:

(一) 直接送达

直接送达,是指法院派专人将诉讼文书直接交给受送达人。直接送达是最基本的送达方式。送达应当以直接送达为原则,凡是能够直接送达的,都应采用直接送达的方式。直接送达应当将诉讼文书交给受送达人本人,但下列情况也属于直接送达:(1) 受送达人是公民的,本人不在时交给他同住的成年家属签收;(2) 受送达人是法人或者其他组织的,应由法人的法定代表人、该组织的主要负责人或办公室、收发室、值班室等负责收件的人签收;(3) 受送达人有诉讼代理人的,可交其诉讼代理人签收;(4) 受送达人向法院指定代收人的,可交其代收人签收。

但调解书不得送交代收人,因为调解书送达时,当事人如反悔,有权拒收,将调解书向代收人送达,当事人就无法行使这一权利。因此,调解书应向当事人本人送达。当事人本人因故不能签收的,可由其指定的代收人签收。

(二) 留置送达

留置送达,是指受送达人或其同住的成年家属拒收诉讼文书时,送达人将诉讼文书留在受送达人住所的一种送达方式。

留置送达是针对直接送达遇到的特殊情况而规定的一种具有一定强制性的送达方式。采用这种送达方式须具备两个条件:(1) 受送达人或其同住的成年家属拒收诉讼文书;(2) 采用见证方式或者拍照、录像方式证明送达过程。送达人邀请有关基层组织或者所在单位的代表到场,说明情况并在送达回证上记明拒收的事由和日期,然后由见证人签名或盖章。但有关基层组织或者所在单位的代表不愿到场见证的或者找不到见证代表的,法院也可以采用把诉讼文书留在受送达人住所,并采用拍照、录像等方式记录送达过程的方法实施留置送达。

留置送达也适用于向法人或其他组织、向诉讼代理人送达诉讼文书而遭到拒收的情形。

留置送达适用于调解书以外的各种诉讼文书,调解书应当直接向当事人本人送达。当事人本人因故不能签收的,可交由其指定的代收人签收。留置送达不适用于调解书的原因在于,当事人拒收调解书,就说明他已经反悔。当事人反悔时法院应当及时作出判决,而不得以留置送达方式强制其接收调解书。

(三) 委托送达

委托送达,是指法院直接送达诉讼文书有困难的,委托受送达人所在地法院代为送达。委托送达的程序是由委托的法院出具委托函,将委托函、需要送达的诉讼文书和送达回证寄交受委托的法院,受委托法院收到后采用直接送达或留置送达的方式将诉讼文书送交受送达人,并将送达回证寄回。采用委托方式送达时,以受送达人在送达回证上签收的日期为送达日期。

(四) 传真、电子邮件送达

在科学技术日益发展的今天,传输方式已发生了革命性变化,一些更为快捷、便利的方式被发明出来并得到广泛运用。送达诉讼文书,也可以利用科技发明的成果,第87条规定:"经受送达人同意,人民法院可以采用传真、电子邮件等能够确认其收悉的方式送达诉讼文书,但判决书、裁定书、调解书除外。采用前款方式送达的,以传真、电子邮件等到达受送达人特定系统的日期为送达日期。"需要注意的是,这里的"等"意味着法院可以采用传真、电子邮件外的其他快捷方式,如手机短信。这些新的送达方式,将加速送达的进行,提高诉讼的效率。

(五) 邮寄送达

邮寄送达,是指法院通过邮局以双挂号信的方式向受送达人送达诉讼文书。邮寄送达成本较低,因而法院在审判实务中经常采用这一送达方式,在受送达人住所距离法院较远时,法院更会选择这种送达方式。

2004年9月,最高人民法院颁发了《关于以法院专递方式邮寄送达民事诉讼文书的若干规定》,根据该《规定》,直接送达诉讼文书有困难的,可交由国家邮政机构以法院专递方式邮寄送达,但下列情形除外:(1) 受送达人或者其诉讼代理人、受送达人指定的代收人同意在指定的期间内到人民法院接受送达的;(2) 受送达人下落不明的;(3) 法律规定或者我国缔结或者参加的国际条约中约定有特别送达方式的。

采用邮寄送达时,应当附送达回证。送达的时间以挂号信回执上注明的收件日期为准,当挂号信回执上注明的收件日期与送达回证上注明的收件日期不一致时,或送达回证未寄回时,以挂号信回执上注明的收件日期为送达日期。

(六) 转交送达

转交送达,是指法院将诉讼文书交给受送达人所在单位,由单位转交给受送达人的一种送达方式。转交送达是在不便直接送达时采用的一种变通办法。根据《民诉法》的规定,在以下三种情况下可采用这种送达方式:(1) 受送达人是军人,通过其所在部队团以上单位的政治机关转交;(2)受送达人是被监禁人的,通过其所在的监所或者劳动改造单位转交。(3)受送达人被采取强制性教育措施的,通过其所在强制性教育机构转交。法院将诉讼文书交给有关单位后,单位必须立即交给受送达人签收,受送达人在送达回证的签收日期,为送达日期。

(七) 公告送达

公告送达,是指法院以登报、张贴公告等方式告知受送达人诉讼文书的内容或通知其到法院领取诉讼文书。公告送达须待公告期满后,才发生送达的效力,即自发出公告之日起经过60日,便视为送达。

公告送达适用于受送达人下落不明,或者用以上六种送达方式均无法送达的情形。可见,公告送达是一种不得已而为之的送达方式,它是为解决用其他各种方式均无法送达诉讼文书和不送达诉讼文书诉讼就无法开始或无从结束这一矛盾而设计的。

法院在公告送达起诉状或上诉状副本时,应说明起诉或上诉要点,受送达人答辩逾期及逾期不答辩的法律后果;公告送达传票时,应说明出庭地点、时间及逾期不出庭的法律后果;公告送达判决书、裁定书时,应说明裁判主要内容,属于第一审判决和允许上诉裁定的,还应说明上诉的权利、上诉的期限和上诉的法院。

公告送达的具体做法是在法院的公告栏、报纸的公告栏内张贴、刊登公告,或者在受送达人原住所地张贴公告。法院采用这一送达方式时,须在案卷中记明采用公告送达的原因和经过。

除上述七种送达方式外,《适用意见》第90条还针对法院宣判时当事人拒收判决书、裁定书规定了送达的办法,即"人民法院在定期宣判时,当事人拒不签收判决书、裁定书的,应视为送达,并在宣判笔录中证明"。

除法律规定的例外情形外,法院在送达时须有送达回证。送达回证是法院已按法定程序和方式向当事人及其他诉讼参与人送达诉讼文书的凭证,对诉讼文书已合法送达具有重要的证明作用。

三、送达的效力

送达的效力,是指诉讼文书送达后产生的法律后果、诉讼文书的内容不同,送达后产生的法律后果也不同,有的诉讼文书送达后既产生程序法上的效力,又产生实体法上的效力,如判决书、调解书;有的则只产生程序法上的效力,如给诉讼代理人的出庭通知书。但从总体上说,送达的效力表现在两个方面:

(一) 程序上的效力

程序上的效力是指产生民事诉讼法上的法律后果,如被告签收起诉状副本后,应当应诉,有提交答辩状的权利,同时答辩期间和提出管辖权异议的期间也于次日开始计算。传唤当事人出庭的传票送达后,当事人就应当出庭参加诉讼,原告无正当理由拒不到庭的,法院可按撤诉处理,被告反诉的,还可以缺席判决;被告拒不到庭的,法院可以缺席判决。

（二）实体上的效力

实体上的效力是指产生实体法上的法律后果。如具有给付内容的判决书送达后,债务人就应当按判决书履行给付的义务,离婚调解书送达双方当事人后,就产生双方当事人之间婚姻关系消灭的后果。

第三节 保　全

一、保全的概念和意义

民事诉讼中的保全,从广义上说,包括证据保全、财产保全和行为保全,从狭义上说,包括财产保全和行为保全。这些保全服务于不同的诉讼目的,具有不同的功能。

保全,是指人民法院在受理诉讼前或诉讼过程中,根据利害关系人或当事人提出的申请,或者依职权对当事人的财产或争议标的物作出的强制性保护措施,以保证将来作出判决后能够得到有效的执行。

原告起诉的目的往往是请求人民法院判令被告履行一定的义务,如交付合同项下的货物,支付拖欠的货款,返还物品或支付损害赔偿金等。诉讼是需要时间的,即便原告能够胜诉,其间也要经历若干个月甚至更长的时间。在这段时间内,被告为了逃避判决生效后面临的强制执行,可能会转移或隐匿争讼的标的物或财产,也可能将其财产挥霍一空,从而造成生效后的判决难以执行或无法执行,使判决书成为一张空头支票,使原告起诉的目的落空。

如何才能避免判决书成为空头支票呢?保全就是为了解决这一问题而设计的。

二、保全的种类

保全通常是在法院受理诉讼后作出的,因此《试行法》只对诉讼中的保全作了规定,但从起诉到受理还有7日的期间,消息灵通的被告得知原告起诉后仍有充裕的时间抢在法院受理前把财产转移或隐匿,被告甚至可能在预感到诉讼来临之前就采取转移、隐匿财产的措施。可见,《试行法》关于保全的规定还是有缺口的,为了补上这一缺口,1991年《民诉法》增加了诉前保全的规定、在第92条和第93条分别对诉讼保全和诉前保全作出了规定。此次修订《民诉法》,增加了行为保全规定。

（一）诉讼保全与诉前保全

1. 诉讼保全

诉讼保全一般是指法院在受理诉讼后作出判决前这段时间内,为保证将来生效判决的执行,对当事人的财产或争议的标的物采取的强制性措施。但是,在例外情况下,诉讼中的保全也可以判决后作出。《适用意见》第103条规定:"对当事人不服一审判决提出上诉的案件,在第二审人民法院接到报送的案件之前,当事人有转移、隐匿、出卖或毁损财产等行为,必须采取保全措施的,由第一审人民法院依当事人申请或依职权采取。"

保全可以减少判决得不到执行的风险,但另一方面,它毕竟是在判决生效前作出的,申请保全的一方当事人能否胜诉姑且不论,即使能够胜诉,判决生效前就使另一方当事人的财产或争议标的物受到强制也会影响物效用的发挥,造成损失。因此,对采取保全须有一定的限制,使之在符合一定的条件的情况下方能采取。采取诉讼保全必须具备的条件是:

(1) 采取保全的案件必须是给付之诉。给付之诉具有给付财物的内容,有判决生效后不能或难以执行之虞,存在着保全的必要性;确认之诉与变更之诉无给付内容,不存在判决生效后执行的问题,故不发生保全问题。

(2) 须具有采取保全的必要性。并不是所有的给付之诉案件都能够采取保全,只有具备第100条规定的法定原因,即"可能因当事人一方的行为或者其他原因,使判决不能执行或难以执行",才能够采取保全措施。当事人一方的行为,主要是指转移、转让、隐匿、挥霍财产的行为;其他原因,则主要指因物的自然属性(如腐烂变质)而减少或丧失其价值。

(3) 当事人提出保全的申请。原告对自己有多大把握胜诉,对被告的财产状况和是否会采取妨碍或逃避执行的行为是清楚的,对因申请不当可能承担的赔偿后果也是了解的,能够权衡利弊后决定是否申请保全。因此,在一般情况下法院只能根据当事人的申请采取保全措施。第100条关于法院"根据对方当事人的申请,可以裁定对其财产进行保全、责令其作出一定行为或者禁止其作出一定行为",应当理解为原则性规定,而"当事人没有提出申请的,人民法院在必要时也可以裁定采取保全措施",应当理解为例外规定。

2. 诉前保全

诉前保全,是指在提起诉讼之前,法院根据利害关系人的申请,对被申请人的财产采取的强制性措施。

诉前保全是在起诉前作出的,采取保全措施后申请人是否一定会提起诉讼或者申请仲裁还处于不确定状态,因此,诉前保全应受到严格的限制。第93条规定的诉前保全须具备的条件是:

(1) 具有采取保全的紧迫性。所谓紧迫性,是指客观上存在着需要立即采取保全措施的紧急情况,如被申请人即将或正在实施转移、隐匿、毁损财产的行为,若等到法院受理诉讼后再采取保全措施,则为时已晚,将会给利害关系人的权益造成难以弥补的损失。

(2) 利害关系人提出保全的申请。诉前保全发生在起诉之前,案件尚未进入诉讼程序,诉讼法律关系还未发生,法院不存在依职权采取保全措施的前提条件,所以,只有在利害关系人提出申请后,法院才能够采取保全。

申请应当向被保全财产所在地、被申请人住所地或者对案件有管辖权的法院提出。

(3) 申请人必须提供担保。利害关系人的申请是在起诉前提出的,与诉讼中的保全相比,法院对是否存在保全的必要性和会不会因申请不当而给被申请人造成损失更加难以把握,因此有必要把申请人提供担保作为诉前保全的必要条件。申请人如不愿或不能提供担保,法院就只能驳回其申请。

3. 诉讼保全与诉前保全的区别

同作为保全,这两类保全有许多共同之处,如保全适用的诉的类别、保全的范围和措施、保全的程序等,但它们之间也存在着一些差异。主要是:

(1) 申请对保全的作用不同。在诉讼保全中,法院虽然在通常情况下须依申请而实施保全,但在必要时也可以依职权实行保全;而在诉前保全中,法院在任何情况下都必须在利害关系人提出申请后才能够采取保全措施。

(2) 是否必须提供担保不同。在诉讼保全中,是否提供担保由法院视情形裁量决定;而在诉前保全中,申请人提供担保是采取保全的要件之一,不满足这一要件,法院不能实行保全。

(3) 裁定的时间不同。对诉讼中的保全申请,法院可根据情况紧急与否确定作出裁定的时间,情况紧急的,须在48小时内作出裁定,否则,可适当延长作出裁定的时间;而对于诉前保全,法院必须在接受申请后的48小时内作出裁定。

(4) 解除保全措施的原因不同。诉讼中的保全以被申请人提供担保为解除保全的法定原因;而诉前保全则以申请人在法院采取保全措施后30日内不起诉或者不申请仲裁,以及被申请人提供担保作为解除保全的法定原因。

(三) 财产保全与行为保全

1. 财产保全

财产保全,是指针对被申请人的财产采取的保全措施。在民事诉讼中,原告的请求一般是要求被告给付一定的财产,如要求被告返还特定物、给付货款、支付违约金、损害赔偿金等,因此诉讼实务中的保全大多数都是财产保全。

2. 行为保全

行为保全,是指法院根据一方当事人的申请,责令另一方当事人为或不为一定的行为。行为保全通常适用于侵权诉讼,目的在于防止被控侵权一方的行为进一步造成申请人的损失。行为保全与财产保全的区别在于,前者针对的是被申请人的行为,是法院命令被申请人不得继续实施或者必须实施一定的行为,后者针对的是被申请人的财产,是将被申请人的财产扣押、冻结等。

修订前的《民诉法》只规定了财产保全,后来我国的知识产权的法律和海商法中规定了行为保全。2012年修订增加了行为保全的规定,授权法院责令被申请人作出一定行为或者禁止作出一定行为(第100条)。由此行为保全成为民事诉讼中一项普遍适用的制度。

行为保全包括:(1) 诉前禁令。这是指在诉讼提出前,法院应权利人或者利害关系人的请求,裁定被申请人停止实施侵权行为。我国的专利法、商标法、著作权法均规定了诉前禁令;(2) 海事强制令。是指海事法院根据海事请求人的申请,为使其合法权益免受侵害,责令被请求人作为或者不作为的强制措施。(3) 其他行为保全命令。这是指法院根据当事人的申请或者依职权作出的其他行为保全命令。

三、保全的范围、措施和效力

(一) 保全的范围

保全既然是为防止将来判决生效后难以或无法执行而设计的制度,保全的范围就应当与法院判决申请人胜诉时确定的给付财物的范围相一致。根据处分原则,法院应当针对原告的诉讼请求进行审理并作出裁判,法院判给原告的利益也不应超出其请求的范围,所以,保全的范围既不应当超出诉讼请求的范围,也不应当扩大到与本案无关的财物上。正是基于上述理由,第102条规定:"保全限于请求的范围,或者与本案有关的财物。"

在诉讼实务中,请求的范围要根据当事人诉状中的请求事项来确定,例如,请求返还借款的诉讼中一般包括借款和利息,请求赔偿的诉讼中为赔偿金总和。诉讼费是由原告预交的,如胜诉后连预交的诉讼费都无法收回,肯定会使原告蒙受损失,故诉讼费通常列在请求事项中,属请求范围之内。申请人如果将调查取证费、律师的代理费也列入请求事项和保全的范围,法院在作出裁定时是否应当将它们列入保全的范围是一个值得探讨的问题。能否将这两项费用列入保全范围,取决于原告将它们列入诉讼请求内容且获得胜诉时,法院是否应当判决被告承担上述费用。本教材认为,判决被告承担调查取证费用是理所当然的,因为这一费用是原告为进行诉讼所必须支出的费用。但对律师费则应慎重对待,由于法律并未强制当事人请律师代理诉讼,是否请律师有当事人自行决定,所以司法实务中即使当事人胜诉,法院一般也不会判决败诉方负担胜诉方的律师费。

法院只能对被告人而不能对案外人的财产进行保全。但如果作为被告的债务人的财产不能满足保全请求,但债务人对案外人有到期债权的,法院可以依债权人的申请裁定该案外人不得对债务人清偿。该案外人对到期债务没有异议并要求偿付的,由人民法院提存财物或价款。

(二) 保全的措施

保全的措施包括查封、冻结、扣押和法律规定的其他方法。保全措施通常是对被申请人现有的财物作出的,但在必要时也可针对被申请人到期应得的收益(如稿费、劳务费等)采取,法院可限制其支取,并通知有关单位协助执行。法院实行保全时,应根据被保全财产的具体情形采取相应的保全措施。对不动产和车辆、船舶等特定动产进行保全,为发挥物的效用和照顾到被申请人生产、生活的实际需要,可采用扣押有关财产权证照并通知产权登记部门不予办理该项财产的转移手续的保全措施,但若采取上述措施不足以达到保全的目的,也可以查封或扣押这些财产;对季节性商品、鲜活、易腐烂变质以及其他不易长期保存的物品,可采用变卖后保存价款的办法予以保全。

(三) 保全的效力

法院作出保全的裁定后,除非作出裁定的法院或其上级法院决定解除保全,诉讼中保全的效力一般应维持到生效法律文书执行时止。当事人不服保全的裁定有权申请复议,但复议期间不停止裁定的执行,故复议不影响保全的效力。当财产已被查封、冻结时,法院保全裁定的效力已经发生,若对同一财产再作查封、冻结,不仅不能实现保全的宗旨,而且使后一人民法院裁定的效力与前一人民法院裁定的效力相冲突,故第103条第2款明确规定:"财产已被查封、冻结的,不得重复查封、冻结。"

(四) 保全的解除

对于财产权纠纷案件,无论是诉讼中的保全和诉前保全,如果被申请人提供了担保,法院就应当裁定解除保全措施(第104条)。这是2012年修订新增加的规定,新规定体现了对被申请人利益的保护,同时也无损保全制度的宗旨。

此外,对于诉前保全,申请人在法院采取保全措施后的30日内不提起诉讼或者申请仲裁的,法院也应当解除保全。

四、保全的程序

(一) 申请

一般而言,由利害关系人或当事人提出申请是启动保全程序的必要步骤。申请原则上应当采用书面形式,申请书中写明请求保全财物的名称、数量或价额,财物所在的地点,需要保全的原因等。但对于采用书面形式确有困难的,也可以口头方式提出申请,由法院记入笔录。当事人在诉讼中申请保全,应当向受诉法院提出;利害关系人申请诉前保全,应当向对诉讼有管辖权的法院提出。

(二) 提供担保

对诉前保全,《民诉法》规定利害关系人应当提供担保,对诉讼中的保全,当法院要求当事人提供担保时,当事人也必须提供担保,因此提供担保也是保全程序中的一个重要环节。提供担保的目的在于使因申请错误而蒙受损失的被申请人及时地得到赔偿,因此,申请人提供担保的价值应相当于请求保全的数额。

(三) 审查

为了防止保全被滥用,法院应认真审查申请人的申请是否符合法定条件,对符合法定条件的,才能裁定采取保全措施,不符合条件的,应当裁定驳回。经审查后,如认为被申请人为有偿还能力的企业法人的,一般不得采取查封、冻结的保全措施。审查应当在法律规定的期限内完成,即对诉前保全和情况紧急的诉讼保全申请,受理的人民法院应当在48小时内完成审查并作出裁定,对情况不紧急的,应当在一个合理的时间内完成审查。

(四) 裁定与执行

法院一旦裁定采取保全,就应当立即开始执行,可由承办案件的审判人员执行,也可由执行员执行。当事人不服法院裁定的,可申请复议一次,但复议期间不停止裁定的执行。

五、申请错误的赔偿

无论是法院依据申请实施保全,还是依职权主动采取保全,均有发生错误的可能性,并可能会因此而使被申请人蒙受损失。为公平起见,被申请人应当得到赔偿,所以第105条规定:"申请有错误的,申请人应当赔偿被申请人因保全所遭受的损失。"法律要求申请人提供担保的目的,就在于使可能出现的赔偿能够切实得到执行。

对法院错误地依职权实施保全而造成的损失,《民诉法》未规定法院是否应当赔偿,但从法理上说,赔偿既符合公平正义的要求,又可以促使法院在依职权作出保全裁定时谨慎行事。1994年颁布的《国家赔偿法》第31条规定:"人民法院在民事诉讼、行政诉讼过程中,违法采取对妨害诉讼的强制措施、保全措施或者对判决、裁定及其他生效法律文书执行错误,造成损害的,赔偿请求人要求赔偿的程序,适用本法刑事赔偿程序的规定。"这一规定明确了法院依职权实施保全错误同样应当给予赔偿。

申请错误大致有以下三种情形:(1)申请人在法院采取保全措施后30日内不起诉或者不申请仲裁,被法院解除保全;(2)申请人在法院采取保全措施后败诉;(3)申请人部分胜诉,胜诉部分小于请求法院保全的范围。

第四节 先予执行

一、先予执行的概念和意义

先予执行,是指法院对某些民事案件作出判决前,为解决当事人一方生活或生产的紧迫需要,根据其申请,裁定另一方当事人给付申请人一定的钱物,或者停止实施某种行为,并立即执行。它是民事诉讼中一种特殊的执行制度。

一般而言,执行须以生效的判决为依据,须等到判决生效后进行,但对于有些原告人来说,如等到判决生效后才执行,他们的生活就难以维持,他们的生产或经营就会受到严重影响。有的原告起诉的目的不是要求被告给付财物,而是请求法院禁止被告实施一定的行为,原告的请求往往具有紧迫性,法院若等到判决生效后再采取禁止性措施,则为时已晚,被告的行为早已实施或实施完毕,原告将受到难以挽回的损失。

实践中存在的种种特殊情形要求法院把执行的时间前移,移到法院作出判决之前。先予执行制度正是为了保护这些有特殊需要的原告的合法权益而设置的,它可以救原告的燃眉之急,可以在满足原告诉讼请求的判决生效前就实现其内容。

二、先予执行的条件

先予执行是判决前的执行,为防止执行内容与将来作出的判决的内容不一致而造成执行回转,为防止另一方当事人的权益因先予执行不当而蒙受损失,需要严格设定先予执行的条件和限定适用先予执行案件范围。

第107条规定了先予执行应当具备的条件,它们是:

(一)当事人之间权利义务关系明确

先予执行的前提是双方当事人之间存在明确的民事法律关系。先予执行的实质是在判决前就满足了原告的请求,它是以原告的请求在将来的判决中也会得到满足,判决的内容会与先予执行裁定的内容相一致或基本相一致为逻辑前提的。这就需要原、被告之间存在明确的权利义务关系,原告对被告享有要求其履行某种义务的权利和被告对原告负有相应的义务应当一目了然。如果双方对民事权利义务关系存在争议,原告是否为权利人和被告是否负有义务不甚清楚,或者彼此间负有对待给付的义务,均不符合先予执行的条件。

（二）具有先予执行的迫切需要

这是指执行对申请人来说具有紧迫性,若不立即执行,便会严重影响申请人的生活或生产经营,使申请人的生活无法维持、或者生产经营活动无法继续。

（三）当事人提出申请

执行是否具有紧迫性,待判决生效后再执行是否会给原告的生活或生产经营活动造成严重不利影响,当事人本人最清楚,因此,应当由当事人来决定是否申请先予执行,法院只有在当事人提出申请的情况下,才能裁定先予执行,而不能依职权主动裁定先予执行。

（四）被申请人有履行能力

这一条件是考虑到先予执行的实效性和平衡双方当事人的利益而设置的。一方面,如果被申请人不是有能力履行义务而拒不履行,而是确实没有履行能力,那么,即使法院裁定先予执行,也无法实现。另一方面,如果对无履行能力的对方当事人采取先予执行措施,又会给被申请人的生活或生产经营活动造成严重的不利影响。所以,对不符合这一条件的被申请人,法院不能裁定先予执行。

以上四个条件,是当事人申请先予执行前需要认真对照的,也是人民法院决定是否裁定先予执行的依据。

为保证在审判工作中正确适用先予执行,最高人民法院在《严格执行民诉法规定》中要求:(1) 先予执行的裁定,须由当事人提出书面申请,并经法院开庭审理后才能作出。法院在管辖权尚未确定的情况下,不得裁定先予执行。(2) 法院对当事人申请先予执行的案件,只有在案件的基本事实清楚,当事人间的权利义务关系明确,被申请人负有给付、返还或赔偿义务,先予执行的财产为申请人生产、生活所急需,不先予执行会造成更大损失的情况下,才能采取先予执行措施(第16、17条)。

三、先予执行的范围

先予执行作为执行中的一种特殊制度,并非适用于所有的民事案件,它通常只适用于某些特定类别的案件。第106条规定的可适用先予执行的情形包括:(1) 追索赡养费、扶养费、抚育费、抚恤金、医疗费用的案件。(2) 追索劳动报酬的案件。(3) 因情况紧急需要先予执行的案件。将前两类案件规定为可适用先予执行的案件,是因为这两类案件当事人之间的民事权利义务关系一般都较为明确,并且原告往往存在着先予执行的迫切要求。第三类案件是《民诉法》关于先予执行的弹性规定。有了这一规定,法院就可以结合案件的具体情况和先予执行的条件,在实践中确定其他可适用先予执行的案件。为保证司法的统一,《适用意见》明确规定了第三类案件的范围,它们包括:(1) 需要立即停止侵害、排除妨碍的;(2) 需要立即制止某项行为的;(3) 需要立即返还用于购置生产原料、生产工具货款的;(4) 追索恢复生产、经营急需的保险理赔费的(第107条)。

四、先予执行的程序

(一) 当事人提出申请

与财产保全不同,先予执行完全是依申请的行为,因此,先予执行程序一律开始于当事人的申请,只有在当事人提出申请后,法院才能裁定是否采取先予执行措施。当事人一般应用书面形式提出申请,提出申请的时间应当在法院受理案件后,审理终结前。在申请书中,应写明先予执行的请求、理由和根据,并说明对方当事人有履行能力的具体情况。

(二) 审查与责令担保

法院在接到申请后,应当首先审查当事人申请的案件是否属于先予执行的范围,对属于范围之内的案件,还须进一步审查是否符合先予执行的条件。对符合先予执行条件的案件,法院还需要进一步考虑是否责令申请人提供担保。先予执行发生在作出判决之前,先予执行的内容一般是依据当事人的申请确定的,当事人的申请可能发生错误,从而导致裁定的内容与判决的内容相矛盾。出现这种情况后,需要通过执行回转来补救,但如果申请人无可执行的财产,执行回转就无法发挥补救机能,被申请人便会因此而受到不应有的损失。为避免出现这种情况,第107条第2款规定:"人民法院可以责令申请人提供担保,申请人不提供担保的,驳回申请……"这一规定授予法院是否责令提供担保的自由裁量权。一般而言,追索赡养费、扶养费、抚育费、抚恤金和劳动报酬的案件,双方当事人之间的权利义务关系十分明确,发生执行回转的可能性极小,加之申请人生活困难,往往无力提供担保,所以对这些案件一般不必责令申请人提供担保。其他案件,是否需要责令提供担保,由法院视案件的具体情况而定。一旦法院决定责令提供担保,申请人提供有效的担保便成为先予执行的必要条件之一,若不能满足这一条件,申请将被驳回。

(三) 裁定

经审查后,法院对符合条件的先予执行的申请,应及时作出先予执行的裁定,并送达双方当事人。对不符合法定条件的申请,则应裁定驳回。裁定一经送达当事人,即发生法律效力,直至法院对案件所作的判决生效。当事人对裁定不服的,不得提起上诉,但可以申请复议一次,复议期间不停止裁定的执行。对当事人提出的复议申请,法院应及时审查,裁定正确的,通知驳回,裁定不当的,重新裁定变更或撤销原裁定。

五、先予执行错误的补救

在先予执行裁定的内容与判决结果相一致的情况下,自然不会发生补救问题,但如果申请人败诉,或者虽未败诉但判决给付的数额小于先予执行的数额,那就意味着申请人通过先予执行所取得的利益已失去了法律依据,而对方当事人却因此而蒙受了损失。对此,需要通过返还与赔偿进行补救。法院应当依据发生法律效力的判决,裁定申请人返还因先予执行所取得的全部或部分利益,如申请人拒不返还,则由法院强制执行。如果返还利益尚不足以弥补被申请人的损失,申请人还应当赔偿损失。适用先予执行的案件大多为财产给付方面的诉讼,即使执行错了,一般都能够通过返还和赔偿进行补救。

第五节 对妨害民事诉讼的强制措施

一、对妨害民事诉讼的强制措施概述

(一) 对妨害民事诉讼的强制措施的概念与特征

对妨害民事诉讼的强制措施,是指法院为制止和排除妨害民事诉讼的行为,保证诉讼活动的顺利进行,依法对实施妨害诉讼行为的人采取的强制手段。

民事诉讼的顺利进行需要有良好的秩序,需要所有参与诉讼和旁听诉讼的人遵守法庭的纪律,需要有关单位和个人协助配合法院的工作。然而,虽然从总体上看妨害诉讼的行为是例外,是较少发生的,但总有少数人会实施妨害诉讼的行为,他们或者哄闹法庭,或者指使、贿买他人作伪证,或者拒不协助法院的财产保全或执行活动。针对诉讼实务中发生的形形色色的妨害诉讼的行为,第109条至第117条规定了各类妨害民事诉讼的行为,并规定了拘传、罚款、拘留等强制措施,用以排除妨害诉讼的行为。

对妨害民事诉讼的强制措施具有下列特征:

(1) 针对妨害民事诉讼的行为而设置。设置强制措施的目的是用它们排除妨害诉讼行为,因而只有当妨害诉讼的行为实际发生并已影响诉讼的正常进行时,法院才有必要采取这些措施。

(2) 适用的对象具有广泛性。在民事诉讼中,实施妨害诉讼行为的既可能是当事人,也可能是其他诉讼参加人,还可能是参加旁听的人和未参加旁听的案外人。无论什么人,只要实施了法律规定的妨害诉讼的行为,法院都可以适用强制措施予以排除。

(3) 适用于民事诉讼的全过程。民事诉讼的整个过程由审判和执行两大阶段组成。对这两大阶段中发生的妨害诉讼的行为,法院均可采用强制措施。

(4) 法院依职权适用。在民事诉讼中,法院的诉讼行为多数是依据当事人的申请而进行的,强制措施不同,它们是由法院主动适用的。保证诉讼的顺利进行是法院的职责,因而法院发现妨害诉讼的行为后,应主动采用强制措施予以排除。

(二) 强制措施的性质

对妨害民事诉讼的强制措施是为制止和除去妨害诉讼的行为,保证诉讼的顺利进行而设置的,因而是排除妨害的强制手段,这是我国民事诉讼理论界所公认的。但对强制措施是否具有制裁性质,理论界有不同认识。本教材认为,该强制措施兼有制裁的性质。不仅罚款、拘留这些严重的强制措施具有制裁属性,而且训诫、责令退出法庭、拘传这些较轻的强制措施同样具有制裁性质。正如不能因为警告是一种轻的行政处罚而否认它是行政法上的制裁一样,不能因为训诫等是轻强制措施就不承认它的制裁属性。行为人实施的妨害诉讼的行为,是一种违反民事诉讼法的行为,法院对违法行为人采取强制措施,在排除妨害行为的同时,也对违法行为人给予必要的制裁。

（三）对妨害民事诉讼的强制措施的意义

强制措施是我国《民诉法》的有机组成部分，尽管在多数诉讼中法院无需动用强制措施，但它在民事诉讼中仍具有重要作用。其意义主要表现在以下四个方面：

（1）保障法院的审判和执行活动顺利进行，这是强制措施直接的和主要的作用。当出现妨害诉讼的行为时，法院通过适用强制措施，排除妨害行为，保障审判和执行顺利进行。

（2）维护法庭的威严。法庭是解决争议适用法律的场所，从一定意义上说，法律的威严是通过法庭及法院的审判活动体现出来的，因而在诉讼活动中维护法庭的威严是非常重要的。适用强制措施，在排除妨害行为的同时，制裁了藐视法院的违法行为人，有效地维护了法庭的威严。

（3）保障诉讼参与人行使诉讼权利，强制诉讼参与人、案外人履行义务。妨害诉讼行为的存在不仅给法院的审判和执行活动造成危害，也阻碍了诉讼参与人正常行使诉讼权利。诉讼参与人在享有广泛诉讼权利的同时，也承担法定的诉讼义务，案外人虽然没有参与诉讼活动，但对法院的调查取证、执行活动也负有协助义务，强制措施的存在和适用，使上述义务具有不可违反性和强制性，使义务人不得不履行义务。

（4）教育实施妨害行为人及其他公民遵守法庭规则和诉讼秩序。强制措施还具有教育作用，强制措施的适用，不仅对实施妨害行为公民本人，而且对其他公民，都具有教育作用，可以教育广大公民自觉遵守法庭规则和秩序。

二、妨害民事诉讼行为的构成和种类

（一）妨害民事诉讼行为的构成要件

妨害民事诉讼行为的构成要件，是指构成这类行为的必要条件，认识和把握构成要件，对于正确判定某一行为是否构成妨害民事诉讼的行为具有重要意义，也是正确适用民事诉讼强制措施的前提。妨害民事诉讼的行为由下列要件构成：

1. 行为人实施了妨害民事诉讼的行为

这是构成妨害行为的客观要件。只有实际上发生了一定的行为，并且该行为产生了妨害民事诉讼的后果，才有可能构成妨害行为。如果仅有妨害诉讼的意念而未付诸实施，或者虽已付诸行动但在产生妨害结果前便自动终止，就不能构成妨害行为。如果行为已经实施并对诉讼造成了实际上的妨害，则不论该行为表现为积极的行为还是消极的行为，均不影响妨害行为的成立。伪造、毁灭重要证据是妨害诉讼的行为，不协助执行法院财产保全的裁定同样是妨害诉讼的行为。

2. 妨害行为发生在诉讼过程中

这是构成妨害行为时间上的要件。妨害行为发生在诉讼过程中，才会对诉讼的顺利进行造成妨害，才有必要运用强制措施加以排除。民事诉讼的过程，是指从提起诉讼到执行终结的全过程，只要是在诉讼过程中，无论妨害行为发生在法庭上，还是发生在法庭之外，均能构成妨害诉讼的行为。行为人于诉讼开始前或终结后实施的违法行为，即使与诉讼有关联,也不构成妨害行为,如当事人于诉讼结束后对证人进行打击报复。对这类违法行为应依据有关法律的规定给予制裁。

3. 行为人主观上为故意

这是构成妨害行为的主观要件。只有当行为人故意实施妨害民事诉讼行为时,才能构成妨害行为,过失行为即使在客观上造成了妨害民事诉讼的后果,也不构成妨害行为,也不得对行为人采取强制措施。如当事人因过失损毁了被法院查封的财产,不构成妨害诉讼的行为。

(二) 妨害民事诉讼行为的种类

妨害民事诉讼行为的种类是指妨害行为的具体表现形式。我国《民诉法》根据实践中存在的妨害诉讼的情况,规定了十二种妨害行为。这些行为是:

1. 被告拒不到庭

这是指依法必须到庭的被告,经法院两次传票传唤,无正当理由拒不到庭。在通常情况下,出庭并非是一项强制性义务,被告无正当理由拒不到庭,法院可以缺席判决。但在例外情况下,被告不到庭诉讼就无法正常进行。依据《适用意见》第112条的规定,例外情形是指负有赡养、抚育、扶养义务和不到庭就无法查清案情的被告,以及侵权诉讼中必须到庭的未成年被告的法定代理人。

2. 扰乱法庭秩序

这种妨害行为是指法庭审理过程中诉讼参与人、参加旁听的人及其他案外人故意实施的违反法庭纪律、扰乱法庭秩序的行为。其具体表现形式为哄闹、冲击法庭;侮辱、诽谤、威胁、殴打审判人员;不听劝阻强行录音、录像、拍照等。哄闹、冲击法庭是性质严重的妨害诉讼的行为,对这种情况紧急、需要立即排除的妨害行为,法庭可以立即采取拘留措施,然后再报告院长补办批准手续。

3. 伪造、毁灭重要证据

在案件事实发生争议时,证据是法院正确认定事实的依据,也是决定诉讼胜负的关键。重要证据,是指对案件事实的证明起主要作用的证据,如借贷案件中的借据、收条等。这种妨害行为有两种具体表现形式:其一,是故意以编造、涂改等方式制造假证据;其二,是故意将证据销毁,使对方当事人和法院无法收集。伪造、毁灭重要证据,有可能造成法院对案件事实作出错误的认定,对法院正确处理案件、对对方当事人的合法权益危害极大。

4. 妨害证人作证

这种妨害行为是指以暴力、威胁、贿买方法阻止证人作证或者指使、贿买、威胁他人作伪证。证人证言是民事诉讼中的重要证据,一些突发性民事纠纷和未留下书证、物证等证据的纠纷,往往需要根据证人证言来认定案件事实,用暴力等方法阻止证人作证,使法庭无法查明案件事实,以贿买等方式使证人作伪证,可能使法庭对案件事实作出错误的认定。上述行为干扰了法院的审判,妨碍法院对案件作出正确裁判。

5. 妨害法院对财产采取强制措施

法院在对案件审理和执行的过程中,往往需要对被告人的财产采取强制措施,如出于财产保全和强制执行的需要对被告的财产实行查封、扣押、冻结,或者将财产清点后责令本人保管。被告人隐藏、转移、变卖已被查封、扣押的财产或责令其保管的财产,转移被冻结的财产,既是公然藐视司法的权威,又妨害了法院的财产保全和强制执行。因此,行为人以上述方式妨害法院对财产采取的强制措施,同样构成对民事诉讼的妨害。

6. 侵害司法人员、诉讼参与人、协助执行人的行为

这种妨害行为是指对司法工作人员、诉讼参加人、证人、翻译人员、鉴定人、勘验人、协助执行人,进行侮辱、诽谤、诬陷、殴打或者打击报复。行为人实施上述行为,目的在于通过侵害司法人员、诉讼参与人等,妨害诉讼的正常进行,如使证人不敢如实提供对其不利的证言,使有义务协助法院执行的人因害怕而不敢协助。

7. 阻碍司法人员执行职务

这类妨害行为是指行为人以暴力、威胁或者其他方法阻碍司法人员执行职务。构成这类妨害行为须具备以下三个条件:其一,是行为人采用了暴力、威胁和其他性质相同的方法;其二,是行为的对象是正在执行职务的司法人员,且行为人的目的是为了阻碍司法人员执行职务;其三,是行为人实施的行为客观上已产生了阻碍司法人员执行职务的后果。这类行为主要发生在执行过程中,如妨碍人民法院依法搜查,以暴力、威胁或其他方法妨碍或抗拒执行,哄闹、冲击执行现场,毁损、抢夺执行案件材料、执行公务车辆、其他执行器械、执行人员服装和执行公务证件等。

8. 拒不执行已发生法律效力的裁判

法院裁判发生法律效力后,对诉讼当事人有法律的约束力,当事人必须履行生效裁判所确定的义务。当事人败诉后,有条件、有能力履行而故意不履行裁判所确定的义务,既严重损害了法律的尊严和动摇了民众通过司法寻求救济的信心,也直接损害了对方当事人的合法权益。当下,这类妨害行为还相当普遍地存在,是造成执行难的主要原因之一。

9. 以虚假诉讼方式试图逃避债务、侵占他人财产或者获取其他非法利益的

所谓的虚假诉讼,是指双方当事人为了牟取非法的利益,恶意串通,虚构民事法律关系和案件事实,提供虚假证据,骗取法院的判决书、裁定书、调解书的行为。当事人提起虚假诉讼的目的,有的是为了逃避债务、逃避履行生效法律文书所确定的义务,有的是为了侵占案外人的合法财产,也有的是为了获取其他非法利益,如得到对驰名商标的认定。对双方当事人恶意串通实施上述行为的,《民诉法》第112条专门作出了规制,规定法院应当驳回诉讼请求,应当根据情节轻重予以罚款、拘留;构成犯罪的,依法追究刑事责任。

10. 规避强制执行

规避强制执行,是指被执行人与他人恶意串通,通过诉讼、仲裁、调解等方式逃避履行法律文书确定的义务。针对此种妨碍执行的行为,《民诉法》第113条规定法院应当根据情节轻重予以罚款、拘留;构成犯罪的,依法追究刑事责任。

11. 拒绝或妨碍人民法院调查取证

调查取证权是法院审判权的有机组成部分,为查明案件事实,法院在必要时依据当事人的申请或依职权向有关单位调查取证,有关单位则有义务配合、协助法院,向法院提供所掌握的证据,如人为地设置障碍,以种种借口拒绝提供,就会构成妨害诉讼的行为。

12. 金融机构拒绝协助执行

法院为了采取财产保全措施和执行措施,常常需要了解或冻结、划拨被告人在银行等金融机构的存款。法院的上述行为离不开银行金融机构的协助,因此,《民诉法》一方面赋予人民法院查询、冻结、划拨的权力,另一方面使金融机构负担起协助的义务。法院在需要协助时,向金融机构发出协助执行通知书,银行、信用社和其他有储蓄业务的单位(办理储蓄的邮政部门)在接到法院的协助执行通知书后,有义务协助法院查询、冻结或划拨存款,拒不协助的,构成妨害民事诉讼的行为。

13. 其他单位拒不协助法院执行

法院在执行中除了需要银行等金融机构协助外,还需要与被执行人财产有关的其他单位给予协助,如需要被执行人所在单位协助法院扣留被执行人的收入,需要管理证照的单位协助办理被执行财产的证照转移手续,需要保管被执行人的票证、证照或其他财产的单位协助法院将票证等转交给申请执行人。这些与被执行财产有关的单位有协助法院执行的法律义务。因此,当法院向有关单位发出协助执行的通知书后,有关单位应当按通知书的要求予以协助,否则将构成妨害民事诉讼的行为。

14. 其他拒绝协助执行的行为

《民诉法》对诉讼实务中常见的拒绝协助执行的行为作出了明确的规定,但不可能无遗漏地规定所有拒绝协助执行的行为。因此,除法律明确规定的外,其他行为,只要在性质上属于拒绝协助法院执行,同样构成妨害诉讼的行为。

《民诉法》第 111 条对第 3 种至第 8 种妨害诉讼的行为作了规定。根据该条的规定,诉讼参与人有上述六种行为之一的,法院可以根据情节轻重予以罚款、拘留;构成犯罪的,依法追究刑事责任;对有上述六种行为之一的单位,人民法院可对其主要负责人或直接责任人员予以罚款、拘留,构成犯罪的,依法追究刑事责任。

三、强制措施的种类及适用

(一) 强制措施的种类

针对妨害民事诉讼行为的不同类别及严重程度,《民诉法》规定了以下五种强制措施:

(1) 拘传。是指法院派出司法警察,强制被告人到庭参加诉讼。

(2) 训诫。是指法院以口头方式训斥实施妨害诉讼行为的人,指出其行为的违法性,责令其改正并不得再犯。训诫是一种较轻的强制措施,适用于性质较轻的妨害行为。

(3) 责令退出法庭。是指法院命令违反法庭规则的人离开法庭,如不服从命令,则由司法警察强制带离法庭。

(4) 罚款。是指法院责令妨害民事诉讼的人在规定的期限内向国家交一定数额的货币。根据修订后的《民诉法》第115条的规定,罚款的限额是:对个人为人民币10万元以下,对单位为人民币5万元以上100万元以下。

(5) 拘留。是指法院决定在一定期限内限制妨害民事诉讼人的人身自由。拘留的期限为15日以下。

(二) 强制措施的适用

1. 适用的原则

法院在民事诉讼中适用强制措施,应遵循下列原则:

(1) 与妨害行为相当原则。强制措施是针对妨害行为设置的,适用强制措施的主要目的是排除妨害行为,保障诉讼的顺利进行。因此,法院在选择适用强制措施时,应根据妨害行为情节和严重程度,适用相应的强制措施。所采取的强制措施既要能够有效地排除妨害行为,又不至于过于严厉。

(2) 严格遵循法定程序的原则。为了防止误用或滥用强制措施,《民诉法》对性质上较严厉的强制措施规定了一定的程序,如拘传、罚款、拘留必须经院长批准,拘传应当发拘传票,罚款、拘留应当用决定书等。法院在采用强制措施时,应严格按法律规定的程序实施。

(3) 一行为一强制原则。这一原则是指法院在适用强制措施时,对同一妨害诉讼的行为,只能给予一次性强制,不得连续适用罚款、拘留。该原则允许法院在同一次强制中适用两种措施,如合并适用罚款和拘留。此外,行为人受强制后又实施新的妨害诉讼的行为,即使该行为与上次实施的属于同一类型,如当事人因伪造重要证据被罚款、拘留后再次伪造重要证据,法院可针对新的妨害行为重新处以罚款、拘留。

2. 强制措施的具体适用

(1) 拘传的适用。适用拘传措施,须具备三个条件:

第一,对象一般为必须到庭的被告。根据《适用意见》第112条的规定,必须到庭的被告一般是指负有赡养、抚育、扶养义务和不到庭就无法查清事实的被告,此外,给国家、集体、个人造成损害的未成年人的法定代理人,如果是必须到庭的,也可以适用拘传。

此外,根据《执行规定》第97条至第99条的规定,拘传还可适用于必须到法院接受询问的被执行人或被执行人的法定代表人或负责人,对上述人员,经两次传票传唤,无正当理由拒不到庭的,法院可对其拘传。法院如果在本辖区以外采取拘传措施,应当将被拘传人拘传到当地法院,由当地法院予以协助。拘传后,对被拘传人的调查询问不得超过24小时,并且在调查询问后不得限制被拘传人的人身自由。

第二,须经过两次传票传唤。这是适用拘传程序上的条件。拘传涉及对被告人身的强制,因此《民诉法》设置了相当严格的程序,要求法院事先须经过两次传唤,并且是采用传票而不是口头的方式。适用拘传还需经过院长的批准。在拘传前,司法警察应向被告说明拒不到庭将被强制到庭,再给被告一次主动出庭的机会,被告仍拒绝到庭的,才适用拘传。

第三,无正当理由拒不到庭。拘传是针对被告故意回避诉讼,拒不出庭而采取的措施,如被告有正当的理由而不能出庭,如因为重病住院或有更具有紧迫性的事务需要处理,则不能适用拘传。

(2) 训诫的适用。训诫是一种相当轻的强制措施,适用于情节轻的妨害诉讼的行为。适用训诫的决定,由合议庭或独任审判员作出。训诫虽然由审判人员口头宣布,但训诫的内容须由书记员记入笔录。

(3) 责令退出法庭的适用。责令退出法庭也是一种较轻的强制措施,它专门适用于违反法庭规则情节较轻的人。适用这一强制措施,由法庭作出决定,审判长或独任审判员在宣布这一措施时,应说明责令退出法庭的理由,一经宣布,该强制措施立即生效,行为人如拒不退出,司法警察可将其强行带离法庭。

(4) 罚款的适用。罚款是一种较为严厉的强制措施,罚款的适用范围相当广泛,对《民诉法》规定妨害诉讼的行为,除被告无正当理由拒不到庭外,法院都可以适用罚款。为防止罚款被滥用,《民诉法》将罚款的最终决定权赋予法院的院长。具体适用时由合议庭或独任审判员提出罚款的意见和理由,报院长审查,院长批准后再制作罚款决定书。当事人不服罚款决定的,有权向上一级法院申请复议一次,但复议期间,不停止决定执行。

(5) 拘留的适用。拘留是最为严厉的强制措施,仅适用于少数严重妨害诉讼的行为。

适用拘留措施,须由合议庭或独任审判员提出意见和理由,报本院院长批准后,制作拘留决定书。被拘留人不服,可以向上一级法院申请复议一次,上一级法院应在收到申请后的5日内作出复议决定。但复议期间,不停止拘留决定的执行。

拘留应在被拘留人所在地执行。被拘留人在作出拘留决定法院辖区内的,由司法警察将被拘留人送交当地公安机关看管,被拘留人在外地时,作出拘留决定的法院应请被拘留人所在地的法院协助执行,而不得将被拘留人从外地带回本地看管。

在拘留期间,被拘留人承认错误并悔改的,可责令其具结悔过,提前解除拘留。提前解除拘留,也须经院长批准,并制作决定书。

对妨害民事诉讼的行为,只有法院才有权决定采取强制措施,其他任何单位和个人均无权采取。债权人追索债务应通过诉讼、仲裁等合法方式进行,任何单位和个人都不得采取非法拘禁他人或者非法私自扣留他人财产的方式追索债务,否则,法院将依据第117条的规定,追究行为人的刑事责任,或者对行为人处以罚款、拘留。

四、妨害民事司法的刑事责任及追究

(一) 妨害民事司法的犯罪及构成要件

行为人实施妨害民事诉讼行为情节严重的,便构成妨害司法的刑事犯罪,应当依照《民诉法》和《刑法》的规定,追究有关人员的刑事责任。针对诉讼中出现的妨害司法的行为,《刑法》第307条规定了妨害作证罪,第309条规定了扰乱法庭秩序罪,第313条规定了拒不执行法院判决、裁定罪,第314条规定了妨害司法机关查封、扣押、冻结财产罪。

《刑法》中的这些规定,既是追究妨害诉讼行为人刑事责任的依据,也是我国《刑法》规范对民事诉讼程序的保护。

在民事诉讼中因妨害诉讼而构成犯罪,须具备一定的条件。这些条件是:

(1) 犯罪主体为自然人。这里的自然人既可以是实施妨害诉讼行为的个人,也可以是实施妨害诉讼行为的法人或其他组织的法定代表人、主要负责人或直接责任人员。

(2) 犯罪的主观方面是故意。妨害民事诉讼的犯罪均由故意构成,过失行为即使造成了妨害诉讼的严重后果,也不构成犯罪。

(3) 侵犯的客体是民事诉讼秩序。良好的诉讼秩序是审判活动和诉讼活动得以正常进行的前提,也是司法活动权威性的体现。民事司法的秩序和权威不仅受到民事诉讼法保护,还受到刑法保护。严重妨害民事诉讼这类犯罪侵犯的客体,正是受刑法保护的国家民事司法秩序。

(4) 犯罪的客观方面是行为人实施了情节严重的妨害民事诉讼行为。情节是否严重,是一般妨害诉讼行为与构成犯罪的妨害诉讼行为的主要区别,要根据行为的方式、行为所造成的后果等因素确定。最高人民法院对此有司法解释的,应根据解释中的规定来认定。例如,最高人民法院于1998年4月颁布了《关于审理拒不执行判决、裁定案件具体应用法律若干问题的解释》,该《解释》第3条的规定:有下列情形之一的,属"情节严重":(1) 在法院发出执行通知以后,隐藏、转移、变卖、毁损已被依法查封、扣押或者已被清点并责令其保管的财产,转移已被冻结的财产,致使判决、裁定无法执行的;(2) 隐藏、转移、变卖、毁损在执行中向法院提供担保的财产,致使判决、裁定无法执行的;(3) 以暴力、威胁方法妨害或者抗拒执行,致使执行工作无法进行的;(4) 聚众哄闹、冲击执行现场,围困、扣押、殴打执行人员,致使执行工作无法进行的;(5) 毁损、抢夺执行案件材料、执行公务车辆和其他执行器材、执行人员服装以及执行公务证件,造成严重后果的;(6) 其他妨害或者抗拒执行造成严重后果的。

(二) 追究妨害民事司法刑事责任的程序

1. 由审理民事案件的审判组织直接判决

根据《适用意见》第125条的规定,对严重扰乱法庭秩序的行为人,在追究其刑事责任时,由审理该案件的审判组织直接予以判决。在判决前,应允许当事人陈述意见或委托辩护人辩护。

2. 由犯罪地的法院按刑事诉讼程序追究

对实施第110、111、112、113条规定的妨害诉讼的行为构成犯罪的人,应由犯罪行为发生地的法院管辖。追究刑事责任,应按《刑事诉讼法》规定的程序进行。其中属于追究拒不履行法院裁判罪的,法院在执行过程中,对拒不执行判决、裁定情节严重的人,可以先行司法拘留。认为行为人已构成犯罪的,将案件移送行为发生地的公安机关立案查处。

第六节 诉讼费用

一、诉讼费用概述

(一) 诉讼费用的概念

诉讼费用,是指当事人进行民事诉讼依法向法院交纳的费用,包括起诉、上诉交纳的案件受理费,申请财产保全、强制执行、支付令交纳的申请费和其他诉讼费用。

诉讼费用必须依法征收。我国最高人民法院于1989年制定了《诉讼费的收费办法》,1991年颁布的《民诉法》第107条对诉讼费用作原则性规定,1999年最高人民法院颁布了《诉讼费收费办法的补充规定》。2006年12月19日,国务院颁布了《诉讼费用交纳办法》(以下称《交纳办法》),该《交纳办法》是调整诉讼费用交纳的现行行政法规。

(二) 征收诉讼费的意义

1. 制裁民事违法行为

诉讼费用负担的基本原则是由败诉一方当事人负担,而当事人之所以会败诉,通常是由于实施了违约行为、侵权行为等民事违法行为。让败诉方负担诉讼费用,体现了对违法行为实施的制裁。

2. 减少纳税人的负担和国家的财政开支

在任何国家,实际利用民事诉讼制度的都只是少部分人,如果不征收诉讼费用,实际上就是让全体纳税人来负担诉讼费用。实行征收诉讼的制度,诉讼费由实际利用这一制度的受益者负担,可以减少纳税人的负担和国家的财政开支。

3. 防止当事人滥用诉权

收取诉讼费用,一方面可以促进当事人慎重地起诉和上诉,避免不必要的诉讼;另一方面可以促使当事人提出合理的诉讼请求的数额,防止"天价索赔"。

4. 有利于维护国家主权和经济利益

民事诉讼收取诉讼费用是各国普遍实行的制度,如果我国不实行这一制度,外国当事人在我国进行诉讼就无需交纳诉讼费用,而我国当事人到外国进行诉讼却需要交纳诉讼费用,这显然会损害我国的国家主权和国家的经济利益。

二、诉讼费用的交纳范围

(一) 案件受理费

案件受理费是当事人行使诉权时向法院交纳的费用,具有国家规费的性质。

案件受理费包括一审案件的受理费、二审案件的受理费。再审案件原则上不交纳案件受理费,但下列情形除外:(1) 当事人有新的证据,足以推翻原判决、裁定,向法院申请再审,法院经审查决定再审的案件;(2) 当事人对法院第一审判决或者裁定未提出上诉,第一审判决、裁定或者调解书发生法律效力后又申请再审,法院经审查决定再审的案件

(《交纳办法》第9条)。

不需交纳案件受理费的为:(1) 依特别程序审理的案件;(2) 裁定不予受理、驳回起诉、驳回上诉的案件;(3) 对不予受理、驳回起诉和管辖权异议裁定不服,提起上诉的案件;(4) 行政赔偿案件(《交纳办法》第8条)。

案件受理费还分为财产案件的受理费和非财产案件的受理费,前者按诉讼请求的金额或价额征收,后者按件征收。

(二) 申请费

申请费是指当事人申请法院强制执行,采取保全措施,启动非诉程序所交纳的费用。

(三) 其他诉讼费用

其他诉讼费用是指证人、鉴定人、翻译人员、理算人员在法院指定日期出庭发生的交通费、住宿费、生活费和误工补贴,以及当事人复制案件卷宗材料和法律文书需交纳工本费(《交纳办法》第11条)。

三、诉讼费用交纳标准

(一) 案件受理费的交纳标准

1. 财产案件

财产案件,第一审案件按诉讼请求的金额或价额,上诉案件按不服一审判决部分的上诉请求数额,再审案件按不服原判决部分的再审请求数额,按分十段比例累计交纳。具体缴纳标准是:(1) 不超过1万元的,每件交纳50元;(2) 超过1万元至10万元的部分,按照2.5%交纳;(3) 超过10万元至20万元的部分,按照2%交纳;(4) 超过20万元至50万元的部分,按照1.5%交纳;(5) 超过50万元至100万元的部分,按照1%交纳;(6) 超过100万元至200万元的部分,按照0.9%交纳;(7) 超过200万元至500万元的部分,按照0.8%交纳;(8) 超过500万元至1000万元的部分,按照0.7%交纳;(9) 超过1000万元至2000万元的部分,按照0.6%交纳;(10) 超过2000万元的部分,按照0.5%交纳。

2. 非财产案件

(1) 离婚案件。每件交纳50元至300元。涉及财产分割,财产总额不超过20万元的,不另行交纳;超过20万元的部分,按照0.5%交纳。

(2) 侵害姓名权、名称权、肖像权、名誉权、荣誉权以及其他人格权的案件。每件交纳100元至500元。涉及损害赔偿,赔偿金额不超过5万元的,不另行交纳;超过5万元至10万元的部分,按照1%交纳;超过10万元的部分,按照0.5%交纳。

(3) 其他非财产案件。每件交纳50元至100元。

3. 其他案件

(1) 知识产权案件。没有争议金额或者价额的,每件交纳500元至1000元;有争议金额或者价额的,按照财产案件的标准交纳。

(2) 劳动争议案件。每件交纳10元。

(3) 管辖权异议。当事人提出案件管辖权异议,异议不成立的,每件交纳50元至100元。

4. 案件受理费交纳的特别规定

针对下列情形,《交纳办法》规定了减半交纳案件受理费:(1) 以调解方式结案或者当事人申请撤诉的;(2) 适用简易程序审理的案件;(3) 被告提起反诉、有独立请求权的第三人提出与本案有关的诉讼请求,人民法院决定合并审理的。

(二) 申请费交纳标准

1. 申请执行的案件

(1) 没有执行金额的或价额的,每件交纳 50 元至 500 元。

(2) 有执行金额或价额的,执行金额或者价额不超过 1 万元的,每件交纳 50 元;超过 1 万元至 50 万元的部分,按照 1.5% 交纳;超过 50 万元至 500 万元的部分,按照 1% 交纳;超过 500 万元至 1000 万元的部分,按照 0.5% 交纳;超过 1000 万元的部分,按照 0.1% 交纳。

2. 申请保全措施的,根据实际保全的财产数额按照下列标准交纳:财产数额不超过 1000 元或者不涉及财产数额的,每件交纳 30 元;超过 1000 元至 10 万元的部分,按照 1% 交纳;超过 10 万元的部分,按照 0.5% 交纳。但是,当事人申请保全措施交纳的费用最多不超过 5000 元。

3. 申请支付令的,比照财产案件受理费标准的 1/3 交纳。

4. 申请公示催告的,每件交纳 100 元。

5. 申请撤销仲裁裁决或者认定仲裁协议效力的,每件交纳 400 元。

6. 申请破产的,破产案件依据破产财产总额计算,按照财产案件受理费标准减半交纳,但是,最高不超过 30 万元。

7. 海事海商案件:(1) 申请设立海事赔偿责任限制基金的,每件交纳 1000 元至 1 万元;(2) 申请海事强制令的,每件交纳 1000 元至 5000 元;(3) 申请船舶优先权催告的,每件交纳 1000 元至 5000 元;(4) 申请海事债权登记的,每件交纳 1000 元;(5) 申请共同海损理算的,每件交纳 1000 元。

四、诉讼费用的交纳和负担

(一) 诉讼费的预交

诉讼费的预交,是指由提起诉讼或提出申请的当事人预先交纳,预交具有垫付的性质,最终负担诉讼费用的不一定是预交的一方。

1. 案件受理费的预交

案件受理费由原告(包括反诉原告)、有独立请求权的第三人,共同诉讼人预交。双方当事人都提起上诉的,分别预交案件受理费。

交纳诉讼费是当事人进行诉讼所负担的一项程序法义务,当事人应当在收到法院交费通知之日起 7 日内预交。当事人不履行该义务将产生对其不利的程序后果,如原告起诉不按规定交纳诉讼费,法院会通知其预交,通知后仍不预交或者申请减、缓、免未获人民法院批准而仍不预交的,裁定按自动撤诉处理(《适用意见》第 143 条)。追索劳动报酬的案件可不预交诉讼费。

2. 申请费的预交

申请费由申请人预交,但下列案件,可以不预交申请费:(1)申请执行的案件。申请执行费在执行后交纳;(2)申请破产的案件。破产申请费在清算后交纳。

证人、鉴定人、翻译人员、管理人员因出庭发生的费用可不预交,待实际发生后再交纳。

(二)诉讼费用的负担

诉讼费用的负担,是指在案件判决结案和执行完毕时,当事人对诉讼费用的实际负担。诉讼费用的负担,以"败诉人负担"为原则,以"法院决定负担"、"当事人协商负担"、"自行负担"为补充。

1. 败诉方负担

诉讼费用由败诉一方当事人负担,是世界上通行的诉讼费用负担规则,也是我国采用的决定诉讼费用负担的规则,这一原则体现了诉讼费用所具有的制裁民事违法行为的功能。

根据这一原则,一方胜诉,一方败诉的,由败诉方负担。部分胜诉、部分败诉的,由法院根据双方当事人责任的大小,按比例负担。共同诉讼人败诉的,由法院根据其对诉讼标的的利害关系,决定各自负担的数额。驳回上诉,维持原判的案件,诉讼费用由上诉人负担,撤回起诉或上诉的,案件受理费由原告或上诉人负担。

2. 当事人协商负担

调解解决的案件,不存在胜诉败诉问题;判决离婚的案件,是基于感情破裂,败诉方不一定有过错,所以这两类案件的诉讼费用均由当事人协商负担。执行中达成的和解协议的案件,申请费就由双方协商解决。上述三种情形下如当事人协商不成,则由法院决定诉讼费用的负担。

3. 自行负担

自行负担是指由引起费用发生的当事人负担相应的费用。自行负担包括两种情形:一种是由申请人负担申请事项的费用,另一种是由当事人负担不当诉讼行为所支出的费用。前者如公示催告的申请费由申请人负担,诉前申请海事证据保全的费用由申请人负担等;后者如"当事人因自身原因未能在举证期限内举证,在二审或者再审期间提出新的证据致使诉讼费用增加的,增加的诉讼费用由该当事人负担"(《交纳办法》第40条)。

4. 法院决定负担

法院决定负担是指由法院决定诉讼费用的负担。法院决定负担主要适用于两种情形:一种是当事人协商不成时,由法院决定负担。这是协商负担的补充;另一种是针对一些特定情况,决定诉讼费用的负担。如共同诉讼当事人败诉的,由法院根据其对诉讼标的的利害关系,决定当事人各自负担的诉讼费用数额。

(三)诉讼费用的异议

诉讼费用的负担直接关系到当事人的经济利益,而法院作出的关于诉讼费用的决定,也未必都正确,因此有必要为当事人提供救济的方法。

《交纳办法》规定的救济途径是异议。异议有两种情形:

(1) 针对诉讼费用决定的异议。当事人单独对法院关于诉讼费用的决定有异议的,可以向作出决定的法院院长申请复核,院长应当自收到当事人申请之日起15日内作出复核决定。

(2) 对诉讼费计算有异议。当事人对法院决定诉讼费用的计算有异议的,可以向作出决定的法院请求复核,如计算确有错误的,作出决定的法院应当予以更正。

但是,当事人不得单独对法院诉讼费用决定提起上诉。

四、司法救助

(一) 司法救助的概念

司法救助,是指法院对交纳诉讼费用确有困难的当事人,依其申请,决定缓交、减交或免交诉讼费用的制度。

设立司法救助制度是为了使那些经济上有困难的当事人也能够寻求和获得司法救助。

司法救助不同于法律援助。我国的法律援助是专指由国家设立法律援助机构,指派律师、公证员、法律工作者等,为经济困难的公民和特殊案件的当事人提供法律咨询、代理、辩护等无偿法律服务。

司法救助一般只适用于作为当事人的自然人。

(二) 司法救助的方式

1. 缓交诉讼费用

缓交诉讼费用,是指对暂时无力交纳诉讼费用的当事人,法院让其推迟交纳,待其有能力交纳时再交。可申请缓交的情形包括:(1) 追索社会保险金、经济补偿金的;(2) 海上事故、交通事故、医疗事故、工伤事故、产品质量事故或者其他人身伤害事故的受害人请求赔偿的;(3) 正在接受有关部门法律援助的;(4) 确实需要缓交的其他情形(《交纳办法》第47条)。

2. 减交诉讼费用

是指法院对全部交纳诉讼费用确有困难的当事人,减少其应交的数额,让其只交纳部分诉讼费用。可申请减交的情形为:(1) 因自然灾害等不可抗力造成生活困难,正在接受社会救济,或者家庭生产经营难以为继的;(2) 属于国家规定的优抚、安置对象的;(3) 社会福利机构和救助管理站;(4) 确实需要减交的其他情形(《交纳办法》第46条)。

法院准予减交诉讼费用的,有一定的限度,减交比例不得低于30%。

3. 免交诉讼费用

指法院完全免除当事人的诉讼费用。诉讼费用的免交只适用于自然人。可申请免交的情形为:(1) 残疾人无固定生活来源的;(2) 追索赡养费、扶养费、抚育费、抚恤金的;(3) 最低生活保障对象、农村特困定期救济对象、农村五保供养对象或者领取失业保险金人员,无其他收入的;(4) 因见义勇为或者为保护社会公共利益致使自身合法权益受到损害,本人或者其近亲属请求赔偿或者补偿的;(5) 确实需要免交的其他情形(《交纳办法》第45条)。

(三) 司法救助的程序

当事人申请司法救助,须向法院以书面形式提出申请,并提供证明经济确有困难的证明材料和其他相关证明材料。因生活困难或者追索基本生活费用申请免交、减交诉讼费用的,还应当提供本人及其家庭经济状况符合当地民政、劳动保障等部门规定的公民经济困难标准的证明。

法院收到申请后,应及时进行审查,对符合救助条件的,应决定给予救助。属于缓交的,应在决定立案前作出准予缓交的决定。法院审查后不予批准的,应向当事人书面说明理由。

法院对一方当事人给予司法救助后,对方当事人败诉的,诉讼费用由对方负担;对方当事人胜诉的,由法院视申请救助的一方的经济状况决定其减交、免交诉讼费用。

阅读法规

《民诉法》第109—118条;《海事诉讼法》第12—20条、第51—61条;《适用意见》第112—127条。

案例解析

【8-1】 无锡市的甲向法院起诉请求离婚,法院判决驳回诉讼请求。2011年8月10日法院向甲送达时,甲拒收判决书,法院送达人员找当地基层组织见证,基层组织工作人员以工作忙为由推托,送达人员便在送达回证上记明情况并签上名后,把判决书留在甲的家中。甲准备上诉,但五天后单位派甲到外地参加会议,会议结束前突遇地震,交通中断,直到8月24日交通才恢复,甲8月25日傍晚回到无锡,第二天,甲向法院提交了上诉状。

问:(1) 法院的判决书是否已经送达?

(2) 甲提起上诉是否已经超过了上诉期?

(3) 甲是否有补救方法?

分析要点:(1) 已经送达。第86条规定:"受送达人或者他的同住成年家属拒绝接收诉讼文书的,送达人可以邀请有关基层组织或者所在单位的代表到场,说明情况,在送达回证上记明拒收事由和日期,由送达人、见证人签名或者盖章,把诉讼文书留在受送达人的住所;也可以把诉讼文书留在受送达人的住所,并采用拍照、录像等方式记录送达过程,即视为送达。"对于留置送达,虽然《民诉法》要求送达人员找当地基层组织代表见证,但针对实务中基层组织代表难找的现状,最高人民法院已经通过司法解释作出变通,《适用意见》第82条又补充规定:"受送达人拒绝签收诉讼文书,有关基层组织或者所在单位的代表及其他见证人不愿在送达回证上签字或者盖章的,由送达人在送达回证上记明情况,把送达文书留在受送达人住所,即视为送达。"因此,在该案中,法院的判决书已经送达。

(2)判决书是8月10送达给甲的,上诉期从次日开始计算,即8月11日开始计算,到了8月25日上诉期就已经届满,所以甲在8月26日提起上诉,已经超过了上诉期间。

(3)甲可以最迟在9月5日向法院申请顺延上诉期。甲属于因不可抗拒的事由耽误期限,根据第83条的规定,当事人因不可抗拒的事由或者其他正当理由耽误期限的,在障碍消除后的10日内,可以申请顺延期限。10日的期限从8月25日开始计算,本来到9月4日就届满,但由于9月4日是星期天,由于期间届满的最后一日是节假日的,因此应当以节假日后的第一日9月5日为期间届满的日期。

【8-2】 甲是菏泽市的一位知名的民营企业家,欲将拖欠其货款的乙告上法院,在起诉前得知消息,乙正准备转移资产,于是甲便于2010年5月9日向法院申请查封乙库房内的货物,法院收到甲的申请后,当日便对乙库房内的货物进行了查封。此后,乙表现出愿意还款的意愿,甲与乙展开协商,但最终未能达成协议。至6月15日,甲向法院起诉,却得知法院已经解除了查封。

问:(1)法院作出保全裁定是否合法?

(2)法院解除保全是否合法?

分析要点:(1)保全不合法。根据案情,甲向法院申请的是诉前财产保全,根据第101条的规定,法院采取诉前保全,需以申请人提供担保为条件,申请人不提供担保的,驳回申请。本例中法院并没有要求甲提供担保。

(2)解除保全合法。根据《民事诉讼法》101条第3款的规定:申请人在人民法院采取保全措施后30日内不起诉的,人民法院应当解除财产保全。本案中,法院5月9日采取了保全措施,而甲到6月15日才提起诉讼,已经超过了30日。

司法考试题

2002年试卷三第70题"留置送达";

2003年试卷三第71题"财产保全";

2004年试卷三第44题"留置送达";

2006年试卷三第45题"财产保全";第82题"诉前行为禁令、财产保全措施";

2007年试卷三第39题"诉讼费用";

2008年试卷三第43题"针对抵押物的财产保全措施";第87题"诉讼中的财产保全措施";

2009年试卷三第43题"留置送达的适用";第83题"期间(申请再审期间、提出证据

期间、申请执行期间以及上诉期间的适用)";第 99 题"财产保全的范围、先予执行的范围";

2011 年试卷三第 41 题"期间";

2012 年试卷三第 38 题"期间的相关制度规定";第 82 题"财产保全与先予执行的相关规定"。

第九章 第一审普通程序

第一节 普通程序概述

一、普通程序的概念

普通程序,是指法院审理第一审民事案件通常适用的程序。我国《民诉法》为第一审民事案件分别设置了简易程序与普通程序,前者适用于简单的民事案件,后者适用于简单民事案件以外的案件。

虽然从第一审案件适用程序的数量看,适用普通程序的案件不如简易程序的多①,但普通程序在民事审判程序中占有十分重要的地位。在《民诉法》关于审判程序的规定中,用于普通程序的条文最多;普通程序内容齐备,结构完整,在各审判程序中处于基础地位。

二、普通程序的特征

(一) 程序的完整性

与简易程序、第二审程序相比,普通程序具有结构完整、内容齐备的特点,从起诉与受理开始,一直到法院作出裁判,法律对普通程序的各阶段、各环节都作出了规定;对审判中可能遇到的一些特殊情况,如延期审理、诉讼中止、诉讼终结普通程序中也有规定。第一审普通程序反映了诉讼依次发展的各个阶段,展现了审判程序完整的面貌。

(二) 适用的自足性

内容和结构的完整使得法院在适用普通程序审理第一审案件时,除了需要适用《民诉法》总则部分的规定外,不再需要适用其他审判程序的规定。

(三) 适用的广泛性

适用的广泛性,首先表现在适用该程序的法院上。我国有四级法院,在这四级法院中,除基层法院审理简单民事案件适用简易程序外,其余各级法院审理一审案件均适用普通程序。其次,表现在其他程序对普通程序的适用上。对于简易程序,第二审程序,出于立法节约和避免重复的考虑,法律仅就它们特有的程序事项作出规定,凡是普通程序已作出规定的程序事项,在这些程序中就不再规定,而是直接适用普通程序的规定。这就决定了在适用简易程序与第二审程序时,常常需要适用普通程序的规定。法院适用第二审程序开庭审理上诉案件时,就需要适用普通程序中开庭审理的规定。再次,表现在发回重审案件和再审案件对普通程序的适用上。二审法院发回重审的案件,一审法院也须按普通

---

① 第一审民事案件大多数由基层法院管辖,而基层法院审理一审案件适用简易程序的比例要比适用普通程序大得多。

程序审理。① 法院决定再审的案件,原来是第一审审结的案件,再审时仍然适用第一审程序,但在适用第一审程序时,必须适用普通程序。

第二节 诉

一、诉的概述

(一) 诉的概念

诉,是指当事人因民事权利义务关系发生争议,向法院提出的就特定的权利主张进行裁判的行为。诉具有以下特征:

第一,诉由原告向法院提出。这里有两层含义:其一,是如果当事人向法院以外的机构请求解决民事纠纷,如向仲裁机构、行政机关、人民调解委员会,就不是诉;其二,是原告在诉中尽管也会向被告提出实体法上的请求,但这种请求并不是直接向被告提出,而是通过法院向被告提出,尤其是要由法院来判断请求是否有事实和法律依据。

第二,诉的内容是请求法院保护其民事权益。原告是认为其民事权益受到侵害的情况下才提出诉的,在诉中一定会向法院提出特定的权利主张,要求法院通过判决来保护其权利。

第三,诉是启动诉讼程序的方式。当事人希冀法院运用审判权保护其权利,而审判权是一种被动性权利,法院对民事纠纷实行不告不理,因而只有在当事人提出诉的情况下,法院才能开启诉讼程序,运用审判权提供司法救济。

第四,法院须以裁判对诉作出回应。诉一旦提出,法院就必须作出回应,法院如认为诉不合法,应以裁定驳回,如认为诉合法,便须以判决对诉中实体法上的请求作出判断,如果认为请求合法,就应当以判决支持原告的诉讼请求,如果认为不合法,则判决驳回原告的诉讼请求。

(二) 诉的要素

诉的要素,是指构成诉的不可缺少的因素。

诉的要素究竟有几个,理论界存在不同认识,主要是"两要素说"与"三要素说"的分歧。"两要素说"认为诉的要素只有两个,一个是诉讼标的②,另一个是诉讼理由,也有认为两个要素中一个是当事人,另一个是诉讼标的。③ "三要素说"则认为除了诉讼标的、诉讼理由外,还应当包括诉讼当事人。

本教材认为,当事人是诉的主体,诉讼标的则是诉的客体,两者均为诉不可或缺的要

---

① 发回重审案件和再审案件必须适用普通程序的主要原因在于普通程序由合议庭进行审理,而简易程序则实行独任审判。
② 这是部分大陆学者的观点。
③ 这是日本和我国台湾地区学者的观点,由于他们在指出诉讼标的是诉的要素后,进一步指出诉讼标的须由诉的声明(诉讼请求)与原因事实来加以特定,所以实际上也是承认事实理由对诉的特定化具有重要意义。

素,至于诉讼理由(原因事实)则是诉讼标的的组成部分。①

明确诉的要素对审判实务具有重要的实践意义。首先,它便于法院判断当事人提出的诉是否完整,如果当事人提出的诉缺乏完整的要素,如当事人仅提出了诉讼请求,但未说明请求所依据的事实,就应当认为诉讼标的还不明确,应要求当事人通过进一步的陈述来使诉的要素完备;其次,能够使诉特定化,使此诉与彼诉相区别,如尽管诉讼标的相同,但当事人不同,就构成不同的诉,这对于适用"一事不再理原则"极为重要;再次,可以确定诉是否发生变更,如在当事人未发生变化时,诉讼标的这一要素发生了变动,就意味着诉发生了变更。

二、诉的种类

依据原告请求法院保护民事权利的方式的不同,可把诉分为给付之诉、确认之诉和形成之诉(又称"变更之诉")三种类型。这三种诉的出现,是一个逐步发展的过程,在人类的诉讼制度史上,长期以来只存在给付之诉这一种类型的诉,后来随着实体法的发展和诉讼制度的进化,才出现确认之诉,形成之诉则是最后才得到确认的。

(一) 给付之诉

给付之诉,是指原告向被告主张特定的给付请求权,要求法院判令被告作出给付的诉。这里的给付,既包括被告对原告交付一定数额的金钱与物品,也包括被告根据原告的要求为(如修复损坏的房屋)或不为(如停止实施不正当竞争行为)一定的行为。

民法上的请求权是要求他人作为或不作为的权利。民事实体法上给付请求权的存在是原告对被告提起给付之诉的原因和获得胜诉判决的前提。原告的请求权源自他与被告之间的某种民事实体法律关系,依据该实体法律关系被告对原告有给付义务,当被告不履行给付义务时,原告即可依据实体法上的请求权提出给付之诉。

对给付之诉,法院须审理原告主张的给付请求权是否存在,当法院审理后确认请求权存在时,就作出给付判决,判令被告履行给付义务。该判决具有执行力,被告拒不履行给付义务时,原告可将其作为执行依据,申请法院的执行机构对被告实施强制执行。当法院确认给付请求权不存在时,便驳回原告的诉讼请求;当法院作出驳回判决时,该判决实际上是确认判决,即确认被告对原告不存在特定的给付义务。②

例如,甲向法院起诉,请求法院判决将乙位于 A 市的一套房屋交付给他居住,理由是双方已经就该房屋签订了租赁合同,乙则提出抗辩说,其实双方就租赁合同的内容并未达成一致。法院审理后,如果认为双方的租赁合同已有效成立,会作出给付判决,支持原告的诉讼请求;如认为合同并未成立,就会驳回原告的诉讼请求。而在驳回的情况下,法院实际上是确认原被告之间不存在租赁合同关系。

给付之诉可分为现在给付之诉与将来给付之诉。这是依据请求给付的义务是否已届

---

① 在田平安教授主编的《民事诉讼法原理》(厦门大学出版社 2005 年版)一书中,作者正确地指出既然在诉讼标的中已包括了诉讼请求和原因事实,再把诉讼理由列为诉的要素就会给人以重复或累赘之感。

② 因为驳回原告给付请求的判决,也正是确认被告对原告给付义务不存在的判决。

履行期为标准所做的分类。现在给付之诉,是指原告依据已届履行期的给付义务向被告主张权利,要求被告立即履行给付义务的诉讼。法院满足原告请求的判决生效后,被告须立即向原告履行给付义务。

将来给付之诉,则是指原告依据尚未到期的给付义务,在特定的情形下,诉请法院判决被告在履行期届满后履行给付义务。对将来给付之诉,原告胜诉的判决生效后,被告无需立即履行义务,而是等到履行期限届满或履行条件成就时,才须履行给付义务。由于法院是以法庭辩论终结前的诉讼资料和证据资料作出判决的,所以要以法庭辩论终结这一时点来衡量给付请求权的履行期是否届满。

给付之诉一般均为现在给付之诉,在给付请求权的期限尚未到来之时,债权人并不享有要求给付的权利,所以债权人原则上不得提起将来给付之诉。将来给付之诉是作为例外而存在的,只存在于法律规定的例外情形[①],该情形表明若不允许原告预先提起给付之诉,债权人的请求权将难以实现时,就应当允许在履行期届满前提起诉讼。我国《民诉法》未对何种情形下允许提起将来给付之诉作出规定,但在法解释学上,也应以有预先提起之必要时为限。

在给付之诉中,值得注意的还有请求被告不为一定行为的诉讼,这类诉讼是以实体法上的不作为请求权为依据,当合同约定或者法规定被告负有不作为的义务,而被告违反了此义务侵害原告权利时,原告即可请求被告不得实施一定的行为。

不作为给付之诉,既包括请求法院禁止被告实施一定行为的诉讼,又包括请求被告容忍原告为一定行为的诉讼,前者如不动产权利人诉请邻人停止修建妨碍其通风、采光的建筑物,后者如不动产权利人诉请邻人容忍其在邻人土地上铺设电线、电缆、燃气管线。

(二) 确认之诉

确认之诉,是指原告请求法院确认其与被告之间的法律关系存在或不存在的诉讼。确认之诉以法律关系和权利为确认的对象,单纯的事实,如标的物有无瑕疵,被告是否存在过失不得作为确认的对象。但在德国、日本及我国台湾地区,均允许对证明法律关系的文书的真伪提起确认之诉。

确认之诉具有预防权利受侵害的功能。原告提起确认之诉时,被告已对原告的权利进行争执,如果不对发生争执的权利义务关系进行确认,原告的权利就很可能因被告不履行义务而受到侵害,法院的确认判决把原告、被告之间的权利义务关系确定下来后,能够消弭当事人之间的争执,促使被告履行义务。

确认之诉的客体,既可以是财产关系,也可以是人身权关系,前者如请求确认存在合

---

① 德国民诉法规定在三种情形下可以提出将来给付之诉:原告主张没有对待给付的金钱债权、或请求迁让土地,或请求迁让非供居住的场所时,如果这些请求是限于一定的期日的。原告可以提起将来给付或迁让的诉讼(第257条);在定期反复给付的情形,对作出判决后到期的给付,也可以提起将来支付的诉讼(第258条);除257条、第258条的情形外,根据情况,债务人有到期不履行之虑时,也可以提起将来给付的诉讼(第259条)。日本民诉法对允许提起将来给付之诉的情形作了概括性规定,即"请求将来给付之诉讼,仅限于有预先提出请求之必要的情况,方可提起"(第135条)。

同关系,确认财产所有权,后者如确认亲子关系、确认自己为作者、发明人。原告请求法院确认的法律关系,须为现在存在的法律关系,而不得为过去存在的法律关系或将来可能发生的法律关系。

依原告提出的确认请求不同,确认之诉可以分为积极的确认之诉与消极的确认之诉。积极的确认之诉,又称"肯定的确认之诉",是指原告请求确认权利或法律关系存在的诉讼,如请求法院确认自己对某处房屋享有所有权,确认自己与被告存在合同关系等。消极的确认之诉,又称"否定的确认之诉",是指请求确认权利或法律关系不存在之诉,如请求确认被告不具有专利权,确认与被告不存在收养关系等。

确认之诉与给付之诉的区别在于,在确认之诉中,法院仅就原告主张的权利或法律关系存在与否进行审理,所作出判决是确认判决,没有给付内容,判决生效后不具有执行力。

(三) 形成之诉

形成之诉,是指原告请求法院通过判决使法律关系发生变更或消灭的诉讼。原告提起形成之诉的目的,是为了改变现存的法律状态,使现存在的法律状态变更为原告所追求的法律状态。

形成之诉与实体法上的形成权存在一定的联系。形成权是指权利人依其单方面的意思表示,使民事法律关系变更或消灭的权利。在一般情况下,当事人无需通过诉讼的方式来实现形成权,如当出现法定或约定的解除合同的事由时,一方当事人可以通知对方解除合同,合同自通知到达对方当事人时解除。①

但对有些法律关系,法律虽然也规定了在出现法定事由时一方有权要求变更或消灭特定的民事关系,但却要求当事人以起诉的方式、在法院的参与下行使形成权,如解除婚姻关系、收养关系。在这类诉讼中,法院要对原告是否具备其表示的形成权的法定事由进行审查,在确认原告主张的事由正当且存在时,法院才会作出形成判决;判决生效后,现在存在的法律关系才会变动。

形成之诉的特点在于:第一,双方当事人对特定的民事关系存在并无争议,但对是否应当变动这一民事关系存在争执;第二,当事人之间存在的民事关系需等到法院作出形成判决生效后才发生变动。

依据形成权由实体法规定还是由程序法规定,可把形成之诉区分为实体法上的形成之诉与程序法上的形成之诉,前者如《合同法》第74条规定的债权人撤销之诉,《公司法》第22条规定的撤销公司股东或股东大会、董事会决议之诉,第183条规定的解散公司之诉,《物权法》第99条规定的分割共有物之诉;后者如《仲裁法》第58条规定的撤销仲裁裁决之诉。

---

① 《合同法》第96条第1款规定:"当事人一方依照本法第93条第2款、第94条的规定主张解除合同的,应当通知对方。合同自通知到达对方时解除。对方有异议的,可以请求人民法院或者仲裁机构确认解除合同的效力。"

三、诉的合并

（一）诉的合并的概念

诉的合并分为主体合并与客体合并两种基本类型，在德、日等国的诉讼理论中将前者称为诉的主观合并，将后者称为诉的客观合并。

诉的主体的合并，是将同一诉讼标的多数原告或者多数被告合并到同一个诉讼程序中进行诉讼。从当事人的角度看，诉的主体的合并，就是多数当事人共同参与诉讼，《民诉法》第 52 条规定的共同诉讼，第 53、54 条规定的代表人诉讼都属于诉的主体合并。诉的主体的合并，在教材中一般都放在当事人部分说明。

诉的客观合并，是指同一原告针对同一被告提出两个或两个以上的诉（主张多数诉讼标的），法院将其合并到同一个诉讼程序中审理和裁判。诉的客观合并是诉讼标的的合并，因而在确定是否存在诉的客观合并时，须注意诉讼标的的识别依据，换言之，采用不同的诉讼标的的学说，有时会得出完全不同的结论。如在 A 乘坐 B 出租车公司汽车遭遇车祸的例子中，A 先依据合同关系起诉 B，在诉讼进行中，又依据侵权责任要求 B 赔偿损失，依旧实体法说[①]，是两个不同的诉讼标的，构成诉的合并，而依据新实体法说[②]，诉讼法中的一分肢说、二分肢说[③]，则为同一个诉讼标的，不发生诉的合并的问题。本章中的诉的合并，仅指诉的客体的合并。

诉的合并的意义，一方面在于减轻当事人的诉累，提高审判的效率，另一方面在于避免法院对相关联的诉作出相矛盾的判决。

（二）诉的合并的条件

1. 同一原告针对同一被告在同一诉讼程序中合并提出几个诉

这有三种情形：一种是在提起诉讼的时候就合并提出，第二种是原告在诉讼过程中又提出新的诉，第三种是原告起诉后被告提出反诉。

2. 受诉法院对其中一诉有管辖权

对合并提起的诉，受诉法院只要对其中一个诉有管辖权，基于牵连管辖，就取得了对其他诉的管辖权。受诉法院的管辖权，可以是法定的管辖权，也可以是因协议管辖产生的管辖权，但是鉴于专属管辖具有强烈的排他性，对专属于其他法院管辖的诉不能合并。

[①] 旧实体法说是民事诉讼理论中关于诉讼的传统学说。该学说把原告主张的实体法上的请求权作为诉讼标的，即便是同一个生活事件，如果有两个或两个以上的实体法规范对请求权作出了规定，就可以形成多个不同的诉讼标的。

[②] 新实体法说虽然也是从实体法上的请求权来识别诉讼标的，但认为基于同一生活事件有两个或两个以上的实体法规范规定，原告可以向被告主张请求权时，不存在多个并行的请求权，而是只有一个请求权，只不过该请求权受到多个实体法规范的支持，有多个请求权的法律基础。

[③] 诉讼法说是指以当事人提出的诉讼请求和事实依据作为识别诉讼标的的依据，或者仅以当事人提出的诉讼请求作为识别诉讼标的的依据，前者称为"二分肢说"，后者称为"一分肢说"。与实体法说不同的是，该学说不再把实体法上的请求权和实体法规范作为识别诉讼标的的依据。

3. 适用同一诉讼程序

不同的诉在适用的程序上有所不同,须能够适用同一程序审理,才能够将不同的诉予以合并。在我国,主要是适用简易程序的诉与适用普通程序的诉的合并问题。原则上,简易程序的诉应并入普通程序的诉,适用普通程序合并审理,但依据程序选择权的法理和2012年《民诉法》第157条第2款的规定,对适用普通程序的诉,如果双方当事人合意选择了简易程序,也允许将它们并入简易程序。

(三) 诉的合并的种类

1. 单纯合并

单纯合并,是指原告合并提出的数个诉彼此间无任何联系或者虽然有联系,也只是一种并存的关系。前者如原告合并提起请求被告支付买卖合同价金和返还借用的汽车的诉,后者如原告合并提起支付租金和返还租赁物的诉。

在单纯的合并中,各个诉是独立的,法院虽然把它们置于同一程序中进行审理,但仍然要分别审查各个诉,并针对每个诉作出判决,法院在审理各个诉时,没有固定的先后顺序,在必要时也可将它们分开来审理。

2. 预备合并

预备合并又称顺序性合并,是指原告同时提出两个诉,其中一个是主诉(先位之诉),另一个是预备之诉(后位之诉)。主诉比预备之诉对原告更为有利,故原告将其放在先,但原告又担心主诉的理由不充分,得不到法院的支持,所以同时提出预备之诉,一旦主诉被驳回,便以预备之诉替代之。

对预备合并的诉,法院在审理时有先后的顺序,须先审理主诉,如果主诉有理由,就不需要再审理预备之诉,但在主诉无理由时,就需要对预备之诉进行审理。

预备合并中主诉与预备之诉之间存在着牵连关系。如最常见的预备之诉是原、被告因买卖合同发生了纠纷,原告的主诉是要求被告支付价金,但原告担心法院可能会认定买卖合同无效,所以又同时提出返还已交付的货物的预备之诉。

3. 选择合并

选择合并,是指原告合并提出了数个给付请求,由法院选择其中的一个作出判决。当实体法上的选择之债中选择权在债权人一方时,作为债权人的原告可以通过选择合并的方式向被告主张权利。

4. 竞合合并

竞合合并,又称重叠合并,是指原告主张数个诉讼标的,但诉的声明仅有一个,诉的目的相同的诉的合并。

竞合合并主要分为两种类型:一种是原告依据不同的实体法规定提起数个诉,但诉的声明相同,要求的给付亦相同。如原告既依据所有权的规定要求被告返还其占有的房屋,又以租赁合同已终止为由要求返还房屋。这种竞合合并,仅在采用旧实体法说界定诉讼标的时才会被承认。① 另一种是原告提起数个形成之诉,这些诉追求同一个形成法律效果,但依据的形成原因不同,如原告同时以因感情不和分居满2年和以被告有赌博的恶习且屡教不改为由诉请离婚。上述合并,如采用一分肢说,则只有一个诉讼标的,不存在合并问题,但依据二分肢说,尽管原告追求的形成效果相同,由于存在两个事实理由,仍然构成诉的合并。

四、诉的变更

(一) 诉的变更的概念

诉的变更,是指在诉讼程序进行中,原告主张以新的诉讼标的来替换旧的诉讼标的。诉讼标的变更,意味着诉的质的变更,而不仅仅是量的变更。如原先原告要求被告赔偿损失10万元,后来将赔偿额增加为15万元或减少到8万元,均不属于诉的变更。

在处理诉的变更时,既要考虑到原告方的利益,又要考虑到被告方的利益,还要顾及到司法的效率问题。从原告方来说,如果随着程序的进行,原告已经意识到原来主张的诉讼标的是不合适的,如原告开始时认为合同有效,依据有效合同要求被告支付价金,但后来认识到合同可能是无效的,所以应当依据法律关于无效合同法律后果的规定,主张返还已交付的货物,或者由于客观情况的变化,原告原先提出的请求已经不可能实现,如原先请求被告返还某特定物,后来该特定物在火灾中烧毁。在上述情况下,不允许原告变更诉,一定要他撤回原来的诉后再重新起诉,对原告来说过于苛刻或有失公平,同时也不符合诉讼效率的要求。但另一方面,如果对原告变更诉的行为不作限制,原告就可能滥用这一制度,使被告的利益受到严重损害。如在法庭辩论终结前,原告意识到自己原来提出的诉不合法、不恰当,极有可能被法院驳回诉讼请求,为避免败诉,而进行诉的变更。在此种情形下,应考虑被告方的利益——被告已经为应诉进行了充分的准备,花费了时间和金钱,诉的变更须征得被告同意后方可进行。诉的变更还关涉程序公正和诉讼效率这一司法上的利益,所以在是否准许变更上应赋予法院的决定权,双方当事人对是否准许变更诉可能会发生争议,原告要求变更,被告则执意不同意变更,此时便需要法院来裁决。如果情况表明诉变更后,后诉与前诉源于同一事实,产生于同一法律关系,因而法院在审理时可以利用已经调查过的证据,已经辩论过的资料,对被告防御也不会带来多少困难,法院就会作出准许变更诉的决定。

(二) 诉的变更的种类

1. 请求事项的变更

原诉是请求法院确认与被告之间存在借贷关系,后来改为基于这一关系要求被告偿付借款,这是由确认之诉变更为给付之诉;或者在给付之诉中,原来请求的是将来给付,后来改为现在给付。

---

① 按照新实体法说,这里诉讼请求只有一个,但请求权的法律基础有两个,所以只存在一个诉,不发生诉的合并问题。

2. 事实理由的变更

事实理由的变更是指在诉的声明不变的情况下，通过改变原先提出的事实理由，来变更诉。如原告先是以被告有第三者起诉离婚，后来又提出之所以要求离婚是因为被告长期虐待她。[①]

3. 请求权基础的变更

请求权基础的变更，是指在诉的声明依旧的情况下，将请求权所依据的实体法规范予以变更，如原来依据合同不履行请求赔偿，现在则依据侵权责任要求赔偿。[②]

（三）诉的变更的条件

1. 法院管辖权不变

法院对变更后的诉仍然有管辖权，如果诉变更后不属于受诉法院管辖，则诉的变更不合法。

2. 被告同意变更

诉状送达被告后，被告为应诉进行了准备，因而诉的变更涉及被告的利益，所以原告变更诉须征得被告同意，被告同意可以通过口头方式来表达，也可以通过针对已变更的诉进行辩论来表示，被告如不同意变更，可以对变更诉的行为提出异议。

3. 法院同意变更

在有些情况下，尽管被告不同意变更，但法院认为变更并不会对被告的防御造成困难，并且符合诉讼经济的要求，法院可以不顾被告的反对，同意原告变更。

4. 不会造成诉讼显著迟延

如果法院认为变更诉会致使案件的审理复杂化，不仅不能提高诉讼效率，而且还会导致诉讼显著迟延，即使被告同意变更，法院也可以拒绝变更。

（四）诉变更的程序

在诉讼实务中，诉的变更有原告主动要求变更和经法院释明后变更的两种情形。依据《证据规定》第34条，原告主动变更须在举证期限届满前提出，举证期限在开庭审理前即届满，而此时原告往往还意识不到变更诉的必要性，所以把变更诉的期间定在法庭辩论终结前而不是举证期限届满前更为合理。经法院阐明后变更，是指法院在诉讼进行过程中，依据《证据规定》第35条，在当事人主张的法律关系的性质或者民事行为的效力与法院根据案件事实作出的认定不一致时，法院应当告知当事人可以变更诉讼请求，法院的这一告知行为，是提示和建议原告变更，至于是否变更，仍然要由原告自行决定，从诉讼实务看，法官是法律问题的专家，并且决定法律的适用，法律关系的性质与民事行为的效力又属于法律问题，所以当法官进行了告知，原告一般都会依法官的阐明变更诉讼请求。

原告主动变更，应当向法院提出申请，适用普通程序的案件，应当以书面形式提出申请，适用简易程序的案件，可以用口头形式申请，由法院记入笔录。如果是诉讼过程中经

---

① 按照旧实体法说和诉讼法说中的二分支说，这属于诉的变更，而依照一分支说，则不构成诉的变更。
② 请求权基础的变更是否属于诉的变更，因诉讼标的的学说的不同而异。按照旧实体法说，它属于诉的变更，而按照新实体法说、诉讼法说这些新的学说，则不构成诉的变更。

法院阐明后变更,无论适用哪一种程序,均可采用记入笔录的方式,法官所做的阐明和原告变更的表示均应当记入笔录。

诉的变更如成立,法院应就新的诉进行审理,如不成立,法院应驳回变更诉的申请,继续审理原来的诉。

五、反诉

(一) 反诉概述

1. 反诉的概念与特征

反诉是指在本诉的程序中,被告以原告为被告提起的与本诉相关联的诉讼。反诉是诉中之诉,是本诉的被告利用正在进行的本诉程序向法院提起的新的诉,以对抗或并吞原告的诉讼请求。反诉具有以下特征:

(1) 当事人的特定性。当事人的特定性是指在反诉中,原告只能是本诉中的被告,而被告则一般也只能为本诉中的原告,在反诉中,双方当事人互换了位置,原来的被告成为原告,原来的原告成为被告。由于反诉的提出,双方当事人的诉讼地位显现出复杂的状态,他们既是原告又是被告。

(2) 诉讼目的的对抗性。从被告提起反诉目的看,是为了通过反诉,排除或吞并原告提出的诉讼请求,使原告的诉讼请求失去作用,因而具有明显的对抗性。

(3) 诉讼标的的独立性。反诉的独立性首先表现为反诉的诉讼标的不同于本诉,具有自己独立的诉讼标的,如果与本诉的诉讼标的相同,就不能成其为反诉。例如,原告起诉要求确认某一房屋的所有权归自己,被告则提出反诉请求,主张自己对该房屋享有所有权。在该例子中,系争的房屋虽然是同一所,并且原告与被告提出的均是确认所有权的诉,但它们却是两个独立的诉讼标的,如果被告仅仅是主张房屋归自己所有,请求法院驳回原告的诉讼请求,则不能构成反诉。反诉的独立性还表现在反诉的提起虽然以本诉的存在为前提,但反诉提起后,即使本诉后来被撤回,也不影响反诉的存在,法院仍然需要对反诉进行审理。

(4) 诉讼标的的关联性。反诉虽然是被告独立提出的诉,但并非是与本诉不相干的诉,它与本诉之间存在着事实上或法律上的牵连关系,正是这种牵连关系的存在,使反诉对抗本诉的目的得以实现,使法院将它们置入同一诉讼程序中进行审理成为适当。

(5) 诉讼时间的限定性。当事人须在本诉程序进行中提出反诉,如果本诉尚未开始或者已经审理终结,反诉均无从提起。

2. 反诉与反驳的区别

在民事诉讼中,针对原告提起的诉,被告通常采用反驳的方法来维护自己的合法权益,即从事实上、法律上提出原告之诉不成立,要求法院驳回原告的诉的方法来同原告对抗。但反驳与反诉不同,反驳是一种防御行为,而反诉则是一种积极的进攻行为。

反诉与反驳的具体区别在于:第一,是否存在反请求的不同。在反诉中,被告向原告提出了独立的反请求,而在反驳中,则无此种反请求。第二,有权提出的主体不同。反诉是本诉被告享有的一项权利,而反驳则是原告、被告、第三人均享有的权利;第三,作用不同。反诉一旦得到法院的支持,一方面使本诉全部或部分失去作用,另一方面使自己的反请求通过法院的判决得到确立,如在前面房屋争议的例子中,法院判决支持了被告的反诉请求,由于既判力的作用,该房屋的所有权便确定归被告所有,反驳则无此效果,即使反驳成功,也只产生法院驳回原告诉讼请求的作用。

3. 反诉与诉讼抵销的区别

《合同法》第 99 条和第 100 条规定了债的抵销制度,即在当事人互负到期债务,该债务的标的物的种类、品质相同的,任何一方可以将自己的债务与对方抵销;在标的物的种类、品质不同时,经双方协商一致,也可以抵销。债务的抵销可以在诉讼外进行,也可以在诉讼中进行,在诉讼中进行的,称为诉讼抵销。

诉讼抵销也能起到对抗或并吞原告请求的目的,因而也是被告保护其权益的一种方法。与反诉相比,诉讼抵销不是一种独立的诉,无需遵循反诉的条件与程序,但同时一旦抵销成功,法院判决对已经抵销的债权也有既判力,所以在一定的意义上说,在能够采用诉讼抵销的时候,选择诉讼抵销无论是对被告还是对法院都是一种更为经济的办法。

4. 反诉的功能

反诉是大陆法系国家和英美法系国家的民事诉讼普遍承认的一项制度,该制度的功能在于:

首先,反诉制度有助于实现当事人诉讼权利的平等。在民事诉讼中,原告有起诉的权利,被告作为与原告具有平等诉讼地位的当事人,则相应地享有反诉的权利。

其次,有利于实现诉讼经济。当被告对原告存在反请求的时候,通过反诉,将两个存在着牵连关系的诉放在同一诉讼程序中进行审理,显然会比让被告单独提起一个诉,通过两个独立的诉讼程序处理原、被告之间的纠纷更有利于节约用于诉讼的时间和费用。

最后,有利于防止法院作出互相矛盾的判决。本诉与反诉之间存在牵连关系,这决定了如果不是利用同一诉讼程序审理本诉与反诉,而是让被告另行提起诉讼,就有可能出现由不同法院前后作出的两份判决相矛盾、相抵触。如甲基于合同关系向 A 法院起诉被乙,要求乙支付价金,而乙则向 B 法院起诉甲,要求法院确认该合同无效,A 法院作出原告胜诉的判决,B 法院却作出合同无效的判决,两个判决就会发生冲突。

(二) 提起反诉的条件

反诉是诉的一种,因而提起反诉须具备《民诉法》第 119 条规定的起诉的一般条件,反诉作为一种特殊的诉,还须具备以下特殊条件。

1. 由本诉被告向本诉原告提起

这一条件是由反诉的目的与反诉的特征所决定的。反诉是本诉被告为抵销、并吞原告的诉讼请求,利用已开始的诉讼程序向原告发动攻击,所以有权提起反诉的当事人是特定的,只能是本诉的被告,而不能是被告以外的第三人,依据同样的理由,反诉中的被告一般只能是本诉中的原告,如果将原告以外的第三人作为被告,那同样也不成其为反诉。

2. 在诉讼进行中提起

在诉讼进行中,一般应理解为本诉受理后至法庭辩论终结前这段时间。反诉是建立在本诉的基础上的,所以只有等到法院对本诉立案之后,才有可能提起反诉,法庭辩论一旦终结,法院与当事人共同实施诉讼行为的时间也就终止,此时再提起反诉,非但不能利用本诉的程序对反诉进行调查和辩论,达不到诉讼经济的目的,而且还会导致诉讼迟延。基于以上原因,一些对反诉程序作出规定的国家,如德国、日本均规定被告可以在口头辩论终结前提起反诉,我国学术界的通说也认为应当把法庭辩论终结作为提起反诉的截止期。《证据规定》第34条要求当事人在举证期限届满前提起反诉,从而把截止期提前到法院开庭审理之前,这大大缩短了提起反诉的期间,会严重限制被告提起反诉的权利,其合理性不无疑问。

反诉一般是在第一审程序中提出,但也有的被告等到进入第二审程序后再提出反诉。此时如果法院受理反诉,并在同一程序中审理本诉与反诉,由于二审法院所作的判决是终审判决,所以虽然有利于提高诉讼效率,但反诉只经过一个审级的审理,会损害当事人的审级利益。为了解决这一矛盾,德、日等国采用的"经原告同意"的方法,因为经原告同意就意味着双方当事人都放弃了审级利益,审级利益的瑕疵便得到治愈。我国采用的是调解的办法,依据《适用意见》第184条的规定,二审法院可以受理当事人提起的反诉,但只能对双方进行调解,调解不成的,应当告知当事人另行起诉。从程序选择权的原理看,在征得本诉原告同意后,由二审法院一并对本诉与反诉进行审理和判决是可行的。

3. 向受理本诉的法院提出且不属于其他法院专属管辖

要达到利用本诉的诉讼程序,与本诉合并审理的目的,反诉就必须向受理本诉的法院提出,如果向其他法院提出,就会成为与本诉不相干的另外的诉。被告提起的反诉同样存在着级别管辖和地域管辖问题,如果本诉由基层法院管辖,反诉依级别管辖则由中级法院管辖,德国对此种情形的处理是允许提起反诉,但下级法院依当事人的申请将两个诉一并移送到上级法院,由上一级法院一并审理。我国《民诉法》对此未作规定,我们认为德国的方法是一种值得借鉴的办法。反诉依地域管辖的规定可能属于另一个法院管辖,但受理本诉的法院可以基于牵连管辖取得对反诉的管辖权。但是,当反诉属于另一个法院专属管辖时,由于专属管辖所具有的强烈的排他性,受理本诉的法院不能基于牵连管辖而取得管辖权,所以在这种情况下反诉也就不能成立。

4. 反诉与本诉须在法律上或者事实上存在牵连关系

存在着牵连关系,才能够实现提起反诉的目的,也才有助于诉讼经济目标的实现。法律上的牵连关系是指反诉与本诉基于同一法律关系而发生,如原告诉请被告履行双方订立的合同,被告则提起反诉,以原告在订立合同时存在着欺诈行为为由诉请撤销该合同。事实上的牵连关系是指反诉与本诉的请求源于同一事实关系,如双方当事人因自行车相撞受伤,原告起诉要求被告赔偿其损失,被告则提出反诉,要求原告赔偿自己受到的损失。

5. 反诉与本诉须适用同一诉讼程序

反诉能与本诉在同一诉讼程序中审理,才能够达到利用本诉程序一并解决反诉的目标,如果本诉适用的是简易程序,而反诉却需要适用普通程序,就会由于程序的不同而妨碍反诉的提起。① 但是,如果本诉适用的是普通程序,而反诉适用的是简易程序,则被告提起的反诉可以成立,因为适用普通程序审理简单的民事案件不会造成程序上的冲突。

(三) 反诉提起后的审理与裁判

法院受理反诉后,就需要对两个相关联的诉进行审理和判决。在通常情况下,法院会利用本诉的程序,对两个诉进行调查和辩论,即把本诉与反诉合并在同一程序中审理。但是,合并审理不是必需的,如果合并审理反而会致使诉讼迟延,法院也可以把本诉与反诉分开来审理。

尽管是合并审理,法院也应当分别对本诉与反诉作出裁判,这是由反诉的独立性所决定的。法院在判决中既可能支持本诉请求、驳回反诉请求,或者支持反诉请求、驳回本诉请求,也可能既支持本诉请求又支持反诉请求。

第三节 起诉与受理

一、起诉

(一) 起诉的概念

起诉,是指原告认为其享有的或者依法由其支配、管理的民事权益受到侵害,以自己的名义请求法院通过审判给予司法救济的行为。

原告起诉是引起民事诉讼程序发生的前提条件。民事诉讼实行不告不理的原则,因此,若无原告提出诉讼,诉讼程序就无从发生。但是,原告起诉并不必然引起诉讼程序的发生,法院还须对原告提起的诉讼进行审查,符合法定起诉条件的,才受理和立案。也就是说,原告起诉与法院受理相结合,才能够引起民事诉讼程序发生。

(二) 起诉的条件

根据第119条的规定,当事人起诉须符合以下条件:

1. 原告是与本案有直接利害关系的公民、法人和其他组织

该条件的关键词有两个,一个是本案,一个是直接利害关系。本案指的是原告与被告发生争议,要求法院裁判的民事法律关系。利害关系是指原告须与该民事权利义务关系有直接利害关系,一般而言,原告如为该权利义务关系的主体,自然有直接利害关系,如合同当事人就合同争议提起诉讼,婚姻关系的当事人提起离婚诉讼等。但在下列情况下,非法律关系的当事人也能够作为原告提起诉讼:(1) 法律明确规定可对他人之间的法律关系提起诉讼的。如婚姻关系当事人的近亲属及基层组织可以重婚为理由请求法院宣告婚姻无效;债权人可依据《合同法》第74条的规定行使撤销权,请求法院撤销债务人与第三人之间订立的合同。(2) 对他人民事权益有管理权或支配权的人。如破产管理人、遗产

---

① 依法需要适用普通程序审理的案件,是那些争议标的数额大的案件,或者是在事实上或法律上存在重大争议的案情复杂的案件,法院不得适用简易程序审理此类案件。

管理人可作为原告提起诉讼,尽管他们不是进入破产程序的企业的财产的所有人、不是遗产的所有人;(3) 公益诉讼案件中的原告。

2. 有明确的被告

原告起诉必须指明告的究竟是谁,向法院表明谁侵害了自己的民事权益或同自己发生了民事权益的争议,将被告明确化和特定化。被告为自然人,须表明其姓名、性别、年龄、职业、工作单位、住所等,被告为法人,须表明其名称、住所、法定代表人或主要负责人等。

原告起诉时不指明被告,法院就无从确定对方当事人是谁,无法送达起诉状,诉讼程序也就无从开始。

在审判实务中,原告起诉却未指明任何被告的情形不会出现,可能出现的是,原告受到了侵害,但却无法指明具体的加害人,于是把可能的加害人都作为被告告到了法院。对如何看待此情形,有不同认识:一种意见认为原告虽然不能指明加害人是谁,但既然已把可能的加害人都列为被告,仍然是符合起诉条件的;另一种意见则认为,原告实际上未明确本案的被告,因此不符合起诉条件,法院不应受理。司法实务采纳的是第一种意见。

3. 有具体的诉讼请求和事实、理由

具体的诉讼请求是指原告在起诉时向法院表明的给予司法保护的具体内容和方式。提出具体的诉讼请求,非常重要。诉讼请求是法院审理和裁判的对象,诉讼请求不明确、不具体,法院就无从确定其审理对象,审判也就无法进行。"事实"是指诉讼请求所依据的事实,包括原告主张的权利赖以发生的事实,或者原告主张的权利赖以消灭的事实,与对方当事人发生争议的事实等。"理由"是诉讼请求符合法律规定,应当得到法院支持的缘由。需要注意的是,原告在起诉时,只要表明了事实和理由,就满足了起诉的条件,至于原告主张的事实是否真实,理由是否充分,那是审理阶段解决的问题,法院不得以事实不真实、理由不充分为由不予受理。

在起诉条件中,法律只是要求有"事实"、"理由",未要求当事人提供证据。但在第121条关于"起诉状内容"的规定中,明确把"证据和证据来源,证人的姓名和住所"作为起诉状的内容之一。从起诉与受理这个阶段在第一审程序中的功能看,这里的证据与证据来源,应当理解为原告应当向法院提供符合法定的起诉条件的证据,如关于当事人的身份、诉讼行为能力、管辖权等方面的证据,而不是一定要在此时提供证明其诉讼请求成立的证据,证明其诉讼请求能够成立的证据,原告能够提供自然是好,但如果暂时不能提供,也不妨碍其起诉,法院不能因为原告未能提供这方面的证据,就认为原告起诉不符合条件。[①]

4. 属于法院受理民事诉讼的范围和受诉法院管辖

原告请求法院解决的争议须属于法院民事审判权的职权范围,在法院民事诉讼主管范围之内。同时,原告还应当根据《民诉法》关于级别管辖和地域管辖的规定,向有管辖

[①] 参见李源国:《民事立案中的证据问题》,载 2003 年 12 月 16 日《人民法院报》。

权的法院提起诉讼。

以上是关于起诉的积极条件,即起诉须具备的条件。起诉被法院受理,还须符合一些消极条件,即不得具有法律规定的禁止起诉的情形,这主要包括以下三种情形:(1) 同一案件法院已经立案,正在审理之中;(2) 同一案件法院已处理完毕,裁判已经发生法律效力;(3) 法院规定不得在一定条件、一定期间内起诉的离婚案件。

(三) 起诉的方式和起诉状的内容

起诉的方式有书面起诉和口头起诉两种。在普通程序中,以书面方式为原则,以口头方式为例外。第120条规定:"起诉应当向人民法院递交起诉状,并按照被告人数提出副本。书写起诉状确有困难的,可以口头起诉,由人民法院记入笔录,并告知对方当事人。"从该规定看,在普通程序中起诉一般都要求采用书面方式。

采用书面方式起诉,既有助于当事人慎重地对待起诉,又有利于法院了解当事人的诉讼请求及请求所依据的事实和理由。

起诉状应当记明下列事项:(1) 当事人的基本情况。包括当事人的姓名、性别、年龄、民族、职业、工作单位和住所,法人或者其他组织的名称、住所和法定代表人或者主要负责人的姓名、职务、联系方式。(2) 诉讼请求和所根据的事实与理由。(3) 证据和证据来源,证人姓名和住所(第121条)。

二、审查起诉

(一) 审查的内容

原告提起诉讼后,法院即负有对起诉进行审查的义务,通过审查来确定原告起诉是否符合条件,以决定是否应当受理。

法院的审查主要围绕着起诉的条件进行,看原告起诉是否符合第119条规定的起诉条件,是否存在法律规定的禁止起诉的情形,起诉是否属于重复起诉等。

法院还应审查起诉状是否记明了第121条规定的事项,如有遗漏,应当通知原告在一定期限内补正。

(二) 审查起诉的期限

法院对起诉的审查须在7日内完成。经审查,认为符合起诉条件的,应当在7日内立案并通知当事人;认为不符合条件的,应当在7日内作出不予受理的裁定书。对这一裁定不服,原告可提起上诉。

三、审查后的处理

(一) 先行调解

先行调解是此次《民诉法》修订为调解制度增添的新内容。根据第122条的规定,当事人起诉到人民法院的民事纠纷,适宜调解的,先行调解,但当事人拒绝调解的除外。第122条是在"起诉与受理"一节中,该节总共6个条文,前3条是关于起诉条件和起诉状的规定(第119—121条),后3条是关于法院如何处理起诉的规定(第122—124条),第122

条的位置是在第123条(关于法院应当保障当事人的诉权和受理依法提起诉讼)、第124条(关于不予受理情形及其处置的规定)之前,因此从逻辑上看,应当解释为受理前的调解。由于法院尚未受理诉讼,诉讼还未系属于法院,所以理论界一般将其称为"诉前调解"。

先行调解虽然是《民诉法》中的新规定,但并不是立法机关的凭空创制,而是对法院调解实务中创新举措的认可。为了更为有效地发挥调解的作用,不少法院把调解工作前移,在起诉与受理阶段就注重发挥调解的作用。法院的具体做法有两种:其一,是采取委托调解的办法。这是指立案庭的法官在征得双方当事人同意后,把原告起诉到法院的纠纷交给设在法院的人民调解工作室、人民调解委员会、工会、妇联、商会等组织进行调解;其二,是采用预立案的做法。所谓的预立案,是指法院对原告提起的诉讼,办理预立案登记后,即征询当事人的意见,当事人同意调解的,就由法院立案庭的法官或者民庭的法官进行调解,或者采用委托调解的方法。调解不成的,再正式立案,进入诉讼程序。从法院先行调解的实践看,确实有一部分纠纷通过这种方式得到了快速解决。

先行调解可以说是一种高效率、低成本的纠纷解决方法。一方面,这种新型的调解发生在法院受理案件前,如果纠纷通过调解得到解决,就无需进入诉讼程序,为当事人及法院节省了用于诉讼的时间和精力;另一方面,既然起诉到法院的案件尚未立案或者尚未正式立案,当事人也就无需向法院交纳诉讼费用。先行调解的设置使当事人在进入诉讼程序前,再次获得了选择非诉讼方法实现权利的机会。

当然,先行调解一定要尊重当事人的意愿,要在取得双方当事人同意的前提下适用,否则就会侵犯当事人的起诉权,而保障起诉权实现正是此次《民诉法》修订需要重点解决的问题之一。

(二) 立案受理

受理是指法院审查起诉后,认为原告起诉符合法律条件,决定立案的行为,立案表明诉讼程序开始启动。

法院受理原告起诉后,产生如下法律效果:

(1) 案件系属于特定法院。受理使原告起诉的案件归属于特定的法院,受诉法院取得了对该案件的审判权,有权力也有责任对该案件进行审理。

(2) 禁止重复起诉和受理。法院受理案件后,对当事人而言,不得再就同一纠纷向其他法院提起诉讼,对其他法院而言,也不得再次受理当事人就同一纠纷提起的诉讼。

(3) 管辖权恒定。法院受理后,即便当初确定管辖权的因素发生变化,如被告迁出法院辖区,行政区划发生变动等,均不影响受诉法院的管辖权。

(4) 诉讼请求的特定化。法院受理原告起诉后,原告的诉讼请求便处于固定的状态,非依法定程序,原告不得随意变更或增加诉讼请求。

(5) 当事人的诉讼地位确定。法院受理后,谁是本案的原告、谁是本案的被告,即告确定。双方当事人依据其诉讼地位,享有诉讼的权利,承担诉讼上的义务,实施相应的诉讼行为。

(6) 审限开始计算。《民诉法》为法院审理案件规定了审限,审限从法院立案受理之日开始计算。

(三) 不予受理

法院审查后,如认为原告起诉不符合起诉的法定条件,应作出不予受理的裁定。由于当事人不服该裁定有权提起上诉,法院须以书面形式作出不予受理的裁定,不得以口头方式裁定,更不得以口头通知方式告知当事人不予受理。

为了保障当事人的诉权,此次修订增加规定:"人民法院应当保障当事人依照法律规定享有的起诉权利。对符合本法第 119 条的起诉,必须受理。符合起诉条件的,应当在 7 日内立案,并通知当事人;不符合起诉条件的,应当在 7 日内作出裁定书,不予受理……"(第 123 条)。

法院在审查起诉时,对下列情况,应作如下处理:

(1) 原告起诉事项属于行政诉讼受案范围的,告知原告提起行政诉讼。

(2) 双方当事人以书面形式达成仲裁协议的,告知原告向仲裁机构申请仲裁。

双方当事人订有仲裁协议时原告起诉,被告会提出因有仲裁协议法院不应受理的抗辩,法院应依据仲裁协议驳回原告起诉。如原告起诉时未声明有仲裁协议,被告对法院受理诉讼不仅不提出异议而且应诉答辩的,即视为法院对该案件有管辖权。

(3) 依法应当由其他行政机关处理的争议,告知原告向有关行政机关申请解决。

(4) 对不属于本院管辖的案件,告知原告向有管辖权的法院起诉;原告坚持起诉的,裁定不予受理。

《适用意见》第 142 条至第 153 条规定了法院应当受理的一系列特殊情形,这些情形主要包括:(1) 裁定不予受理、驳回起诉的案件,原告再次起诉的,如果符合起诉条件,法院应予受理;(2) 当事人撤诉或法院按撤诉处理后,当事人以同一诉讼请求再次起诉的,法院应予受理;(3) 当事人在书面合同中订有仲裁条款,或者在发生纠纷后达成书面仲裁协议,一方向法院起诉的,法院裁定不予受理,告知原告向仲裁机构申请仲裁,但仲裁条款、仲裁协议无效、失效或者内容不明确无法执行的除外;(4) 当事人在仲裁条款或协议中选择的仲裁机构不存在,或者选择裁决的事项超越仲裁机构权限的,法院有权依法受理当事人一方的起诉;(5) 病员及其亲属对医疗事故技术鉴定委员会作出的医疗事故结论没有意见,仅要求医疗单位就医疗事故赔偿经济损失向法院提起诉讼的,应予受理;(6) 判决不准离婚、调解和好的离婚案件以及判决、调解维持收养关系的案件的被告向法院起诉的,不受第 124 条第 7 项规定的条件的限制。

这些情形属于受理中的疑难问题,也是以往律师资格考试和现今国家司法考试常考到的问题,对此,应给予足够的重视。

第四节 审理前的准备

一、审前准备概述

审理前的准备,简称"审前准备",是指法院受理案件后直至开庭审理前,为保证庭审的顺利进行,法院在当事人的参与下,所进行的一系列准备活动。

审理前的准备是第一审程序的一个重要环节,其功能是:(1)明确并固定争点。通过审前准备,将当事人之间有争议的问题与无争议的问题加以区分,使争点凸现出来,固定下来,以便将来开庭时围绕争点进行辩论和审理。(2)确定证据。争点明确后,法官将围绕争点引导当事人提供证据。并通过交换证据,使双方当事人一方面可以在进入庭审前就了解对方的证据材料,以防止可能出现的证据突袭,另一方面可以针对对方的证据,提出反驳的证据。(3)促成当事人和解。经过上述步骤,当事人既能够消除可能存在的误解,又能够在知己知彼的基础上,对自己的优势和劣势作出客观的判断,从而使当事人通过和解解决纠纷。

针对法官开庭前接触当事人可能产生的种种问题,我国法院在审判方式改革中曾采取"直接开庭"的一步到庭的审理方式,但"直接开庭"又造成了法官在庭审时常常不能准确把握案件的争点,当事人也难以围绕着争点来举证和质证,导致庭审效果不佳,一个案件要经过多次开庭才能够审结。针对"直接开庭"带来的问题,法院在改革中开始探索建立以明确争点和整理证据为主要内容的审前准备程序。《证据规定》关于举证期限和证据交换的规定,实际上是对审前准备改革成果的确认。

二、审前准备的内容

根据第125条—第133条和相关司法解释的规定,审前准备程序的内容包括:

(一)送达诉讼文书

法院在立案后,应向原、被告发送案件受理通知书和应诉通知书,并在立案之日起5日内将起诉状副本送达给被告。被告应在收到之日起15日内提出答辩状,法院应当在收到之日起5日内将答辩状副本送达给原告。

法院在送达受理通知书和应诉通知书的同时,还应向双方送达"举证通知书"。"举证通知书"应当载明举证责任的分配原则与要求、可以向法院申请调查取证的情形、法院根据案件情况指定的举证期限以及逾期提供证据的法律后果。

(二)告知诉讼权利义务和合议庭组成人员

为了使当事人了解其在诉讼中享有的权利和承担的义务,法院应在案件受理通知书或应诉通知书中告知当事人诉讼权利和义务,或者采用口头方式向当事人告知。适用普通程序的案件须组成合议庭审理,合议庭组成人员确定后,应当在3日内告知当事人。

(三)审核诉讼材料,调查收集必要证据

为了在开庭审理前了解案件的基本情况,审判人员应认真阅读原告的起诉状、被告的答辩状,查看双方当事人向法院提交的证据材料,当事人关于证据来源的说明等。

在一些案件中,法院还须做必要的调查收集证据的工作,这主要包括两种情况:一种是当事人申请法院调查取证,法院认为当事人申请符合法律规定时;二是对法律和司法解释规定的法院应当依职权调查取证的情况,法院进行调查。法院调查收集证据时,可以派出本院的人员进行调查,也可以委托证据所在地的法院调查(第129条—第131条)。

(四) 对案件进行分流

在审前准备中,法院应当根据案件的不同情况,对受理的案件进行梳理和分流,为案件选择最适当的程序:(1) 当事人没有争议,符合督促程序规定条件的,可以转入督促程序;(2) 开庭前可以调解的,采取调解方式及时解决纠纷;(3) 根据案件情况,确定适用简易程序或者普通程序;(4) 需要开庭审理的,通过要求当事人交换证据等方式,明确争议焦点(第133条)。

(五) 交换证据

法院指定举证期限后,当事人一般均会在规定的期限内向法院提交证据材料。对那些案情复杂、证据材料多的案件,如果当事人不知道对方当事人在开庭审理时将会提出哪些证据材料,常常不能有效地进行质证,不能有针对性地提出进行反驳的证据,还可能造成一方用证据进行突然袭击。所以,在开庭前进行证据交换很有必要。

《证据规定》在第37条至第40条中对证据交换制度作出了规定。根据上述规定,启动证据交换的方式有两种:一种是经当事人申请后,法院组织证据交换;另一种对证据较多,或疑难复杂的案件,法院依职权组织证据交换。确定证据交换的时间也有两种方式,一种是当事人协商一致后经法院认可,另一种是由法院指定。证据交换的程序是在审判人员主持下由当事人、诉讼代理人进行交换。审判人员在交换过程中,须区分当事人对哪些事实、证据有争议,将它们分别记录在案卷中。对有异议的证据,还需记载异议的理由。[①] 当事人在收到对方证据后,有时需要提出证据进行反驳,此时法院应通知当事人再次进行证据交换,证据交换的次数,一般不超过二次。

(六) 追加当事人

法院在审核诉讼材料时,如发现必须共同进行诉讼的当事人未参加诉讼的,应以通知其参加诉讼的方式,将其追加为当事人。

(七) 法院调解

有些案件,在审前准备阶段就可以进行调解,《简易程序规定》第14条规定了六类法院在审前准备阶段应当先行调解的案件,对这些案件,法院应当进行调解。

(八) 当事人自行和解

经过证据交换后,双方当事人对纠纷有了新的认识,双方有可能通过和解解决纠纷。当事人达成和解协议的,原告可通过撤诉终结诉讼程序。

---

① 这表明证据交换具有明确争点,确定庭审时调查证据的范围的功能。

(九) 进行鉴定、证据保全、变更、追加诉讼请求等

根据《证据规定》的相关规定,当事人申请鉴定、申请证据保全、增加、变更诉讼请求、提起反诉,均应在举证期限届满前提出。而举证期限在开庭审理前届满,所以上述活动或行为,亦是审前准备程序的内容。

第五节　开庭审理

一、开庭审理概述

开庭审理,是指法院在当事人和其他诉讼参与人的参加下,在法院指定的期日,依照法定程序和方法对案件进行审理和裁判的活动。

开庭审理一般应在审前准备的各项工作完成后进行,但作为例外,具有以下三种情形之一的,也可在答辩期届满前进行:(1) 当事人明确表示不提交答辩状;(2) 答辩期届满前已经答辩;(3) 当事人同意在答辩期间开庭的(《审改规定》第7条)。

开庭审理的基本要求是:(1) 开庭审理原则上应采取公开审理的方式。这是审判公开制度的要求,只有在法律规定的例外情形下,才能够实行不公开审理。(2) 开庭审理原则上实行对席审理的方式。法院应在双方当事人、诉讼代理人参与下对案件进行审理,只有在符合缺席判决的条件下,才能够在仅有一方当事人参与的情况下进行审理和裁判。(3) 开庭审理须以言词方式进行。在开庭审理中,双方当事人以言辞方式陈述案情,进行质证和辩论,法院则在听取当事人言词辩论后作出裁判。(4) 法院的裁判须以法庭审理的内容为基础。法庭审理是诉讼的核心阶段,法院对争议事实的认定、对法律的适用应在这一阶段进行,无论是当庭宣判还是闭庭后择日宣判,法院裁判所依据的材料均应来自开庭审理,不得将未经审理的内容作为裁判的依据。

开庭审理的基本任务是,通过法庭调查和法庭辩论,调查证据、确认事实,在查明事实、分清是非的基础上,对双方当事人进行调解;调解不成的,以判决方式确认当事人之间的权利义务关系。

开庭审理的地点,一般在受诉法院的审判庭内,当事人到法院参加开庭。但根据需要,法院也可以实行巡回审理、就地办案,到当事人所在地、案件发生地开庭。

二、开庭审理的程序

《民诉法》对适用普通程序案件的开庭审理的程序作了严格的规定,整个程序分为以下三个阶段依此进行:

(一) 审理开始

在开庭审理的期日,书记员在正式开庭前须对应当出庭的当事人,其他诉讼参与人进行查点,并向审判长报告查点的情况。然后,由书记员向到庭参加诉讼的人和参加旁听的人宣布法庭纪律。

在完成上述准备工作后,合议庭成员进入法庭,由审判长宣布开庭,然后核对当事人、诉讼代理人的身份,宣布案由、宣布审判人员、书记员的名单,接着告知当事人有关诉讼权利和义务,询问当事人是否申请回避。如当事人申请回避,法庭须按照有关规定处理回避问题,如不申请回避,庭审即进入实质性阶段。

(二) 法庭调查

法庭调查是开庭审理的一个重要环节。在此环节中,法院通过当事人陈述案情、出示证据、证人到庭作证,对证据进行质询、查明案件事实,为适用法律作出裁判奠定基础。

1. 当事人陈述案情

在法庭调查中,首先由当事人陈述案件情况,由原告陈述其诉讼请求及诉讼请求所依据的事实和理由,被告陈述反驳诉讼请求的事实与理由。有第三人参加诉讼的,第三人在被告陈述后进行陈述。当事人未出庭,仅由诉讼代理人代为诉讼的,陈述由代理人进行。当事人与代理人均出庭参加诉讼的,陈述可以由当事人进行,代理人补充,也可由代理人进行,当事人补充。当事人陈述时,审判人员可就案件的事实进行发问。陈述完毕后,审判长应归纳本案争议的焦点,明确法庭调查的重点,并征求当事人意见。

2. 出示证据进行质证

法庭调查的重点是围绕着争议事实进行举证、质证。无论是当事人提供的证据,还是法院调查收集的证据,都需要在法庭上出示,由当事人进行质证。质证是证据材料转化为法院认定事实依据的一个必经环节。质证的顺序为:首先对证人证言进行质证,然后对书证、物证、视听资料和电子数据进行质证,接着由法院宣读鉴定结论,最后由法院宣读勘验笔录(第138条)。①

经过质证后,法院对一些证据还会作出认证。法庭调查结束前,为明确法庭调查的成果,审判长应就法庭调查认定的事实和当事人争议的问题进行总结,并询问当事人的意见。

(三) 法庭辩论

法庭辩论是继法庭调查后进行的庭审程序。在这一程序中,当事人、诉讼代理人在审判长的主持下,就案件中事实的认定和法律的适用向法庭阐述自己的观点和意见,反驳对方的观点和主张。当事人在法庭辩论中,要充分运用在法庭调查中已被确认为真实的证据,证明自己主张事实的真实性,指出对方主张事实不真实或不全面,并对如何看待事实的性质、应当如何适用法律发表自己的意见。要通过法庭辩论,去说服法官,使法官能够支持自己的诉讼主张。法庭则通过听取辩论,进一步查明事实,为作出裁判奠定基础。在法庭辩论中,合议庭应充分保障当事人的辩论权,为双方当事人提供平等的发言机会。法庭应引导当事人围绕争议焦点进行辩论,耐心听取当事人的发言,但对与本案无关的发言或重复性发言,法庭应予以制止。法庭辩论按如下顺序进行:(1) 原告及其诉讼代理人发

---

① 以上是所有证据都在案件中出现时质证的顺序,在实际诉讼中,一些案件可能没有如此齐全的证据类别,如没有证人证言、没有勘验笔录等。

言；(2) 被告及其诉讼代理人答辩；(3) 第三人及其诉讼代理人发言或者答辩；(4) 互相辩论。

法庭辩论进行一轮还是多轮,由合议庭视案件情况决定,一轮辩论结束后,当事人可要求继续进行下一轮辩论,是否准许,由合议庭视情况决定。合议庭同意进行下一轮辩论的,当事人不得进行重复性辩论。

在法庭辩论中,如果合议庭认为有新的事实需要调查的,审判长可决定停止辩论,将程序回转到法庭调查,待查明事实后再进行辩论。

法庭辩论的主体是当事人(包括诉讼代理人),合议庭成员的职责是指挥辩论和听取辩论,在法庭辩论时,合议庭成员不得就案件的是非责任发表意见,不得与当事人辩论。

法庭辩论终结时,由审判长按照原告、被告、第三人的先后顺序征求各方的意见,当事人可利用这一机会向法庭陈述对案件的最后意见。法庭辩论终结后,对有可能调解的案件,在征得当事人同意后,由合议庭当庭或休庭后进行调解。当事人不同意调解或调解不成的,应及时作出判决。

(四) 评议和宣告判决

1. 评议

法庭辩论结束后,审判长应宣布休庭,由合议庭对案件进行评议。评论应围绕着争议事实的认定、案件的性质、法律的适用、裁判结论进行。合议庭应根据法庭调查与法庭辩论的情况进行评议。合议庭的评议由审判长主持,在评议室秘密进行。评议实行少数服从多数的原则,但少数人的意见应如实记入笔录。评议情况,由书记员记入笔录,合议庭成员、书记员须在笔录上签名。

评议的结果,一般是形成判决意见,但也可能经评议认为案件事实尚未查清,需要进一步开庭调查,对后一种情况,合议庭应决定下次开庭的时间,并为当事人指定补充证据的期限。

2. 宣告判决

合议庭评议后,由审判长宣布继续开庭。合议庭在评议结束时,要决定当庭宣判还是定期宣判。当庭宣判的,由审判长宣读判决,宣判的内容包括认定的事实、适用的法律、判决结果和理由、诉讼费用的负担。在宣判时,还应告知当事人上诉权利、上诉的期限和上诉的法院。定期宣判的,由审判长宣布另定的宣判期日。

无论是当庭宣布还是定期宣判,判决一律须公开宣告,即便是不公开审理的案件,也应公开宣判。当庭宣判的,应于宣判后的 10 日内向当事人发送判决书；定期宣判的,宣判后即应发给判决书。

三、法庭笔录

法庭笔录,是指书记员对开庭审理的全过程所作的记录。法庭笔录将整个庭审活动以书面形式固定下来,将当事人陈述的案件事实、提供的证据、质证的情况、辩论的情况记载下来。

法庭笔录作用在于：(1) 它可以使合议庭成员查阅庭审情况。在多次开庭的案件中，每次开庭会有一定的时间间隔，如果间隔的时间较长，合议庭成员有可能记不清上次开庭的情况，此时可通过阅读庭审笔记来恢复记忆。(2) 使上诉法院、再审法院能够了解原审的情况。案件一旦提起上诉或被申请再审，受理上诉和再审申请的法院就需审查原审的情况，通过阅读法庭笔录，可全面了解原审开庭审理的全过程。(3) 固定证据。法庭笔录把当事人、证人、鉴定人所作的陈述记载下来，将它们作为证据固定下来。

法庭笔录应如实记载开庭审理的全过程，应做到全面、客观、准确、清晰。法庭笔录应当宣读，也可告知当事人和其他诉讼参与人在5日内阅读。当事人和其他诉讼参与人如认为笔录对自己陈述的记载有遗漏或差错，有权申请补正，书记员应将补正的内容记入笔录，并记载补正的经过；如果不予补正，则应将申请记录在案。经宣读、阅读笔录后，当事人和其他诉讼参与人认为笔录无遗漏或差错的，应在笔录上签名或盖章。当事人和其他诉讼参与人拒绝签名或盖章的，书记员应将情况记明附卷。

四、审理期限

为保证法院及时审结民事案件，防止诉讼迟延，我国《民诉法》为法院设置了审限，要求法院在一定期限内审结案件。适用普通程序的案件，审限为6个月，法院应在立案之日起6个月内审结。有特殊情况需要延长的，在审限届满前10天向本院院长提出申请，经本院院长批准后可延长6个月；还需要延长的，应在审限届满前报请上级法院，经批准后可再延长3个月。

审理期限从立案之日次日起计算，至裁判宣告，调解书送达之日止。但下列期限不计入审限内：(1) 公告期间、鉴定期间；(2) 处理管辖权异议和法院间管辖权争议期间；(3) 诉讼中止期间；(4) 当事人申请和解期间；(5) 延长调解期间；(6) 向上级法院请示时间。

五、延期审理

延期审理是指法院确定了审理期日后，由于出现了法律规定的特殊情形，审理活动无法如期开始，或者开始后无法继续进行，需要另定日期审理。

依据第146条的规定，有下列情形之一的，应当延期审理：

（一）必须到庭的当事人和其他诉讼参与人有正当理由没有到庭

必须到庭的当事人主要包括：(1) 离婚案件的当事人；(2) 负有赡养、抚养、抚育义务的人；(3) 不到庭事实就无法查清的被告。[①] 上述当事人须有正当理由不到庭才能适用延期审理，如无正当理由不到庭，则应按撤诉或缺席判决处理。其他诉讼参与人，如诉讼代理人、重要的证人等。

[①] 参见王怀安主编：《中国民事诉讼法教程》（新编本），人民法院出版社1992年版，第280页。

(二) 当事人临时提出回避申请的

如存在回避事由,当事人一般在开庭审理时就会申请回避,但当事人在开庭后才得知回避事由的,则可在法庭辩论终结前提出,临时提出回避申请后,法院须处理回避问题,审理只能延期。

(三) 需要通知新的证人到庭,调取新的证据,重新鉴定、勘验,或者需要补充调查的

出现上述情形,审理无法继续,须延期审理。

(四) 其他应当延期的情况

这是一个兜底性质的条款,由法院根据案件具体情况掌握。

第六节 撤诉与缺席判决

一、撤诉

(一) 撤诉的概念

民事诉讼中的撤诉,有狭义和广义之分,狭义仅指原告在一审程序中撤回起诉的行为,广义是泛指当事人请求法院不再继续对事件审判的行为,包括撤回起诉、撤回上诉、撤回再审申请。

对当事人来说,撤诉是他们的一项权利,依据处分原则,当事人既有权提起诉讼,又有权撤回诉讼。在当事人正当行使撤诉这一处分权时,法院应当准许。对法院来说,撤诉是结案的方式之一,诉讼程序因撤诉而告终结。

(二) 撤诉的种类

1. 申请撤诉与按撤诉处理

这是依据撤诉是否由当事人主动提出所作的分类。申请撤诉是当事人主动向法院提出撤诉,按撤诉处理是在当事人并未提出申请的情况下,法院依照法律的规定,将当事人的某些行为视为撤诉。

2. 撤回起诉、撤回上诉与撤回再审申请[①]

这是依据撤诉所发生的程序不同所作的分类。在不同的程序中,撤诉行为的法律后果有所不同。在一审程序中,撤回起诉导致一审程序终结;在二审程序中,撤回上诉致使二审程序终结和一审裁判生效;在再审中,申请人在再审申请的审查期间撤回申请的,导致再审审查程序终结,在法院决定再审后撤回申请的,再审审理程序终结并恢复原判决的执行。

3. 撤回本诉、撤回反诉和撤回参加诉讼

这是根据撤诉主体不同所作的分类。这三类撤诉都能引起相应的诉讼程序终结,但又有所不同。撤回起诉会导致整个诉讼程序的终结;在存在反诉时,撤回本诉不影响反诉

---

① 从实质上看,申请再审也是一种诉,是再审之诉。

的进行,撤回反诉也不影响本诉的进行;撤回参加之诉后原被告之间的诉讼程序照常进行。

在第一审程序所涉及的撤诉为狭义的撤诉,即撤回起诉,包括撤回本诉和撤回反诉。

(三) 申请撤诉

根据第145条第1款的规定,原告撤回起诉须符合下列条件:

(1) 原告提出撤诉申请。原告须向法院明确表示撤回起诉的意思,撤诉才有可能启动。原告通常采用撤诉申请书的方式申请撤诉。

(2) 原告撤诉须基于自愿。法院的审判人员应保障当事人行使诉讼权利,不得强迫或变相强迫原告撤诉。

(3) 撤诉的目的须正当、合法。如原告不得因违法行为败露、逃避法律制裁而撤诉。

(4) 撤诉申请应在案件受理后,判决宣告前提出。案件受理前,诉讼程序尚未开始,无从撤诉,判决宣告后,已不能再撤诉。

对原告的撤诉申请,法院应按照上述条件进行审查,审查后认为符合条件的,裁定准予撤诉;不符合条件的,裁定驳回申请,诉讼继续进行。

在撤诉问题上,还涉及被告的利益,被告因原告起诉被带入诉讼,为诉讼付出了人力、物力和财力,如果眼看自己就要胜诉却被原告将起诉撤回而失去了获得胜诉判决的机会,对被告来说无疑是不公平的,也不符合当事人诉讼权利平等的原则,更何况原告撤诉后还可就同一纠纷再次提起诉讼。因此,一些国家的《民诉法》规定,在被告作出答辩后,撤诉须征得被告同意。① 我国《民诉法》对此未作规定,而是规定是否准许撤诉由法院裁定,法院在作出裁定时,应征求被告的意见,考虑被告的利益。

(四) 按撤诉处理

按撤诉处理,是指法院依法将当事人的某些行为视为申请撤回诉讼,比照申请撤诉处理。

依据第143条和《适用意见》第143条、第158条的规定,有下列情形之一的,按撤诉处理:(1) 原告(包括无诉讼行为能力原告的法定代理人)经传票传唤,无正当理由拒不到庭的;(2) 原告在审理中未经法庭许可中途退庭的;(3) 经法院通知预交案件受理费,原告仍不预交,又无申请免交或缓交理由的。

有独立请求权的第三人有上述情形之一的,也按撤诉处理。

(五) 撤诉的法律后果

撤诉和按撤诉处理产生如下法律后果:

1. 程序法后果

(1) 终结诉讼程序。起诉撤回后,审判客体不复存在,第一审程序因此而终结。

(2) 视为未起诉。原告撤回起诉只对诉讼权利作了处分,其实体权利并不受撤诉的

---

① 德国、日本的民诉法均有此规定。日本新《民诉法》第261条第2款规定:"撤回诉讼,如果是在对方当事人对于本案已经提出准备书状或在辩论准备程序中已经陈述或者已经开始口头辩论后提出的,非经对方当事人同意,不发生其效力。但是,在撤回本诉的情况下,撤回反诉,则不在此限。"

影响,法院也未对实体争议作出处理,所以在必要时,原告可以就同一争议事项再次针对被告提起诉讼,法院则不得因为曾经撤诉的,而拒绝受理。

(3) 负担诉讼费用。原告撤诉须负担诉讼费用,案件的受理费减半征收。

2. 实体法后果

诉讼时效继续计算,撤诉虽不会影响实体权利的存在,但会对诉讼时效产生直接影响。原告起诉导致诉讼时效中断,撤回起诉视为未起诉,所以不发生中断诉讼时效的后果,已开始的诉讼时效期间继续计算。

二、缺席判决

(一) 缺席判决概述

缺席判决是相对于对席判决而言的,是指法院在一方当事人无故不到庭或擅自中途退庭的情况下,对案件审理后作出的判决。

民事诉讼中的被告在一般情况下不是必须到庭参加诉讼,出于经济上的考虑,被告可能会选择不出庭,因此《诉讼法》须针对被告不出庭作出制度上的设计,使法院在被告不到庭的情况下仍然能够审理和裁判案件,缺席判决正是这样的制度。

对缺席判决,有两种制度设计,一种是将被告的缺席直接拟制为被告承认了原告的诉讼请求,授权法院作出被告败诉的判决;另一种是即使被告缺席,法院也要对原告的诉讼请求、原告提供的诉讼资料和证据资料进行审查,根据查明的事实作出判决。我国采用后一种。因此尽管被告缺席,开庭审理仍然要继续进行,判决结果也未必一定有利于原告。

(二) 缺席判决的情形

根据第143—145条和《适用意见》第158条、第162条之规定,缺席判决适用于以下情形:

(1) 被告(包括反诉的被告、无诉讼行为能力被告的法定代理人)经法院传票传唤,无正当理由拒不到庭,或者未经法庭许可中途退庭。

(2) 原告(包括无诉讼行为能力原告的法定代理人)、有独立请求权的第三人宣判前申请撤诉未获准许,经传唤无正当理由拒不到庭,或者到庭后未经许可中途退庭。

作出缺席判决时,需注意"经传票传唤"这一法定条件。法院通知当事人参加诉讼的方式有多种,传票是最为正式的一种。只有用传票传唤后当事人无正当理由未到庭参与诉讼,才能够适用缺席判决。如果传唤时用的不是传票,而法院又作出了缺席判决,则构成程序的重大违法,当事人可以申请再审(第200条第10款)。

第七节 诉讼中止与诉讼中结

一、诉讼中止

(一) 诉讼中止概述

诉讼中止,是指在诉讼进行中,因出现致使诉讼难以继续进行的法定事由,法院裁定暂时停止本案的诉讼程序。

诉讼中止和延期审理不同,两者的区别主要是:(1)适用的场合不同。诉讼中止适用诉讼程序开始后至判决前的各个阶段,而延期审理仅适用于开庭审理阶段。(2)适用的情形不同。《民诉法》分别规定了应当中止诉讼和延期审理的情形,两者存在相当大的区别。(3)法律后果不同。诉讼中止是在中止期间法院所有的诉讼活动都停止下来,而延期审理则是仅推迟案件的审理时间,其他诉讼活动并不停止。(4)时间长短不同。诉讼中止时间一般较长,且诉讼程序何时恢复处于不确定状态,延期审理推迟的时间通常较短,下次开庭的时间一般能够确定。

(二)诉讼中止的情形

根据第150条的规定,有下列情形之一的,法院应裁定中止诉讼:

(1)一方当事人死亡,需要等待继承人表明是否参加诉讼的。当事人在诉讼中死亡,但有关财产权的纠纷却并未因此而解决,需要等待继承人来表明其是否愿意承担死者的权利和义务。继承人表示愿意参加诉讼的,诉讼程序恢复,继承人如放弃继承,则要区别死者为原告还是被告,死者为原告的,诉讼终结,死者为被告的,只有在被告既无遗产又无承担义务的人的情况下才导致诉讼终结。

(2)一方当事人丧失诉讼行为能力,尚未确定法定代理人的。此种情形需等到法定代理人确定后诉讼程序才能恢复。

(3)作为一方当事人的法人或其他组织终止,尚未确定权利义务承受人的。法人或其他组织因合并、分立、被撤销、解散等丧失其主体资格时,其诉讼权利能力随之消灭,不能作为当事人继续进行诉讼。如有权利义务承受人,可由权利义务承受人作为当事人继续进行诉讼,但确定权利义务承受人需要时间,所以须中止诉讼。

(4)一方当事人因不可抗拒的事由,不能参加诉讼的。不可抗拒的事由是指当事人无法预见和克服的客观事由,如地震、洪水、战争、重病住院治疗等。

(5)本案必须以另一案件的审理结果为依据,而另一案尚未审结的。当本案的裁判结果取决于另一案件的审理结果时,另一案件审理结果确定前,本案无法继续审理,只能裁定中止诉讼。这里的另一案件,可能是民事案件,也有可能是行政案件甚至刑事案件。

(6)其他应当中止诉讼的情形。这也是兜底性质的条件。哪些属于此类情形,由法院根据立法的精神来确定。

出现诉讼中止的法定情形后,法院应当依职权作出裁定。裁定一般应采用书面形式,以口头方式裁定的,应向当事人宣布并记入笔录。诉讼中止的裁定作出后即发生法律效力,对这一裁定,当事人既不能提起上诉也不能申请复议。

诉讼中止后,当事人和法院应停止本案的诉讼活动,但在中止前已决定采取财产保全、证据保全,需要继续执行的除外。[①] 中止诉讼的原因解除后,法院依职权或根据当事人的申请通知当事人恢复诉讼程序。从法院通知或准许当事人继续诉讼之时,中止诉讼

[①] 参见王怀安主编:《中国民事诉讼法教程》(新编本),人民法院出版社1992年版,第284页。

的裁定即失去效力。恢复诉讼后的程序是中止前诉讼程序的继续,所以原来实施的诉讼行为继续有效。

二、诉讼终结

(一) 诉讼终结概述

诉讼终结,是指诉讼进行中,由于出现了致使本案的诉讼程序无法或者无必要继续进行的法定事由,受诉法院裁定结束本案诉讼程序。

诉讼终结是诉讼在遇到特殊情况下的终结,不同于诉讼因法院作出判决或当事人达成调解协议而终结,后者为诉讼在正常情况下的终结。

诉讼终结也不同于诉讼中止,诉讼一旦终结,诉讼程序因此而结束,不存在恢复的可能,而诉讼中止后,一般情况下仍然会恢复进行。

(二) 诉讼终结的情形

根据第151条的规定,有下列情形之一的,法院应裁定终结诉讼:

(1) 原告死亡,没有继承人,或者继承人放弃诉讼权利的。在上述两种情形下,诉讼均因缺少原告而没有必要继续进行。此外,当法人或其他组织终止时,承受其诉讼权利义务的人明确表示放弃诉讼权利的,法院也应裁定终结诉讼。

(2) 被告死亡,没有遗产,也没有应当承担义务的人的。此种情形出现时,继续进行诉讼既无实际意义,也无实际可能,诉讼程序只能终结。

(3) 离婚案件的一方当事人死亡的。婚姻关系因一方的死亡而消灭,离婚诉讼已无继续进行的必要。

(4) 追索赡养费、抚养费、抚育费及解除收养关系案件的一方当事人死亡的。追索赡养费、抚养费、抚育费案件原告的请求权产生于特定的人身关系,只有作为被赡养人、被抚养人、被抚育人的原告才能够主张上述费用的请求权,也只有作为赡养人、抚养人、抚育人的被告才对原告负有支付上述费用的义务。这三类案件中实体法上的权利和义务均不具有可继承性,因此只要一方当事人死亡,诉讼就应当终结。解除收养关系案件的一方当事人死亡,收养关系自动消灭,无继续诉讼的必要。

引起诉讼终结原因出现时,法院应当作出终结诉讼的裁定。裁定一经作出即发生法律效力。当事人既不得上诉,也不能申请复议。终结诉讼裁定引起的法律后果是结束本案的诉讼程序,该裁定不涉及当事人之间实体权利义务关系。

阅读法规

《民诉法》第119—156条;《适用意见》第139—167条。

案例解析

【11-1】 甲公司在一次拍卖会上,从乙公司买得丙公司委托乙公司出卖的1600多万的法人股,甲与乙签订了转让丙公司股权的协议。后由于丙公司未按约定办理股权变更手续,甲公司将丙公司诉至法院。丙公司则认为,自己并未授权乙公司转让股份,决定请求法院确认甲公司与乙公司订立的股权转让协议无效。

问:(1) 乙公司在本案中处于何种诉讼地位?

(2) 丙公司提出的这一要求是反驳还是反诉?

(3) 如果是反诉,应当以谁作为被告?

分析要点:(1) 由于乙公司是以代理人的身份卖丙公司股权的,所以如果股权转让协议被确认无效,甲公司将会要求乙公司承担相应的民事责任,乙公司与本案裁判结果存在法律上利害关系,应当作为第三人参加诉讼。

(2) 反驳是一种防御行为,而反诉则是一种积极的进攻行为。在本案中,丙公司要求法院作出判决确认股权转让协议无效的行为,是被告向原告提出了独立的反请求,所以丙公司的主张不是反驳而是反诉。

(3) 丙公司应当以甲公司与乙公司作为被告提起反诉,因为股权转让协议是乙公司与甲公司签订的。

【11-2】 甲与乙签订了一份药品买卖合同,按照合同约定,甲已经向乙支付了近一半的货款,但乙未按照合同约定交付药品。甲欲向法院起诉,甲希望法院能够判决乙按照合同的约定交货,但同时也担心合同被法院确认为无效,其交付的请求得不到法院支持。

问:甲应当如何提出他的诉讼请求?

分析要点:甲应当采取诉的预备合并的方式提出诉讼请求,即把请求法院判决乙交付药品作为第一位的诉讼请求,把请求乙返还已经支付的货款作为预备的诉讼请求(所谓预备合并,又称顺序性合并,是指原告同时提出两个诉,其中一个是主诉(先位之诉),另一个是预备之诉(后位之诉)。主诉比预备之诉对原告更为有利,故原告将其放在先,但原告又担心主诉的理由不充分,得不到法院的支持,所以同时提出预备之诉,一旦主诉被驳回,便以预备之诉替代之)。

【11-3】 甲于2009年5月从乙处赊购笔记本电脑一台,欠货款5200元,约定3个月后付清。同年8月,甲向乙表示自己一时无钱付款,乙如急着要货款,丙正好也欠自己5200元,可以把这笔债权转让给乙。双方当即写下债权转让协议书,乙也把赊购时出具的欠条交还给甲。2009年12月,乙把丙告上法院,丙辩称自己只欠甲的钱,并不欠乙的钱。法院审理查明,甲从来就没有告诉过丙债权转让的事。

问:(1) 法院应当驳回起诉还是驳回诉讼请求?

(2) 如果甲与乙之间的债权转让无效,法院是否应当受理乙提起的诉讼?

分析要点:(1) 乙起诉符合起诉的条件,法院应当受理,法院审理后如认为乙对丙的请求权不成立,应当判决驳回乙的诉讼请求。甲将债权转让给乙是双方当事人的真实意思表示,并不违反法律的禁止性规定,根据《合同法》第79条、第80条的规定,尽管未通知债务人,但债权转让仍然是成立的。因此,乙作为债权人,与本案有直接的利害关系,即使债权转让不成立,也是符合起诉条件的。本案的特殊性在于甲未通知丙,因此对于丙来说,该转让对他不发生效力,在丙与之乙间并不存在债权债务关系,所以乙的诉讼请求不能成立,法院审理后应当以判决驳回乙对丙的诉讼请求。

(2)即便是甲与乙之间的债权转让的行为无效,法院也应当受理乙对丙提起的诉讼。因为乙提起的诉讼符合第119条规定的起诉条件,至于甲与乙之间的转让行为是否有效,要根据被告丙提出的抗辩和法院的实体审理来解决。

【11-4】 甲以乙侵犯其获得专利权的新产品的方法发明为由将乙告上法院,乙答辩称自己生产的产品与原告获得专利权的方法生产的新产品不是同一产品,并向法院提供了证据,经过法庭辩论,甲见自己的侵权主张难以成立,决定撤回诉讼。

问:(1)甲在庭审阶段能否申请撤诉?
(2)法院是否应当准许甲撤诉?

分析要点:(1)甲在庭审阶段有权申请撤诉。撤诉是当事人享有的一项诉讼权利,依据处分原则,当事人既有权提起诉讼,又有权撤回诉讼。撤诉申请应在案件受理后,判决宣告前提出。尽管原告一般是在开庭审理前申请撤诉,但法律并未禁止在开庭审理阶段撤诉。

(2)法院应当在征得被告同意后再准许撤诉。我国的撤诉采用由原告向法院提出申请,法院审查后决定是否同意的办法,不需要取得被告的同意。但原告撤回诉讼后可能会再次起诉,会使被告面临再次应诉的烦恼,所以法院在是否准予撤诉时应当考虑被告的利益。本案中甲是眼看要败诉才决定撤诉的,所以法院更需要征求被告的意见,如果被告不同意撤诉,就应当裁定不准撤诉。

司法考试题

2002年试卷三第23题"案件的受理";第25题"诉讼中止";

2003年试卷三第27题"案件的受理(精神损害赔偿的诉权)";第29题"案件的受理(超过诉讼时效案件)";

2004年试卷三第38题"缺席判决";第43题"诉讼中止";第71题"民事裁判复议";第72题"起诉的条件";第77题"按撤诉处理的情况";

2005年试卷三第38题"民事裁判复议";第45题"诉讼终结";第76题"受案范围";

2006年试卷三第38题"诉讼终结";第44题"案件的受理";

2007年试卷三第38题"延期审理";第44题"起诉与受理";第85题"案件的受理";

2008年试卷三第34题"诉讼中止";第37题"诉讼中止";第40题"诉讼中止、诉讼终结、延期审理";第79题"缺席判决";

2009年试卷三第44题"第一审普通程序中民事起诉状的内容";第46题"缺席判决适用的情况";第47题"诉讼终结的情形";第85题"延期开庭审理的情形、按撤诉处理的适用条件、中止诉讼的情形";

2010年试卷三第38题"开庭审理,合议庭评议不同意见处理";

2011年试卷三第37题"诉讼请求的变更";第78题"一审普通程序";第79题"民事起诉状的法定内容";第81题"延期审理、撤诉、缺席判决";第100题"一审程序的宣判";

2012年试卷三第80题"反诉的管辖权、撤销、反诉中当事人的地位";第100题"反诉与反驳"。39题"撤诉+诉讼的和解";第97题"诉的合并";第40题"开庭审理";第79题"民事诉讼的起诉与受理"。

第十章 简易程序

第一节 简易程序概述

一、简易程序的概念

简易程序,是指基层法院和它派出的法庭审理简单民事案件所适用的程序。简易程序是相对于普通程序而言的,它与普通程序并列,共同构成了第一审程序。

简易程序与普通程序有着密切的关系

首先,简易程序是普通程序的简化,在起诉、受理、传唤、审理等一系列环节上,简易程序比普通程序更为简单和灵活。

其次,法院在适用简易程序时,在一些问题上可以适用普通程序的规定。法律对普通程序作出了完整、系统的规定。而对简易程序,仅是根据它的特点,对那些不同于普通程序之处作出了规定。这就决定了在适用简易程序时,对那些简易程序本身未规定的问题,需要适用普通程序的规定。

再次,简易程序与普通程序可能转化。对一些开始时法院决定适用简易程序审理的案件,在审理的过程中,法官可能发现原先认为事实清楚其实事实并不清楚,原先认为争议不大后来发现当事人之间存在重大争议,原先认为情节简单其实情节相当复杂,在上述情况下,有必要将简易程序转为普通程序。

二、设置简易程序的理由

立法机关设置简易程序,主要是出于两个方面的考虑:

(一) 诉讼效率

诉讼既要追求公正,又要追求效率,要在公正的前提下,富有效率地进行诉讼。而衡量诉讼是否有效率,与诉讼所支出的成本有直接关系,诉讼的成本越低、越节约,诉讼的效率就越高。诉讼成本既包括公共成本,又包括私人成本,前者为法院所花费的时间和费用,后者为当事人进行诉讼所花费的时间和费用。在诉讼中,无论是当事人还是法院实施诉讼行为都需要花费时间和费用,并且程序越正规、越复杂,花费的时间和费用就越多,诉讼所支出的成本就越高。因此,从效率方面考虑,应当在可能的情况下,简化程序规则,使纠纷能够便利、迅速得到解决。

(二) 费用相当性

民事案件情况多样,有的简单,有的复杂,因此在设计审理案件的程序时,也应当根据不同的情况,分别设计相应的程序,对简单的案件,用简易程序进行审理,对复杂的案件,用常规的程序进行审理。这样安排,才能使解决纠纷所需要的费用与案件本身的情况相匹配,才符合费用相当的原则。

三、简易程序的意义

(一) 有效地利用司法资源

法院是一种公共资源,如何有效地使用这一公共资源,使当事人诉讼到法院的案件能够得到公正、及时地处理,是立法机关在制定诉讼法时始终要考虑的问题。在简易程序中,由一名法官独任审理案件,再加上那些被简化了的程序规则,使得法院能够更多、更快地处理诉讼,从而满足民众的诉讼需求。

(二) 便利当事人进行诉讼

简易程序在许多程序规则上更为灵活、快捷,如允许当事人以口头方式起诉和答辩,允许法官当即受理当事人的诉讼并立即开始审理等。在简易程序中,法官还可根据案件的具体情况灵活地安排审理的步骤,这些都使得当事人更方便地通过诉讼来及时地解决纠纷。

(三) 便于法院及时审结案件

简易程序使得法院不必按照普通程序按部就班地审理案件,可以根据案件的具体情况,对程序事项作出灵活机动的安排,从而为法院快速解决纠纷创造了条件。

四、关于简易程序的立法

《试行法》在第11章中用4个条文(第124—127条)规定了简易程序。1984年8月30日实施的《民诉法试行意见》规定了7类案件可适用程序简易程序审理,同年9月17日实施的《经济审判意见》将"事实清楚、情节简单、争议不大的界定为可适用简易程序的简单经济纠纷案件"。1991年4月,我国对《试行法》进行全面修订,修订后的《民诉法》在第13章中用5个条文(第142—146条)规定了简易程序。1992年7月14日发布的《适用意见》对适用简易程序的一些问题作出了解释和规定,如简易程序是否可以延长审限,普通程序是否可转简易程序,发回重审的案件是否可以继续适用简易程序等。

2003年9月10日,随着简易程序适用比例的不断增加,针对适用简易程序中遇到的一些新问题,最高法院颁布了《简易程序规定》,该规定对简易程序适用范围、调解前置、一次开庭、当庭宣判、裁判文书简化、调解协议签字生效等作出了规定。该规定为我国的简易程序注入了许多新的内容,是我国简易程序立法的重要发展。

2012年8月31日,《修改决定》进一步丰富了简易程序的内容,增加了当事人可以选择适用简易程序,对小额案件实行一审终审等规定。

第二节 简易程序的特点

简易程序的特点是指简易程序与普通程序相比较所具有的特殊性。正是这些特点表明了简易程序的简便性,使简易程序区别于普通程序。

一、起诉方式简便

适用简易程序的案件,原告可以用口头方式起诉。这与普通程序不同,在普通程序中,原告虽然也能够以口头方式起诉,但只是一种例外情形,在书写诉状确有困难的情况下才允许口头起诉。

二、受理程序简便

适用简易程序的案件,双方当事人可以同时到法院或法庭请求解决纠纷,法院则可以当即决定立案受理,被告同意立即口头答辩的,法院可以当即开庭审理,被告要求书面答辩的,法院另外确定开庭审理的期限。这要比普通程序简单、快捷得多。适用普通程序的案件,法院收到原告的起诉后有7日的立案审查期,受理后也不能当即审理。

三、传唤方式简便

通知当事人和其他诉讼参与人到庭参加诉讼,是诉讼程序中一个十分具体,但同时也是十分重要的问题。在简易程序中,法院可以采用简便的方式传唤当事人,这些方式包括电话、电子邮件、传真、捎口信等,而不像在普通程序中必须采用传票。在通知证人出庭参加诉讼时,法院也可以采用以上简便方式。

采用简便方式通知当事人参加诉讼虽然符合简便、快捷的要求,但也存在着当事人未收到的可能性,因此,"以捎口信、电话、传真、电子邮件等形式发送的开庭通知,未经当事人确认或者没有其他证据足以证明当事人已经收到的,人民法院不得将其作为按撤诉处理和缺席判决的根据"(《简易程序规定》第18条)。

四、审判组织采用独任制

适用简易程序审理的案件,在审判组织上实行独任制,由一名法官组成独任审判庭对案件进行审理。适用简易程序的案件是简单的民事案件,因而无需像普通程序那样,由法官或人民陪审员组成合议庭进行审理。独任制也需要为法官配备书记员,而不能由法官既担任审判工作,又自己做庭审记录工作。为法官配备书记员,既有利于审判的规范化,又能够实行审判中的监督与制约。

五、审理程序简便

依简易程序对案件进行审理时,在程序的适用上有较大的灵活性,可以不受普通程序第136条、第138条、第141条对开庭审理规定的限制。具体而言,可以不受开庭3日前通知当事人和其他诉讼参与人、进行公告的限制;在法庭调查和法庭辩论阶段,不必严格按照第138条、第141条规定的顺序进行,可以由法官根据案件和当事人的具体情况,安排法庭调查和法庭辩论的顺序。

适用简易程序的案件,在审理时,尽管可以灵活地组织程序,但法院仍然必须给予当事人充分的程序保障。适用简易程序的案件当事人常常由本人进行诉讼,不聘请律师代理,对无律师代理的案件,法官应充分行使阐明权,告知当事人诉讼权利,保证当事人正确行使诉讼权利和履行诉讼义务。尤其是,法院"应当保障当事人陈述意见的权利"(第159条)。

六、审理期限较短

适用简易程序的案件,法院应当在立案之日起3个月内审结案件。这3个月的期间是不变期间,不得延长。为简易程序设定较短的期间是根据该程序适用的案件的性质作出的规定。既然适用简易程序的案件是事实清楚、权利义务关系明确、争议不大的简单民事案件,按理就能够较快审结,不必像普通程序那样需要6个月的审理期间。简易程序3个月的审理期间不允许延长的逻辑是既然3个月还未审结,那就说明这个案件其实并不简单,因此需要转换程序,改用普通程序继续审理。由于采用了转换程序的办法,所以也就没有必要再延长审限。

七、判决快速、简便

简易程序以当庭宣判为原则,闭庭后择日宣判为例外。适用简易程序的案件当事人对案件事实往往并不存在争议,对这类案件,法官可以在听取当事人对适用法律的辩论意见后进行裁判。

裁判的简便化,还表现在裁判文书的制作上,有下列情形之一的,裁判文书对事实的认定或判决理由部分可适当简化:(1)当事人达成调解协议并需要制作民事调解书的;(2)一方当事人在诉讼过程中明确表示承认对方全部诉讼请求或者部分诉讼请求的;(3)当事人对案件事实没有争议或者争议不大的;(4)涉及个人隐私或者商业秘密的案件,当事人一方要求简化裁判文书中的相关内容,法院认为理由正当的;(5)当事人双方一致同意简化裁判文书的(《简易程序规定》第32条)。

第三节 简易程序的适用

一、适用的法院

我国的民事第一审程序包括普通程序和简易程序两种程序,从《民诉法》关于级别管辖的规定看,从基层法院到最高法院都要适用第一审程序审理案件。能够适用简易程序审理案件的,只有基层法院及其派出的法庭。中级以上的法院审理第一审案件,均应当适用普通程序。将适用简易程序的法院限定为基层法院及其派出的法庭,其原因在于按照级别管辖,只有基层人民法院才有可能管辖简单的民事案件,划归中级和中级以上法院管辖的案件,肯定不属于简单的民事案件。

二、适用的案件

《民诉法》仅对适用简易程序的案件规定了一个统一的标准,而未具体规定适用简易程序案件的类别。这个标准就是由基层法院和它派生的法庭审理的简单的民事案件,而简单的民事案件,是指那些事实清楚、权利义务关系明确、争议不大的案件。

为了使这一标准进一步明晰化,《适用意见》第168条对这一标准作出解释:"事实清楚",是指当事人双方对争议的事实陈述基本一致,并能提供可靠的证据,无须法院调查收集证据即可判明事实、分清是非;"权利义务关系明确",是指谁是责任的承担者,谁是权利的享有者,关系明确;"争议不大"是指当事人对案件的是非、责任以及诉讼标的争执无原则分歧。

尽管有了以上的解释,上述标准仍有相当大的弹性,并由此带来了适用简易程序的不确定性。

为了防止不适当地扩大简易程序的适用范围,防止将那些不该适用简易程序的案件也纳入简易程序的范围,《简易程序规定》第1条明确将以下五种情形排除出简易程序的适用范围:(1)起诉时被告下落不明的;(2)发回重审的;(3)共同诉讼中一方或者双方当事人人数众多的;(4)法律规定应当适用特别程序、审判监督程序、督促程序、公示催告程序和企业法人破产还债程序的;(5)法院认为不宜适用简易程序进行审理的。

三、适用的方式

(一) 法院决定适用

一方面,适用什么样的程序审理案件,是法院审判权范围内的事,因此对所受理的第一审案件,有权依据法律和司法解释确立的标准,对案件进行识别,将它们区分为简单的民事案件还是复杂的民事案件,分别适用简易程序和普通程序。

另一方面,程序的适用,也会涉及当事人的程序利益,法院将原本应当适用普通程序审理的案件适用简易程序审理,可能会削弱对当事人的程序权利的保障,所以《简易程序规定》赋予了当事人异议权,当事人认为不应适用简易程序审理的,有权向法院提出异议,对当事人提出的异议,法院应当进行审查,异议成立的,应当将案件转为普通程序(第3条)。

(二) 当事人合意适用

对基层法院适用普通程序审理的一审民事案件,如果当事人各方均愿意并约定适用简易程序,可以适用简易程序。简易程序具有简便快捷、审理期限短的特点,如果双方当事人均希望尽快解决纠纷,一致选择简易程序,法院也应当尊重当事人的意愿。允许当事人合意选择简易程序,体现了程序选择权的原理。

四、适用中的转化

适用简易程序审理的案件,在一定的情形下有可能转化为适用普通程序审理。转化的情形包括:(1) 当事人异议成立而转化。当事人可能会就适用简易程序提出异议,法院审查后,认为异议成立的,应当转为普通程序。(2) 法院依职权转化。法院在审理的过程中,发现不适合适用简易程序的,可以依职权作出裁定,将其转为普通程序。转为普通程序后,审理期限从立案的次日起连续计算。

第四节 小额案件的特别规定

一、对小额案件作出特别规定的必要性

在诉讼实务中,原告有时会向法院提出小额的金钱给付性质的请求,对这类请求,用简易程序审理仍然不够经济,不符合程序相当性原理,所以一些国家和地区针对这类请求设置了比简易程序更为简单的小额诉讼程序。在2012年《民诉法》修订中,立法机关虽然未专门设立小额诉讼程序,但对小额案件作出了实行一审终审的规定。

二、小额案件的界定

如何确定小额案件的数额,是对小额案件作出特别规定时需要解决的一个复杂而困难的问题。《民事诉讼法修正案(草案)》第一次审议稿规定的数额是"人民币5000元以下",第二次审议稿将数额提高到10000元以下,《民诉法》未规定具体数额,而是规定了确立数额的方法,即"标的额为各省、自治区、直辖市上年度就业人员年平均工资30%以下的"案件(第162条)。作出这样的规定,主要是考虑到各地经济发展不平衡带来的收入上的差距。这是一个动态的标准,每年都可能有变化。

需要注意的是,小额案件是简单民事案件的一种特殊类别,因此小额案件首先必须是简单的民事案件。数额虽然符合小额案件的标准,但不符合"事实清楚、权利义务关系明确、争议不大"这一简单民事案件标准的,不适用小额案件的特别规定。

三、小额案件的特别规定

针对小额案件,《民诉法》设置的特别规则是实行一审终审。一审终审可以进一步简化程序,使原告早日获得生效判决,使纠纷尽快得到解决。

考虑到有些小额案件初看简单,随着审理的深入,却发现并不真正符合简单民事案件的标准,继续按照简易程序审理会削弱对当事人的程序保障,所以法院应当主动转换程序,作出裁定转为普通程序审理。

法院适用小额程序作出的判决,虽然是终审判决,但如果存在再审事由,当事人仍然可以申请再审。

阅读法规

《民诉法》第 157—163 条;《适用意见》第 168—175 条;《简易程序规定》。

案例解析

【12-1】 甲以乙擅自转租为由向法院提起诉讼,请求法院判决解除房屋租赁合同,并将出租的房屋交还自己。法院受理后,决定采用简易程序审理此案。开庭前,负责审理此案的张法官打电话给甲和乙告知开庭时间。在开庭时,由于书记员人手不够,张法官决定自己记录。在庭审中,由于乙提出房屋转租是经过甲同意的,并提供证人丙来证明,但丙外出打工,张法官见 3 个月的审理期限即将届满,欲申请延长审理期限。第二次开庭时,张法官打电给乙,电话无人接,便让乙的弟弟捎口信告知乙开庭时间,由于被告乙未到庭参加诉讼,张法官作出缺席判决,支持了原告的诉讼请求。

问:(1) 张法官通知开庭的方式是否合法?
(2) 张法官能否采用自己记录的方法?
(3) 张法官能否延长审理期限?
(4) 第二次开庭是否合法?
(5) 张法官作出缺席判决是否合法?

分析要点:(1) 通知开庭时间采用的方式合法。在简易程序中,法院可以采用打电话、捎口信等简便灵活的方式通知当事人。

(2) 不能由张法官自己记录,张法官同时担任审判员和书记员是不合法的。

(3) 不能延长审限。因为既然适用简易程序,就应当在 3 个月的审限内审结,如果不能按期审结,就说明案件并不简单,应当转为普通程序审理。

(4) 合法。在简易程序中,虽然一般开一次庭即可审结,但在例外情况下,第二次开庭也是允许的。

(5) 不合法。因为在简易程序中,虽然可以采用捎口信的方式,但需要在有确切的证据证明口信已带到的情况下,才能够作出缺席判决。

【12-2】 甲向法院起诉,要求乙返还 3 万元借款,并提供了乙的借据作为证据。法院见此案的金额较小,便决定采用简易程序审理。开庭时,乙辩称,这 3 万元,是甲借给自己的赌债,当时借的只有 1 万元,其余 2 万元是高额的利息。

问:法院是否应当继续采用简易程序?

分析要点:法院不应当继续适用简易程序。甲主张合法的借贷关系,乙则主张甲是在放赌债和高利贷,这表明双方当事人对案件的基本事实存在重大争议,继续适用简易程序审理是不妥当的,应当转为普通程序审理。

【12-3】 甲公司与乙公司因技术开发合同纠纷引起诉讼,法院开始认为该案件的事

实相当复杂,决定由三位审判员组成合议庭审理,开庭后不久,审判长发现,对原告主张的事实,被告基本上也是认可,双方并无多大争议,于是决定改为简易程序。

问:法院能否改用简易程序?

分析要点:法院不能再改用简易程序。法院受理后已经适用普通程序审理,说明在开始时法院判断这一案件并不符合适用简易程序的条件,在进入审理后,法院发现原先的判断有误,是否可以改普通程序为简易程序,这是审判实务中提出的问题。对此,《适用意见》第171条规定:"已经按照普通程序审理的案件,在审理过程中无论是否发生了情况变化,都不得改用简易程序审理。"审判长将普通程序转为简易程序是违反上述司法解释规定的,因此不能够改用简易程序审理此案。

司法考试题

2002年试卷三第64题"简易程序的适用";

2004年试卷三第75题"简易程序的特点";第76题"简易程序中应当先行调解的案件";

2005年试卷三第75题"简易程序的适用范围";

2006年试卷三第48题"简易程序的适用范围";

2008年试卷三第46题"简易程序的适用范围";

2010年试卷三第87题"简易程序";

2011年试卷三第43题"简易程序的特点"。

第十一章 法院调解

第一节 法院调解概述

一、法院调解的概念与性质

法院调解,是指在法院审判人员的主持下,双方当事人就发生争议的民事权利义务关系自愿进行协商,达成协议,解决纠纷的诉讼活动。

对法院调解制度的性质,我国民事诉讼法学界有不同的认识,存在三种观点:第一种观点认为它是法院对民事案件行使审判权的一种诉讼活动;第二种观点认为它是法院对民事案件行使审判权和当事人对自己的民事诉讼权利和民事权利行使处分权的结合;第三种观点认为法院调解尽管是在法院主持下进行的,但它不同于法院运用审判权以判决方式解决争讼的活动,它本质上是当事人在法院的指导下自律地解决纠纷的活动。

以审判权与处分权相结合来界说法院调解制度的性质是符合我国调解制度的实际的,但同时也必须看到,当这两种权力(利)发生冲突时,处分权通常应居于支配地位。

法院受理民事诉讼后,可以根据案件本身的情况和对案件审理的情况,采用判决或者调解的方式解决当事人之间的纠纷。调解是在法院审判人员主持下进行的,调解活动是法院对案件审理活动的有机组成部分,生效调解书、调解笔录与法院生效判决书具有同等效力,从这方面说,可以认为调解是法院对民事案件行使审判权的一种方式,也是法院审结民事案件的一种方式。但另一方面,我们也必须看到调解不同于判决,它必须以当事人自愿为前提,必须始终建立在当事人自愿的基础之上,无论是开始调解还是最终以达成调解协议的方式结束诉讼,都必须得到双方当事人的同意。当事人同意接受法院的调解和作出一定的妥协和让步后达成调解协议,是当事人在民事诉讼中依据处分原则,对其实体权利和诉讼权利所作的处分。因此,法院调解的过程又是当事人行使处分权的过程。

在法院调解制度中,法院的意见与当事人的意见有时会发生冲突,如法院认为某一诉讼无论从案件本身情况看还是为双方当事人长远利益着想都应当用调解方式解决,但当事人坚持不同意调解;法院认为调解方案是合法的和公平的,但一方当事人拒不接受这一调解方案。在两种意见发生冲突时,法院的调解活动受自愿原则的制约,不得将自己的选择强加于当事人,而必须接受当事人作出的决定。法院在调解中必须尊重当事人的处分权,说明处分权通常处于主导地位。

二、法院调解与其他调解制度的区别

作为解决争议的一种手段和方式,调解被广泛地运用于各种解决民事纠纷的制度之

中。除法院用调解方式处理民事诉讼外,仲裁机构、行政机关、民间组织也运用调解处理他们主管范围内的民事纠纷。

法院调解与其他组织的调解,如仲裁机构的调解、乡(镇)人民政府及其他行政机关的调解、人民调解委员会的调解,既有共性,又有明显区别。

法院调解与其他组织调解的共同之处在于:它们都是建立在当事人自愿基础上的解决纠纷的方式,在调解纠纷的过程中始终要贯彻自愿原则。调解能否开始取决于当事人是否同意接受调解,调解过程中是否作出让步取决于当事人的意愿,调解结束时是否与对方达成调解协议、达成何种内容的调解协议取决于当事人的选择。另外,作为调解的主持者,他们都要做相同或相似的调解工作,都要引导当事人就争议进行协商,化解双方的对立情绪,劝说当事人作出必要的妥协和让步,以达成调解协议解决纠纷。

法院调解与其他组织调解之间的区别在于:第一,二者的性质不同。法院调解是诉讼中的调解,具有司法的性质,其他组织的调解是诉讼外的调解,不具有司法性质。仲裁机构的调解具有准司法性质,行政机关的调解是行政性质的行为,乡(镇)人民政府的调解是民间性与行政性调解的结合,人民调解委员会的调解是民间性质的调解。第二,二者依据的程序规则不同。法院调解是民事诉讼中的一项制度,法院要依据《民诉法》规定的调解原则和具体规定进行调解;其他组织的调解则分别依据相关的法律、法规和规章进行。第三,二者的效力不同。经过法院调解达成调解协议后,无论是制作成调解书,还是记入调解笔录,都与生效判决具有同等的法律效力,可以作为法院强制执行的根据。经其他组织调解达成协议后,有的能够作为法院强制执行的依据,有的不能作为法院强制执行的依据。前者如经仲裁机构调解达成的协议书,后者如经乡(镇)人民政府或其他行政机关调解达成的调解协议书。

三、法院调解与诉讼上和解

诉讼上和解,是指民事诉讼当事人在诉讼过程中通过自主协商,达成解决纠纷的协议,并共同向法院陈述协议的内容,以终结诉讼的活动。

诉讼上和解与法院调解也有共同之处,二者都发生在民事诉讼过程中,并且都是以达成协议的方式解决纠纷、终结诉讼。法院调解与诉讼上和解的区别在于:第一,法院调解是在法院主持下进行的,是法院行使审判权和当事人行使处分权的结合,而诉讼上和解则是由双方当事人自主协商,和解协议在没有第三者参与的情况下达成。但是,当事人在和解过程中也可申请法院对和解活动进行协调的,法院则可以根据当事人的申请委派审判辅助人员或者邀请、委托有关单位和个人从事协调活动(《调解规定》第4条第2款)。第二,法院调解仅适用于对案件审理的程序,而广义的诉讼上的和解,既适用于审判程序,又可适用于执行程序。

在一定的条件下,诉讼上和解可以转化为法院调解。当事人通过自行协商达成和解协议后,为保证和解协议得到顺利履行,共同请求法院以调解书的形式确认他们的和解协议,法院对和解协议审查后,认为协议的内容不违反法律的,可将和解协议的内容制作成调解书。

四、法院调解的地位与优点

（一）法院调解在我国民事诉讼制度中的地位

我国民事诉讼制度历来重视法院调解的作用，把调解作为法院解决民事纠纷的一种重要方式，《试行法》为了突出调解的地位，把"着重调解"规定为该法的基本原则之一。《民诉法》虽未再规定"着重调解"，但仍规定了"自愿、合法的法院调解原则"，并在总则部分设专章规定了法院调解制度。

从1979年我国重建民事诉讼制度到1989年，我国法院都相当重视法院调解，调解解决的案件在整个民事案件中占有相当大的比例。但后来由于法院调解中出现的一些问题，过分倚重调解的做法受到理论界的质疑，一些法官也对主要依靠调解处理民事纠纷产生了疑问。在多种因素的作用下，法院的调解结案率开始下降，从原先远远高于判决的结案率到低于判决结案率。针对改革带来的各种社会矛盾和冲突，党的十六大提出要构建和谐社会。由于调解被认为更有利于实现社会的和谐，所以从2002年起，包括法院调解在内的各种调解受到了国家的高度重视。最高法院不仅强调法院在民事审判中应当加强调解，而且也强调法院应当积极支持诉讼外的调解。最高法院先是提出"能调则调，当判则判，调判结合，案结事了"的十六字方针，后来又将十六字方针改为十二字方针——"调解优先，调判结合，案结事了"。这充分显现了最高法院对调解的重视。为了加强调解，最高法院发布了一系列关于加强法院调解的司法解释和文件。如《关于适用简易程序审理民事案件的若干规定》（2003年9月）[①]、《关于人民法院民事调解工作若干问题的规定》（2004年9月）、《关于进一步发挥诉讼调解在构建社会主义和谐社会中积极作用的若干意见》（2007年3月）、《关于进一步贯彻"调解优先、调判结合"工作原则的若干意见》（2010年）。

法院调解在我国民事诉讼中具有广泛的适用性，它不仅适用于第一审程序，而且适用于第二审程序和审判监督程序。不过，由于审理对象上的差异，与第一审程序相比较，法院在第二审程序、再审程序中做调解工作，要困难得多，调解结案率，也明显地低于第一审程序。

（二）法院调解的优点

调解与判决作为法院处理民事诉讼的两种主要方式，各有其优点，也有其不足之处，而且二者的利弊往往是互见的。

法院调解的优点在于：

（1）它能够迅速、彻底地解决当事人之间的民事纠纷。法院通过调解，有时在开庭审理前就解决了双方的争议，有时在开庭审理后作出判决前解决了双方的争议，无论哪一种情形，都比判决解决得快。调解协议是当事人自愿达成的，因此对调解协议不存在上诉问

[①] 该规定第14条规定了法院在开庭审理时应当先行调解的六类纠纷。

题,当事人通过审判监督程序申请再审也极少发生。对自愿达成的调解协议,多数当事人能够自动履行,不必再启动执行程序。因此,调解又是一种较为彻底的解决纠纷的方式。

迅速、彻底地解决民事纠纷对当事人、对国家都有利。就当事人而言,可以减少用于诉讼的时间、精力和费用,尽快地从诉讼中解脱出来。对国家来说,法院调解是一种低成本处理民事纠纷的方式,有利于节约国家的司法资源。

（2）它有利于解决双方当事人之间的矛盾,保持双方的团结与合作。法院用判决方式解决纠纷,虽然从法律上说纠纷已通过司法手段强制性地得到了解决,但双方当事人之间的矛盾可能并未真正得到解决,判决和强制执行甚至会加剧双方的对立。因此,诉讼和判决会削弱当事人之间的团结,破坏当事人之间的合作关系。调解是在法院主持下通过双方当事人自愿协商解决纠纷,调解协议是经双方认同后达成的,是双方都满意的或双方都愿意接受的解决争议的方案。纠纷由法院调解解决,无胜诉与败诉之分,对双方当事人来说又是一种体面的解决纠纷的方式。法院在调解过程中,要对当事人作思想教育工作,这有利于消除双方的分歧,减少双方的隔阂。因此,与判决相比,调解有利于恢复双方当事人之间的和睦与团结,使双方原有的业务关系、合作关系不致因诉讼而终结。因此,对亲属之间、邻里之间、同事之间、有长期合作关系的业务伙伴之间发生的诉讼,通常优先考虑用调解方式处理。

调解的不足之处在于,由于调解是当事人以达成协议的方式解决纠纷,法院虽然对当事人做了大量的调解工作,但纠纷的解决不是法院认定事实、适用法律的结果,法院在调解中并未表明其作为裁判者的意见,所以调解结果对法院处理其他同类案件不具有参考价值,法院也无法通过调解来澄清法律上的争议。

第二节　法院调解的基本原则

法院用调解方式处理民事诉讼时,应当遵守以下三条原则:

一、自愿原则

自愿原则,是指法院调解活动的进行和调解协议的达成,都必须以双方当事人自愿为前提,都应当建立在当事人自愿的基础之上。自愿原则有以下两方面的含义:

（1）法院进行调解活动要取得双方当事人的同意,要以双方自愿为前提。尽管调解是法院行使民事审判权的一种方式,尽管审判实务中多数民事案件是通过法院调解方式解决的,但当事人诉讼到法院后,就享有要求法院作出判决的权利。采用判决方式解决纠纷,还是以调解方式解决纠纷,当事人有权作出选择,有权作出决定。

因此,法院在进行调解时,必须尊重当事人的意愿,在取得双方当事人同意后才能进行。在一方当事人申请调解而另一方对调解心存疑虑时,法院可以做必要的解释和说服工作,但如果另一方坚持不愿调解,法院不得强迫他接受调解。即使法院认为用调解方式处理诉讼对当事人更加有利,也不得越俎代庖,以自己的判断替代当事人所作的选择。

(2) 调解协议内容应当由双方当事人自愿达成,并应当反映双方当事人的真实意愿。调解的本质在于当事人在调解人的斡旋下,通过谅解、让步,平息争执、消弭纠纷。法院调解也具有上述本质,谅解和让步对于达成调解协议是必不可少的。当事人提起诉讼时,是要求法院用判决方式解决争议,因而以调解协议替代判决是当事人对程序上权利的处分。为了达成调解协议,当事人往往需要作出这样或那样的让步,让步又是当事人对其实体权利的处分。调解的主要优点之一是当事人能够自动履行调解协议所规定的义务。而自动履行是以自愿达成协议为前提的。非自愿达成的调解协议,当事人往往会反悔或不履行。

因此,无论是从尊重当事人的处分权考虑,还是为了使达成的调解协议能够主动得到履行,调解达成协议,都必须是当事人自愿,法院不得以任何方式强迫当事人达成调解协议。

二、查明事实、分清是非原则

事实清楚、分清是非,既是法院调解制度的性质所要求的,也是调解取得成功所必须的。法院调解是诉讼上调解,是法院对民事案件行使审判权的一种方式,所以法院调解必须遵循以事实为根据、以法律为准绳这一审判工作的基本要求。审判人员在调解中必须做当事人的思想工作,对他们进行法制宣传教育,以事实和法律说服他们。而要有效地开展这些工作,首先就必须搞清楚案件的基本事实,分清是非曲直和双方当事人的责任。

虽然《民诉法》要求法院在事实清楚的基础上,分清是非,进行调解,但在审判实务中,仍有一些审判人员不注重案件基本事实的调查,在调解中急于求成,采取"先调解,后调查"的做法。由于基本事实不清,审判人员在调解中难免会无原则地"和稀泥"。

实务中出现的上述问题,原因固然在于这些审判人员没有严格执法,没有遵循《民诉法》确定的原则进行调解。但另一方面,这与以调解方式结案对案件事实的依赖程度不同于以判决方式结案有密切关系。判决形成的过程是法院在查明事实、分清是非的基础上适用法律的过程。审判人员在作出判决时,必须在判决书中写明判决认定的事实、理由和适用的法律依据,因此,在判决中,查明案件事实是极其重要的,是作出正确裁判的前提和基础,审判人员必须一丝不苟地对待事实问题,对案件事实的疏忽可能招致判决被撤销的严重后果。在调解中,案件事实的重要性相对地降低了。调解结果在一定程度上可以同案件事实相分离,不必像判决那样一定要严格依照诉讼前形成并在诉讼中得到证明的案件事实,只要说服当事人达成了调解协议,即使案件事实并不完全清楚,也不会妨碍调解协议的效力。这正是一些审判人员把调解与查明案件事实的关系颠倒过来,甚至把调解视为解决事实无法查清或难以查清的案件的灵丹妙药的重要原因。

三、合法原则

第 96 条规定:"调解协议的内容不得违反法律规定",我国民事诉讼理论界将这一规定称为法院调解中的合法原则。

调解的合法原则包括实体上的合法性与程序上的合法性两层含义,这两层含义表明了对法院调解工作两方面的要求。

（一）实体上的合法性

在我国民事诉讼理论界，对实体合法性的确切含义存在着不同认识。一种观点认为它是指在法院主持下双方当事人达成的调解协议必须符合民法、经济法、婚姻法、继承法等各有关实体法的规定。另一种观点则认为调解协议内容的合法性不同于判决内容的合法性，前者是指不得违反法律中的禁止性规定，是一种宽松的合法性，后者指必须符合法律的规定，是一种严格的合法性。

法院调解是诉讼中调解，是法院运用审判权解决民事纠纷的一种方式，因此，法院在调解中应当根据实体法的有关规定确定争议的性质，对双方当事人的权利义务关系和是非责任作出判断。在对当事人达成的调解协议进行审查或主动提出调解方案时，应当考虑实体法的相关规定，使调解协议的内容尽可能同实体法的要求相一致。但是，这并不是说，调解协议应当像判决那样严格按照实体法的规定达成，也不意味着应当把是否符合实体法的规定作为判断调解协议内容是否合法的标准。

应当看到，民事诉讼法对调解协议合法性的要求与对判决合法性的要求是存在区别的。首先，它不是从正面规定调解协议的内容应当符合法律的规定，而是从反面规定调解协议的内容不得违反法律的规定；其次，第97条只规定"调解书应当写明诉讼请求、案件的事实和调解结果"，而未规定调解书应当写明适用的法律依据。这与民事诉讼法对判决书的要求明显不同，根据第152条的规定，判决书应当写明"判决认定的事实、理由和适用的法律依据"。

法院调解并不仅仅是法院运用审判权强制性地解决纠纷，它是法院行使审判权和当事人行使处分权相结合的产物。当事人行使处分权意味着当事人不仅可以处分他们的诉讼权利而且可以处分他们的实体权利，具体到调解上，当事人可以运用处分权在不违反实体法禁止性规定的前提下达成双方所满意的或者所能接受的调解协议，尽管协议的内容并不完全符合实体法中的某条规定。妥协与让步在大多数情况下对达成调解协议是必不可少的，如果双方当事人都坚持自己的权利主张毫不妥协，调解协议便无法达成。因此，为了使调解能够获得成功，审判人员在调解中总是要促使当事人作出某种让步。从调解实务看，当事人在调解协议中往往会作出或大或小的让步，这些让步虽然是当事人处分权的体现，但它也决定了调解协议的内容不可能完全符合实体法的规定。

基于以上理由，把合法原则中的实体合法性理解为宽松的合法性是妥当的，它不是指调解协议的内容必须严格符合民事实体法的规定，而是指调解协议的内容不得与民事实体法中的禁止性规定相抵触，不得违反社会的公序良俗，不得损害第三人的合法权益。

宽松的合法性表明调解在适用实体法上具有相当大的灵活性，调解实体合法性的范围要比判决宽得多，从严格依照实体法规定达成调解协议到协议内容虽然并不符合实体法的规定但也并不为法律所禁止都是允许的。

调解所具有的宽松合法性具有正负两面效应：其积极意义在于使人员在调解中具有相当大的回旋余地，可以根据案件的实际情况，相当灵活地促使当事人达成比判决更符合双方利益的协议;其消极意义在于使一些审判人员对调解采取机会主义态度,使他们在调解中不是按照法院调解原则的要求在事实清楚、分清是非的基础上促使当事人达成基本上符合实体法规定的调解协议,而是抱着只要能使当事人达成调解协议,其余都无关紧要的态度。并且,实体合法的宽松性难免会造成调解中适用法律的流动性,而流动性又势必造成调解结果的多元化,使事实相同或基本相同的案件在调解中呈现差异很大的调解结果。

(二) 程序上的合法性

程序上的合法性,是指法院的调解活动应当按照法定程序进行,法院调解的组织、调解的方式、步骤、调解协议的达成和调解书的送达均应当符合《民诉法》的规定。

与判决相比,调解在程序上具有一定的灵活性,但这绝不是说调解可以违反法定程序,可以削弱对当事人的程序保障。在法院设立经济纠纷调解中心那段时期,一些地方调解中心的审判人员认为调解中心收案可以不受地域管辖的限制,无论是同地之间,还是异地之间的纠纷,只要一方当事人申请调解中心调解,调解中心就可组织人员出面调解;有的调解中心的审判人员为了达到迅速调解结案的目的,用对被申请人采用财产保全措施的方法来迫使他同意接受调解。这些做法,都是违反程序合法的要求的。

在法院调解中,强调程序合法具有重要意义。程序合法是实体合法的重要保证,只有为调解提供必要的程序保障,才能防止调解中的随意性,才能将调解活动真正建立在当事人自愿的基础之上,才能够提高法院调解工作的质量。

强调调解程序的合法性,并不意味调解必须像判决那样按部就班地进行。与判决相比,调解在程序上更具有灵活性。在时间上,法院根据案件的具体情况,可以在受理案件前调解或者受理案件后径行调解,也可以在法庭辩论终结后调解;在地点上,可以在法院内调解,也可以到当事人所在地或纠纷发生地进行调解;在人员上,可以由审判员一人主持,也可以由合议庭主持调解;在方式上,可以由人民法院单独进行调解,也可以邀请有关单位和个人协助调解;通知当事人、证人,还可以采用简便方式。

以上三条原则对法院的调解活动都具有指导作用,但这三条原则并非处于同等重要的位置,在它们中间,居核心位置的是自愿原则。自愿原则的特殊重要性在于:首先,法院调解虽然是在合议庭或独任审判员主持下进行的,但从本质上说,它仍然是一种自律型解决纠纷的方式。诉讼系属法院后,双方当事人均有获得判决的权利,选择判决还是调解,完全是当事人处分权范围内的事,即使审判人员认为调解解决对双方当事人都有利,只要一方拒绝,法院就不得强行调解。在双方当事人都同意调解的情况下,能否达成调解协议以及达成何种内容的调解协议,也都取决于双方当事人的意愿。其次,由于在自愿的前提下,调解结果与案件事实和实体法规定在一定程度上具有可分性,自愿原则事实上具有一定的支配作用,并且往往是衡量调解结果是否真正合法的标尺。

因此,法院调解能否健康地发展,能否真正有效地发挥作用,很大程度上取决于自愿原则在审判实务中能否得到贯彻。从我国法院调解制度运作的实际状况看,违反自愿原则强制调解的问题始终存在。例如,实务中的"以劝压调"——反复劝说(反复劝说实质上也是强制)当事人接受调解并作出让步,以达成调解协议;"以拖压调"——在当事人不接受时,故意将案件搁置起来,使当事人为求得纠纷的早日解决,不得不接受调解;"以判压调"——暗示当事人如果不同意调解解决,判决结果必定对他不利;"以诱促调"——利用法律上的优势地位和当事人对他的信赖,故意向当事人发出不真实的信息,使当事人误以为调解比判决更符合自身利益。

鉴于强制或变相强制调解是法院调解制度中存在的一个较为突出的问题,我国立法机关1991年修订《试行法》时,采取了一系列措施突出、强化自愿原则。修订后的《民诉法》把自愿原则放在首位,强调法院在审理民事案件时,要根据自愿原则进行调解,并且把调解违反自愿原则规定为对已发生法律效力的调解书申请再审的法定情形之一。这些措施,对落实自愿原则起到了积极的作用。

第三节 调解适用的范围、种类和程序

一、调解的适用范围

(一)应当调解的案件

有些案件由于当事人之间存在着亲属关系等较为密切的关系,有些案件当事人之间虽然不存在这种密切的关系,但与判决相比,调解解决通常能够取得更好的效果,因而更适合于调解解决。

针对上述情况,最高法院在《简易程序规定》中明确下列案件法院在开庭审理时,除非根据案件的性质和当事人的实际情况不能调解或者显然没有调解必要,应当先行调解:(1)婚姻家庭纠纷和继承纠纷;(2)劳务合同纠纷;(3)交通事故和工伤事故引起的权利义务关系较为明确的损害赔偿纠纷;(4)宅基地和相邻关系纠纷;(5)合伙协议纠纷;(6)诉讼标的额较小的纠纷(第14条)。

(二)不得调解的案件

有些民事案件,在性质上不适合调解,有些民事案件,需要用判决确认当事人之间的身份关系。对这些案件,最高法院在《调解规定》中明确了"适用特别程序、督促程序、公示催告程序、破产还债程序的案件,婚姻关系、身份关系确认案件以及其他依案件性质不能进行调解的民事案件,人民法院不予调解"(第2条)。

(三)可以调解的案件

在应当调解和不得调解之间,有大量的民事案件属于可以调解的案件,对这些案件,法院应征得当事人同意后,尽量采用调解方法处理。

二、调解的种类

(一)立案前的调解

立案前的调解,是指法院的立案庭收到原告的诉状后,认为案件适合调解解决,在征

得双方当事人同意后,把纠纷交给人民调解委员会等机构、组织进行调解。调解成功后,需要进行司法确认的,再立案,进入司法确认程序。也有些法院采取预立案的做法。

《新民诉法》确认了法院在改革中尝试的立案前调解的做法,规定"当事人起诉到人民法院的民事纠纷,适宜调解的,先行调解,但当事人拒绝调解的除外"(第122条)。

(二) 立案后的调解

立案后的调解,是指法院受理案件后,对适合调解的案件,在征得当事人同意后进行调解。在实行立审分立,设立立案庭的法院,立案调解由立案庭的法官进行,调解不成的,案件转到审判庭审理。也有的法院设立了速裁庭,由速裁庭的法官于立案后进行调解,调解不成的由速裁庭的法官审理并作出判决。

(三) 庭审前调解

庭审前的调解发生在诉讼的初始阶段,一般在被告应诉答辩后,开庭审理前进行。在征得当事人同意的情况下,法院也可以在答辩期满前进行调解(《民事调解规定》第1条)。

庭审前的调解把纠纷解决在开庭审理之前,既减少了当事人用于诉讼的时间,又节约了司法资源,无疑是符合诉讼经济原则的要求的。但另一方面,这种调解的程序保障很弱,它是在当事人的诉讼权利尚未充分行使,法院未对案件进行审理的情况下进行的。因此,为了保障当事人的诉讼权利和保证法院调解的质量,对庭审前的调解须做严格限制。

根据最高人民法院的有关规定,适用庭审前调解的案件必须符合以下两个条件:(1) 法律关系明确、案件事实清楚;(2) 双方当事人同意调解。

对符合这两个条件的案件,无论是采用简易程序审理的案件,还是采用普通程序审理的案件,都可以在开庭前进行调解。调解达成协议的,制作调解书发给当事人。当事人对达成的调解协议即时履行完毕的,可将协议记入笔录,不制作调解书。调解未达成协议的,应及时开庭审理。

(四) 庭审中调解

庭审中的调解是法院对民事案件开庭审理过程中进行的调解。

庭审中的调解,一般应当在法庭辩论结束后进行。因为经过法庭调查和法庭辩论这两个阶段后,案件事实已基本清楚,是非责任也已经明确,已具备进行调解的基础。因此,按照最高人民法院的有关规定,经过法庭调查和辩论,如果事实清楚的,审判长或审判员应当按照原告、被告和有独立请求权第三人的顺序询问当事人是否愿意调解。无独立请求权第三人需要承担义务的,在询问原、被告之后,还应询问其是否愿意调解。当事人如果愿意调解,可以当庭进行调解,也可以在休庭后进行调解。

在当前实行的辩论式审判中,主审法官在调解前还要做庭审小结,在小结中对法庭调查和法庭辩论的情况进行归纳和总结,明确所认定的案件事实和采信的证据,确认当事人的是非以及责任,说明处理案件所适用的法律和理由。庭审小结有利于调解工作正确、合法地进行。

庭审中调解是法院对案件进行审理后所作的调解,调解工作的公开性和透明度较大,有利于审判人员依法进行调解。

为了把社会力量引入法院的调解工作,我国法院在调解中还采用了以下两种做法:

1. 委托调解

委托调解是指法院对诉讼到法院的民事纠纷,在征得当事人同意后,委托人民调解委员会等组织或个人进行调解。

委托调解是我国法院为构建多元化纠纷解决机制所进行的努力,是法院借助社会力量调处民事纠纷的新举措。2004年9月,最高法院在《调解规定》的第3条中规定:"经各方当事人同意,人民法院可以委托前款规定的单位或者个人对案件进行调解,达成调解协议后,人民法院应当依法予以确认。"(第2款)。

在司法实务中,既有委托工会、妇联、消协等组织进行调解的,也有委托"人民调解工作室"的调解人员调解的。

2. 协助调解

协助调解是指法院邀请有关单位或者个人参与诉讼调解,请他们帮助法官做当事人的思想工作,以促进纠纷的调解解决。协助调解是院调解的一种形态,虽然有协助人参与调解,并且协助人多种多样,但从根本上说它仍然是法院为主导的司法性质的调解。

第95条规定:"人民法院进行调解,可以邀请有关单位和个人协助。被邀请的单位和个人,应当协助人民法院进行调解。"然而,长期以来,这一规定基本上处于"休眠"状态,法院在诉讼调解中很少会邀请他人来帮助调解,诉讼外的单位和个人也渐渐忘却了协助法院调解这一法律义务。在构建和谐社会的新形势下,《民诉法》的这一规定终于被"激活"了。最高法院高度重视诉讼调解在化解矛盾纠纷、保持社会和谐方面的作用,对建立多元化的调解机制提出了新的构想。《调解规定》中将《民诉法》的上述规定具体化为"人民法院可以邀请与当事人有特定关系或者与案件有一定联系的企业事业单位、社会团体或者其他组织,和具有专门知识、特定社会经验、与当事人有特定关系并有利于促成调解的个人协助调解工作。"(第3条第1款)。

三、法院调解的程序

(一) 调解的开始

调解程序的启动有两种情形:一种是因当事人提出申请而开始;另一种是人民法院依职权主动征求当事人的意见,询问当事人是否愿意调解,取得当事人同意后,开始调解。审判实务中的调解多数是因法院主动征求意见而开始的。

调解开始的时间因调解的种类不同而异,先行调解开始于法院收到诉状后、立案之前(第122条),庭审前的调解开始于审理前的准备阶段(第133条),庭审中的调解开始于法庭辩论终结后、作出判决前(第142条)。

调解的地点可以根据案件的具体情况确定,一般在法院内,也可以到案件发生地、当事人所在地就地进行调解。

(二) 调解的进行

调解是在法院主持下进行的。在实行独任审判时,由审判员一人主持调解,在案件由合议庭审理时,调解可以由合议庭主持,也可以由审判长代表合议庭主持调解。

合议庭或独任审判员可以单独进行调解,也可以根据需要邀请有关单位和个人协助法院进行调解。由当事人所在单位,当事人的亲友协助法院做当事人的思想工作,有利于调解的进行,有助于化解纠纷,达成调解协议。当法院发出邀请时,受邀请的单位或个人应当协助法院进行调解。

法院调解案件时,双方当事人一般都应当出庭,当事人因特殊情况不能出庭的,可由经过其特别授权的委托代理人出庭参加调解。离婚案件的当事人确有困难不能出庭参加调解的,应向法院提交书面的调解意见。无行为能力人的离婚案件,可由法定代理人出庭参加调解,法定代理人如果与对方达成调解协议后,又要求法院以判决书确认调解协议内容的,法院可根据协议内容制作判决书。

法院进行调解时,应当首先查明有争议的案件事实,然后根据有关法律、法规分清是非与责任。在此基础上,对双方进行法制宣传教育,做双方的思想工作,引导双方就如何解决争议进行协商,让双方本着互谅互让的精神达成调解协议。

法院主持调解时,可以先由各方当事人提出调解方案,然后由审判人员引导双方进一步协商,形成双方认同的方案。在双方当事人提出的方案差距太大,无法达成一致意见的情况下,审判人员应向当事人讲清楚法律的有关规定,分清双方的责任,引导双方依法达成调解协议。审判人员不宜在调解开始时就主动提出调解方案,否则会影响当事人就解决争议的方案进行充分协商,但在双方当事人请求审判人员提出调解方案时,或者虽未请求但双方都不同意对方提出的方案调解陷入僵局时,审判人员可以提出自己的调解方案,供双方当事人考虑。

四、调解的结束

调解在以下两种情况结束:一是调解获得了成功,双方当事人达成了调解协议;二是调解失败,未能促使当事人达成调解协议。在第一种情况下,调解结束同时也是诉讼的结束。第二种情形调解虽然结束,但诉讼却继续进行,由调解转入庭审程序或判决程序。

调解协议的形成有三种情况:一是由审判人员对双方当事人提出的调解方案协调后形成;二是依据审判人员提出的方案形成;三是双方当事人在诉讼外通过协商而形成。前两种情形调解协议是在审判人员主持调解的过程中形成的,故不必再对调解协议的内容进行审查。对第三种情形下达成的协议,审判人员应当对协议的内容进行审查,看协议内容有无违反法律规定之处,对不违反法律的,应当及时予以批准。对调解协议内容中有违反法律禁止性规定的,或者有损害国家、集体和第三人利益的,应宣布该项内容无效,不予确认。①

---

① 如原、被告通过虚假诉讼达成的调解协议。

法院对达成调解协议的案件,一般应当制作调解书,但第98条规定的可以不制作调解书的除外。可以不制作调解书的案件包括:(1)调解和好的离婚案件;(2)调解维持收养关系的案件;(3)能够即时履行的案件;(4)其他不需要制作调解书的案件。对不需要制作调解书的协议,应当记入调解笔录,由双方当事人、审判人员、书记员签名或盖章。履行完上述手续后,调解协议即发生法律效力。对制作调解书的案件,调解书须送达双方当事人,经双方签收后,才发生法律效力。调解书发生法律效力,标志着调解程序因调解成功而告终结。

五、调解书

调解书是法院制作的记载当事人调解协议内容的法律文书。调解书与调解协议既有联系又有区别,调解书须依据调解协议制作,反映调解协议的内容,但调解协议是双方当事人的意思表示,调解书则是具有法律效力的法院的司法文书。

调解书的格式,由首部、主文和尾部三部分组成。

首部。首部应写明制作调解书的法院、案件的编号、当事人、第三人、诉讼代理人的基本情况、案由和主持调解的合议庭组成人员或独任审判人员。

主文。主文是调解书的核心内容,它由案件事实和调解结果两部分构成。案件事实部分应写明:(1)原告的诉讼请求及理由。被告的答辩主张和理由。有第三人参加诉讼时,还应写明第三人的主张和理由。(2)由法院在调解中查明的有争议的案件事实。调解结果部分写明经法院主持调解,双方当事人自愿达成的调解协议的内容。这部分一定要写得明确、具体,否则在履行调解书时会出现争议。

尾部。尾部由主持调解的审判人员、书记员署名,写明制作调解书的时间,加盖法院的公章。

第四节 法院调解的效力

一、调解书、调解笔录的效力

法院调解的效力,是指调解达成协议后,法院制作的调解书的效力和不需要制作调解书时记载调解协议内容的法院的调解笔录的效力。

生效的调解书、调解笔录的效力是相同的。当事人在法院主持下达成调解协议,虽然事实上只是一个行为,但具有双重性质,产生实体法和诉讼法两方面的法律效力。

(一)实体法上的效力

实体法上的效力表现为诉讼前发生的民事权利义务争议因调解书或调解笔录生效而消除,双方当事人之间的民事权利义务关系依据调解书或调解笔录中记载的调解协议的内容而确定。

(二)诉讼法上的效力

诉讼法上的效力表现为三个方面:一是结束诉讼程序。调解书或调解笔录生效表明双方当事人之间的纠纷已通过调解得到解决,诉讼程序因此而结束。二是当事人不得提出上诉和再行起诉。调解协议是当事人自愿达成的,为了保证自愿性,法律允许当事人在调解书送达前反悔。由于法律已经为调解的自愿性提供了充分的程序保障,所以对已生效的调解书不允许当事人再提出上诉。已生效的调解书、调解笔录与生效判决书具有同等法律效力,它们已从法律上最终解决了当事人之间的争议,因此当事人不得以同一事实和理由向同一被告再次提起诉讼。三是具有强制执行的效力。生效调解书和生效的判决一样,当事人必须履行,一方拒绝履行,对方当事人可将调解书作为执行根据向法院申请强制执行。

二、当事人反悔时的处理

调解协议虽然是当事人自愿达成的,但达成调解协议后当事人仍然可能出现反悔。调解协议达成后的反悔包括调解书送达前反悔和解书送达后反悔两种情况,这两种反悔的性质不同,法律对这两种反悔的处理也不同。

为使调解真正建立在自愿的基础上,在达成调解协议至签收调解书前这段时间内,仍然允许当事人反悔。当事人拒收法院送达的调解书,说明他在调解程序的最后一刻反悔,调解失败。对调解书送达前一方或双方当事人反悔的,法院应继续对案件进行审理,并及时作出判决。

最高法院在《调解规定》中依据程序选择权的原理,规定:"当事人各方同意在调解协议上签名或者盖章后生效,经人民法院审查确认后,应当记入笔录或者将协议附卷,并由当事人、审判人员、书记员签名或者盖章后即具有法律效力"(第13条)。该规定使得调解协议在法院制作调解书之前就能够产生法律效力。

法院向当事人送达调解书,双方签收后,送达即完成,调解书也随即发生法律效力。对已生效的调解书,当事人应当履行调解书所确定的义务。调解书的效力不受当事人反悔的影响。即使当事人反悔有正当理由,如调解违反了自愿原则或调解协议内容违法,也必须通过申请再审,由法院通过审判监督程序来撤销或变更。

阅读法规

《民诉法》第93—99条;《适用意见》第91—97条;《关于人民法院民事调解工作若干问题的规定》(2004);《简易程序规定》第14条;《关于建立健全诉讼与非诉讼相衔接的矛盾纠纷解决机制的若干意见》(2009年);《关于进一步贯彻"调解优先、调判结合"工作原则的若干意见》(2010年)。

案例解析

【7-1】 甲公司诉乙公司,要求乙公司按照双方《联营协议》规定返还1000万元的出

资和应得的利润 300 万元;乙公司辩称,虽然双方确实签订了联营协议,但根据《协议》的约定,甲公司只提供资金,并未真正参与经营活动,现在三年经营下来,联营企业不仅没有取得预期的利润,还亏损 100 多万元,因此,乙公司不仅不同意按照《协议》给付利润,而且要求甲公司承担一半的亏损。甲公司则提出,按照《协议》的约定,自己并不参与联营企业的经营活动,不论该企业盈利还是亏损,联营期满后乙公司均应当支付 300 万的利润。

问:法院能否就原告主张的利润进行调解?

分析要点:从本案的事实看,双方当事人实际上是借联营之名,行借贷之实,而我国的金融法规禁止非金融机构放贷,所以双方当事人是以合法形式掩盖非法目的,因此对甲公司主张的所谓的利润,法院是不能支持和保护的,当然也就不可能就利润问题进行调解。不过,虽然甲公司实施了违法行为,但仍然有权要求乙公司归还本金。就归还 1000 万本金问题,法院还是可以进行调解的。

【7-2】 上海甲公司与甘肃天水市乙公司签订了一份设备购销合同,甲公司按照合同约定的时间交付设备后,乙公司以设备在运转中出现瑕疵为由迟迟不支付剩余的 50 万货款。甲公司向天水市的法院提起诉讼,法院对双方进行调解,调了三次仍未调成,此时距离原告起诉已过了近一年的时间,三个月后,法院再次通知甲公司去天水调解,甲公司不愿意再去,法院的法官说:"现在提倡调解优先,所以法院决定继续调解,你们如执意不来,将来判决时很可能对你们不利。"

问:法院的做法是否符合《民诉法》规定的调解原则?

分析要点:不符合法律规定的调解原则。《民诉法》强调法院调解应当在自愿的基础上进行,该法院已调了三次,时间也用了近一年,上海距离天水路途遥远,已经增加了甲公司的诉讼成本,法院应当按照《民事诉讼法》第 91 条"调解未达成协议或者调解书送达前一方反悔的,人民法院应当及时判决"的规定,用判决方式解决此案。法院要第四次调解,有"以拖压调"之嫌。至于法官说的"你们如执意不来,将来判决时很可能对你们不利",是典型的"以判压调",违反了调解应当遵循"自愿原则"。

【7-3】 甲女诉乙男,称乙男曾向其借款 10 万元,要求法院判决乙男偿还。甲女以乙男亲笔书写的借据为证。乙男否认借款的事实,称借据虽然是自己写的,但自己从未向甲女借过款,这 10 万元是自己提出与甲女分手,甲女索要"分手费"时,不得已才写的借据。在诉讼过程中,双方当事人达成了和解协议,协议载明乙男同意给付甲女 5 万元。

问:(1)和解协议是否合法?
(2)原告申请撤诉法院是否应当同意?
(3)如果法院查明是"分手费",能否对双方进行调解?
(4)如果当事人要求把和解协议制作成调解书,法院是否应当同意?

分析要点:(1)对"分手费",理论界存在着不同的认识。有人认为"分手费"不合法,法院不应当支持;也有人认为,法律并未禁止"分手费",因而对"分手费"法院应当持宽容的态度。本教材认为:"分手费"的情况相当复杂,需要根据不同情况区别对待。如果是一方明知对方有配偶,与对方保持不正当关系,在分手时有配偶的一方同意给对方分手费,由于这种分手费有违善良风俗,所以法院在诉讼中不应支持。如果双方当事人是正常的恋爱关系,分手时乙方同意给另外一方分手费,那就既不违反法律的禁止性规定,也不违反公序良俗。当事人在诉讼中达成给付"分手费"的和解协议并不违法。

(2) 达成和解后当事人申请撤诉,法院应当准许。

(3) 在诉讼中,法院应当查明究竟是借款还是"分手费",如果是"分手费",可以在确认"分手费"不违反公序良俗的情形下,对双方当事人进行调解。

(4)《调解规定》第4条规定:"当事人在诉讼过程中自行达成和解协议的,人民法院可以根据当事人的申请依法确认和解协议制作调解书。"所以在本案中,如果当事人要求把和解协议制作成调解书,法院应当同意。

司法考试题

2003年试卷三第70题"民事调解书的适用范围";
2006年试卷三第46题"调解书内容的补正";
2007年试卷三第47题"法院调解书的效力";第83题"法院调解";
2009年试卷三第84题"法院调解与诉讼和解的区别";第100题"法院调解的效力";
2011年试卷三第42题"法院调解";第96题"法院调解"。

第十二章 法院裁判

第一节 法院裁判概述

一、法院裁判的含义

民事裁判,是指法院在审理民事案件、处理非诉事件、强制执行法律文书的过程中,对当事人之间实体民事权利义务关系、对需要解决的程序问题和与程序相关的特定事项作出的判定。

在审判程序中,法院的裁判多数依据当事人的申请而作出,但在一些情况下,法院也可以依职权作出裁判行为,如裁定终止或者终结诉讼程序等。

我国法院在民事诉讼中享有审判权和强制执行权,审判权与执行权的行使须采用一定的方式。裁判是法院行使上述权力的主要方式。

裁判是法院行使司法权的方式,而司法权须由审判人员具体行使,因而有权作出裁判的是法官和人民陪审员,法院的书记员、执行人员作出的职务行为,如清点证据资料,清查执行标的物等,都不属于裁判行为,而只是一种司法上的处分行为。另外,裁判是对争议或问题作出的判断和表示行为,因而不同于法官在诉讼中实施调查证据,听取辩论这类事实行为。①

二、裁判的种类

裁判的种类取决于各国民事诉讼法的规定,我国《民诉法》规定的裁判类别包括判决、裁定、决定和命令四种,其中判决、裁定、决定是法院经常使用的裁判方式。

在上述四种裁判形式中,判决用于对实体问题的判定,裁定主要用于对程序问题的判定。判决和裁定是法院主要的裁判方式,也是用得最多的裁判方式,所以《民诉法》在"第一审普通程序"这一章中专门用一节规定了"判决与裁定"。

第二节 判　　决

一、判决概述

(一) 判决的概念

民事判决,是指法院在对民事诉讼案件和非诉案件审理终结时对案件的实体问题所

---

① 参见〔日〕新堂幸司:《新民事诉讼法》,林剑锋译,法律出版社2008年版,第453页。

作的权威性判定,是法院行使裁判权最重要、最典型的形态。

判决宣告了法院对案件的裁判结果,它需要用书面形式记载判决的内容,书面形式的判决称为判决书。

(二) 判决的种类

1. 诉讼判决与非讼判决

根据判决针对的案件性质和所适用的程序,可以将其分为诉讼判决和非讼判决。

民事案件有诉讼案件与非讼案件之分。诉讼案件中当事人之间存在着民事权利义务的争议,法院审理后须用判决去解决双方当事人的争议;非讼案件不直接涉及民事权利义务的争执,申请人提出这类案件是为了通过法院来确定某种事实状态,法院审理后作出判决是为了确认一定的事实状态,如用判决宣告某人失踪、宣告某人无民事行为能力等。

诉讼判决与非讼判决的区别在于:(1) 两者针对的案件不同,前者针对诉讼案件作出,后者针对非讼案件作出;(2) 适用的程序不同,前者适用诉讼程序,后者适用非讼程序;(3) 记载的内容不同,前者记载是对双方当事人权利义务争议的判定,后者记载的是对特定事实的确认;(4) 救济机制不同,当事人不服一审未生效的诉讼判决,通过上诉、申请再审来寻求救济,非讼判决则有自己的救济途径,不适用上诉、再审的方法。

2. 给付判决、确认判决和形成判决

根据判决所处理的诉的种类和性质的不同,可以把判决分为以下三类:

(1) 给付判决。给付判决是指在给付之诉中,法院认为原告主张给付请求权存在,判令被告向原告履行一定的给付义务的判决。给付判决具有执行力,被告不履行给付义务时,原告可以以给付判决为依据申请强制执行。

(2) 确认判决。确认判决是指法院作出的当事人之间法律关系存在或不存在的判决。针对确认之诉,法院须作出确认判决,针对给付之诉或形成之诉,如法院审理后认为原告主张的给付请求权和形成权不存在,作出驳回诉讼请求的判决,该判决在性质上也是确认判决。①

(3) 形成判决。形成判决是指法院作出的变更或消灭当事人之间的现存法律关系的判决。形成判决生效后,具有变动当事人之间原有法律关系的效果,如撤销合同、解除婚姻关系、收养关系、解散公司、撤销董事会决议等。形成判决的这一效力叫形成力。

3. 对席判决与缺席判决

这是根据双方当事人都出庭参加诉讼还是仅有一方出庭对判决作出的分类。

对席判决是法院在双方当事人都出庭参加诉讼的情况下所作的判决。当事人虽未出庭,但有诉讼代理人代为出庭参加诉讼,法院所作判决亦为对席判决。缺席判决是指法院在一方当事人未到庭参加诉讼的情况下作出的判决。缺席判决通常针对被告作出,但在法院不准原告撤诉,原告经传票传唤后无正当理由不到庭参加诉讼的情况下,亦可针对原告作出缺席判决。民事诉讼中的判决多数为对席判决,缺席判决仅适用于法律规定特定

---

① 参见〔德〕奥特马·尧厄尼希:《民事诉讼法》,周翠译,法律出版社 2003 年版,第 308 页。

的情形。

4. 全部判决与部分判决

根据判决是针对案件的全部事项还是仅对部分事项作出,可将判决分为全部判决与部分判决。

全部判决是指法院审理终结时对案件中所有应判决事项一并作出终局判定的判决。部分判决,是指法院对案件中的一部分事项先行作出判定,其余部分待继续审后再作出判决。当案件存在多项请求或多个争点时,法院可以采取部分判决的方法先解决其中的部分争议,如案件中原告提出多个请求时,法院可以先就其中的部分请求作出判决。在侵权诉讼中,双方当事人对是否构成侵权和赔偿数额均有争议时,法院在查明侵权是否成立后,可就该部分先作出判决。

第153条对先行判决作了规定:"人民法院审理案件,其中一部分事实已经清楚,可以就该部分先行判决。"该规定并未直接使用"部分判决"这一概念,但理论和实务界普遍认为这就是关于部分判决的规定。在我国审判实务中,判决多为全部判决,部分判决很少使用。

5. 生效判决与未生效判决

依据判决是否已经发生法律效力,可以把判决分为生效判决与未生效判决。

生效判决,是指已经发生法律效力,判决的内容已经确定,当事人已不能采用上诉方式声明不服的判决,所以在大陆法系国家又被称为"确定判决"。在我国,生效判决包括:(1)地方各级法院依照通常诉讼程序作出的一审判决,当事人在上诉期内未提出上诉的;(2)依法不得上诉的判决,包括二审法院作出的判决,最高法院作出的判决,依特别程序作出的判决。

未生效判决,是指尚未发生法律效力的判决。未生效判决虽然已经作出,但有可能通过上诉被推翻,所以大陆法系国家称其为"未确定判决"。

6. 原判决与补充判决

依据判决作出的时间不同,可以将判决分为原判决与补充判决。

原判决是相对于补充判决而言的,它是指法院在审理案件终结时初次作出的判决。补充判决是指法院针对漏判的事项,即前一判决应判而未判的事项所作的判决。

补充判决是大陆法系国家的民事诉讼法规定的一种判决,我国《民诉法》未规定这种判决,但规定了可以用裁定来补正判决书中的笔误。笔误包括判决书的误写、误算,诉讼费用漏写、误算及其他笔误(第154条第1款第7项)。

二、判决书的内容

民事判决须采用书面形式,判决书由首部、正文和尾部三部分构成。

(一)首部

首部包括标题、案号、当事人及其他诉讼参与人的基本情况、案由等。

1. 标题和案号

标题用来说明某某法院的民事判决书,案号表明判决书的编号,该编号取决于法院立案时的案号。如南京市鼓楼区民事判决书(2009)民初字××号。

2. 当事人和其他诉讼参与人的基本情况

包括原告、被告、有独立请求权的第三人、无独立请求权的第三人等。这部分内容须写得具体明确,以便通过判决书来确定当事人的基本情况。如果有代理人参加诉讼,还应写明代理人的基本情况。

3. 案由及案件审理的大致过程

案由依案件的性质而定,写明案由可反映判决是针对何种性质的案件作出。[①] 审理的大致经过包括是否组成合议庭、是否公开审理、何时开庭、当事人是否到庭参加诉讼等。

(二) 正文

正文部分记载着判决书的主要内容,它包括:

1. 诉讼请求、争议的事实和理由

诉讼请求是判决的对象,诉讼请求包括原告的诉讼请求、被告的反诉请求和有独立请求权的第三人提出的诉讼请求;争议事实包括原告为支持其诉讼请求所主张的事实,被告为反驳原告诉讼请求所主张的事实等;理由包括双方当事人各自提出的理由,第三人参与诉讼时所提出的理由等。

2. 判决认定的事实、理由和适用的法律依据

针对存在争议的事实,法院须在判决中确认该事实存在、不存在或是存在与否真伪不明,然后才能够适用相关的法律得出判决结果。所以判决书须写明法院对事实的认定。判决书须以理服人,因而法院在判决书中还须写明对证据的分析、评价、采信与否等认定事由的理由。判决书还需写明所适用的法律及其理由。

3. 判决主文

判决主文表明了法院的判决结果,该部分需写明支持还是部分支持、或是驳回原告的诉讼请求。判决被告履行义务的,还需写明履行义务的时间和方式。在判决主文中,还需一并对诉讼费用的负担作出判定。

(三) 尾部

判决书尾部的内容为判决是否准许上诉、上诉的期限和上诉的法院,审判人员、书记员的署名,制作判决的年、月、日,法院的印章。

三、判决的效力

(一) 判决的效力

设置民事诉讼制度的目的是通过当事人之间的诉讼与法院的审理与裁判来解决争议,保护合法的民事权益,制裁违法的民事行为,而法院主要是以判决方式来实现上述目

---

① 2011年最高人民法院发布的《民事案件案由规定》是法院确定案由的依据。

的的。因此,判决作出后,需要使它发生法律上的效力,使法院和当事人都尊重判决的结果,当事人不得无视判决的存在对同一问题再进行争议,法院也不得任意地撤销已宣告的判决,不得任意改变判决的内容。

为了使判决真正具有解决民事争议的效果,判决须具有拘束力、形成力和执行力,这些都是判决本身所具有的效力。

(二) 判决的拘束力

判决的拘束力,是指判决一经宣告,对于作出判决的法院而言,即便其认为判决存在着错误,也不得再将其撤销或变更。使判决具有拘束力,是为了保证判决的安定性,也是为了促使法院慎重地作出判决。

《适用意见》第163条对判决的拘束力作出了规定,即"一审宣判后,原审人民法院发现判决有错误,当事人在上诉期内提出上诉的,原审人民法院可以提出原判决有错误的意见,报送第二审人民法院,由第二审人民法院按照第二审程序进行审理;当事人不上诉的,按照审判监督程序处理"。该规定一方面表明宣告判决的法院要受判决的拘束,另一方面表明可以通过上诉程序和审判监督程序来改正确有错误的已宣告的一审判决。

(三) 判决的形成力

判决的形成力,是指法院所作的形成判决所具有的使当事人之间原有的民事权利义务关系变更或消灭的效力。在给付判决、确认判决和形成判决中,唯有形成判决才具有形成力。形成判决适用于形成之诉,法院作出形成判决,是确认原告具有实体法上的形成权。

(四) 判决的执行力

判决的执行力,是指生效的判决可以作为强制执行的根据,当判决中的债务人不履行生效判决确定的义务时,债权人可请求法院强制债务人履行义务。

并非所有的判决都有执行力,只有具有给付内容的判决才具有执行力。确认判决、形成判决虽然关于确认、形成的内容不具有执行力,但关于诉讼费用负担部分的内容是具有执行力的。

第三节 裁 定

一、裁定的概念

民事裁定,是指法院在审理民事案件和民事执行中就需要解决的程序问题作出的权威性判定。

裁定主要用于不直接涉及实体权利义务的问题,如不予受理、管辖权异议、是否允许撤诉等。但在例外情况下,也会用于涉及实体问题的事项,如针对先予执行作出的裁定。裁定不仅用于审判程序,也用于执行程序,如关于驳回执行异议的裁定、中止或终结执行的裁定等。

判决与裁定,是法院使用的两种重要的法律文书,它们都是法院在民事诉讼中作出的权威性判定,但两者存在如下区别:(1) 适用的对象不同。判决用于解决当事人之间民事实体权利义务的争议,裁定用于解决诉讼中的程序问题。(2) 适用的阶段不同。判决只能用于审判程序,并且通常只能在案件审理终结时作出,裁定既可以适用于诉讼程序,又可以适用于执行程序。(3) 表现形式不同。判决必须采用书面形式,并且法律对判决书的内容有明确的要求,裁定在形式上比较灵活,虽然一般也应当采用书面形式,但有的可以采用口头形式。(4) 上诉的情况不同。这表现在两个方面:首先,法院适用第一审普通程序和简易程序作出的判决,均允许当事人提出上诉,而裁定仅部分允许上诉,除对管辖权异议、不予受理、驳回起诉的裁定允许上诉外,其余裁定不得上诉。其次,上诉的期间不同。判决的上诉期间为15日,裁定的上诉期间为10日。(5) 针对同一案件使用的次数不同。在适用诉讼程序审理的案件中,通常情况下,一个案件只有一个判决,但对于同一案件法院可根据需要作出多个裁定。

二、裁定书记载的事项

从审判实务看,法院使用裁定时,大多数采用书面形式。裁定书与判决书一样,也是由首部、正文、尾部三部分组成。

首部应当写明标题、案号及当事人、诉讼代理人的基本情况。

正文部分应写明事实、理由和结论。裁定也是法院依据一定的事实适用程序法所作出的判定,所以需要写明诉讼中当事人请求法院解决的或法院依职权需要解决的程序法上的事项。理由部分须写明对程序性事实的认定及程序法的适用,结论部分写明判定的结果,如不予受理、驳回管辖权异议等。尾部由审判员、书记员署名,加盖法院印章;允许上诉的裁定,还须注明上诉的期间及上诉的法院。

裁定以口头形式作出时,书记员应将其记入笔录。

三、裁定适用的范围

《民诉法》第154条,对裁定适用的范围作出了规定,它们包括:(1) 不予受理;(2) 对管辖权有异议的;(3) 驳回起诉;(4) 财产保全和先予执行;(5) 准许或者不准许撤诉;(6) 中止或者终结诉讼;(7) 补正判决书中的笔误;(8) 中止或者终结执行;(9) 不予执行仲裁裁决;(10) 不予执行公证机关赋予强制执行效力的债权文书;(11) 其他需要裁定解决的事项。

在上述11项事项中,不予受理与驳回起诉均是针对原告起诉作出的裁定,两者的区别在于,不予受理的裁定是原告提起的诉讼时,法院即发现起诉不符合法定条件而作出;驳回起诉的裁定,则是在法院受理原告提起的诉讼后才发现起诉不合法的情况下作出。

此外,裁定适用范围的第11项"其他需要裁定解决的事项"为兜底性条款,它为法院在实践中使用裁定留下了广阔的空间。依据这一规定,最高人民法院在司法解释中作出了许多关于应当适用裁定的规定,如裁定撤销支付命令、裁定驳回再审申请、裁定驳回案外人异议、裁定对案外人强制执行、裁定变更或追加被执行人等。

四、裁定的效力

法院作出的民事裁定,除少数允许上诉的裁定之外,一经送达当事人,即发生法律效力。允许上诉的裁定为"不予受理"、"对管辖权有异议"、"驳回起诉"的裁定,对这三类裁定,当事人在上诉期内不提出上诉的,上述期届满后发生效力。

裁定生效后,对当事人、法院及与裁定相关的单位或个人具有法律上的拘束力,非经法定程序,不得改变或撤销已生效的裁定。

第四节 决 定

一、决定的概念

民事决定,是指法院对民事诉讼中的某些特殊事项作出的判定。所谓"特殊事项",是指诉讼中一些需要解决的重要事项,这些事项往往具有紧迫性,需要及时、迅速解决,才能保证诉讼程序顺利进行。

决定有些也用来解决程序问题,如决定是否准许顺延期间,决定进行再审等,但它与裁定不同的是,部分裁定允许上诉,而所有的决定均不得上诉。①

此外,决定作出后,对法院自己的拘束力弱一些,法院可根据情况的变化变更或撤销原决定。

二、决定适用的范围

决定主要适用于以下事项:

(一)回避问题

对当事人提出的回避申请,法院应审查是否符合回避的法定情形,作出回避与否的决定。

(二)采取强制措施

对实施妨害民事诉讼行为的人,法律规定了强制措施,法院采取强制措施,须采用决定的方式。采取严厉的强制措施,如罚款、拘留,还须以书面方式作出决定。

(三)诉讼费用的缓、减、免

当事人交纳诉讼费用确有困难的,可以向法院申请缓交、减交、或免交,法院审查后,作出是否准许的决定。

(四)顺延期间

当事人因不可抗拒的事由或者其他正当理由耽误期间的,可向法院申请顺延期间,是

---

① 根据《民诉法》的规定,有的适用决定事项虽然不得上诉,但当事人可申请再审,检察机关可以提出抗诉,如关于回避问题。

否准许,由法院决定。

（五）决定再审

对本院作出的确有错误的生效裁判,经本院院长提交审判委员会讨论后,决定再审。

（六）决定暂缓执行

被执行人向法院提供担保,经申请执行人同意后,法院可作出暂缓执行的决定。

三、决定的效力

民事决定一经作出或送达,即发生法律效力,民事决定虽然不允许上诉,但对有些决定法律规定了申请复议这一救济手段。如关于回避的决定、罚款的决定、拘留的决定等,当事人不服可申请复议一次,但复议期间不停止原决定的执行。

第五节 命 令

一、命令的概念

命令,是指法院向当事人或与所审理的民事案件相关的人员发出的为一定行为或者不得为一定行为的表示。①

二、命令的种类

民事诉讼中的命令随着立法与司法的发展不断增多,它包括但不限于以下类别:

（一）支付令

支付令是指督促程序中法院向债务人发出的支付命令。支付令一旦生效,与生效判决具有同等效力,债务人必须按照支付令的要求向债权人清偿债务,拒不清偿的,法院可依据债权人的申请对债务人实施强制执行。

（二）海事扣押令

扣押令是指海事法院在采取财产保全措施时发出的扣押当事船舶的命令。《海事诉讼法》第 26 条规定:"海事法院在发布或者解除扣押船舶命令的同时,可以向有关部门发出协助执行通知书,通知书应当载明协助执行的范围和内容,有关部门有义务协助执行。海事法院认为必要,可以直接派员登轮监护。"

（三）海事强制令

海事强制令,是指海事法院根据海事请求人的申请,为使其合法权益免受侵害,责令被请求人作为或者不作为的强制措施。海事强制令,在性质上属于行为保全。

（四）搜查令

搜查令,是指法院在强制执行程序中发出的对债务人的住所或者其他可能隐匿被执

---

① 在实务中,法院作出命令往往采用裁定的方式,但在笔者看来,命令与一般的裁定存在着较大的区别,将它单独作为一类更为合理。

行的财产的场所进行搜查的命令。执行人员进行搜查,须持有法院院长签发的搜查令,债务人和相关人员则必须容忍法院的搜查活动,不得妨碍和对抗法院的搜查,否则,法院可采取民事诉讼强制措施。

（五）调查令

调查令是法院向有协助调查证据义务的单位发出的命令,命令该单位协助和配合调查令的持有者收集证据。在实务中,有些法院为了帮助当事人调查收集证据,采用了调查令这一方式。调查令只发给作为诉讼代理人的律师。

（六）人身保护令

人身保护令,是法院为保护当事人的人身安全,根据一方当事人的申请,对可能实施加害行为的对方当事人发出的禁令。《民诉法》未规定这种命令,一些法院在离婚诉讼中为了保护受到家庭暴力的一方当事人的人身安全,采用了向对方当事人发人身保护令的方法,命令该方当事人不得再实施暴力行为,不得侵扰对方当事人。[1] 对违反人身保护令的,法院将采取拘留等民事诉讼强制措施。

（七）督促令

督促令,是执行程序中上级法院发给下级法院的责令其在法律规定期限内采取执行措施的命令。当法院未在第226条规定的期限内采取执行措施时,上级法院可以根据当事人的申请,向下级法院发出督促令。

（八）报告令[2]

报告令,也是法院在执行程序中使用的一种命令,用于责令被执行人向法院报告其财产状况。法院在发出这一命令时,应当在命令中写明报告财产的范围、报告财产的期间、拒绝报告或者虚假报告的法律后果。

（九）限制高消费令

限制高消费令,是指法院在强制执行程序中根据债权人的申请或者依职权向被执行人发出的命令其不得实施高消费行为的命令,如在乘坐交通工具时,不得选择飞机、列车软卧、轮船二等以上舱位,不得在星级以上宾馆、酒店、夜总会、高尔夫球场等场所进行高消费,不得让子女就读高收费的私立学校等。[3]

---

[1] 2008年8月6日,我国第一道"人身保护令",由江苏省无锡市崇安区人民法院根据受害人陈某的申请签发。该裁定禁止作为丈夫的被申请人许某殴打、威胁妻子陈某,首次在民事诉讼中将人身安全司法保护的措施延伸至家庭内部和案件开庭审理前。2008年9月24日,湖南省长沙市岳麓区人民法院发出"人身保护令",并向当地公安机关发出协助执行通知书,要求警方监督被告丈夫华阳(化名),一旦发现其威胁、殴打原告妻子张丽芳(化名),要采取紧急措施,保护张丽芳人身安全。该裁定得到当地公安机关的积极配合。参见黄庆畅:《防止家庭暴力,"人身保护令"接连出鞘》,载2008年10月7日《人民日报》。

[2] 关于督促令和报告令的规定,参见《执行程序解释》第12条、第31条。

[3] 参见《关于限制被执行人高消费的若干规定》第3、4、5条。

阅读法规

《民诉法》第152—156条;《海事诉讼法》第26条、第51—61条;《关于限制被执行人高消费的若干规定》。

案例解析

【13-1】 甲与乙因房屋租赁合同发生纠纷,甲向法院提起诉讼,请求乙按照合同约定交付租金。开庭前,法院通过乙的朋友丙捎信给乙,告知其开庭的日期,乙未出庭参加诉讼。

问:法院可否对乙进行缺席判决?

分析要点:不可以。对缺席判决,法律有严格的要求,需要经过传票传唤后,被告无正当理由拒不到庭,才能采用缺席判决。本案中法院采用捎口信的方式通知乙,不符合缺席判决的条件。如果传唤时用的不是传票,而法院又作出了缺席判决,则构成程序的重大违法,当事人可以申请再审。

【13-2】 甲向A市C区的法院提起诉讼,法院审查后,认为该案件不属于法院的主管范围,于是便口头通知甲不予受理。

问:C区法院的做法是否合法?

分析要点:不合法。对于甲提起的诉讼,法院审查后如果决定不予受理,应当采用书面方式作出裁定,2012年《民诉法》第123条对此专门作了规定。对于法院的不受理的裁定,当事人不服的,还有权提起上诉,口头通知不予受理,当事人无法对之上诉。

【13-3】 在执行程序中,法院查封了被执行人甲的机器设备,甲认为法院查封超过了应执行债权的数额,对法院的查封提出了异议。

问:(1) 法院应当采用何种文书?
(2) 如果甲不服,可否采取进一步的救济措施?

分析要点:(1) 针对甲的异议,法院应当采用裁定方式,异议理由成立的,裁定撤销,理由不成立的,裁定驳回。
(2) 法院裁定驳回的,甲可以在收到裁定书之日起的10日内,向上一级法院申请复议。

司法考试题

2004年试卷三第38题"缺席判决";
2005年试卷三第38题"民事裁判复议";
2006年试卷三第77题"民事决定的复议";
2008年试卷三第79题"缺席判决";
2012年试卷三第41题"民事判决的效力";第47题"民事诉讼的裁定"。

第十三章　第二审程序

第一节　第二审程序概述

一、第二审程序的概念

第二审程序,是指民事诉讼的当事人不服一审法院作出的未生效的判决或裁定,在法定期间内向上一级法院提起上诉,上一级法院对案件进行审理并作出裁判的程序。简言之,是指上诉及对上诉案件进行审理所适用的程序。

在我国,由于审级制度实行的是两审终审制,第二审程序指的就是上诉程序,第二审程序与上诉审程序是完全相同的两个概念。但是,在实行三审终审制的国家,上诉制度既包括了针对第一审裁判的上诉,又包括针对第二审裁判的上诉,针对第一审裁判的上诉才是第二审程序,针对第二审裁判的上诉则是第三审程序。

二、第二审程序的目的

（一）对当事人进行救济

对当事人进行救济可以说是设置上诉程序的首要目的。"所有上诉的理由都在于人类的认识可能发生错误。每一个裁判都可能不正确,或者大多被败诉方认为不正确。因此,上诉是为了维护当事人通过对他们更有利的裁判取代对他们不利裁判的合法利益。"[1]通过上诉,当事人可以请求上一级法院对不利于自己的一审裁判进行审查,撤销或变更确有错误的一审裁判。从国家来说,满足当事人这一寻求救济的需求是十分重要的,只有合理地设置了上诉制度,才能够"获得民众对裁判的信赖并保持其权威性"[2]。

（二）监督下级法院的审判

上诉一旦提出,第二审法院就必须启动第二审程序,通过对上诉案件的审理,发现和纠正一审裁判中的错误,督促一审法院正确行使审判权。上诉是上级法院对下级法院实行审级监督的主要形式。

（三）保证法律的统一解释和适用

司法公正要求法院对同样的案件适用相同的法律,对相同的法律作出同样的解释。一审法院的级别通常都比较低,并且级别越低数量越多,二审法院的情况正好相反。所以,一审中难免会存在法律的解释与法律的适用不统一现象,通过上诉,则可以减少、消除

---

[1] 〔德〕罗森贝克等:《德国民事诉讼法》(下),李大雪译,中国法制出版社2007年版,第1018页。
[2] 〔日〕新堂幸司:《新民事诉讼法》,林剑锋译,法律出版社2008年版,第615页。

这一现象。①

三、第二审程序的性质

第二审程序的性质,实际上是要回答第二审与第一审的关系问题,对两者的关系,有不同的认识,因而形成了不同的学说。

（一）复审说

该说把第二审定位于对案件的重新审理,因此它完全切断了第二审与第一审的联系。第二审不审查第一审裁判是否正确,第一审中运用的诉讼资料也不能拘束第二审,二审法院完全是以自己在二审中收集的资料作出裁判。因此,在复审制下,第二审实际上是由二审法院把整个案件重新审理一遍,相当于第二个第一审。

（二）事后审说

该说将第二审定位于审查第一审法院的裁判是否存在错误。因此,利用一审使用的诉讼资料来判断一审判决是否正当,在二审中完全不接受,不使用新的诉讼资料。②

与"复审说"相比,可以说"事后审说"代表另外一个极端,"复审说"仅依据第二审自己收集的诉讼资料作出判断,而"事后审说"则仅根据第一审已有的诉讼资料作出判决。

（三）续审说

该说把第二审定位于第一审的发展和继续,因此在诉讼资料的使用上,既要使用第一审中已有的诉讼资料,也要使用第二审中新出现的诉讼资料,第二审法院是根据从第一审和第二审获得的诉讼资料对案件作出判决的。在"续审说"下,当事人在第二审中可以提出新的诉讼资料。

"续审说"处于"事后审说"和"复审说"之间,目前,大陆法系国家一般都采用续审说。采用"续审说"的国家又有两种做法,一种是对当事人在第二审中提出新的诉讼资料不加限制,当事人可以任意地在第二审中提出新的诉讼资料；另一种是对当事人在第二审提出新的诉讼资料加以限制,当事人在第二审提交的诉讼资料,只有在第一审未提交不存在过错时,才允许提交。对第二审提出新的诉讼资料进行限制的原因在于,担心当事人不重视第一审,不在第一审中进行充分的攻击和防御,等到第二审程序中,再来提出重要的诉讼资料。这样做的结果既严重减损了第一审的功能,又造成了诉讼的迟延。德国采取的是后一种做法。日本也对当事人在第二审程序提出新的诉讼资料作出一定的限制,但限制不如德国严格。我国实行举证期限制度后,也开始对当事人在第二审提出诉讼资料进行

---

① 在实行三审终审制的国家,第三审在性质上为法律审。第三审法院是级别高的法院,在一些国家主要由最高法院负责第三审,由于最高法院通常只有一个,所以能够保证法律解释和适用的统一。在大陆法系的德、日等国,是通过设立法律审的第二次上诉来达到保证法律解释和适用的统一这一目的的,我国则是一方面通过上诉制度,另一方面通过最高人民法院作出司法解释来实现上述目的。

② 新堂幸司认为:事后审查,是指不进行独立的事实认定,而是从第一审的资料出发,来检查是否可以认可原判决的事实认定,并在此基础上对原判决之妥当性作出判断的审理方式。参见〔日〕新堂幸司:《新民事诉讼法》,林剑锋译,法律出版社 2008 年版,第 628 页。

限制,但出于实体公正的考虑,限制并不严格。①

第二节 上诉的提起与受理

一、上诉的概念

在我国,上诉是指当事人不服第一审法院所作的尚未生效的裁判,在法定期间内向上一级法院声明不服,请求上一级法院撤销或变更原裁判的行为。

从当事人的角度看,上诉是当事人的一项重要的诉讼权利,是当事人的诉权在第二审程序中的体现。从法院的角度看,上诉是纠正错误裁判的一种常规方法,正是借助当事人的上诉,上级法院得以审查一审裁判的合法性与正确性。

二、提起上诉的条件

当事人提起上诉须具备以下四个条件:

(一)上诉的主体合格

上诉主体合格包括上诉人与被上诉人合格。上诉是针对第一审裁判提起的,因此,第一审程序中的当事人才是合格的上诉人和被上诉人,具体而言,第一审程序中的原告、被告(包括共同原告、共同被告)以及与原被告诉讼地位相同的人才是合格的上诉主体。共同诉讼人要么是共同原告,要么是共同被告,有独立请求权的第三人,在所参加诉讼中处于原告地位,被法院判决承担民事责任的无独立请求权的第三人实际上居于被告地位,诉讼代表人也处于原告或被告地位,所以他们都有权提出上诉。

未被法院判决承担民事责任的无独立请求权的第三人并不直接受一审裁判拘束,所以无权提起上诉。

无诉讼行为能力的当事人亦是合格的上诉主体,但他们上诉权须由法定代理人代为行使。当事人的上诉权也可通过代理人来行使,当事人委托诉讼代理人代为上诉的,须采用特别授权的方式。

必要共同诉讼中上诉可能出现只有其中一人上诉或部分共同诉讼人上诉的情形,在此情形下,提起上诉的为上诉人,被上诉人按下列情况处理:(1)该上诉是对与对方当事人之间权利义务分担有意见,不涉及其他共同诉讼人利益的,对方当事人为被上诉人,未上诉的同一方当事人依原审诉讼地位列明;(2)该上诉仅对共同诉讼人之间权利义务分担有意见,不涉及对方当事人利益的,未上诉的同一方当事人为被上诉人,对方当事人依原审诉讼地位列明;(3)该上诉对双方当事人之间以及共同诉讼人之间权利义务承担有意见的,未提出上诉的其他当事人均为被上诉人(《适用意见》第177条)。

---

① 按照《举证时限通知》的规定,对重要的证据资料,只要当事人未在一审中提出不是出于故意或者重大过失,均可作为新的证据,在二审中向法院提交。

(二) 上诉的客体合格

上诉的客体合格,是指上诉的对象须为法律允许上诉的判决、裁定。就判决而言,只要是地方各级法院依照一审普通程序或简易程序作出的未生效判决,当事人均可提起上诉,最高人民法院作出的一审判决由于是终审判决,所以不得对之上诉。法院依特别程序、公示催告程序作出的判决,由于有自己特有的救济方式,所以也不得上诉。

裁定的情况与判决不同,对法院依第一审程序作出的裁定,多数不得上诉,依据第154条的规定,允许上诉的仅为不予受理、对管辖权有异议、驳回起诉三类裁定。

(三) 上诉的时间符合规定

当事人上诉,须在法律规定的期间内提出,超过上诉期限,一审判决、裁定即发生法律效力,上诉权即告消灭。第164条为判决与裁定设定了不同的上诉期限,对判决的上诉期限为15日,对裁定的上诉期限为10日。上诉期限从第一审裁判文书送达之日的次日起开始计算。在必要的共同诉讼中,共同诉讼人收到一审裁判文书的时间可能不同,所以应以最后一个收到裁判文书的共同诉讼人的时间来计算上诉期间届满的时间。

(四) 上诉的方式符合规定

上诉必须采用书面方式,向法院提交上诉状。上诉状应写明当事人姓名、原审法院的名称、案件的编号与案由、上诉的请求和理由。当事人在一审宣判时,虽然口头上表示要上诉,但在上诉期内未提交上诉状的,视为未提出上诉。

三、上诉的效果

(一) 阻却效果

当事人在法律规定的期限内提起了上诉,一审裁判就不能够发生法律效力,一审裁判被维持,还是被撤销或变更,处于不确定状态;而如果不提起上诉,一旦上诉期届满,一审法院的裁判就会成为生效的裁判、确定的裁判,诉讼程序在第一审就会终结。

(二) 转移效果

上诉使案件从第一审法院转移至第二审法院,由第二审法院对被上诉的案件进行审理。移审使上诉区别于申请复议,申请复议也是为当事人提供的救济,也会使法院重新审查被请求复议的问题,但它一般是在原来的审级内进行。

(三) 继续审理的效果

当事人提起上诉后,第二审法院既要在当事人声明不服的范围对一审法院裁判的正确性进行审查,又要对当事人之间的民事权利义务争议进行审理,上诉使当事人之间的争议和一审裁判接受二审法院的审理。

四、对上诉的审查与受理

上诉向二审法院提出后,二审法院须依法对上诉进行审查。二审法院的审查围绕着上诉的条件进行。经审查,对符合上诉条件应当决定立案审理,对不符合条件的,如上诉人不是合格的上诉人、上诉已超过法定期限等,应裁定不予受理。

五、上诉的撤回

当事人提起上诉后,在二审法院作出裁判前,可以向法院请求撤回上诉。

撤回上诉,是当事人对其权利的处分,但这一权利的行使是否正当,要接受法院的审查。所以,上诉人提出撤回上诉的申请后,是否准许,要经法院审查后作出裁定。

上诉人申请撤回上诉,意味着他转而服从一审裁判,一审裁判也会随着准予撤诉的裁定发生法律效力,因此,一般而言,二审法院会同意上诉人的撤诉申请。但是,有下列情形之一的,法院应作出不准撤回上诉的裁定:(1)法院认为一审判决确有错误;(2)双方当事人恶意串通损害国家和集体利益、社会公共利益及他人合法权益(《适用意见》第190条)。

二审法院作出准许撤回上诉的裁定后,即产生以下法律效力:(1)第二审程序因上诉撤回而终结;(2)一审裁判发生效力,上诉一旦撤回,上诉所产生的阻断效力即告消灭;(3)上诉人不得再次提出上诉。上诉撤回后,即使上诉期未满,上诉人也不得再次提出上诉,因为撤回上诉后,一审裁判随即产生了法律效力,上诉人已无再次上诉的余地。[①]

撤回上诉,也包括当事人申请撤回和法院按撤诉处理两种情况。法院按撤诉处理的裁定如存在着不合法的情形,应当通过再审对当事人进行救济。[②]

第三节 上诉案件的审理

一、审理前的准备

二审法院在受理上诉案件后应当做好以下准备工作:

(一)组成合议庭

二审法院审理上诉案件,必须组成合议庭。二审法院须组成合议庭审理,一方面是因为二审的对象是上诉案件,当事人不服一审裁判,常常表明案件比较复杂,再加上二审是终审裁判,因而须要格外慎重;另一方面,二审法院审理上诉案件,除适用《民诉法》规定的第二审程序外,适用第一审普通程序,这也使得第二审不可能适用只有简易程序中才有的独任制。

二审的合议庭不同于一审,全部由审判员组成,不吸收人民陪审员参加。

(二)调阅案卷,调查和询问当事人

二审合议庭组成后,首先是查阅一审的案卷材料,案卷材料包括第一审的案卷材料、上诉状、答辩状等。通过审阅案卷材料,了解上诉的请求与上诉的理由,审查一审法院认

[①] 在这一问题上,撤回上诉与撤回起诉不同。撤回起诉后,在诉讼时效期间内,当事人就同一个纠纷还可以再次提起诉讼。

[②] 参见最高人民法院研究室:《关于第二审法院裁定按自动撤回上诉处理的案件,二审裁定确有错误,如何适用程序问题的答复》(法研【2000】39号)。

定事实是否清楚,适用法律是否正确,对当事人上诉是否有理由作出初步判断。

二、上诉案件的审理

(一) 审理的范围

我国法院对二审案件的审理范围经历了从全面审查到有限审查的转变。《试行法》期间,法律明确规定:"第二审人民法院必须全面审查第一审人民法院认定的事实和适用的法律,不受上诉范围的限制"(第149条)。由于全面审查不符合上诉审的任务,并且对当事人已服判部分进行审查既会增加二审法院的工作负担,又可能引起当事人新的不满(二审法院对未上诉部分改判后,当事人反而可能不满新的判决)。于是1991年的《民诉法》对此作了修订,将二审的审理范围对应于上诉人不服部分,明确"第二审人民法院应当对上诉请求的有关事实和适用法律进行审查"(第151条)。新的规定在实施中遇到的问题是:二审法院在审理时发现了一审判决在上诉请求以外的错误,是否也要纠正。《适用意见》对此提供的答案是"第二审人民法院依照民事诉讼法第151条的规定,对上诉人上诉请求的有关事实和适用法律进行审查时,如果发现在上诉请求以外原判确有错误的,也应予以纠正"(第180条)。该规定表明二审法院应当针对上述请求进行审查,而不应去审查上诉请求未涉及部分,但在审查上诉请求的过程中,附带地发现了一审裁判的错误,应当纠正。1998年,最高人民法院针对民事经济审判方式改革中需要解决的问题,颁布了《审改规定》,该规定进一步明确了"第二审案件的审理应当围绕当事人上诉请求的范围进行,当事人没有提出请求的,不予审查。但判决违反法律禁止性规定、侵害社会公共利益或者他人利益的除外"(第35条)。

二审法院确定其审理范围,既要根据上诉人的上述请求,又要结合上诉的理由,对一审法院的裁判,上诉人可能要求撤销全部判决,也可能只对部分判决事项不服,只要求撤销该部分判决。另一方面,上诉人请求撤销或变更一审裁判的理由会有所不同,有的仅针对事实认定,认为事实认定错误,事实认定错误的具体理由也多种多样,包括证据不充分、证据不真实、证据不合法等;有的则仅针对法律的适用,认为法律的解释与适用存在问题;也有的既主张认定事实错误,又主张适用法律错误。

(二) 审理的方式

二审法院审理上诉案件的方式有两种:开庭审理和径行裁判,在这两种方式中,开庭审理为原则,以径行裁判为例外。

1. 开庭审理

开庭审理,是指法院在双方当事人及其他诉讼参与人参加的情况下,通过法庭调查、法庭辩论等环节,对上诉案件进行审理。采用开庭审理,当事人能够充分行使其诉讼权利,法官也能够听取双方当事人在法庭上的陈述和辩论意见。所以,二审案件原则上应开庭审理。

当事人上诉是针对法院对事实认定的,就应当开庭审理,最高人民法院特别强调:"第二审人民法院在审理上诉案件时,需要对原证据重新审查或者当事人提出新证据的,应当开庭审理。对事实清楚、适用法律正确和事实清楚,只是定性错误或者适用法律错误的案件,可以在询问当事人后径行裁判"(《审改规定》第 37 条)。根据对第 169 条第 1 款的反面解释,当事人主张新的事实或者提供新的证据的,二审法院也应当开庭审理。

2. 径行裁判

径行裁判是指二审法院在不开庭的情况下,由合议庭经过查阅案卷、询问当事人、核对清楚案件事实和法律适用的情况后,对案件作出裁判。

为了明确径行判决、裁定的适用范围,《适用意见》第 188 条规定,二审法院对下列上诉案件可径行判决、裁定:(1) 一审就不予受理、驳回起诉和管辖权异议作出裁定的案件;(2) 当事人提出的上诉请求明显不能成立的案件;(3) 原审裁判认定事实清楚,但适用法律错误的案件;(4) 原判决违反法定程序,可能影响案件正确判决,需要发回重审的案件。2012 年修订强调:"对没有提出新的事实、证据或理由,合议庭认为不需要开庭审理"的,才允许径行裁判(第 169 条第 1 款)。

(三) 审理的地点

《民诉法》在审理地点上作出了灵活规定,二审法院既可以在本院进行审理,也可以到案件发生地或者一审法院所在地审理。实践中,在本院进行审理的居多,除非存在着到案件发生地或一审法院所在地审理的特殊需要。

(四) 审理期限

上诉案件分为对判决的上诉案件与对裁定的上诉案件。《民诉法》为两者规定了不同的审限,对判决上诉案件的审限为 3 个月,对裁定上诉案件的审限为 30 日,审限均从立案的次日开始计算。法院应当严格执行审限的规定,在审理期限内审结案件。对判决上诉的案件,有特殊情况需要延长审限的,经本院院长批准,可以延长 3 个月。

第四节 上诉案件的裁判

第二审法院对上诉案件进行审理后,需要以裁判方式对案件作出终局性的判定。二审裁判包括判决与裁定两种形式。对判决的上诉,二审法院可根据不同情况分别作出判决或裁定。对裁定的上诉二审法院只能作出裁定。

一、对一审判决上诉的裁判

(一) 判决驳回上诉、维持原判

二审法院经审理,认为原判决认定事实清楚,适用法律正确的,应当作出判决驳回上诉,维持原判。这一裁判结果表明二审法院认为上诉人关于原审法院事实认定错误或法律适用错误的主张不成立,不支持上诉人的请求。

(二) 依法改判

依法改判是指二审法院经过审理后,针对上诉请求,作出全部或部分改变原审判决的判决。依法改判包括撤销原判决后的改判和变更原判决的改判。依法改判适用于以下情形:(1) 法律适用错误引起的改判。原判决认定事实清楚,但适用法律错误,二审法院在确认一审判决认定事实的同时,适用正确的法律,改变原审的判决结果;(2) 事实认定错误引起的改判。原判决认定事实错误,或者认定基本事实不清,二审法院查清事实后予以改判。

(三) 裁定撤销原判,发回重审

当二审法院认为原审判决在认定事实上或诉讼程序上存在着严重的错误时,可以裁定方式撤销原审判决,将案件发回到原审法院,由原审法院重新审理。发回重审适用于以下两种情形:

1. 原判决遗漏当事人或者违法缺席判决等严重违反法定程序的

这是修订后的法律针对严重违反诉讼程序的行为作出的规定。除了法律明确规定的两种行为外,法条还用了"等严重违反法定程序的",这表明其他严重违反法定程序的行为也应当撤销原判、发回重审。如审理本案的审判人员、书记员应当回避未回避的;未经开庭审理而作出判决的(《适用意见》第181条)。此外,审判监督程序规定的其他程序性再审事由,如无诉讼行为能力人未经法定代理人代为诉讼,违反法律规定剥夺当事人辩论权利的,也应当发回重审(第200条第8款、第9款)。

2. 原审判决认定基本事实不清的

对于上述情形,第170条为二审法院规定了发回重审和查清事实改判两种方式。究竟采用哪一种方式,由二审法院根据案件的具体情况确定。

二审法院将案件发回后,一审法院须重新审理并作出判决。该判决属一审判决,当事人不服的仍可以提起上诉。对这样的上诉,二审法院审理后也存在着认为重审后作出的一审判决仍然存在着错误,并再次发回重审的可能。为了防止出现多次发回导致的诉讼迟延,最高人民法院在《重审和再审规定》中明确,针对上述情形的发回重审,对同一案件,只能发回一次,二审法院认为重审后的一审判决认定事实仍然有错误的,不得再次发回,而要由自己查清事实后改判。这一司法解释在2012年修订中已上升为法律,第170条增加了"原审人民法院对发回重审的案件作出判决后,当事人提起上诉的,第二审人民法院不得再次发回重审"的规定。

3. 其他发回重审的情形

《适用意见》第182条、第183条、第185条规定了三种应发回重审的情形,它们是:(1) 对当事人在一审中已提出的诉讼请求,原审法院未作审理、判决,二审法院经过调解后,不能达成调解协议的;(2) 必须参加诉讼的当事人在一审中未参加诉讼,在第二审中参加诉讼,二审法院调解未能达成调解协议的;(3) 一审判决不准离婚的案件,二审法院认为应当判决离婚,经二审法院调解,未能达成调解协议的。在上述第一、二两种情形下二审法院调解不成需发回重审,主要是为了保护当事人的审级利益。

二、对一审裁定上诉的裁判

根据第171条的规定,二审法院对不服裁定上诉案件的处理,无论是维持一审裁定,

还是撤销一审裁定,一律使用裁定。二审法院的裁定,分为以下两种情况:

1. 维持原裁定

二审法院认为原审裁定对程序问题的处理是正确的,驳回上诉,维持一审裁定。

2. 撤销原裁定

二审法院认为原裁定对程序问题的处理是错误的,应撤销一审裁定,并同时指令一审法院按正确的程序处理。具体包括:认为不予受理的裁定有错误,撤销原裁定,同时指令一审法院立案受理;认为驳回起诉的裁定有错误,撤销原裁定并指令一审法院进行审理;认为对管辖权异议的裁定有错误,撤销原裁定,并指令一审法院审理或将案件移送至有管辖权的法院(《适用意见》第 187 条)。

第五节 上诉案件的调解

一、上诉案件调解概述

调解作为解决民事纠纷的一种重要方式,不仅适用于第一审程序,而且也适用于第二审程序。根据第 172 条的规定,二审法院审理上诉案件,同样可以采取调解的方式。由于调解在其原理和机制上均不同于判决,所以当法院采用调解方式处理上诉案件时,可以灵活地应对二审中的一些特殊情况。对下列情形,二审法院均可根据自愿原则对当事人进行调解:(1) 对当事人在一审中已经提出的诉讼请求,原审法院未作审理、判决的;(2) 必须参加诉讼的当事人在一审中未参加诉讼的;(3) 在第二审程序中,原审原告增加独立的诉讼请求或原审被告提出反诉的;(4) 一审判决不准离婚的案件,上诉后,第二审人民法院认为应当判决离婚的(《适用意见》第 182—185 条)。

一方面,案件进入第二审本身就说明当事人之间存在着严重的争议。另一方面,由于二审中的调解是在一审已经作出判决的情况下进行的,而判决一般均会有胜诉方和败诉方,胜诉方通常会努力在二审中保住一审的战果,不会轻易接受调解和作出让步。所以,二审中的调解不仅难度会比第一审显著增加,而且调解的成功率也远远低于第一审。

二、上诉案件的调解书

二审法院经调解达成调解协议的,毫无例外地都必须制作调解书。调解书送达当事人后,一审法院的判决书即视为撤销。此时二审法院的生效调解书实际上是取代了一审判决书对案件的处理,双方当事人的权利义务关系根据调解书确定,所以二审法院既不需要再以裁定来撤销一审判决,也不需要在调解书中注明撤销一审判决。

阅读法规

《民诉法》第164—176条;《适用意见》第176—193条;《审改规定》第35—39条;《重审再审规定》第1条;《证据规定》第41—43条;《举证时限通知》第10条。

案例解析

【14-1】 甲与乙公司因旅游合同发生纠纷,丙公司作为无独立请求权第三人参加本案诉讼,一审法院审理后,判决乙公司败诉,乙公司和丙公司分别提出上诉。此时,一审法院发现本案在适用法律上存在错误。

问:(1) 丙公司是否有权提出上诉?

(2) 一审法院能否径行改判或者进行再审?

分析要点:(1) 丙公司无权提起上诉。根据《民诉法》第56条的规定,被法院判决承担民事责任的无独立请求权的第三人才有当事人的诉讼权利和义务,因此该类第三人是否有权提出上诉,取决于是否被法院判决承担民事责任,本案中丙公司被未被判决承担民事责任,所以无权提起上诉。

(2) 一审法院宣告判决后,即使发现判决确有错误,也不能径行改判。由于当事人已经提出上诉,该判决为未生效判决,一审法院也不能自己决定再审。《适用意见》第163条规定:"一审宣判后,原审人民法院发现判决有错误,当事人在上诉期内提出上诉的,原审人民法院可以提出原判决有错误的意见,报送第二审人民法院,由第二审人民法院按照第二审程序进行审理;当事人不上诉的,按照审判监督程序处理。"据此,一审法院只能把原判决有错误的意见报送第二审法院。

【14-2】 甲公司与乙公司因机电产品买卖合同发生纠纷,一审判决被告按照合同履行交付货物义务,被告不服提起上诉。在二审程序中,甲公司又提出乙公司应当支付逾期交付的违约金;二审法院则发现一审法院未通知丙公司参加诉讼,而丙公司是必须参加的共同诉讼人,且此时丙公司也要求参加诉讼。

问:二审法院应当如何处置?

分析要点:对甲公司在二审中新增加的相关联的诉讼请求,如果能够一并处理,是符合诉讼经济的要求的,但如果法院采用判决的方式,新增加的诉讼请求只经过一次审理,与二审终审制相背离,因此对此种情形,根据《适用意见》第184条的规定,只能由二审法院调解,调解不成的,由二审法院发回第一审法院重新审理。当二审法院发现一审中遗漏了必须参加诉讼的共同诉讼人时,二审法院可以让该当事人参与诉讼,然后进行调解,调解不成的,发回重审。

【14-3】 某中级人民法院的一合议庭审理若干上诉案件。在审理A案时,发现一审法院受理了不属于法院主管范围的争议;在审理B案时,发现一审的法官刘某应当主动回避而未回避;在审理C案时,发现一审虽然认定事实正确,但适用法律有错误;在审理D

案件时,发现该案件虽然由于一审认定事实不清被发回重审,但一审法院在重审后作出的判决中仍然认定事实有误。

问:该合议庭应当如何处置?

分析要点:对于 A 案件,二审法院应当裁定撤销原判,驳回起诉;对于 B 案件,由于一审法院严重违反了诉讼程序,根据《民诉意见》第 181 条的规定,应当撤销原判,发回重审;对于 C 案件,则不能发回,二审法院在确认一审判决认定事实的同时,适用正确的法律,依法改判;对于 D 案件,虽然一审判决认定事实仍然不正确,但不能再次发回,应当由二审法院查清事实后依法改判。

【14-4】 甲交通肇事将乙撞伤,乙将甲告上法院,请求法院判决赔偿医疗费、护理费、误工损失 18 万元,赔偿精神损失 2 万元,一审法院支持了医疗费等请求,驳回了精神损失的诉讼请求。甲认为一审判决赔偿的数额太多,提起上诉。二审法院审理后,认为一审判决赔偿 18 万元正确,但驳回原告赔偿精神损失的诉讼请求不当。

问:二审法院能否在驳回上诉的同时,改判甲赔偿精神损失 2 万元?

分析要点:该案例提出的问题是二审法院能否在判决中作出不利于上诉人的变更。在德、日等国的民事诉讼中,对上诉案件的裁判均遵循"禁止变更不利益原则",上诉法院应当在上诉人声明不服的范围内下判决,既不能超越上诉范围使上诉人获得更为有利的判决,亦不得使上诉人获得比原审判决更为不利的判决。实行"禁止变更不利益原则",主要是为了保障当事人的上诉权。我国《民诉法》虽然未规定这一原则,但理论和实务界均认为这一原则具有合理性。因此,在该案件中,二审法院即使认为一审法院驳回原告乙精神损失的请求不当,在原告乙并未提起上诉的情况下,不能改判上诉人甲赔偿乙精神损失费,只能判决驳回上诉,维持原判。

司法考试题

2002 年试卷三第 71 题"上诉案件的审理方式(二审中可以径行裁判的案件)";

2003 年试卷三第 22 题"二审终审制及诉讼终止";第 24 题"上诉案件的裁判(离婚案件的第二审程序)";

2005 年试卷三第 35 题"裁定适用的范围、笔误的含义";

2006 年试卷三第 42 题"上诉案件的调解";第 50 题"上诉的撤回";

2007 年试卷三第 43 题"二审中当事人的诉讼地位";

2008 年试卷三第 36 题"二审案件的裁判";

2009 年试卷三第 45 题"上诉案件的调解";

2010 年试卷三第 98 题"二审中当事人地位的确定";第 99 题"上诉案件的审理";第 100 题"上诉案件的裁判";

2011 年试卷三第 40 题"上诉的提起";第 44 题"二审裁判";

2012 年试卷三第 43 题"民事二审程序的相关原则"。

第十四章 再审程序

第一节 再审程序概述

一、再审程序的概念

再审程序,是指法院对判决、裁定、调解书已生效的民事案件,发现存在依法应当再审的特定事由时,再次进行审理所适用的程序。这一程序在我国又被称为"审判监督程序"。

法院的裁判一旦生效,就表明诉讼程序已经终结,当事人之间的纠纷已从法律上得到了终局性的解决,当事人不得再就该法律关系提起诉讼,也不得通过上诉来推翻该裁判,法院也需受已生效裁判中作出的判断的约束,不得将其变更或取消。

但另一方面,即使是生效的裁判也存在着错误的可能,而错误的裁判在被撤销前仍然是有效的裁判,尽管它们既损害了当事人的利益,又影响了司法的公正。所以,"必须创设一种途径以消除已发生既判力的有重大瑕疵的或在严重程序瑕疵下产生的判决。否则的话,当事人的公正感和他们对司法的信赖会严重受到伤害。"[①]再审程序就是针对已生效裁判确有错误的案件设置的一种特殊的救济程序。

针对已发生裁判的这一特殊救济程序各国的民事诉讼法中都有,但称谓不尽相同,大陆法系国家的民事诉讼法如德国、奥地利、法国等将其称为再审程序,社会主义国家的民事诉讼法则将它称为"审判监督程序"。尽管就程序的基本功能来说"再审程序"与"审判监督程序"并无差异,但两者的理念、程序的内容还是有相当大的区别。再审程序是基于对受到错误裁判损害的当事人进行救济的理念设计的,而审判监督程序的指导思想则是对法院的审判活动实行监督,通过监督来纠正生效裁判中的错误。理念的不同势必反映到程序的具体设计上,采用再审程序的,把发动再审的权利赋予当事人,通过让当事人提起再审之诉来启动再审程序,而实行审判监督的尽管也赋予当事人申请再审的权利,但同时也赋予监督机关(如上级法院、检察机关)启动再审的权利。

我国民事诉讼法是基于审判监督的理念设置这一程序的,所以规定了当事人申请再审、法院依职权发动再审、检察机关抗诉引起再审三种启动再审程序的途径。

大陆法系国家将提起再审之诉的权利赋予当事人,是由于立法者认为错误裁判直接损害了一方当事人的利益,因而当事人对错误裁判有最深切的感受,也最有积极性来要求再审。大陆法系国家也非常重视这一程序对维护司法公正的公共价值,但它们是通过当

---

① 〔德〕奥特马·尧厄尼希:《民事诉讼法》,周翠译,法律出版社2003年版,第398页。

事人提起再审之诉来实现这个公共价值的。我国虽然规定了三种启动再审的途径,但从实际效果看,再审程序的发动主要还是依赖于当事人。因为无论是法院依职权发动再审,还是检察机关抗诉引起再审①,一般都源于当事人向他们提出申诉。

二、再审程序的特征

与第一审、第二审程序相比,我国的民事再审程序有以下特征:

(一) 程序性质具有特殊性

再审的对象是裁判已发生法律效力的案件,这类案件已通过通常的诉讼程序的处理。再审既不像二审那样是审级制度内的常规的救济程序,也不是二审程序的继续和发展。

(二) 适用对象具有特殊性

再审程序适用的对象是已发生法律效力的裁判。已生效裁判包括已逾上诉期未提起上诉的一审裁判、二审法院的终审裁判、最高法院的一审裁判。这与一、二审程序不同,一审的对象是当事人之间的民事争议和原告的诉讼请求,二审的审理对象是一审未生效的裁判。

(三) 启动主体具有特殊性

一、二审程序都是由当事人来发动,而再审程序的启动,除了由当事人之外,还包括法院和检察院。当事人是基于诉权启动这一程序,法院和检察院则是基于审判监督权启动这一程序。

(四) 启动的条件具有特殊性

对于第一审程序和第二审程序,法律并未规定当事人须以什么样的理由来提起诉讼或提出上诉,而对于再审程序,法律明确规定了当事人申请再审和检察机关提起抗诉的法定事由,当事人、检察机关须主张或提出这些事由才符合申请再审或抗诉的条件。

(五) 审理的程序具有特殊性

再审的对象是裁判已发生法律效力的案件,因此法院在受理再审案件后,首先要解决原审裁判是否确实存在应当再审的错误问题,只有解决了这一问题,认定确有必要再审,才能够中止原裁判的效力,依照原裁判适用的程序,再次进行审理。二审程序虽然也要对一审裁判是否存在错误进行审查,但由于其对象是未生效裁判,所以无需预先审查一审裁判是否确有错误。

法院决定对案件进行再审后,审理的程序取决于原审所适用的程序。生效裁判是依第一审程序作出的,按第一审程序审理;是依第二审程序作出的,则按第二审程序审理;原审由上级法院提审的,也适用第二审程序审理。

---

① 经过2012年对《民诉法》修订后,检察机关也可以用检察建议的方式对法院生效的判决书、裁定书实施监督,不过对于检察建议,法院是否再审,要由法院视具体情况决定。

三、再审程序的功能

(一) 权利救济功能

实体上存在错误或程序上存在重大瑕疵的生效裁判直接损害了诉讼当事人的权利,当事人可以通过这一程序,打破生效裁判的既判力,使案件再次进入审判程序。通过对案件的再次审理,纠正确有错误的生效裁判,使当事人的合法权益得到应有的保护。

(二) 错误纠正功能

再审的前提是已生效的裁判确有错误,错误的存在既损害了当事人的利益,也有损于司法的公正、司法的权威,因而通过再审来纠正错误十分必要,它也是维护司法制度的公正所必须的。

(三) 审判监督功能

在确有错误的案件中,有些是原审法官未能依法行使审判权造成的,如原审法官应当回避而未回避,对应当调查收集的证据未进行调查收集等,通过再审程序,能够发现原审中的错误,从而使原审法官正确行使审判权。

四、我国审判监督程序的立法状况

1982年3月8日颁布的《试行法》中就规定了审判监督程序。该法规定了二种引起再审发生的方式,一是法院发现生效裁判确有错误后依职权启动再审,另一种是通过当事人向法院申诉来发动再审。

1991年4月9日我国颁布实施了修订后的《民诉法》,新的《民诉法》一方面将当事人申诉改为当事人向法院申请再审,并明确规定了申请再审的五种事由,另一方面规定抗诉这一检察机关对民事诉讼实行监督的具体方式,规定了应当提出抗诉的法定情形,抗诉的法律效果。

2007年10月,全国人大常委会对《民诉法》做了局部修订,其中对审判监督程序的修订包括拓宽和细化再审事由、提高受理再审申请的法院的级别、将检察机关抗诉的事由与当事人申请再审的事由同构化等。针对修订后的审判监督程序,最高人民法院于2008年11月发布了《关于适用〈中华人民共和国民事诉讼法〉审判监督程序若干问题的解释》(以下简称《审监解释》);2009年5月颁发了《关于受理审查民事申请再审案件的若干意见》(以下简称《受理申请再审意见》)。

2012年,全国人大常委会在全面修订《民诉法》时再次对审判监督程序作出修订,修订的内容包括再审的事由、再审申请的管辖、申请再审的期间、申请再审与向检察机关申诉的关系等。

第二节 当事人申请再审

一、当事人申请再审概述

当事人申请再审,是指当事人认为法院发生法律效力的判决、裁定和调解协议存在着法律规定的再审事由,向法院提出申请,请求法院对案件重新进行审理的行为。

申请再审是当事人的一项诉讼权利,该权利源于当事人享有的诉权。我国《民诉法》未规定再审之诉,但申请再审无论从内容还是从形式看,与德、日等国的再审之诉已非常接近。

赋予当事人申请再审的权利对构建再审制度十分重要。当事人不仅是诉讼的直接参与者,而且与裁判结果有着直接利害关系。这就决定了当事人会最关注法院裁判的公正性,最有积极性去发现法院审理过程中或裁判结果中的错误。赋予当事人申请再审的权利,既扩大了当事人的诉讼权利,增强了当事人在民事诉讼中的地位,也使得确有错误的生效裁判,可以通过当事人这一途径,进入再审程序。

二、当事人申请再审的条件

再审作为一种特殊的救济手段,其发动须符合法律设定的条件,与起诉和上诉相比,这些条件更为严格:

(一)申请的主体原则上须为当事人

有权申请再审的,原则上为原审中的当事人,即原审中的原告、被告、有独立请求权的第三人,被法院判决承担民事责任的无独立请求权的第三人,二审裁判中的上诉人与被上诉人。其原因在于,当事人才受生效裁判拘束,才具有申请再审的利益。[①]

(二)申请的对象须是法院已生效且允许再审的法律文书

申请再审的对象须为法院已发生法律效力的判决书、裁定书和调解书。将已生效作为限定条件,是因为如果裁判尚未生效,当事人可通过上诉寻求救济,调解书未生效,当事人可以拒绝签收调解书,而不必申请再审。

即使是已生效的法律文书,如果法律规定不得申请再审的,当事人也不得申请再审,如对已经发生法律效力的解除婚姻关系的判决。

申请的对象具体为:

(1)判决。判决原则上均可作为申请的对象,但解除婚姻关系的判决、特别程序中的判决,公示催告中的除权判决不得申请再审。

[①] 《民诉法》修订前在例外情形下,案外人在一定条件下也有权申请再审。《审监解释》第5条规定:"案外人对原判决、裁定、调解书确定的执行标的物主张权利,且无法提起新的诉讼解决争议的,可以在判决、裁定、调解书发生法律效力后2年内,或者自知道或应当知道利益被损害之日起3个月内,向作出原判决、裁定、调解书的人民法院的上一级人民法院申请再审。"《修改决定》增设第三人撤销之诉后,第三人既可以再申请再审,也可以提起撤销之诉。

（2）裁定。根据第154条的规定，裁定可适用于不予受理等11种情形，其中关于"不予受理"、"对管辖权有异议"、"驳回起诉"三种裁定可以上诉，针对这三种裁定，当事人也能申请再审。对驳回再审申请的裁定不得再申请再审。

（3）调解书。调解书亦可作为申请再审的对象，但解除婚姻关系的调解书不得申请再审。

（三）须具备法定的再审事由

为了防止不适当地扩大再审的范围，维护生效裁判的稳定性，第200条对再审事由作出了明确的规定。这些事由将"裁判确有错误"这一抽象表述具体化，当事人申请再审时须主张存在着法律规定的再审的事由，法院审查后，只有认为当事人主张的再审事由的确存在时，才会决定再审。

（四）须在规定的期限内提出

为了促使当事人及时行使申请再审的权利，同时也是为了维护法律关系的稳定，《民诉法》对申请再审的期间作出了限制。

申请再审的期间原先规定为2年，2012年修订缩短为6个月，即当事人一般须在判决、裁定、调解书生效后的6个月内提出再审申请，逾期后申请再审的权利即告消灭。但作为例外，以下四种情形当事人可以自知道或者应当知道之日起6个月内申请再审：(1)有新的证据，足以推翻判决、裁定的；(2)原判决、裁定认定事实的主要证据是伪造的；(3)据以作出原判决、裁定的法律文书被撤销或者变更的；(4)审判人员在审理该案件时有贪污受贿，徇私舞弊，枉法裁判行为的。虽然都是6个月，但这四种例外情形的期间从"知道或者应当知道"开始计算，所以要比一般情况下的6个月长的多。

（五）向上一级法院提出或者原审法院提出

根据2012年修订后的第199条的规定，当事人申请再审一般可以向原审法院的上一级法院提出，但是当事人一方人数众多或者当事人双方为公民的案件，也可以向原审人民法院申请再审。

需要注意的是，对上述两类案件，法律用的是"也可以"，所以立法机关实际上是把选择权交给了当事人，申请再审的当事人如果相信原审法院能够实施有效的救济，就可以选择向原审法院申请再审，否则，他们仍然可以向上一级法院申请再审。如果向原审法院申请再审，法院审查后决定再审的，再审审理也由原审法院进行。

（六）须提交再审申请书和提交相关材料

当事人申请再审，须采用书面形式，向法院提交再审申请书并提交相关材料。

三、判决、裁定的再审事由

再审事由是法律规定的应当再审的事由，再审事由的设定为当事人申请再审和法院决定再审确定了一个具体的标准，只有当再审事由存在时，当事人才有权申请再审，也只有在再审事实确实存在时，法院才能够决定再审。

1991年的《民诉法》第179条为当事人对判决、裁定申请再审规定了5种事由，2007

年立法机关修订《民诉法》时,一方面将原来规定的再审事由细化,另一方面增设了一些新的再审事由,根据修订后的法律,对判决、裁定再审事由共有 15 种。2012 年修订又把 15 种事由修改为 13 种。① 根据第 200 条的规定,这 13 种事由可以分为:

(一) 实体性再审事由

1. 有新的证据,足以推翻原判决、裁定的

该事由表明一方面当事人须提出与原审中所没有的证据,另一方面该证据具有足以推翻原裁判的作用。根据《审监解释》第 10 条的规定,法院可将当事人提交的下列证据认定为"新的证据":(1) 原审庭审结束前已客观存在庭审结束后新发现的证据;(2) 原审庭审结束前已经发现,但因客观原因无法取得或在规定的期限内不能提供的证据;(3) 原审庭审结束后原作出鉴定结论、勘验笔录者重新鉴定、勘验,推翻原结论的证据。(4) 当事人在原审中提供的主要证据,原审未予质证、认证,但足以推翻原判决、裁定的,应当视为新的证据。②

2. 原判决、裁定认定的基本事实缺乏证据证明的

所谓的基本事实是指"对原判决、裁定的结果有实质影响、用以确定当事人主体资格、案件性质、具体权利义务和民事责任等主要内容所依据的事实"(《审监解释》第 11 条)。

3. 原判决、裁定认定事实的主要证据是伪造的

生效裁判所依据的证据是伪造的证据,如伪造的书证、视听资料、鉴定结论、证人提供的虚假证言等。在此情形下,裁判对事实的认定必定是错误的,所以应当再审。

4. 原判决、裁定适用法律错误的

即使对事实作出了正确的认定,但如果对事实的法律性质作出了错误的判断,对法律的含义作出了错误的理解,或是违反了法律适用的规则,也会造成裁判错误。适用法律错误一般包括:(1) 适用的法律与案件性质明显不符的;(2) 确定民事责任明显违背当事人约定或者法律规定的;(3) 适用已经失效或尚未施行的法律的;(4) 违反法律溯及力规定的;(5) 违反法律适用规则的;(6) 明显违背立法本意的(《审监解释》第 13 条)。

(二) 程序性再审事由

1. 原判决、裁定认定事实的主要证据未经质证的

无论是当事人提供的证据,还是法院在诉讼中收集的证据,都应当在法庭上出示,并由当事人相互质证。质证是证据材料转化为法院定案依据的必经程序,也是当事人的主要诉讼权利之一。将未经质证的证据材料作为定案依据,既损害了当事人的诉讼权利,又可能造成对事实的错误认定。

2. 对审理案件需要的证据,当事人因客观原因不能自行收集,书面申请法院调查收

---

① 2012 年修订删除的再审事由为:(1) 违反法律规定,管辖错误的;(2) 违反法定程序可能影响案件正确判决、裁定的情形。

② 这主要是指在原审中因为当事人提交证据已经超过了举证期限,原审法院根据《证据规定》,对该证据进行了失权,不再组织质证。参见李浩:《民事诉讼法典修改后的"新证据"——〈审监解释〉对"新证据"界定的可能意义》,载《中国法学》2009 年第 3 期。

集,法院未调查收集的

这也是程序性错误,但是,这一错误很可能造成实体裁判错误,即如果法院依法实施了收集证据的行为,有可能收集到相关的证据,对事实作出不同于原审裁判的正确认定。

3. 审判组织的组成不合法或者依法应当回避的审判人员没有回避的

上述情形均为法院的审判组织存在严重瑕疵,这样的瑕疵使当事人和社会公众对审判的合法性产生了重大的疑问。

4. 无诉讼行为能力人未经法定代理人代为诉讼或者应当参加诉讼的当事人,因不能归责于本人或者其诉讼代理人的事由,未参加诉讼的

当事人因未实质性地参与诉讼或根本未参与诉讼,就得到了对其不利的裁判,可以说是程序的严重不公,在上述情形下作出的裁判也不具有合法性和正当性。

5. 违反法律规定,剥夺当事人辩论权的

辩论权是当事人享有的主要诉讼权利之一,当事人依赖这一权利去说服法官,剥夺当事人的辩论权,即使当事人失去了行使这一权利的机会,也可能使裁判建立在偏听偏信的基础上。

剥夺当事人辩论权利的主要情形包括:(1)原审开庭过程中审判人员不允许当事人行使辩论权利;(2)以不送达起诉状副本或上诉状副本等其他方式,致使当事人无法行使辩论权利的;(3)法院实施突袭性裁判。突袭性裁判是指法院未将其认为是重要的事实或法律观点告知当事人,以至于造成当事人失去了对该事实或法律观点进行辩论的机会。

6. 未经传票传唤,缺席判决的

缺席判决是被告未到庭的情况下,法院主要依据出席的原告进行的陈述和提供的资料所作出的判决,缺席判决虽然未必一定不利于被告,但大多数情形下判决结果对被告是不利的。因此法律设定缺席判决的前提条件是法院用传票这一最正规的传唤方式通知被告出庭,而被告却无正当理由拒不到庭。未经传票传唤就作出缺席判决,亦属诉讼严重违反程序。

7. 原判决、裁定遗漏或者超出诉讼请求的

法院裁判应当针对当事人的诉讼请求作出,对当事人已提出的请求,法院无论是否支持,均应作出回答;另一方面,对当事人未提出的请求,法院不得作裁判,否则便违反了处分原则,成为诉外裁判。因此,遗漏请求或超出请求,均是严重违反程序的行为。

(三)其他再审事由

1. 据以作出原判决、裁定的法律文书被撤销或者变更的

原生效判决是以某法律文书为依据的,法律文书一旦被变更或撤销,原判决也就失去了依据,所以应当再审。这里的法律文书,既包括法院的判决书、裁定书、调解书,也包括其他机关的文书,如行政机关颁发的文书、公证书等。

2. 审判人员在审理该案件时有贪污受贿,徇私舞弊,枉法裁判行为的

审判人员在审理案件时有上述行为,极有可能造成严重的裁判不公,损害一方当事人的利益。为了避免当事人仅凭自己的怀疑就以此事由申请再审,《审监解释》第18条将此

再审事由限定为上述行为已经相关刑事法律文书或纪律处分决定确认的情形。

(四) 再审的补充性原则与再审事由

设置再审制度的大陆法系国家的民事诉讼法对再审程序的启动均实行补充性原则。所谓"补充性原则",是指再审相对于上诉、申请复议等救济途径而言,是一种补充性的救济方式。造成裁判错误的事由,有些在第一审程序中就已经存在,对此,当事人完全可以通过上诉、提出异议和请求复议这些常规的方式寻求救济,而不应当等到判决生效后再来提起再审之诉。如果当事人明明能够用上诉等方式提出却没有提出,则会产生失权的效果,即不允许再以提起再审之诉或者申请再审的方式提出。① 我国《民诉法》目前尚未规定这一原则,但从促使当事人尽量利用原程序自带的救济手段和保持生效裁判的稳定性来说,还是有必要实行这一原则的。

在审判实务中,最高人民法院对当事人再审申请的审查是运用了补充性原则的原理的。在对北京智扬伟博科技发展有限公司与创思生物技术工程(东莞)有限公司(以下称创思公司)、河南省开封市城市管理局居间合同纠纷案中,创思公司认为本案由开封市中级法院管辖是管辖错误,以此为理由向最高人民法院申请再审,最高人民法院经审查后,以裁定驳回了创思公司的申请。驳回的理由之一是:民事诉讼原告起诉时列明多个被告,因其中一个被告的住所地在受诉法院的辖区内,故受诉法院可依据被告住所地确定管辖权。其他被告如果认为受诉法院没有管辖权,应当在一审答辩期内提出管辖权异议,未在此期间提出异议的,因案件已经进入实体审理阶段,管辖权已经确定,即使受诉法院辖区内的被告不是适格的被告,法院亦可裁定驳回原告对该被告的起诉,并不影响案件实体审理,无须再移送管辖。②

四、调解书的再审事由

调解书与判决书不同,法院的调解书是根据当事人达成的调解协议制作的,而调解协议在法理上应当是当事人通过自愿协商达成的。所以,对生效调解书再审的事由不同于生效的判决书、裁定书。第201条规定了针对调解书的两种再审事由:(1) 调解违反自愿原则的;(2) 调解协议的内容违反法律的。这里的违反法律应解释为调解协议的内容违反了法律的禁止性规定。但是,对已经发生法律效力解除婚姻关系的调解书,当事人同样不得申请再审。

当事人以上述事由申请再审时,须提出证据证明确实存在再审事由。第201条明确要求当事人提出证据证明,是为了防止当事人在调解协议生效后反悔,并试图通过再审来推翻生效的调解书。

在法院调解的实务中,可能出现双方当事人恶意串通损害国家利益、社会公共利益的现象,而法院在对调解协议审查时又未能发现。对这样的生效调解书,法院发现后应当依

---

① 参见李浩:《再审的补充性原则与民事再审事由》,载《法学家》2007年第6期。
② 参见《最高人民法院公报》2009年第7期,第38—40页。

职权发动再审,检察机关也应提出抗诉。

五、当事人申请再审的程序

(一) 当事人提出申请

当事人申请再审,须向法院提交再审申请书,而不得采用口头方式。再审申请书须载明申请人与被申请人的基本情况;原审法院的名称,原判决、裁定、调解书的案号;申请再审的事由及具体的事实、理由;具体的再审请求。再审申请书须按照对方当事人的人数提出副本。

当事人申请再审,还需提交:(1) 原审法院已生效的法律文书的原件,或者经核对无误的复印件;(2) 申请人的身份证明;(3) 在原审诉讼过程中提交的主要证据复印件;(4) 支持申请再审事由和再审诉讼请求的证据材料。

(二) 法院对申请的受理

法院收到再审申请书等材料后,需进行审查,以确定是否符合条件。当事人申请符合以下条件的,法院应决定受理:(1) 申请再审人是生效法律文书列明的当事人,或者是符合法律或司法解释规定的案外人;(2) 受理再审申请的法院是原审法院或者作出生效法律裁判法院的上一级法院;(3) 申请再审的裁判是法律和司法解释允许申请再审的生效裁判;(4) 申请再审的事由属于《民诉法》第200条规定的事由。

对符合法律规定的申请,法院应当在收到再审申请书等材料后5日内完成向申请再审人发送受理通知书等受理登记手续,并向对方当事人发送受理通知书及再审申请书副本。对方当事人应当在收到后的15日内提交书面意见。不提交书面意见的,不影响法院的审查。

(三) 受理后的审查

1. 审查的内容

对当事人提出的再审申请,法院应当组成合议庭进行审查,审查应围绕当事人提出的再审事由是否成立进行,不涉及未主张的事由。

2. 审查的方式和期限

(1) 审查再审申请书和相关材料。这一方式适用于再审事由比较清楚,根据当事人提供的申请材料足以确定再审事由是否成立的情形,如当事人主张据以作出原判决、裁定的法律文书已被撤销或变更,或者主张审判人员因有贪污受贿等行为已受到刑事处罚等,向法院提供了撤销或变更法律文书的书面材料、提供了刑事判决书。

(2) 审阅原审卷宗。对有的再审事由,仅审查申请人提供的相关材料还难以确定再审事由是否成立,所以需要调取查阅原审的卷宗材料。

(3) 询问当事人。为了核实和进一步了解相关情况,法院在审查时还可以询问当事人。

(4) 组织当事人听证。当事人主张的如果是新证据等实体性再审事由,要确定这类再审事由是否存在仅凭上述三种审查方式通常还不足以确定再审事由能否成立,此时,法院可由合议庭决定进行听证。决定听证的,应在听证日的5日前以传票方式通知当事人参加,申请人无正当理由不参加听证或未经许可中途退出的,按撤回再审申请处理。被申请人有上述行为的,视为放弃在听证中陈述的权利。

审查的期限为3个月,法院应在受理之日起的3个月内审查完毕,延长该期限需经本院院长批准。

3. 审查的结果

经审查,再审事由成立的,法院应当决定再审,再审事由不成立或超过申请再审期限的,裁定驳回申请。再审申请驳回后,申请再审的程序便告终结,申请人以相同理由向作出驳回裁定的法院或其上一级法院再次申请再审的,法院均不再进行审查。

4. 审查过程中的和解

在对再审申请进行审查的过程中,申请人、被申请人及原审中的其他当事人可能愿意和解解决,自愿达成和解协议。达成和解协议后,当事人可能会申请法院出具调解书,对这一申请,法院审查后能够确定再审的事由成立的,法院应裁定再审并制作调解书。

第三节　法院决定再审

一、法院决定再审的概念

法院决定再审,是指法院发现本院或下级法院已发生法律效力的判决、裁定存在着法律规定的再审事由,决定对案件再次进行审理的行为。

法院决定再审依据的是法院的审判监督权。我国《法院组织法》、《民诉法》规定了最高人民法院对地方各级法院和各专门法院、上级法院对下级法院,本院院长和审判委员会对本院享有审判监督权,法院决定再审是行使审判监督权的主要方式之一。

二、法院决定再审的条件

(一) 生效裁判、调解协议确有错误,且存在着损害国家利益、社会公共利益的情形

生效裁判、调解协议确有错误是法院决定再审的前提条件,但是,如果仅仅是确有错误,还不足以引起法院决定再审。如果该错误仅仅与当事人本人的利益相关,仍然应当由当事人本人来决定是否申请再审,不宜由法院依职权决定再审。

但当确有错误的生效裁判、调解书损害了国家利益或社会公共利益时,由于这类确有错误的法律文书通常不仅未损害原审中当事人的利益,而且原审当事人常常是受益者,正是原审中当事人的恶意行为才造成了法律文书的错误,所以他们不可能申请再审。因此,法院从维护国家利益和社会公共利益出发,有必要依职权发动再审。

法院作出的生效法律文书损害案外第三人利益的,案外第三人可以根据第56条第3款的规定提起第三人撤销之诉。

(二) 当事人未申请再审,检察机关未提出抗诉

有的裁判确有错误且损害国家利益、社会公共利益的案件,也损害了败诉一方当事人

的利益,对此种情形,当事人可能会申请再审。检察机关也是国家利益或社会公共利益的维护者,因此检察机关也可能对此类案件提出抗诉。在再审申请或抗诉已提出的情况下,法院就没有必要再来决定再审。

三、法院决定再审的情形

法院决定再审包括以下三种情形:

(一) 本院决定再审

本院决定再审,是指由作出生效裁判的本法院决定对案件进行再审。本院决定再审的程序为:本院院长发现本院的生效裁判确有错误后,将案件提交审判委员会讨论,审判委员会决定再审的,即由本院进行再次审理。

(二) 上级法院提审或者指令再审

上级法院发现下级法院已生效裁判确有错误的,既可以自己把案件提上来审理,也可以指令原审法院的上一级法院或者原审法院进行再审。上级法院指令再审的,受指令的法院须按照上级法院的要求进行再审。

(三) 最高人民法院提审或者指令再审

最高人民法院发现地方各级法院,专门法院的生效裁判确有错误的,有权提审或指令再审。究竟采用提审还是指令再审,由最高人民法院根据案件的具体情况决定。

第四节 因检察院监督而再审

一、检察院对审判程序监督的方式

检察院对审判程序的监督,主要是指检察院发现已生效的民事判决、裁定存在法定的再审事由,生效调解书损害国家利益、社会公共利益,以检察建议或者抗诉的方式,提请法院对案件再次进行审理。

《民诉法》原先只规定了抗诉一种监督方式,本次修订,增设了检察建议的监督方式。检察建议,是指检察机关认为法院的审判活动和执行活动违反法律规定,向法院指出,建议其改正。对存在第200条规定情形的生效判决、裁定、调解书,检察机关也可以采用检察建议的方式,建议法院再审。法院如果认为检察建议确有道理,就会采纳检察机关的意见进行再审。

检察建议这一新的监督方式,与抗诉存在以下区别:(1) 检察建议是地方各级人民检察院采用的监督方法,抗诉则是最高人民检察院、上级人民检察院采用的监督方法。(2) 检察建议发生在同级之间,即由地方各级检察院向同级法院提出;抗诉一般发生在上下级之间,除最高检察院可以向各级法院提出外、要由上级检察院向下级法院提出。(3) 提出检察建议需要向上级检察院备案,提出抗诉则不必备案。(4) 抗诉一定会引起法院再审的效果,检察建议则只有在法院采纳建议时才会再审。(5) 检察建议主要用于对法院的生效法律文书的监督,但也可以用于对审判监督程序以外的其他审判程序中审判人员的违法行为的监督;抗诉只能用于对法院的生效法律文书的监督。

二、检察院对审判程序监督的范围

(一) 对法院生效法律文书的监督

检察建议和抗诉规定在审判监督程序中,而审判监督程序是针对确有错误的法院已生效的法律文书。修订前的《民诉法》只规定对发生法律效力的判决、裁定可以提出抗诉,由于未涉及对调解书能否提出抗诉,对这一问题,检察院与法院之间存在着意见分歧。检察院认为,如果调解书确有错误,也应纳入抗诉的范围;而法院则认为,既然第187条规定检察院对判决、裁定提起抗诉,未规定可对调解书提起抗诉,抗诉的对象就不包括调解书。对检察院针对调解书提出的抗诉,法院以于法无据为由不予受理。此次修订增加了针对调解书监督的内容,规定发现调解书损害国家利益或者社会公共利益的,检察院应当提出抗诉或者检察建议(第208条)。

当前,调解书对国家利益的损害突出地表现在虚假诉讼问题上,在这类诉讼中,原、被告事先恶意串通,提起诉讼后双方很快就达成和解并要求法院出具调解书,或在法院调解下达成协议,而法院往往难以发现双方当事人事先策划的"阴谋"。虚假诉讼多数损害的是案外第三人利益,不一定造成国有财产流失,不会对国家的财产利益造成损失,但它是当事人利用法院来达到非法目的,破坏国家的司法制度,所以应当认为这种行为是属于调解书损害国家利益。

(二) 对审判监督程序以外的其他审判程序中审判人员的违法行为的监督

这方面的监督是2012年修订新增加的内容,即"各级人民检察院对审判监督程序以外的其他审判程序中审判人员的违法行为,有权向同级人民法院提出检察建议"(第208条第3款)。由于法律规定的是"审判人员的违法行为",因此可以认为大大拓宽了监督的范围,并且这类监督是"实时监督",在违法行为发生时就可以进行监督。当然,审判活动中的违法行为形态多样,违法的性质和严重程度也各异,究竟哪些行为需要监督,是一个需要研究的问题。

三、提出检察建议或者抗诉的法定情形

无论是抗诉还是检察建议,均须具有法律规定的情形。根据第208条的规定,检察院对生效裁判提出检察建议或者抗诉的法定情形与当事人有权申请再审的法定事由完全相同,当发现第200条规定的情形之一时,应当提出抗诉或者可以提出检察建议。对调解书的抗诉或检察建议,则限于调解书损害国家利益、社会公共利益。

四、抗诉的程序

(一) 抗诉的提出

最高人民检察院发现各级法院、上级检察院发现下级法院生效裁判中存在第200条

规定的抗诉事由的,应当提出抗诉。

检察院提出抗诉应当制作抗诉书。抗诉书应载明案件来源、基本案情、人民法院审理情况及抗诉理由,抗诉书由检察长签名,加盖检察院公章。

抗诉书的副本应当送达当事人,并报送上一级检察院。上级检察院发现抗诉不当的,有权撤销下级检察院的抗诉。

(二) 裁定再审的期限

对检察院提出的抗诉,法院必须再审,这与当事人申请再审不同。为防止法院受理抗诉后不及时再审,第211条明确规定"接受抗诉的人民法院应当自收到抗诉书之日起30日内作出再审裁定"。

(三) 再审的法院

1. 上一级法院再审

检察机关的抗诉尽管针对的是下一级法院的裁判,但却是向上一级法院提出的,所以一般要由接受抗诉的上一级法院,也就是原审法院的上一级法院再审。

2. 原审法院再审

在抗诉事由为第200条(1)—(5)项情形之一的,可以交下一级法院再审。这五种情形均与事实认定有关,属于事实认定和运用证据方面的错误,再审时需要运用证据对事实重新作出认定,交给下一级法院审理,如下级法院适用第一审程序进行审理,当事人不服还可以提起上诉。但如果已经由该下一级法院再审的,则不能再交给其再审。

五、申请再审与申请检察建议、抗诉的关系

虽然根据法律的规定,检察院发现依法应当提出检察建议或抗诉的情形时,应当依职权提出,但在实务中,绝大多数的抗诉案件都源于当事人向检察院申诉。

根据修订前《民诉法》的规定,当事人认为法院的生效判决、裁定确有错误,既可以采取申请法院再审的方式,也可以同时向检察院申诉,请求检察院抗诉,这样的结构,可以成为"平行结构"。

"平行结构"造成了司法资源的浪费,致使法院和检察院都审查当事人的申请,平行结构还造成法院与检察院之间的冲突,有的案件,法院已经决定再审,检察机关仍然提出抗诉,法院再审已经结案,检察院才提出抗诉。甚至出现法院在再审中由于申请人撤回再审申请案件已经终结,检察院仍然提出抗诉。[①]

针对存在的问题,立法机关在本次修订中把"平行结构"改为申请再审在先,申请检察建议、抗诉在后的"阶梯结构",把申请再审作为寻求救济的第一阶段,向检察院申诉作为后续阶段。在"阶梯结构"中,当事人首先需要向法院申请再审,申请再审是向检察院申诉的前置条件。当事人如果直接申请检察院提出检察建议或者抗诉,收到申请的检察院应当对当事人进行释明,告知当事人向法院申请再审。

---

① 参见最高人民法院2012年4月14日发布的第二批指导性案例中的第7号案例。

根据第 209 条的规定,有以下三种情形之一的,当事人才能够申请检察建议或者抗诉:(1) 人民法院驳回再审申请的;(2) 人民法院逾期未对再审申请作出裁定的;(3) 再审判决、裁定有明显错误的。

检察机关对当事人的申诉进行审查后,应当作出提出或者不予提出检察建议或者抗诉的决定。上述决定是终局性的,当事人不得再次就同一案件向检察机关申请检察建议或者抗诉。

第五节 再审案件的审理与裁判

一、再审案件的审理

(一) 再审的法院

当事人申请再审的案件,法院裁定再审的,由中级以上的法院审理;但是,如果当事人向基层法院申请再审的,则可以由基层法院审理。由最高人民法院、高级人民法院裁定再审的案件,由本院再审,或者交其他法院再审,也可以交原审法院再审。交其他法院再审时,须交中级以上的法院。

上级法院在指令原审法院再审时,须受到一定的限制,在下列情形下不得指令原审法院再审:(1) 原审法院对该案无管辖权的;(2) 审判人员在审理该案件时有贪污受贿,徇私舞弊,枉法裁判行为的;(3) 原判决、裁定系经原审法院审判委员会讨论作出的;(4) 其他不宜指令原审法院再审的(《审监解释》第 29 条)。

(二) 裁定中止原生效法律文书的执行

按照审判监督程序决定再审的案件,一般须裁定中止原判决、裁定、调解书的执行。因为既已决定再审,再审后就很有可能撤销或者变更原生效法律文书的内容,继续执行,可能会给申请人的权益造成损害。但另一方面,即使决定再审,再审的结果也不一定会撤销或变更原判决,所以只是中止原判决的执行。考虑到部分案件中胜诉原告的急迫需要,2012 年修订增加了"但追索赡养费、扶养费、抚育费、抚恤金、医疗费用、劳动报酬等案件,可以不中止执行"的规定(第 206 条)。

(三) 另行组成合议庭

再审案件一律实行合议制,法院应组成合议庭进行审理。如果案件仍然由原审法院审理,须另行组成合议庭,原合议庭成员不得参加另行组成的合议庭,以防止先入为主。

(四) 再审的范围

再审的目的是为了纠正原裁判的错误,并给受错误裁判损害的当事人提供救济,再审通常是因当事人申请或检察院抗诉引起的,因此,法院再审时一般应限于当事人提出的或者检察院抗诉支持的再审请求的范围。再审是为纠正原审中的错误而进行的,因而再审中的请求要受到原审请求的限制,要在原审请求的范围内提出再审请求,如超出原审的范围增加、变更诉讼请求,则不属于再审的审理范围。

但在以下两种特殊情形下,再审的范围可超出原诉请范围:

(1)生效裁判中的错误涉及国家利益或社会公共利益的。此种错误即使当事人未申请再审,检察院未提起抗诉,法院为了维护国家利益和社会公共利益,也应当依职权进行再审;

(2)当事人在原审中已依法要求增加、变更诉讼请求,原审未予审理且客观上不能形成其他诉讼的。此种情形再审的范围虽然突破了原审的范围,但并未突破原审中当事人诉请的范围。

法院再审后,如裁定撤销原判、发回重审,发回重审后,案件实际上回到了第一审,当事人如增加诉讼请求,法院对新增加的诉讼请求,可合并审理。

(五)再审的审理程序

1. 审理程序

再审不是一个独立的审级,因此《民诉法》并未给再审案件单独设置审理程序。再审案件适用的程序区分为两种情形:

(1)由原审法院再审。原审为第一审的,仍适用第一审程序审理,所作出的判决、裁定仍然是第一审裁判,当事人不服的可以提出上诉。原审为第二审的,适用第二审程序再审,所作出的裁判为终审裁判。

(2)由最高人民法院或原审法院的上一级法院再审。这类再审均为提级再审,所以一律要适用第二审程序审理,所作的裁判为不得上诉的终审裁判。

2. 审理方式

再审适用第一审程序审理的,一律要开庭审理,适用第二审程序审理的,原则上也要开庭审理。但由于法律为第二审程序设置了两种审理方式——开庭审理和径行裁判,作为例外,如果双方当事人已用其他方式充分表达了意见,且书面同意不开庭审理的,法院可以采用径行裁判的审理方式。

二、再审案件的裁判

(一)维持原判决、裁定

虽然是进入了再审,但已被决定再审的案件未必都是错误的,所以再审后仍存在的维持原裁判的可能。维持原裁判包括以下两种情形:

(1)原裁判完全正确。法院再审后认为,原判决、裁定认定事实清楚,适用法律正确,予以维持。

(2)原裁判虽有瑕疵但结果正确。法院再审后认为,原裁决、裁定虽然在认定事实、适用法院、阐述理由方面存在瑕疵,但裁判结果正确,法院在再审判决、裁定中纠正上述瑕疵后维持。这其实是纠正后维持,已实现了再审程序的目的。

(二)变更原判决

经再审,法院认为原判决、裁定在认定事实、适用法律方面的确存在错误,或者程序上的瑕疵导致实体裁判结果错误的,应根据错误的具体情况,全部或部分撤销原裁判,并根据重新认定的事实,正确适用的法律对案件作出新的裁判。当新的证据证明原裁判确有错误时,法院应当改判。此种再审裁判已改变了原裁判的裁判结果。

(三) 撤销原判决、裁定,发回重审

法院在按照二审程序审理再审案件时,原则上应自己作出裁判,但在下列情形下,可裁定撤销原审裁判,发回重审:(1) 原裁决认定事实错误或者认定事实不清,并且与再审法院相比,原审法院便于查清事实,化解纠纷;(2) 原审程序遗漏了必须参加诉讼的当事人,再审中虽然纠正了这一错误,但经法院调解,无法达成调解协议;(3) 其他违反法定程序的行为,且不宜在二审程序中直接作出实体处理的。

对于发回重审的次数,最高人民法院在《重审和再审规定》中曾作出过限制,规定"对同一案件,只能发回重审一次",《审监解释》未再设定这一条件,但由于这一规定同《审监解释》并不冲突,所以应当理解为再审中发回重审也只能发回一次。

(四) 驳回再审申请

这是针对调解的一种处理方式。法院裁定对调解书的再审后,经审理发现申请人提出的调解违反自愿原则的事由不成立,且调解协议的内容并不违反法律的强制性规定,应裁定驳回再审申请,并恢复原调解书的执行。

阅读法规

《民诉法》第 198—213 条;《适用意见》第 199—214 条;《审监解释》;《受理申请再审意见》;《民行抗诉办案规则》。

案例解析

【15-1】 甲公司与乙公司因合作建房发生纠纷,A 市 B 区法院审理后,一审判决支持了甲公司的诉讼请求,乙公司不服,提起了上诉,A 市中级法院审理后,驳回了乙公司提起的上诉,维持了 B 区法院的一审判决。乙公司认为判决存在以下错误:(1) 甲公司提供的一份重要书证,是在开庭审理后补充的;(2) 自己在一审和二审中都申请法院到规划部门调查证据,但遭到了拒绝,而这些证据自己无从调取;(3) 甲公司在诉讼请求中只主张 50 万元的违约金,但法院却判乙公司支付 78 万元的违约金。

问:(1) 乙公司认为判决中存在的这些错误,是否构成再审事由?

(2) 如果乙公司以这些事由申请再审,法院如何审查和处理?

分析要点:(1) 乙公司认为判决中存在的错误,属于法定的再审事由,它们分别符合第 200 条的第 4 项(原判决、裁定认定事实的主要证据未经质证的)、第 5 项(对审理案件需要的证据,当事人因客观原因不能自行收集,书面申请人民法院调查收集,人民法院未调查收集的)和第 11 项(原判决、裁定遗漏或者超出诉讼请求的)的规定。

(2) 对乙公司申请再审,法院在审查时应当首先审查申请书中是否主张了法定的再审事由,如果主张了法定的再审事由,还要进一步审查所主张的再审事由是否真的存在,如果这些再审事由的确存在,法院就应当裁定再审。

【15-2】 甲与乙因代理关系发生纠纷,甲向A市B区的法院提起诉讼,要求乙对超越代理权的行为承担民事责任,甲一审败诉后提起上诉,被A市中级人民法院判决驳回。甲又向省法院申请再审,被裁定驳回。现甲向A市人民检察院申诉,请求检察院提出抗诉。

问:(1) A市的检察院是否可以提出抗诉?
(2) 省检察院向谁提出的抗诉?对于抗诉由哪一级法院审理?
(3) 如果A市检察院抗诉后法院经过再审维持了原审判决,检察机关是否可以再次提出抗诉?

分析要点:(1) A市的检察院无权提出抗诉。根据第208条的相关规定,可知我国的民事诉讼检察监督制度实行"上抗下",即上一级人民检察院发现下一级人民法院生效裁判确有错误可以提出抗诉,因此A市的检察院只能把材料报给省人民检察院,由省检察院决定是否提出抗诉。不过,A市的检察院可以向A中级人民法院提出检察建议。

(2) 根据第208条的规定,省检察院应当向同级法院,即省人民法院提出抗诉;对于省人民检察院提出的抗诉,原则上应当由受理抗诉的省法院进行再审,但抗诉事由为第200条第1—5项之一的,省法院可以把案件发回原审法院审理。

(3) 省检察院不能再次提出抗诉,但如果省检察院认为裁判确有错误,可以把材料报给最高人民检察院,最高人民检察院认为有必要抗诉的,可以提出抗诉。

【15-3】 乙向法院起诉,要求甲根据买卖合同交付房屋,法院审理后判决乙胜诉,甲不服提起上诉被判决驳回,案件已经进入强制执行程序。丙后来得知了这一情况,认为该房屋应当属于自己所有。

问:丙在此种情形下如何寻求救济?

分析要点:相对于乙与甲之间的诉讼,丙为案外人。但法院的生效判决已经责令乙向甲交付房屋,该房屋已经成为执行的标的物。丙要想维护自己的权利,就必须请求法院撤销这一生效判决,所以在此种情形下,尽管丙不是诉讼当事人,但可以作为案外人提出再审申请。

【15-4】 甲公司与乙公司签订了一份农药的购销合同,后来由于甲公司未能按照合同约定的时间供货,乙公司要求解除合同并退还已经预付的部分货款,甲公司同意。后来,乙公司向A市B区法院起诉,要求甲公司赔偿其损失50万美元,理由是乙公司已经把这批农药卖给巴西的丙公司,由于未能履行对丙公司的合同,丙公司已经向法院提起诉讼,要求乙公司承担违约责任,乙公司所在地的A市的法院判决乙公司按照合同向丙公司支付50万美元的违约金。B区的法院判决甲公司赔偿乙公司相当于50万美元的人民币

的损失。甲公司后来得知,丙公司是乙公司的关联公司,乙公司与丙公司签订的合同以及后来丙公司对乙公司的诉讼,都是为了向甲公司索赔才进行的。

问:甲公司如何寻求救济?

分析要点:B区的法院判决甲公司赔偿乙公司相当于50万美元的人民币的损失,依据的是A市中级人民法院就丙公司诉乙公司所作出的判决,因此甲公司要想撤销B区法院的判决,首先要撤销A市中级人民法院的判决。对于A市中级人民法院的判决,甲公司虽然不是诉讼当事人,但该案件如果确为虚假诉讼,A市中院的判决结果损害了甲公司的利益,甲公司可以对丙公司诉乙公司一案申请再审。甲公司也可以根据第56条第3款的规定,向A市中级人民法院提起撤销之诉。

司法考试题

2003年试卷三第68题"再审程序中调解的适用";

2004年试卷三第35题"检察院在民事诉讼中的抗诉";

2005年试卷三第37题"民事检察监督的范围";第41题"检察院对二审判决的抗诉";

2006年试卷三第49题"再审案件的裁判(再审中发现一、二审法院遗漏当事人的处理)";第89题"二审程序与再审程序的比较";

2008年试卷三第35题"再审案件的裁判(再审中发现一、二审法院遗漏当事人的处理)";

2009年试卷三第48题"申请再审的情形、执行异议";第87题"当事人申请再审、再审案件所适用的程序";第88题"启动再审程序的途径(上级人民法院行使审判监督权引发的再审程序)";

2010年试卷三第42题"人民法院对再审申请的处理";第47题"检察院抗诉的效力";第82题"再审案件的审理"。

第十五章　涉外民事诉讼程序的特别规定

第一节　涉外民事诉讼程序概述

一、涉外民事诉讼

(一) 涉外民事诉讼的概念

涉外民事诉讼,是指具有涉外因素的民事诉讼。民事诉讼的涉外因素,主要表现在三个方面:

(1) 诉讼主体含有涉外因素。诉讼主体含有涉外因素,即诉讼当事人一方或双方为外国人、无国籍人、外国企业或者组织。例如,一位中国公民与一位外国人或无国籍人在我国法院进行的离婚诉讼,或者两位来中国旅游的外国人因侵权行为在我国法院进行的诉讼。

(2) 作为诉讼标的的民事法律关系的内容含有涉外因素。即双方当事人争议的民事法律关系发生、变更或者消灭的事实存在于外国。例如,两位中国公民因侵权行为在我国人民法院进行诉讼,而侵权行为发生在某一外国,或者两家中国公司因合同纠纷发生诉讼,而该合同是在外国签订的。

(3) 诉讼标的物具有涉外因素。诉讼标的物具有涉外因素,即诉讼当事人虽然是我国的公民、法人或者其他组织,但他们所争执的财产不在我国境内,而在某一外国。例如,两位中国公民为争执在日本的遗产进行的诉讼。

关于涉外民事诉讼,有三点需要注意:首先,构成涉外民事诉讼,并不需要同时具备以上三个涉外因素,但至少要具备其中一个涉外因素。如果三个因素都没有,与外国毫无关系,就不能构成涉外民事诉讼。其次,在实践中,涉外民事诉讼案件往往包含一个以上的涉外因素,如进行离婚诉讼的中国公民和外国人是在外国登记结婚的。最后,涉外民事诉讼往往既有涉外因素,又包含涉内因素,即涉及我国的因素,如一方当事人为中国的公民、法人或者其他组织、诉讼标的物存在于我国境内等。

(二) 涉外民事诉讼的特征

同为民事诉讼,涉外民事诉讼与国内民事诉讼无疑具有许多共同之处。但诉讼主体、诉讼标的、诉讼标的物具有涉外因素,与某一外国相关联这一事实,又使得涉外民事诉讼必然具有一些与国内民事诉讼不同的特殊问题。这些特殊性问题的存在,构成了涉外民事诉讼的特征。

1. 涉外民事诉讼关系到国家主权

在涉外民事诉讼中,不仅存在着双方当事人与中国法院的民诉法律关系,而且还存在着中国与外国的关系。这就势必使国家主权成为涉外民事诉讼中的一个突出问题。在处理这个问题时,既要维护我国的主权,要求别国尊重我国的主权,又要尊重别国的主权,以贯彻国际法中互相尊重主权和领土完整原则。

2. 涉外民事诉讼中完成某些诉讼行为有时需要较长的时间

一方当事人在我国领域内没有住所,是涉外民事诉讼中时常出现的情况。在这种情况下,无论是法院向当事人送达诉讼文书,还是当事人提出答辩状、上诉状,都需要比较长的时间才能完成。

3. 涉外民事诉讼中我国法院完成某些诉讼行为有时需要外国法院的协作

司法权具有严格的地域性,我国法院只能在我国领域内实施诉讼行为,不能到外国实施诉讼行为,但涉外民事诉讼中的某些诉讼行为,又恰恰需要在外国完成。例如,当被告在我国领域内无住所,证人或其他证据在国外,或者中国法院作出判决、裁定后,被执行人或其财产在国外时,诉讼行为就需要在国外完成。这就需要外国法院的配合与协助,从而使司法协助成为涉外民事诉讼中一个极为重要的问题。

4. 涉外民事诉讼在适用程序法时,有时需要适用国际条约的规定

为了开展与别国的司法合作,我国自1987年以来陆续与一些国家缔结了司法协助协定,到2006年1月,我国已经同49个国家和地区签订了司法协助协定,2006年以来,签订司法协助协定的国家进一步增加。为了加强与国际社会的联系与合作,我国又相继参加了许多国际公约,这些国际公约中往往含有关于涉外民事诉讼的条款。根据条约必须信守这一公认的国际法原则,除我国声明保留的条款外,中国法院在审理涉外民事案件时,应当优先适用国际条约的有关规定。

5. 涉外民事案件在适用实体法时,往往需要根据中国的冲突规范来选择法律

涉外民事诉讼是因涉外民事法律关系发生争议而进行的诉讼,因此,往往需要根据我国《民法通则》关于涉外民事法律关系的法律适用的规定来选实体法。例如,当诉讼是因争执不动产所有权而引起时,适用不动产所在地法律;诉讼是因侵权损害赔偿引起的,适用侵权行为地法律,或者双方当事人所属国法律、住所地法律;中国公民与外国人的离婚诉讼,适用受理离婚案件的法院所在地法律。

二、涉外民事诉讼程序

(一) 涉外民事诉讼程序的概念

涉外民事诉讼程序,是指一国法院受理、审判和执行涉外民事案件的诉讼程序。在一些国家,又称为国际民事诉讼程序。

为了调整涉外民事诉讼关系,《民诉法》前三编对总则、审判程序、执行程序作出规定,然后在第四编中对涉外民事诉讼程序作出特别规定。

涉外民事诉讼程序的特别规定,不是与审判程序、执行程序并列的独立、完整的程序规范,而只是补充性规定。即只是针对涉外民事诉讼中的一般原则、管辖、送达、期间、仲裁和司法协助问题作出特别规定,涉外民事诉讼程序规范与一般民事诉讼程序规范的关

系,是特殊与一般的关系。因此,中国法院在审理涉外民事案件时,有特别规定的,适用特别规定,没有特别规定的,适用一般规定。另一方面,涉外民事诉讼程序的特别规定,并不是独立于《民诉法》之外的特别规定,而是《民诉法》的一部分,因而法院在适用特别规定时,仍然应当以总则中规定的各项基本原则为指导。

调整涉外民事诉讼的程序规范,并不仅仅存在于我国的《民诉法》中。在我国缔结或者参加的国际条约中、我国颁布的其他法律中、最高人民法院关于民事诉讼程序的司法解释和批复中,也有一些这方面的程序规范,它们也是我国涉外民事诉讼程序规范的有机组成部分。

(二) 涉外民事诉讼程序的特征

同国内民事诉讼程序相比,涉外民事诉讼程序具有下列两个特征:

1. 涉外民事诉讼程序的复杂性

涉外民事诉讼程序的复杂性首先表现在它涉及三种主要程序规范:(1) 我国缔结或者参加的国际条约中关于涉外民事诉讼的规范;(2)《民诉法》中关于涉外民事诉讼程序的特别规定;(3)《民诉法》关于总则、审判程序和执行程序的规定。法院在审理涉外民事案件时,要同时掌握这三套主要的程序规范,并且在它们对同一问题有不同规定时,还要正确地把握三者在适用上的先后顺序。即在国际条约与《民诉法》中的特别规定或一般规定不一致时,适用国际条约的规定;在特别规定与一般规定不一致时,适用特别规定。

其次表现在涉外民事诉讼中外国当事人所属国、诉讼标的物所在国等与我国之间存在着错综复杂的关系:有的与我国缔结了司法协助协定,有的虽然尚未与我国缔结协定,但存在事实上的互惠关系,有的则既无法律上又无事实上的互惠关系;有的与我国共同参加了某一国际条约,有的则没有共同参加;有的对我国当事人在该国进行民事诉讼无任何歧视和限制,有的则有某种限制。这就需要法院根据案件的不同情况,分别适用不同的程序规范,分别确定外国当事人在我国民事诉讼中享有的权利,这无疑增加了诉讼程序的复杂性。

2. 涉外民事诉讼程序的开放性

在它的三种主要程序规范中,国际条约具有较大的张力。随着开放政策持续深入地贯彻,我国与外国的司法协助不断扩大,同我国签订司法协助协定的国家越来越多,我国还同许多国家签订了相互促进和保护投资的协定,参加了《国际油污损害民事责任公约》、《承认及执行外国仲裁裁决公约》等国际公约。而一旦我国缔结或参加了某个国际条约,除声明保留的条款外,该条约中关于涉外民事诉讼程序的规定就成为我国涉外民事诉讼程序规范的组成部分,并且处于优先适用的地位。这表明,涉外民事诉讼程序是开放性的,它将不断接纳因缔结或参加国际条约而注入的新内容。

(三) 涉外民事诉讼程序的适用范围

我国的涉外民事诉讼程序适用于涉外民事案件。涉外民事诉讼程序是针对民事案件含有涉外因素而规定的,是专门为受理、审判、执行涉外民事案件而设立的,当然适用于涉外民事案件,涉外民事案件是这一程序适用的主要对象。

涉港、澳、台民事案件,是指具有涉及香港、澳门、台湾因素的民事案件。即当事人一方或双方是港、澳、台同胞或在上述地区成立的企业或其他组织,或者民事法律关系的发生、变更或消灭在上述地区,或者争议的标的物在上述地区的民事案件。

这类案件虽然不是涉外民事案件,但由于历史原因,上述地区的政治、经济、法律制度与内地不同。我国是根据"一国两制"的构想处理港、澳、台问题的,"一国两制"的格局将长期存在。这些地区在立法、行政、司法方面仍享有高度自治权。就司法而言,香港和澳门地区的法院仍享有独立的司法权和终审权。因此,法院在审理涉及这些地区的案件时,在实体法上,会遇到区际法律冲突问题,需要制定区际法律冲突规范;在程序法上,从诉讼文书的送达到判决、裁定的执行,会遇到与涉外民事诉讼相类似的问题,这些问题也需要参照涉外民事诉讼程序的特别规定来解决。例如,法院在审理涉及港澳地区的案件时,遇有我国和香港、澳门地区共同参加的国际条约与我国法律有不同规定时,除我国声明保留的条款外,应适用国际条约的规定。

第二节 涉外民事诉讼程序的原则

涉外民事诉讼程序的原则,是制定、解释、适用我国涉外民事诉讼程序的基本依据,也是法院审理涉外民事案件和当事人进行涉外民事诉讼必须遵循的基本准则。

涉外民事诉讼程序原则的核心是国家主权原则,因此,我国涉外民事诉讼程序的各项原则,都是围绕着国家主权原则规定的,是主权原则在各方面的体现。

一、同等与对等原则

同等与对等原则,是适用于涉外民事诉讼程序的一项基本原则。第5条规定了这一原则[①],即外国人、无国籍人、外国企业和组织在人民法院起诉、应诉,同中华人民共和国公民、法人和其他组织有同等的诉讼权利义务。外国法院对中华人民共和国公民、法人和其他组织的民事诉讼权利加以限制的,中华人民共和国人民法院对该国公民、企业和组织的民事诉讼权利,实行对等原则。

(一) 同等原则

同等原则,是指一国公民、组织在他国进行民事诉讼时,与他国公民、组织享有同等的诉讼权利和承担同等的诉讼义务。

同等原则是国民待遇原则在民事诉讼中的反映,它使外国人和外国组织在民事诉讼中与我国公民和组织享有同样的待遇,具有同等的诉讼地位。

同等原则还是保障人权的重要措施之一,是各国政府为外国人提供的一项基本的人权保障。《关于民事和政治权利的国际公约》(联合国大会通过的重要的国际人权公约之

---

① 同等与对等原则尽管规定在基本原则部分,但由于它实质上是关于涉外民事诉讼的原则,所以本教材放在涉外民事诉讼的特别程序中分析。

一)第14条规定了这一人权保障措施,即"在法庭和法院面前,一切人是平等的。任何人有权利受依法设置的有管辖权、独立和公正的法庭衡平地和公开地审理其案件……"我国虽然在1998年10月才加入该《公约》,但早已将《公约》的上述要求在《民诉法》的同等原则中作了规定。同等原则为外国人和外国组织在我国寻求民事方面的司法保护提供了保障,使他们能够自由的进入我国法院起诉或应诉,并在诉讼中受到与我国公民和组织同等地对待。

随着我国对外开放的不断扩大,外国人来华投资、经商、旅游、从事学术文化交流的越来越多,涉外民事纠纷也相应增多,实行同等原则,既有利于发展我国与外国的友好合作关系,也有利于公正地处理涉外民事诉讼。

(二) 对等原则

对等原则,是指一国法院在民事诉讼中对他国公民、组织的诉讼权利加以限制的,他国法院对该国公民、组织的民事权利加以同样限制的原则。

对等原则是国际法中平等互利原则在涉外民事诉讼中的体现,各国在处理与外国的关系时,应当做到平等对待、互利互惠。在涉外民事诉讼中,不应对外国人、外国组织的诉讼权利作歧视性、限制性规定。一般而言,现代各国在涉外民事诉讼中都能遵循同等原则,在诉讼地位上给外国人、外国组织以国民待遇。但国际关系十分复杂,国与国之间的关系也处在不断变化之中,因此一国对他国公民、组织的民事诉讼权利作出限制性的可能性始终是存在的。当这种情形出现时,他国为了维护国家主权和尊严,为促使取消限制性规定以保护本国公民、组织的利益,需要对该外国的公民、组织的民事诉讼权利给予同样限制。可见,对等原则是各国处理涉外民事诉讼问题时的一种自我保护的方法,是不可缺少的。

同等原则与对等原则具有密切关系,同等原则是目的,是为了保证国民待遇这一公认的国际准则在涉外民事诉讼中得以实现。对等原则是促使和保障同等原则的手段,是同等原则的必要补充,是为了通过"以限制对限制的方法"来防止、减少和取消限制。

根据同等原则和对等原则,我国法院不首先对外国人和外国组织的民事诉讼权利加以限制,但如果外国法院限制我国公民和组织的民事诉讼权利,我国法院便根据对等原则采取相应的限制措施。

二、适用我国《民诉法》原则

第259条规定:"在中华人民共和国领域内进行涉外民事诉讼,适用本编的规定。本编没有规定的,适用本法其他有关规定。"这是我国《民诉法》涉外编的首条规定,这条规定可概括为适用我国《民诉法》的原则。这一原则主要包括两方面的内容:

(一) 凡是在中华人民共和国领域内进行涉外民事诉讼,均应适用我国《民诉法》

适用我国《民诉法》有三层含义:第一,外国人、无国籍人、外国企业和组织在我国法院进行诉讼,其诉讼地位应根据我国《民诉法》确定,按照我国《民诉法》的规定享有诉讼权利、承担诉讼义务,实施各种诉讼行为。第二,涉外民事案件的管辖权,按照我国《民诉法》的规定确定。凡属我国法院管辖的案件,我国法院都有权受理。我国法院受理后,即使居住在我国领域外的另一方当事人又向外国法院起诉的,也不影响对案件的审判。凡《民诉法》规定由我国法院专属管辖的案件,任何外国法院都无权管辖。第三,任何外国法院的裁决和仲裁机构的裁决,只有经我国法院审查,并裁定承认后,才能有效。需要执行的,才能按照我国《民诉法》规定的程序执行。

(二)在进行涉外民事诉讼时,应优先适用涉外民事诉讼程序的特别规定

我国《民诉法》是一个整体,适用我国《民诉法》,既包括适用《民诉法》关于涉外民事诉讼程序的规定,又包括适用《民诉法》的其他规定。根据法律适用问题上"特别法优于普通法"的原理,进行涉外民事诉讼,首先适用涉外编的特别规定;涉外编中未规定的,才适用《民诉法》其他各编的规定。这就意味着,如果对同一问题,涉外编和其他各编中都作了规定,并且两者的规定不同,就应当适用涉外编中的规定。例如,关于上诉期间问题,《民诉法》第二编中规定不服地方人民法院一审判决的上诉期间为15日,不服裁定的上诉期限为10日;涉外编中则规定不服一审判决、裁定的上诉期间为30日,涉外案件的上诉期应适用30日的规定。

三、适用我国缔结或参加的国际条约原则

第260条规定:中华人民共和国缔结或者参加的国际条约同本法有不同规定的,适用该国际条约的规定,但中华人民共和国声明保留的条款除外。如前所述,为了加强与外国的司法协助,我国已先后与一些国家缔结了民事司法协助条约,并参加了一些涉及涉外民事诉讼的国际公约。国家应信守其缔结或参加的国际条约,是国际法公认的原则,也是我国的一贯立场和做法。适用我国缔结或者参加的国际条约原则,正是我国的上述立场和做法在处理涉外民事诉讼问题上的体现。

为了确保国际条约付诸实施,需要先将国际条约转换成国内法。转换的方式主要有两种:一是每缔结或者参加一个国际条约,就相应地定一个国内法,将国际条约的内容规定在国内法中,通过国内法的实施来实施国际条约;二是在国内法中规定适用国际条约的原则,凡符合原则的就适用国际条约,即使国际条约的规定与国内法的规定不同。我国是采用第二种方式解决国际条约在国内实施问题的。

我国在缔结或参加多边条约或国际公约时,可能发生保留问题,即在缔结或参加国际条约时,作出声明,不受条约中的某一或某些条款的约束,从而排除该条款对我国的适用。凡我国未参加的国际条约,或者虽然参加,但声明保留的条款,在我国领域内就不发生效力,法院在涉外民事诉讼中不适用该条约或条款。

四、司法豁免权原则

司法豁免权,是指一个国家或国际组织派驻他国的外交代表享有的免受驻在国司法管辖的权利,是外交特权与豁免的重要内容。赋予外交代表司法豁免权,既是对派出外交代表的国家和国际组织的尊重,也是为了确保外交代表能有效地执行职务。

第261条规定："对享有外交特权与豁免权的外国人、外国组织或者国际组织提起的民事诉讼,应当依照中华人民共和国有关法律和中华人民共和国缔结或者参加的国际条约的规定办理。"这一规定中所说的我国的有关法律,是指我国1986年9月5日通过并施行的《中华人民共和国外交特权与豁免条例》和1990年10月30日通过并实施的《中华人民共和国领事特权与豁免条例》。我国参加的国际条约,目前是指1947年《联合国各专门机构特权及豁免公约》、1961年《维也纳外交关系公约》、1963年《维也纳领事关系公约》、1981年《国际海事卫星组织特权与豁免议定书》等。2007年5月,最高人民法院颁发了《关于人民法院受理涉及特权与豁免的民事案件中有关问题的通知》,对法院受理此类案件作了进一步的规制。

享有司法豁免权的主体主要包括:(1) 外交代表及与其共同生活非中国公民的配偶及未成年子女;(2) 使馆行政技术人员、领事官员和领馆行政技术人员(须非中国公民并且不是在中国永久留居。此外,仅限于执行公务的行为);(3) 来中国访问的外国国家元首、政府首脑、外交部长及其他具有同等身份的官员;(4) 其他依照我国参加或者缔结的国际条约享有司法豁免权的外国人、外国组织或国际组织。

民事司法豁免权的内容主要包括管辖豁免和执行豁免。前者指对享有司法豁免权的人提起民事诉讼时,我国法院不应受理;后者指享有司法豁免权的人即使参加诉讼,法院作出其败诉的判决后,也不得对其强制执行。需要注意的是,这两项豁免之间虽然存在着联系,但又是互相独立的。放弃民事管辖豁免并不包括同时也放弃判决执行的豁免;放弃判决执行的豁免,另须作出明确的表示。

民事司法豁免与刑事司法豁免不同。刑事司法豁免是完全豁免,即外交代表在任何情况下都不受驻在国的刑事管辖。民事司法豁免则是一种不完全的,有限制的豁免,具体表现为:

第一,民事司法豁免是可以放弃的,无论是管辖豁免还是执行豁免,都可以由外交代表和其他享有豁免权人员的派遣国政府通过明确的表示予以放弃,一旦放弃了司法豁免权,我国法院就可受理对上述人员提起的诉讼并强制执行法院的判决。

第二,民事司法豁免权有多种例外情形。《维也纳外交关系公约》规定了三种例外情形:(1) 外交代表在驻在国内因自己的不动产物权与他人发生诉讼;(2) 外交代表以私人身份作为遗嘱执行人、遗产管理人、继承人或受遗赠人卷入诉讼;(3) 外交代表超出公务范围,在驻在国内从事专业或商务活动引起的诉讼。对上述三种情形,外交代表不仅不享有管辖豁免,而且在强制执行不构成对其人身或寓所侵犯的情况下,也不享有执行豁免。

第三,享有民事管辖豁免的外交代表等如果就本可免受管辖的事项主动向驻在国法院提起诉讼,诉讼进行中,被告提起与本诉直接有关的反诉时,不再享有管辖豁免。

五、使用中国通用的语言、文字原则

外国当事人在受诉国法院进行民事诉讼时,使用受诉法院所在国的语言文字,是世界各国公认的一条原则。这一原则是国家主权原则内容的又一体现。第262条规定:"人民法院审理涉外民事案件,应当使用中华人民共和国通用的语言、文字。当事人要求提供翻译的,可以提供,费用由当事人承担。"

要求我国法院审理涉外民事案件时,应当使用我国通用的语言文字,这是维护我国的尊严,体现我国法院行使司法权的严肃性所必需的。另一方面,由于外国当事人通常不懂得我国通用的语言文字,为了便于他们进行诉讼和便于法院对案件进行审理,《民诉法》又赋予外国当事人要求提供翻译的权利。当外国当事人要求提供翻译时,法院应当满足其要求,但为此而支出的费用,则应由提出要求的外国当事人负担。

六、委托中国律师代理诉讼原则

这一原则同样是国家主权原则在涉外民事诉讼中的体现。律师制度是国家司法制度的有机组成部分,一国的司法制度只能适用于本国领域之内,不能延伸于国外。同时,如果允许外国律师在本国法院代理诉讼,势必造成外国律师干预本国的司法事务,有损于本国的主权,所以任何主权国家都禁止外国律师在本国法院代理诉讼。这样,就使得各国律师只能在本国执行律师职务,不能作为诉讼代理人到外国法院进行诉讼活动。

外国当事人在我国进行诉讼时,可以亲自进行,也可以委托诉讼代理人代为诉讼。委托诉讼代理人时,可以委托中国公民或居住在中国境内的外国人,以及本国驻我国使领馆官员(不是以外交代表名义,而是以个人名义),但如果委托律师作为诉讼代理人时,根据我国《民诉法》规定的以上原则,只能委托中国的律师。

实行委托中国律师代理诉讼的原则,也有利于维护外国当事人的合法权益。中国律师熟悉本国的法律和诉讼程序,不存在语言障碍,由中国律师代理诉讼,可以更好地维护外国当事人的合法权益。

委托中国律师代理诉讼的原则只是禁止当事人委托外国律师在我国法院出庭代理诉讼。因此,如果外国当事人在委托中国律师代理诉讼的同时,又委托外国律师,让该律师作为中国律师的助手,通过提供案件所涉及的外国法信息等方式,在庭外协助中国律师进行诉讼,应当是允许的。

外国当事人委托中国律师或者其他人代理诉讼,同样需要采用授权委托书的方式。授权委托书真实与否直接关系到代理人的诉讼行为是否有效。为了保证授权委托的真实性,第264条规定:"中华人民共和国领域内没有住所的外国人、无国籍人、外国企业和组织委托中华人民共和国律师或者其他人代理诉讼,从中华人民共和国领域外寄交或者托交的授权委托书,应当经所在国公证机关证明,并经中华人民共和国驻该国使领馆认证,或者履行中华人民共和国与该所在国订立的有关条约中规定的证明手续后,才具有效力。"

第三节　涉外民事诉讼管辖

一、涉外民事诉讼管辖概述

在涉外民事诉讼中,管辖的含义与国内民事诉讼不完全相同。在国内民事诉讼中,管辖仅仅是指各级法院或同级法院受理第一审民事案件的分工和权限。而在涉外民事诉讼中,管辖既指我国法院受理涉外民事案件的权限范围,又指各级法院或同级法院受理第一审涉外民事案件的分工和权限。

在涉外民事诉讼中,管辖具有头等重要的意义。首先,管辖关系到国家的主权。管辖是国家主权在司法问题上的具体体现。因此,在确定管辖时,我们要维护我国的主权,拓宽我国法院对涉外民事案件的管辖范围,以维护国家和我国公民的利益。但另一方面,也应尊重别国的主权,不宜把管辖范围扩大到不适当的范围。其次,管辖是涉外民事诉讼中首先需要解决的问题。因为只有首先确定了某一涉外民事案件属我国法院管辖后,我国法院才能受理这一案件,才能依法对案件进行审理。再次,管辖与诉讼结果有密切关系。管辖直接涉及实体法的适用。如果案件由我国法院管辖,我国法院就可以根据我国的实体法来审理该案,即使发生法律冲突,也可以根据我国的冲突规范来选择适用我国或外国的实体法对案件作出裁判。

二、确定涉外民事案件管辖的原则

各国在确定本国法院对涉外民事案件的管辖范围时,总是以一定的原则作为其依据的。尽管各国所采用的原则不尽相同,但归结起来主要有以下三种:

(一) 以被告住所地作为确定管辖的原则

根据这一原则,不论涉外民事案件中被告的国籍如何,只要他在本国有住所,本国法院就有权管辖。从各国的实践看,大多数国家采用这一原则。

(二) 以当事人国籍为原则

按照此原则,只要涉外民事案件的双方当事人或一方当事人具有本国国籍,本国法院就有权管辖。

(三) 以有效控制为原则

这一原则的理论依据是"管辖权的基础是实际控制"。依据此原则,只要起诉时被告在本国境内,哪怕仅仅是临时路过,本国法院就有权管辖。不难看出,这一原则实际上是过分扩大化了的地域管辖原则。采用这一原则的是英美法系国家。

需要说明的是,由于涉外民事案件纷繁复杂,特点各异,所以各国总是以某一原则为基本依据,以其他标准为补充来确定管辖范围的。

三、涉外民事诉讼关于管辖的特别规定

针对某些涉外民事案件的特殊情况,《民诉法》第4编第24章对管辖问题作了特殊规定。

（一）对在我国领域内无住所被告的特殊地域管辖

第265条规定："因合同纠纷或者其他财产权益纠纷，对在中华人民共和国领域内没有住所的被告提起的诉讼，如果合同在中华人民共和国领域内签订或者履行，或者诉讼标的物在中华人民共和国领域内，或者被告在中华人民共和国领域内有可供扣押的财产，或者被告在中华人民共和国领域内设有代表机构，可以由合同签订地、合同履行地、诉讼标的物所在地、可供扣押财产所在地、侵权行为地或者代表机构住所地人民法院管辖。"从这一规定可以看出，我国法院对被告在我国无住所的被告管辖范围是相当广泛的。只要合同签订地、合同履行地、合同标的物所在地、被告可供扣押的财产的所在地以及被告代表机构所在地这五个地点中的一个在我国领域内，我国法院就可以依法行使管辖权。

在我国的涉外民事案件中，涉外合同纠纷历来占较大的比例，尽力拓宽法院对涉外合同案件的管辖范围，对方便我国当事人起诉，维护我国当事人的合法权益，具有重大而深远的意义。

因其他财产权益纠纷提起的诉讼，应理解为因合同以外的其他财产权益纠纷发生的诉讼。这类诉讼涉及的范围很广，既包括因对财产的占有、使用、收益和处分发生的诉讼，也包括其他关于财产权益的诉讼，如因要求被告支付赔偿金、支付抚育费、扶养费、赡养费提起的诉讼等。因其他财产权益提起诉讼时，如果被告在我国领域内无住所，只要有下列情形之一的，我国法院就有权管辖：(1) 诉讼标的物在我国领域内；(2) 被告在我国境内有可供扣押的财产；(3) 被告在我国领域内设有代表机构。

（二）专属管辖

第266条规定："因在中华人民共和国履行中外合资经营企业合同、中外合作经营企业合同、中外合作勘探开发自然资源合同发生纠纷提起的诉讼，由中华人民共和国人民法院管辖。"该规定虽未用"专属"二字，但从《民诉法》条文的前后逻辑关系看，是属于专属管辖的规定。将这三类合同纠纷规定为专属管辖的原因是：

首先，只有专属管辖才能保证解决这三类合同争议时适用我国的实体法。

其次，这三类合同的联结点基本上都在我国，与我国法院有着最密切的联系。除合同一方为外国当事人外，合同的签订地、履行地、标的物所在地均在我国。再次，将这三类涉外合同确定为由我国法院专属管辖是与我国司法实践相吻合的。

（三）平行管辖与平行诉讼

所谓平行管辖，是指对某一民事诉讼，两个或者两个以上国家的法院都有管辖权。在各国的民事诉讼中，由于法律规定专属管辖的诉讼是非常有限的，所以存在着相当多的本国法院与外国法院都有管辖权的涉外案件。平行管辖引发了平行诉讼①，即涉外民事纠纷的一方当事人在一国提起诉讼后，另一方当事人基于同一事实、同一目的对同一争议在另一国提起诉讼。平行诉讼造成了同一纠纷由不同国家的法院作出判决，有时还可能是相互冲突的判决，给判决的承认和执行带来了许多问题。

---

① 平行诉讼，又称"诉讼竞合"、"一事两诉"。

我国《民诉法》未对如何处理平行诉讼作出规定,但最高人民法院的司法解释中对此问题有所规制。《适用意见》的规定:"中国公民一方居住在国外,一方居住在国内,不论哪一方向人民法院提起离婚诉讼,国内一方住所地的人民法院都有权管辖。如国外一方在居住国法院起诉,国内一方向人民法院起诉的,受诉人民法院有权管辖"(第15条);"中华人民共和国人民法院和外国法院都有管辖权的案件,一方当事人向外国法院起诉,而另一方当事人向中华人民共和国人民法院起诉的,人民法院可予受理。判决后,外国法院申请或者当事人请求人民法院承认和执行外国法院对本案作出的判决、裁定的,不予准许;但双方共同参加或者签订的国际条约另有规定的除外"(第306条)。上述规定表明,首先,我国法院亦允许在我国进行平行诉讼;其次,对平行诉讼的案件,除非双方共同参加或者签订的国际条约另有规定,我国法院将拒绝承认和执行外国法院的判决。

第四节 涉外诉讼的送达与期间

一、送达

在涉外民事诉讼中,如果双方当事人在我国都有住所,送达按照《民诉法》规定的一般送达方式进行。但如果当事人是在我国领域内没有住所的外国人、无国籍人、外国企业或其他组织,或者是侨居在国外的中国公民,《民诉法》规定的一般送达方式就难以适用。因此,针对当事人在我国领域内无住所这一特点,《民诉法》对送达方式作了特别规定。第267条针对不同情况,规定了以下八种送达方式:

(一)按国际条约中规定的方式送达

当我国与受送达人所在国缔结或者共同参加了某一国际条约,而该国际条约中对送达司法文书的方式有规定时,自然应按条约中规定的方式送达。这是涉外民事诉讼中国际条约优先适用的具体表现。

从司法协助协定的有关规定看,送达的方式有两种:

(1)由我国司法部将需要送达的文书交给缔约另一方的中央机关(一般是司法部),由该中央机关按照本国法律的规定,选择最适当的方式将文书送达。

(2)由我国派驻缔约另一方的使领馆送达。当受送达人为住在缔约另一方领域内的我国公民时,可由我国派驻该国的使领馆送达。我国与法国等国的司法协助协定中均规定:缔约一方可以通过本国派驻缔约另一方的外交或领事代表机关向缔约另一方领域内的本国公民送达司法文书和司法外文书,但不得采取任何强制措施。

(二)通过外交途径送达

通过外交途径送达,是指法院将需送达的司法文书交给我国外交机关,由我国外交机关转交给受送达人所在国驻我国外交机构,再由其转送该国外交机关,然后由该国外交机关将司法文书转交给该国国内有管辖权的法院,最后由法院将其送达受送达人。

在两国间无司法协助协定情况下,通过外交途径送达,是一种最正规的送达方式,也是为各国普遍承认和采用的一种送达方式。但这种送达方式程序较复杂、速度也较缓慢，并且在两国间尚未建立外交关系时无从适用，因此还需要规定其他送达方式。

(三) 委托我国驻外使领馆送达

对在我国领域内没有住所的具有中国国籍的受送达人，可以委托我国驻受送达人所在国的使领馆代为送达。

在我国与受送达人所在国尚无条约关系时，能否采取此种方式送达，还要看受送达人所在国是否允许。如不允许，仍须通过外交途径送达。

采用这种方式送达有两个优点：一是直接迅速，不必通过外交途径转交；二是手续简便，不必附送外文译本。

(四) 向有权代收的诉讼代理人送达

当在我国领域内无住所的受送达人委托我国律师或法律允许的其他人作为诉讼代理人，并授权代理人接收诉讼文书时，法院可以向诉讼代理人送达。

采用此种方式送达，需具备两个条件：一是受送达人委托了住所在我国的人作为其诉讼代理人，二是该代理人被授予接受诉讼文书的权利。后一个条件也是必不可少的。如果受送达人虽然委托了诉讼代理人，但未授权他接收诉讼文书，就不能采用此种方式送达。

(五) 向代表机构、分支机构、业务代表人送达

受送达人在我国领域内设有代表机构的，如外国公司驻我国的办事处等，可以将诉讼文书直接送交该代表机构。受送达的法人或其他组织在我国虽然无住所，但设有分支机构或指定了业务代办人，并且授权其代收诉讼文书的，法院可以向分支机构、业务代办人送达。

(六) 邮寄送达

邮寄送达是指法院通过邮局将司法文书寄给在我国领域外的受送达人。

第267条第6项规定："受送达人所在国的法律允许邮寄送达的，可以邮寄送达，自邮寄之日起满3个月，送达回证没有退回，但根据各种情况足以认定已经送达的，期间届满之日视为送达。"上述规定表明：第一，邮寄送达是以受送达人所在国的法律允许为前提的；第二，采用邮寄送达时，要求受送达人将送达回证退回，依据退回的送达回证确定司法文书已经送达，并以送达回证上签收的日期为送达日期。第三，送达回证未退回的，只要具备两个条件，亦可视为送达：(1) 自邮寄之日起已满6个月；(2) 有证据表明司法文书已经送达。

(七) 采用传真、电子邮件等方式送达

这类送达方式是2012年修改增设的方式，它既适用于国内民事诉讼，又适用于涉外民事诉讼。采用这类新的送达方式的前提是，要首先要确认受送达人能够收到所送达的文书。

(八) 公告送达

第267条第8款规定："不能用上述方式送达的，公告送达，自公告之日起满3个月，

即视为送达。"

采用公告送达,应注意四点:第一,只有在确实无法采取上述任何一种方式送达时,才允许公告送达;第二,应尽可能采取使受送达人能够了解公告内容的方式公告,如在我国向受送达人所在国出口的报纸上刊登公告等;第三,涉外民事诉讼中的公告期比一般公告送达的期间长,自公告之日起满6个月,才视为送达;第四,公告送达起诉状后作缺席判决的,判决书仍应当公告送达。

二、期间

涉外民事诉讼的当事人在我国领域内无住所时,在提出答辩状、上诉状问题上,如仍然适用《民诉法》关于期间的一般规定,显然是不合适的。因此,《民诉法》对此问题作了特别规定。此外,由于送达司法文书,提出答辩状、上诉状所需的时间远远超过了国内民事诉讼,要求法院仍然按照民诉法规定的审理期限审结案件,事实上是难以做到的,所以对此问题,也需要作出特别规定。

(一) 提出答辩状的期间

第268条规定:"被告在中华人民共和国领域内没有住所的,人民法院应当将起诉状副本送达被告,并通知被告在收到起诉状副本后30日内提出答辩状。被告申请延期的,是否准许,由人民法院决定。"第269条对在我国领域内无住所的被上诉人提出答辩的期间也作了同样的规定。

这些规定表明,当被告或被上诉人在我国领域内无住所时,提出答辩状的期间有两个特点:

第一,期间较长,为30日,是国内民事诉讼提出答辩状期间的两倍;第二,允许被告或被上诉人申请延期。是否准许,则由法院视申请延期的理由是否正当而定;如同意延期,延期的天数亦由法院视具体情况斟酌决定。

(二) 提起上诉的期间

第269条规定:"在中华人民共和国领域内没有住所的当事人,不服第一审人民法院判决、裁定的,有权在判决书、裁定书送达之日起30日内提起上诉。被上诉人在收到上诉状副本后,应当在30日内提出答辩状。当事人不能在法定期间提起上诉或者提出答辩状,申请延期的,是否准许,由人民法院决定。"

上述规定表明,在我国领域内无住所的当事人的上诉期间,除具有前面所说的提出答辩状期间的两个特点外,还具有一个很重要的特点,这就是对判决、裁定的上诉期间未作区别,统一规定为30日。而国内民事诉讼程序中的上诉期间是区别对待的,对判决的上诉期间为15日,对裁定的上诉期间为10日。

(三) 审理期间

第270条规定:"人民法院审理涉外民事案件的期间,不受本法第149条、第176条规定的限制。"

这一规定,是针对涉外民事案件特殊性而作出的。法院在审理涉外民事案件时,或者需要向在我国领域内无住所的被告或被上诉人送达起诉状或上诉状的副本,或者需要向在我国领域内无住所的当事人送达出庭传票,或者需要委托外国法院调查取证,这些都需要较长的时间才能完成。另一方面,《民诉法》规定的在我国领域内无住所的当事人提出答辩状、上诉状的期间也较长。这就使得人民法院难以按照国内民事诉讼程序中规定的一、二审审理期间审结案件,因而有作出特别规定的必要。

第五节 司法协助

一、司法协助的概念和意义

(一) 司法协助的概念

司法协助,是指不同国家的法院之间,根据本国缔结或者参加的国际条约,或者根据互惠原则,为对方代为一定的诉讼行为或与诉讼有关的行为。

司法协助的范围包括四个方面:(1) 代为送达司法文书;(2) 代为调查取证;(3) 根据请求向对方提供本国的民事法律、法规文本以及本国在民事诉讼程序方面司法实践的情报资料。(4) 承认和代为执行外国法院作出的已经发生法律效力的民事判决、裁定以及仲裁裁决。前三方面的内容称为一般司法协助,后一方面的内容,即外国法院判决、裁定的承认和执行,外国仲裁裁决的执行,称为特殊司法协助。

各国的司法协助都是建立在一定基础之上的。从各国的实践来看,司法协助的基础有三种情形:第一,两国之间缔结的司法协助条约;第二,两国共同参加的关于司法协助的多边国际条约;第三,两国间在司法协助问题上的互惠关系。

(二) 司法协助的意义

司法协助的意义表现在三个方面:(1) 司法协助保障了涉外民事案件审理的顺利进行;(2) 司法协助使本国法院的裁决、本国的仲裁裁决在国外能够得到承认和执行;(3) 司法协助保护了我国和外国当事人的合法民事权益,促进和巩固了我国与外国的民事、经济交往。

二、一般司法协助

(一) 一般司法协助的概念和特征

一般司法协助,主要是指本国法院和外国法院互相根据对方提出的请求,为代为送达文书、调查取证等行为。

在我国,一般司法协助具有以下五个特征:

(1) 它是根据我国缔结或者参加的国际条约,或者根据互惠原则,即事实上存在于两国间的司法协助关系进行的。这一特征表明,条约关系或互惠关系的存在,是进行一般司法协助的基础。

(2) 它是一国法院根据另一国法院的请求进行的。外国法院的请求行为,是实施一般司法协助的前提。没有外国法院的请求,或者虽然有请求,但不是外国法院提出的,而是外国的其他机关或诉讼当事人提出的,均不能给予司法协助。这一特征,使得一般司法协助区别于特殊司法协助。

(3) 一般司法协助有其特定的内容。一般司法协助的内容主要包括下述两项:一是代为送达司法文书,二是代为调查取证。此外,根据我国与外国签订的某些司法协助协定,某些与涉外民事诉讼有关的行为也属一般司法协助的内容,如根据对方的请求提供本国的民事法律,法规文本等。

(4) 请求的事项不得损害被请求国的主权、安全或者社会公共利益。这是进行司法协助的必备条件。第276条第2款明确规定:"外国法院请求协助的事项有损于中华人民共和国的主权、安全或者社会公共利益的,人民法院不予执行。"在实践中,外国法院请求一般司法协助的事项可能有损于我国的主权和安全,或者会损害我国社会的公共利益。例如,外国法院受理了专属于我国法院管辖案件后,或者受理了对享有司法豁免权的我国公民提起的诉讼后,请求我国法院送达司法文书或委托我国法院调查取证,外国法院请求调查取证的内容涉及到我国的国家机密等。遇到上述情况时,我国法院应拒绝送达和调查,并将拒绝的理由通知请求协助一方。此外,外国法院请求的事项还必须属于我国法院职权范围之内,才能给予司法协助。如依照我国法律的规定,请求的事项超出了我国法院的职权范围,我国法院也应当拒绝。对此,《民诉法》虽然未作规定,但在我国与法国关于民事、商事司法协助协定中有这样的规定。

(5) 提供司法协助一般应按照被请求国法律规定的程序和方式进行。协助外国法院送达文书和调查取证,是本国法院的司法活动,当然应当依照本国法律规定的程序和方式进行。但另一方面,这些司法活动毕竟是根据外国法院的请求,代外国法院进行的,如果外国法院请求采用特殊方式进行,只要这种方式不违反本国的法律,似没有必要予以拒绝。这样才有利于开展两国之间真诚的司法协助。因此,第279条规定:"人民法院提供司法协助,依照中华人民共和国法律规定的程序进行。外国法院请求采用特殊方式的,也可以按照其请求的特殊方式进行,但请求采用的特殊方式不得违反中华人民共和国法律"。这一规定,体现了原则性与灵活性的结合。

(二) 一般司法协助的途径

《民诉法》第277条对进行一般司法协助的途径作了明确规定。根据这一规定,一般司法协助的途径有三种:

(1) 根据国际条约规定的途径进行。对于已与我国签订司法协助协定的国家,或者与我国共同参加涉及司法协助内容的国际条约的国家,无论是我国法院请求外国法院给予司法协助,还是外国法院请求我国法院给予司法协助,均应按条约规定的途径进行。

(2) 通过外交途径进行。在我国与外国尚未缔结或者参加国际条约,但已建立外交关系的情况下,司法协助可通过外交途径进行。

(3) 通过本国驻外国的使领馆进行。当文书的受送达人或被调查取证者为在外国的本国公民时,一般司法协助可以直接通过本国驻外国的使领馆进行。

通过这种途径进行司法协助时,有三个问题需要注意:第一,驻外国的使领馆只能对在外国的本国公民,而不能向外国公民和无国籍人送达文书和调查取证;第二,无论是送达文书还是调查取证,均不得违反驻在国的法律;第三,不得采取任何强制措施。

三、特殊司法协助

特殊司法协助,是指两国法院互相承认和执行各自已发生法律效力的法院裁决和仲裁机构的裁决。可见,特殊司法协助包括两方面内容:一是我国法院承认和执行外国法院的裁决和外国仲裁机构的裁决,二是外国法院承认我国法院的裁决和我国涉外仲裁机构的裁决。

(一) 对外国法院裁决的承认与执行

1. 承认和执行外国法院裁决的概念

承认和执行外国法院裁决,是指本国根据一定的条件和程序,承认外国法院对涉外民事案件所作裁决的效力,并对需要执行的予以执行。需要注意的是,这里所说的外国法院的裁决,既包括外国法院的民事判决、裁定,又包括民事和解笔录,以及具有赔偿内容的刑事判决。在实行民商分立的国家,还包括商事判决、裁定和调解书。

承认外国法院的裁决与执行外国法院裁决,是既有联系又有区别的两个问题。一方面,承认外国法院裁决在本国境具有效力是执行该裁决的前提;另一方面,尽管大多数被承认的外国法院的裁决都需要执行,但仍有一些只需承认即可,因而对外国法院裁决的承认并不必然导致对它的执行。例如,对那些仅仅涉及到变更或解决当事人之间某种民事权利义务关系的外国法院裁决,如离婚,解除收养关系,变更监护关系的判决,只要为本国法院所承认,原告起诉的目的便已达到,不存在执行问题。

2. 承认和执行外国法院裁决的条件

我国法院承认和执行外国裁决的条件是:

(1) 须有当事人提出申请或者外国法院提出请求。根据第281条的规定,外国法院作出的发生法律效力的判决、裁定,需要我国法院承认和执行的,可以由当事人直接向我国有管辖权的中级法院申请承认和执行,也可以由外国法院依照该国与我国缔结或者参加的国际条约的规定,或者按照互惠原则,请求我国法院承认和执行。

(2) 申请承认和执行的当事人所在国或请求法院所在国必须与我国有缔结或参加的条约关系,或者存在互惠关系。

(3) 要求承认和执行的外国法院裁决必须是已经发生法律效力的裁决,即已经确定的裁决。需要注意的是,判断该裁决是否已发生法律效力,不是依照我国的法律,而是依照作出裁决的法院所在国的法律。

(4) 申请承认和执行的外国法院裁决不得违反我国法律的基本原则,不得损害我国的主权、安全、社会公共利益。

但有下列情形之一的不予承认和执行:(1) 按照被请求一方法律有关管辖权的规则,裁决是由无管辖权的法院作出的;(2) 根据作出裁决一方的法律,该裁决尚未生效或不具有执行力;(3) 败诉的一方当事人未经合法传唤,因而没有出庭参加诉讼;(4) 裁决的承认或执行有损于被请求一方的主权、安全或公共秩序;(5) 被请求一方法院对于相同的当事人之间就同一事实和要求的案件已经作出确定的裁决。或者被请求一方法院已经承认了第三国法院对于相同的当事人之间就同一事实和要求的案件所作的发生法律效力的裁决。①

(二) 对外国仲裁裁决的承认与执行

1. 承认与执行外国仲裁裁决的概念

承认与执行外国仲裁裁决,是指我国法院根据当事人的申请,对外国仲裁机构的裁决进行审查后,作出承认与执行外国仲裁裁决的裁定。

仲裁裁决作出后,如果败诉方不自动履行,就需要由法院来强制执行;当败诉方当事人在国外并且其财产也在国外时,就需要由外国法院来强制执行。这就提出了外国仲裁裁决的承认和执行问题。针对此问题,《民诉法》第283条规定:"国外仲裁机构的裁决,需要中华人民共和国人民法院承认和执行的,应当由当事人直接向被执行人住所地或者其财产所在地的中级人民法院申请,人民法院应当依照中华人民共和国缔结或者参加的国际条约,或者按照互惠原则办理。"

为了协调各国在承认和执行外国仲裁裁决问题上的立场和做法,国际上曾先后缔结了三个公约,现行公约是1958年在纽约通过的《承认及执行外国仲裁裁决公约》(以下简称《纽约公约》)。该公约是在联合国主持下制定的,它以参加国家多,影响大而著称。我国已于1986年12月2日加入了这一公约,该公约于1987年4月22日对我国生效。

2. 承认和执行外国仲裁裁决的条件

根据《纽约公约》的规定,我国法院承认和执行在另一缔约国领域内作成的仲裁裁决的条件包括:(1) 当事人向我国有管辖权的法院提出申请;(2) 该裁决是针对契约性和非契约性商事法律关系引起的争议作出的;(3) 作出该裁决的仲裁机构所在国与我国存在互惠关系;(4) 仲裁裁决不具有《公约》第5条规定的拒绝承认和执行的情形。

《公约》第5条规定的拒绝承认和执行的情形为:(1) 仲裁协议无效;(2) 被诉一方当事人未接到关于指派仲裁员或进行仲裁程序的适当通知,或者因其他原因未能对案件提出申辩;(3) 裁决所处理的事项,不属于交付仲裁的标的,或者不在仲裁协议条款之列,或者超出了仲裁协议范围;(4) 仲裁庭的组成或者仲裁程序与当事人之间的仲裁协议不符,或者无协议时与仲裁地所在国法律不符;(5) 裁决对各方当事人尚未发生拘束力,或者裁决已被作出裁决的国家或者依据其法律作出裁决的国家的主管机关撤销或停止执行;(6) 依照被请求国法律,争议事项不能以仲裁方式解决;(7) 承认或执行该项裁决将违反被请求国的公共政策(公共秩序)。

(三) 承认和执行外国法院裁决的程序

根据第281条和282条的规定,我国法院承认和执行外国法院的裁决需要经过以下

---

① 这五个条件是我国与一些国家缔结的司法协助协定中规定的条件。

四道程序:(1) 当事人向我国法院提出申请,或者外国法院提出请求;(2) 我国法院对外国法院的裁决进行审查;(3) 我国法院作出承认外国法院裁决效力的裁定;(4) 对需要执行的外国法院裁决,发出执行令,予以执行。

四、我国法院裁决和涉外仲裁裁决的域外执行

我国法院或仲裁机构对涉外民事案件作出裁决后,如果被执行人或其财产不在我国领域内,法院裁决或仲裁裁决的域外执行问题便发生了。

我国法院的裁决,涉外仲裁机构的裁决,同样不具有域外效力;要在外国执行,也需要经过外国法院的承认,并由外国法院按本国的法律程序执行。因此,第280条第1款规定:"人民法院作出的发生法律效力的判决、裁定,如果被执行人或者其财产不在中华人民共和国领域内,当事人请求执行的,可以由当事人直接向有管辖权的外国法院申请承认和执行,也可以由人民法院依照中华人民共和国缔结或者参加的国际条约的规定,或者按照互惠原则,请求外国法院承认和执行。"第2款规定:"中华人民共和国涉外仲裁机构作出的发生法律效力的仲裁裁决,当事人请求执行的,如果被执行人或其财产不在中华人民共和国领域内,应当由当事人直接向有管辖权的外国法院申请承认和执行。"

上述规定表明,我国法院裁决的域外执行,可以由当事人直接向外国法院提出申请,也可以由我国法院向外国法院提出请求。究竟采用哪一种方式,则应根据具体情况而定。但有下列情形之一的,应当由当事人直接提出申请:(1) 我国与该外国既无司法协助的条约关系,又无互惠关系;(2) 虽然存在着条约关系,但条约规定由当事人直接提出申请,如中法司法协助协定;或者虽然存在着互惠关系,但按惯例是由当事人直接申请;(3) 该外国将申请承认和执行法院裁决视为当事人诉权的内容,只受理当事人本人直接提出的申请。

我国涉外仲裁机构的裁决,只能由当事人本人直接向外国法院申请承认和执行。

外国法院接到申请或请求后,与我国有国际条约关系的,按条约规定进行审查,无条约关系的,按互惠原则进行审查。经审查,同意承认和执行的,按本国法律规定的程序执行。

第六节 涉港澳台民事诉讼[①]

一、涉港澳台民事诉讼概述

在"一国两制"方针的指导下,香港和澳门已经回归祖国。香港和澳门回归后,实行高度的自治,继续保留和实行原有的法律制度,并享有司法的终审权。我国的台湾地区也

---

① 鉴于涉港澳台民事诉讼遇到的程序问题与涉外民事诉讼有一定的相似性,最高人民法院也明确规定涉港澳台民事诉讼的一些程序问题可适用涉外民事诉讼的规定,本教材将它放在涉外民事诉讼的特别程序这一章中一并作简要介绍。

有自己的法律和司法制度。这样,中国就成为一个多法域的国家,即"一国两制三地四法域"。

中国大陆实行改革开放后,与港澳台地区的经济文化交往越来越密切,人员的往来也越来越频繁。在交往的过程中,大陆与港澳台的民商事主体产生了一系列的纠纷,这些纠纷往往需要通过民事诉讼来解决。

我国大陆与港澳台虽然同属一个中国,但各自的法律制度存在着相当大差异,并且港澳台也属于独立的法域,所以中国大陆的法院在审理涉港澳台民商事案件时,会遇到一系列特殊问题,如管辖、送达诉讼文书、调查取证、判决和仲裁裁决的承认和执行等。

二、涉港澳台民事诉讼的特别规定

由于涉港澳台民事诉讼的特殊性,我国法院在处理这类诉讼的程序问题时,在开始时是将它们比照涉外诉讼程序处理的。后来,随着香港和澳门的回归,随着大陆与台湾紧张关系的日趋缓和,最高人民法院颁布了一系列关于涉港澳台民事诉讼的规定,如《关于人民法院认可台湾地区有关法院民事判决的规定》(1998年5月26日);《关于人民法院认可台湾地区有关法院民事判决的补充规定》(2009年5月14日);《关于涉港澳民商事案件司法文书送达问题若干规定》(2009年3月16日);《关于涉台民事诉讼文书送达的若干规定》(2008年4月23日)。最高法院还与香港、澳门的有关部门签订了一系列专门调整涉港澳民事诉讼的协议,如《关于内地与澳门特别行政区相互认可和执行仲裁裁决的安排》(2008年1月1日);《关于内地与香港特别行政区法院相互认可和执行当事人协议管辖的民商事案件判决的安排》(2008年8月1日)。海协会与海基会签订了《海峡两岸共同打击犯罪及司法互助协议》(2009年4月26日);最高人民法院《关于人民法院办理海峡两岸送达诉讼文书和调查取证司法互助案件的规定》(2011年6月14日)。

在上述司法文件中,既有一般司法协助的内容,如关于司法文书的送达,协助调查取证,又有特殊司法协助的内容,如关于判决书、调解书、裁定书的承认和执行,仲裁裁决书的承认和执行。由于中国大陆与港澳台地区的司法协助是一个主权国家内不同司法区域的司法协助,所以我国理论界将其称为"区际司法协助"。

阅读法规

《民诉法》第259—283条;《适用意见》第304—320条;《涉外管辖规定》。

案例解析

【16-1】 来华旅游的法国人雅克与在德国某公司派驻上海办事处工作的德国人汉斯在上海签订了一份艺术品转让合同,该艺术品存放在瑞士的琉森,双方约定由上海市浦东区人民法院管辖由该合同发生的纠纷。

问:(1) 该约定是否有效? 如果双方未在合同中对管辖作出约定,汉斯向上海浦东法院起诉,浦东法院是否有管辖权?

(2) 如果发生纠纷,雅克是否可以委托法国某律师事务所设在上海的办事处的法国律师作为诉讼代理人?

(3) 雅克在法国向法院寄交授权委托书,需要经过何种程序才有效?

分析要点:(1) 双方的协议管辖有效。因为该涉外合同纠纷中被告汉斯的住所地在上海,合同签订地在上海,所以上海与该合同纠纷有实际联系,有两个联系点。如果双方未在合同中对管辖作出约定,汉斯向上海浦东法院起诉,浦东法院仍然有管辖权,因为尽管雅克在中国没有住所,但双方的合同在上海订立,所以根据《民诉法》第265条的规定,浦东法院仍然有管辖权。

(2) 不能委托法国律师。因为根据第263条的规定,雅克只能委托中国的律师代理诉讼。

(3) 雅克出具的委托书须经法国公证机关证明,并经过中国驻法国的领事馆认证后,才具有法律效力。

【16-2】 美国的豪森公司与中国的海华公司决定共同出资在西安设立美华通讯公司,双方在合同中约定因履行该合资协议所发生的纠纷,由美国马里兰州梅森市的法院管辖。

问:(1) 该约定是否有效?

(2) 如果双方在北京订立通讯设备买卖合同,合同履行地在美国,合同并无管辖问题的约定,发生纠纷后,豪森公司向美国梅森市的法院提起诉讼,海华公司向北京市法院提起诉讼,北京市的法院是否可以受理?

分析要点:(1) 该约定无效。因为尽管双方在合同中约定由梅森市法院管辖,但由于双方订立的合同是在中国履行中外合资经营企业合同,属于依法由中国法院专属管辖的合同。

(2) 北京市的法院可以受理。该合同的被告住所地和合同履行地虽然在美国,但合同的签订地在北京,所以依据涉外民事诉讼特殊地域管辖的规定,北京的法院对该纠纷有管辖权。根据《适用意见》第306条的规定:中华人民共和国人民法院和外国法院都有管辖权的案件,一方当事人向外国法院起诉,而另一方当事人向中华人民共和国人民法院起诉的,人民法院可予受理。据此,北京市的法院可以受理。

司法考试题

2002年试卷三第79题"涉外民事诉讼程序";
2004年试卷三第78题"涉外民事诉讼程序";
2007年试卷三第36题"涉外民事诉讼程序";
2008年试卷三第50题"涉外民事诉讼财产保全、法院判决的承认与执行";第81题

"司法协助";

2009年试卷三第81题"涉外协议管辖制度与非涉外协议管辖制度的区别";第90题"司法协助(法院判决的承认与执行)";

2010年试卷三第85题"涉外案件的管辖与上诉"。

第十六章 特别程序

第一节 特别程序概述

一、特别程序的概念

特别程序,是指法院审理某些非民事权益争议案件适用的程序。特别程序是相对于通常的诉讼程序而言的。通常的民事诉讼程序是法院审理民事争议案件所适用的程序,包括第一审程序、第二审程序和再审程序。特别程序是根据审理对象的特殊性而设置的,选民资格案件和非讼案件不同于一般的民事权利义务纠纷,因而审理这类案件的程序也应当有别于通常的诉讼程序。但另一方面,适用特别程序审理的非讼案件又与公民的民事权利义务有密切的关系,特别程序又是民事审判程序的重要组成部分。因此,法院适用特别程序审理案件,凡特别程序中已作规定的,应优先适用特别程序的规定,特别程序未作规定的,适用《民诉法》的其他规定和其他法律的规定。

二、特别程序的特点

与通常诉讼程序中的普通程序、简易程序相比较,特别程序具有下列特点:

1. 只确认某种法律事实或某种资格

特别程序是专门适用于非争议案件的,适用特别程序审理的案件,或者是为了确认某种事实状态是否存在,如失踪或死亡的事实、财产无主的事实;或者是为了确认是否具有某种资格,如选民资格,行为能力。

2. 只有起诉人或申请人,没有被告

在适用特别程序审理的案件中,由于不存在争议,没有利益互相对立的双方当事人,所以没有通常诉讼程序中的原告和被告,只有向法院提起诉讼的人和向法院提出申请的人。并且,选民资格案件中的起诉人,认定财产无主案件中的申请人,不要求与案件有直接利害关系。这与通常诉讼程序中必须与本案有直接利害关系才能作为原告不同。特别程序中没有被告,因而也没有反诉、辩论、调解等与双方当事人有关的程序。

3. 实行第一审终审

依照特别程序审理的案件,实行第一审终审,判决书一经送达,即发生法律效力,不得提起上诉。而依通常诉讼程序审理的案件,实行两审终审,当事人不服第一审判决,可依法提出上诉。

4. 审判组织原则上采用独任制

适用特别程序审理案件,审判组织一般都采用独任制,由一名审判员独任审理。只有选民资格案件和重大、疑难的非讼案件,才由审判员组成合议庭审理。这与通常诉讼程序中按普通程序审理的案件须采用合议制,按简易程序审理的案件实行独任制不同。

5. 审限较短

适用特别程序审理案件,审结期限较短。选民资格案件应当在选举日前审结,非讼案件应当在立案之日起或公告期满后1个月内审结。这与审限为6个月的普通程序、审限为3个月的简易程序不同。

6. 能够用新判决撤销原判决

适用特别程序审理的案件,判决发生法律效力后,如出现新情况,原审法院可以根据有关人员的申请,撤销原判决,作出新判决。这与通常诉讼程序中必须通过审判监督程序才能将确有错误的原生效判决撤销不同。

7. 免交诉讼费用

适用特别程序审理的案件,不论当事人经济状况如何,一律免交诉讼费用。而适用通常诉讼程序审理的案件,一般都必须交纳诉讼费用。免交、缓交只是例外情形。

三、特别程序的适用范围

特别程序的适用范围具有特定性,它仅限于两类案件:一类是选民资格案件;另一类是非讼案件。① 这两类案件的共同特点是既没有利害对立的双方当事人又不存在民事权利义务之争。

适用特别程序审理的非讼案件具体包括:(1) 宣告公民失踪、宣告公民死亡案件;(2) 认定公民无民事行为能力、限制行为能力案件;(3) 认定财产无主案件;(4) 确认调解协议案件;(5) 实现担保物权案件。此外,监护人不服指定的案件、失踪人的财产代管人申请变更代管的案件,也比照适用特别程序审理。这两类案件《民诉法》虽未作出规定,但它们性质上也属于非讼案件,法院可比照适用特别程序审理。

第二节 选民资格案件

一、选民资格案件的概念和意义

选民资格案件,是指公民对选举委员会公布的选民名单有异议,向选举委员会提出申诉后,不服选举委员会所作的处理决定,而向法院提起诉讼的案件。

选举权与被选举权是我国公民享有的一项重要的政治权利。根据我国《宪法》和《选举法》的有关规定,年满18周岁的我国公民一般都有选举权和被选举权。未满18周岁的公民和依法被剥夺政治权利的人没有选举权。精神病人虽然有选举权,但往往不能行使这一权利。为了准确地确定哪些公民有选举权,哪些公民没有选举权或不能行使选举权,

---

① 由于诉讼案件与非讼事件在程序法原理上差异较大,德国、日本及我国台湾地区均实行二元立法,德国与日本早在1898年就制定了非讼事件法,台湾地区于1964年制定了非讼事件法。

我国《选举法》规定了选民登记制度,通过登记来确认选民资格。《选举法》规定选民按选区进行登记,经登记的选民资格长期有效,并规定选民名单应在选举日的20日以前公布。

选民名单是确定选民资格的重要依据,列入选民名单的公民,才能够参加选举。选民登记是一项相当复杂的工作,由于人口的流动、公民年龄、政治权利状况的变化等原因,公布的选民名单可能会出现差错,如把有选举权的公民漏列,或者把依法不具有选举权、不能行使选举权的人列入选民名单。为了纠正选民名单中的错误,有必要让有选举权而未被列入名单的公民提出异议,也有必要让其他公民指出名单中的错误。为此,我国《选举法》第28条规定:对公布的选民名单有不同意见的,可以向选举委员会提出申诉。选举委员会对申诉意见应在3日内作出处理决定。申诉人不服处理决定,可以在选举日的5日以前向法院起诉,法院应在选举日以前作出判决,法院的判决为最后决定。为了从程序上保障选举法上述规定的实现,《民诉法》在特别程序中规定了选民资格案件。规定选民资格案件的意义既在于保证有选民资格的公民行使和实现自己这一政治权利,又在于防止没有选民资格的人非法参加选举。

二、选民资格案件的审理程序

(一) 起诉与受理

因选民资格问题提起诉讼,必须符合以下条件:

(1) 起诉人必须是有民事诉讼行为能力的公民。在选民资格案件中,起诉人只能是公民,这与通常诉讼程序中原告既可以是公民,也可以是法人或其他组织不同。在选民资格案件中,起诉人可以是与选民名单有直接利害关系的公民,也可以是与选民名单无直接利害关系的公民。任何有诉讼行为能力的公民,只要他认为公布的选民名单有错误,都有起诉权。扩大选民资格案件诉权享有者的范围,有利于增强对选民资格认定工作的监督。

(2) 起诉前必须先向选举委员会申诉。选民资格案件实行申诉前置,公民认为选民名单有错误,必须先向选举委员会提出申诉,由选举委员会先行处理,对选举委员会作出的处理决定不服,才能够向法院提起诉讼。

(3) 诉讼应当在选举日的5日前提出。为使法院有必要的审理时间,起诉人应当在选举日的5日前提出诉讼,这一期间属法定的不变期间。如果离选举日不足5日才提出诉讼,法院将不予受理。

(4) 诉讼应当向选区所在地的基层法院提出。选区所在地的基层法院,是管辖选民资格案件的法院。由选区所在地的法院行使管辖权,既便于公民起诉和选举委员会指派代表参加诉讼,又便于法院及时与选举委员会取得联系和尽快审理案件。

公民提起诉讼后,法院应及时进行审查,对符合上述条件的起诉,应予受理,对不符合上述条件的,应根据不同情况,分别处理。对未经申诉直接提起诉讼和不属于本院管辖的诉讼,应告知起诉人向选举委员会申诉和向有管辖权的法院起诉;对起诉人无民事诉讼行为能力或离选举日不足5日的,应以裁定驳回起诉。

(二) 审理与判决

法院审理选民资格案件,关系到公民的选举权与被选举权这一重要的政治权利,因此,审理这类案件应当采用合议制,并且只能由审判员组成合议庭审理。法院在确定开庭审理的日期后,应通知起诉人、选举委员会的代表和有关公民参加。有关公民是指案件涉及其选民资格的公民。通知有关公民参加,既有利于该公民维护自己的权利,也有利于法院查清事实。

法院在对选民资格案件进行审理时,起诉人、选举委员会的代表和有关公民必须参加诉讼。当起诉人因本人的选民资格提起诉讼时,由于不涉及其他公民的选民资格,故只需由起诉人和选举委员会代表参加诉讼。法院在审理中,应充分听取起诉人、选举委员会的代表和有关公民的意见,必要时可让各方进行辩论。选民名单案件必须在选举日前审结。法院查明事实后,应当在选举日前作出判决,并将判决书在选举日前送达起诉人和选举委员会。涉及有关公民的,法院还应当将判决书的内容通知有关公民。法院的判决是终审判决,是对选民资格问题的最终决定,判决书一经送达即发生法律效力。对关于选民资格的判决,既不允许上诉,也不能申请再审。

第三节 宣告失踪案件

一、宣告失踪案件的概念

宣告失踪案件,是指法院根据利害关系人的申请,依法宣告下落不明的公民为失踪人的案件。

公民失踪是现实生活中时有发生的现象。公民长期失踪,既会使他本人的财产因无人照管而损坏、丢失,也会使他与别人的民事法律关系处于不稳定状态,失踪人的债权因无人催要而难以实现,其债务因无人清偿而无法了结。这既损害了失踪人本人的利益,也不利于社会经济秩序的稳定。因此,我国《民法通则》规定了宣告失踪制度。

民事实体法中规定的宣告失踪制度的实现离不开相应的程序规则,为了保证宣告失踪制度的实现,《民诉法》在特别程序中设置了宣告失踪的程序。

二、宣告公民失踪案件的审理程序

(一) 申请与受理

宣告失踪的审判程序,因申请人提出请求而发生。申请人向法院提出申请,应当具备以下四个条件:

1. 被申请人下落不明满2年

下落不明是指公民离开住所地或居所地去向不明,毫无音讯。满2年是指下落不明状态持续不断地达到2年时间,而不是在音讯时有时无的情况下将下落不明的时间累计相加满2年。时间如有间断,应当从最后一次下落不明开始的时间为起点计算。在通常情况下,下落不明的期间从公民离开住所或居所之日的次日起开始计算,但在战争期间失踪的,应当从战争结束之日起计算;在意外事故中失踪的,从事故发生之日起计算。下落不明状态时断时续的,从最后一次下落不明开始之日起计算。

2. 申请人为下落不明公民的利害关系人

利害关系人是指与下落不明的公民在法律上有人身关系和财产关系的人。利害关系人包括下落不明人的配偶、父母、成年子女、祖父母、外祖父母、成年的兄弟姐妹、债权人、合伙人等。公民长期下落不明危及其利害关系人的利益,因而利害关系人有必要也有权利申请宣告失踪。

3. 必须以书面形式提出申请

利害关系人应当向法院提交宣告失踪的申请书,申请书应写明宣告失踪的请求、被要求宣告人下落不明的具体情形。提交申请书时,还应提交公安机关或其他有关机关出具的该公民下落不明的证明。申请人如要求法院清理下落不明人的财产,也应在申请书中写明。

4. 向下落不明人住所地的法院提出申请

根据《民诉法》的规定,对宣告失踪案件行使管辖权的法院为下落不明人住所地的法院,如果住所地与居所地不一致,则由最后居所地的法院管辖,利害关系人向有管辖权的法院提出申请程序上才合法。法院收到要求宣告失踪的申请书,应根据以上条件进行审查,对符合上述四个条件的,应及时立案。

(二) 审理与判决

法院受理申请宣告失踪的案件后,应当发出公告,寻找该下落不明人,公告期为3个月。公告可张贴于法院的公告栏,也可以登报。公告是审理这类案件必须采取的程序步骤。宣告失踪将引起下落不明人的财产被他人代管,债权债务由代管人负责处理的后果,这将对被宣告人产生重大影响。公告一方面表明法院对这类案件慎重对待,另一方面也使下落不明人有机会了解到其利害关系人已向法院要求宣告失踪,以便向法院报告下落和行踪。

在公告期间,法院可以根据申请人提出的要求,清理下落不明人的财产,并指定诉讼期间的财产管理人。

公告期满,被申请宣告失踪的人依然下落不明,法院应确认该公民失踪的事实,并在判决中宣告该公民为失踪人。在宣告失踪的同时,法院还应当在判决中指定财产的代管人。根据《民法通则》的规定,代管人应当在失踪人的配偶、父母、成年子女或者关系密切的其他亲属、朋友中指定。法院在指定代管人时,应本着有利于对财产管理的原则,同时也应考虑《民法通则》规定的代管人的先后顺序,原则上应指定顺序在先的人作为财产代管人。在没有《民法通则》规定的上述代管人或者上述代管人无能力代管时,法院应在判决中另行指定代管人。无民事行为能力人、限制民事行为能力人失踪的,其监护人即为财产代管人,不必另行指定。

三、变更财产代管人的审理

法院在判决中指定财产代管人后,代管人便担负起管理失踪人的财产、替失踪人清偿债务、交纳所欠税款等职责。代管人可能因某种原因不愿或不宜再继续管理失踪人的财产,未被指定为财产代管人的失踪人的亲属、朋友也可能因代管人有疏于管理行为或者利用管理之便谋取私利等原因而要求变更代管人。

财产代管人自己向法院申请变更与其他利害关系人要求法院变更,在性质上是有重大区别的,前者仅有变更的申请而不存在争议,后者在申请变更人与财产代管人之间存有争议。因此,法院处理这两类申请适用的程序是不同的。根据《适用意见》第 195 条的规定,由财产代管人申请变更的,适用特别程序,法院应根据特别程序的有关规定进行审理。申请有理由的,以裁定撤销申请人的代管人身份,同时另行指定财产代管人;申请无理由的,以裁定驳回申请。由失踪人的其他利害关系人向法院申请变更财产代管人,法院不能适用特别程序审理,而应告知申请人以原指定的代管人为被告提起诉讼。法院应按通常程序审理所提出的诉讼,后一种情形之所以要适用通常程序,是因为存在双方当事人,并且双方当事人对由谁担任财产代管人存在争议。

四、宣告失踪判决的撤销

法院作出宣告失踪的判决后,失踪人可能回到其住所或与利害关系人取得联系。上述情况的出现使法院判决中认定的状态与实际情况出现了不一致,因而有必要撤销原来的判决。失踪人重新出现后,他本人或其利害关系人可以向法院提出撤销宣告失踪判决的申请,法院查明失踪人确已重新出现,应当以新判决撤销原判决。原判决被撤销后,财产代管已无必要,代管人应将财产及时交还该公民。

第四节 宣告公民死亡案件

一、宣告死亡案件的概念和意义

宣告公民死亡案件,是指法院根据利害关系人的申请,依法宣告下落不明满法定期限的公民死亡的案件。

宣告失踪制度虽然能够解决失踪人的财产代管和债务清偿等问题,但在公民长期失踪的情况下,并不能从根本上解决失踪人的财产归属和与失踪人有关的人身方面的法律关系问题。因此,《民法通则》在宣告失踪之外,规定了宣告死亡制度。《民诉法》中规定的宣告公民死亡案件,是与实体法宣告死亡制度相配套的一种审判程序。

二、宣告死亡案件的审理程序

(一)申请与受理

宣告死亡程序的启动同样离不开利害关系人的申请,申请人向法院提出申请应当具备的条件是：

1. 被申请人下落不明满法定期限。公民下落不明的原因和具体情形不同，法律规定的期限也不同，具体有三种：(1) 通常情况下下落不明（包括在战争中失踪）须满4年，法院宣告公民失踪后，利害关系人申请宣告失踪人死亡的，同样是从失踪之日起而不是从人民法院作出宣告失踪的判决之日起满4年；(2) 在意外事故中下落不明须满2年；(3) 在意外事故中下落不明，并经有关机关证明该公民不可能生存的，可不受2年法定期间限制。宣告死亡计算法定期间的方法与宣告失踪相同。

2. 申请人为下落不明人的利害关系人。利害关系人的范围与宣告失踪案件中利害关系人的范围相同，但在宣告死亡案件中，利害关系人提出申请须受顺序的限制，其顺序是：配偶；父母、子女；兄弟姐妹、祖父母、外祖父母、孙子女、外孙子女；其他有民事权利义务关系的人。顺序在前的利害关系人不同意申请宣告死亡的，顺序在后的利害关系人原则上不得申请。在同一顺序中，有的利害关系人申请宣告死亡，有的不同意申请的，法院应当受理申请。

3. 必须以书面方式提出申请。除提出的请求与宣告失踪不同外，申请书的其他内容与宣告失踪的申请书基本相同。

4. 必须向下落不明人住所地的基层法院提出申请。

申请人提出的申请符合以上四个条件的，法院应当受理。

（二）审理与判决

法院受理案件后，即应发出寻找失踪人的公告。公告期一般为1年，但公民在意外事故中失踪，经有关机关证明其不可能生存，公告期可缩短为3个月。公告是审理这类案件的必经程序。由于宣告死亡对失踪人带来的法律后果比宣告失踪更为严重，宣告死亡的公告期要长得多。

在公告期间，如果失踪人出现或者法院已查明其下落，法院应作出驳回申请的判决，终结审理程序。如果公告期满失踪人仍然下落不明，法院应依法作出判决，宣告该失踪人死亡。判决宣告后即发生法律效力，判决宣告之日即为失踪人死亡的日期。

三、宣告死亡判决的撤销

法院以判决宣告失踪的公民死亡，只是从该公民长期失踪的事实推定其已经死亡。既是推定，就存在着与实际状况不符的可能性，该公民可能实际上并未死亡，因此，宣告死亡案件的程序中需要有处理被宣告死亡者重新出现的措施。当被宣告死亡的公民重新出现时，本人和利害关系人可以向作出宣告的法院申请撤销宣告死亡的判决，法院受理后，应当作出新判决、撤销原判决。

第五节 认定公民无民事行为能力、限制民事行为能力案件

一、认定公民无民事行为能力、限制民事行为能力案件的概念

认定公民无民事行为能力、限制民事行为能力案件,是指法院根据利害关系人的申请,依法确认精神病人为无民事行为能力人或限制民事行为能力人的案件。

《民法通则》规定的无民事行为能力、限制民事行为能力人包括两类:一类是未成年人,另一类是虽已成年,但患有精神病的人。未成年人的问题易于解决,通过查阅出生证、户口本便可以确定,无需人民法院通过专门的程序认定。公民是否患有精神病,如确有精神病,轻重程度如何,却是一般人不易判断的。因此,对可能患有精神病的公民的民事行为能力问题,需要法院通过特别程序来认定。

二、认定公民无民事行为能力、限制民事行为能力案件的审理程序

(一)申请与受理

申请人要求法院认定公民为无民事行为能力或限制民事行为能力人,应符合下列条件:

1. 被申请宣告的公民须为精神病人

这一程序是专为精神病人设置的,如果被申请宣告的公民并非精神病人,自然不得提出申请。

2. 须由利害关系人提出申请

被申请人的利害关系人包括两类:一类是该公民的近亲属,另一类是与该公民有其他利害关系的人,即与被申请人有民事权利义务关系的人,如被申请人的合伙人等。在没有近亲属和其他利害关系人的情况下,实务中一般也允许精神病人所在单位或其住所地的居民委员会、村民委员会提出申请。实务中一般是由第一类人提出。

3. 必须采用书面方式提出

利害关系人须向法院提交申请书,申请书应当写明申请人的基本情况,申请人与被申请人之间的关系,被申请人患有精神病的情况和证据。

4. 必须向被申请人住所地的基层法院提出

利害关系人向法院提出此类申请,一般是在诉讼以外的场合。但申请也可能在诉讼过程中提出,在当事人是否具有相应的民事行为能力成为诉讼中的先决问题时,利害关系人就会要求法院宣告当事人为无民事行为能力或限制民事行为能力人。一旦提出了这样的申请,受诉法院就应当中止原诉讼,然后按特别程序审理当事人的民事行为能力问题。

法院收到申请后,应从以上四个方面进行审查,对符合上述条件的,应当受理。

(二)审理与判决

被要求认定的公民是否患有精神病,属医学方面的专业性问题,法院的认定,须以医

学鉴定为依据。因此，法院受理申请后，一般应当对被申请人进行鉴定。申请人提出申请时，有时会将医院出具的鉴定结论作为证据提交给法院。对申请人提交的鉴定结论，法院应进行审查，如有怀疑，应由法院指定鉴定单位重新鉴定。但是，鉴定不是审理这类案件的必经程序，如果申请人提供的病历等证据材料确切表明了被申请人系精神病人，审判人员通过对被申请人的观察也确信其患有精神病，则不必作医学鉴定。此外，如确实不具备鉴定条件，法院可向当地群众了解被申请人的情况，如当地群众公认其患有精神病，且被申请人的其他利害关系人对此也无异议，法院可以在不作医学鉴定的情况下径行认定。

法院审理这类案件时，为了保护被申请人的合法权益，应当通知除申请人以外的被申请人的近亲属出庭，如果近亲属相互推诿，法院可指定一人作为代理人。申请人为近亲属时，不得担任代理人，这是由于申请人与被申请人的利益可能有冲突。在审理中，审判人员除了向代理人了解情况外，还应直接接触被申请人本人，从接触中了解该公民的精神状态，如被申请人的健康状况许可，还应询问本人的意见。

经过审理，法院如果认为申请没有根据，被申请人并未丧失民事行为能力，应依法作出驳回申请的判决。如果认为申请有根据，被申请人确系精神病人，就应根据其患精神病的具体情况，作出判决认定被申请人为无民事行为能力人或者限制民事行为能力人。

公民被认定为无民事行为能力或限制民事行为能力人后，需要有人对其进行监护，《民法通则》对监护人的范围和顺序已作出明确规定，因而通常情况下不必由法院来指定监护人。但有时候有监护资格的人员会对担任监护人产生争议，发生争议时，应当由被监护人所在单位或者住所地的居民委员会、村民委员会在其近亲属中指定监护人。被指定人如不服指定，应当在接到通知次日起30日内向被监护人所在地的基层法院提起诉讼。法院受理诉讼后，应比照特别程序进行审理。经审理，认为指定并无不当的，以裁定驳回起诉；认为指定确有不当的，以判决撤销有关单位的指定，同时另行指定监护人。判决书应送达起诉人、原指定单位及判决指定的监护人。判决送达后，监护人发生变更，由判决所指定的人担任监护人。

三、认定公民无民事行为能力、限制民事行为能力判决的撤销

经过治疗，被判决认定为无民事行为能力或限制民事行为能力的公民病情可能会痊愈，精神可能会恢复正常。精神病减轻或者治愈后，认定该公民为无民事行为能力或限制民事行为能力人的依据不复存在，因而有必要撤销原来的判决。在认定公民为无民事行为能力或限制民事行为能力人的原因已消除时，法院应当根据该公民本人或利害关系人的申请，作出新判决，撤销原判决。

第六节　认定财产无主案件

一、认定财产无主案件的概念和意义

认定财产无主案件，是指法院根据公民、法人或者其他组织提出的要求确认某项财产

为无主财产的申请,依法定程序审查核实后,以判决方式将该财产认定为无主财产,并将其判归国家或集体所有的案件。

无主财产,是指所有人不明或者没有所有人的财产,如所有人不明的埋藏物、隐藏物、漂流物,无人认领的走失的饲养动物等。当财产处于无主状态时,由于无人进行管理,财产既容易损坏,又容易成为他人争夺的对象或被他人非法侵占。同时,该项财产也无法物尽其用,不能充分发挥其经济效用。可见,无主财产的存在既是社会财富的浪费,又不利于社会经济秩序的稳定。《民诉法》在特别程序中设置认定财产无主案件的审理程序,是为了消除财产无主状态。将无主财产转变为有主财产,以消除财产无主造成的种种负面效应。

二、认定财产无主案件的审理程序

(一) 申请与受理

申请是引起认定财产无主案件审理程序的必备条件。法院不得依职权开始这一程序,即使法院认为某项财产为无主财产,在无人申请的情况下,法院也不得主动认定。

《民诉法》对申请人的范围规定得相当宽,公民、法人或其他组织都可以成为认定无主财产案件的申请人。在实务中,申请人一般是同无主财产有一定关系的人,如无主财产的发现者、无主财产的临时保管者等。申请人应当以书面方式向法院提出认定无主财产的申请,并在申请书中写明无主财产的种类、数量以及要求认定无主财产的根据。

认定财产无主案件,系事实清楚、案情简单的非讼案件。同时,由财产所在地的基层法院管辖,有利于及时查明财产状况和寻找财产所有人,故《民诉法》法规定这类案件一律由财产所在地的基层法院管辖。

法院收到申请后,应及时审查申请是否符合条件,审查时应着重审查申请书中所写的认为是无主财产的理由能否成立和该项财产是否在本院辖区之内。经审查,对符合条件的申请应立案受理,对不符合条件的,应当以裁定驳回或告知申请人向有管辖权的法院提出申请。

(二) 公告与判决

法院受理后,应首先审查核实申请书所涉及的财产是否真正是所有人不明的财产。经审查,如果发现了财产的所有人,查明该财产并非无主财产,就应当作出驳回申请的裁定。如确系所有人不明的财产,就应当发出认领财产的公告。公告中应写明财产的种类、数量、所在地点,并写明财产所有人应在公告期内前来认领和无人认领的法律后果。认定无主财产案件的公告期为1年。在公告期内,法院应采取必要措施对无主财产加以保护,以防止该财产被损坏或被他人侵占。

法院发出认领财产的公告后,可能出现两种情况:一种是公告期满后,仍然无人前来认领;另一种是在公告期间,有人前来对该财产主张权利,要求认领该财产。对第一种情况,法院应作出判决,将该项认定为无主财产,并根据民事实体法的有关规定和财产的具体情况,将财产判归国家或集体所有。对第二种情况,法院应依照《适用意见》第197条的

三、认定无主财产判决的撤销

法院对无主财产的认定可能与财产的实际情况并不一致,该财产可能事实上并非无主财产,而是有所有人或继承人的财产,他们只是由于未见到公告等原因未能在公告期内前来认领财产。为保护财产所有人或继承人的利益,我国法律允许他们在一定期限内要求撤销已生效的宣告财产无主的判决。根据第193条的规定,判决认定财产无主后,原财产所有人或者继承人出现,他们在《民法通则》规定的诉讼时效期间内可以对财产提出请求,人民法院审查属实后,应当作出新判决,撤销原判决。

法院作出新判决后,财产的原所有人或继承人可据此收回财产,占有该财产的国有或集体单位应当返还原财产,原财产已不复存在时,应按原财产的实际价值折价返还。

第七节 确认调解协议案件

一、设置确认调解协议案件程序的必要性

经人民调解委员会调解达成的调解协议虽然具有合同的效力,但在义务人不履行调解协议确定的义务时,权利人并不能依据调解协议申请法院强制执行。这在一定程度上影响了纠纷解决的彻底性,也降低了纠纷当事人利用调解的意愿。

为了解决上述问题,需要采用司法确认的方法,把调解协议转化为可以强制执行的司法文书。2010年8月颁布的《人民调解法》规定了人民调解协议的司法确认制度,即规定达成调解协议后,双方当事人认为有必要的,可以自调解协议生效之日起30日内共同向人民法院申请司法确认(第32条)。

《人民调解法》虽然规定了司法确认制度,但在《民诉法》中却并未规定相应的确认程序,所以最高人民法院于2011年3月颁发了《关于人民调解协议司法确认程序的若干规定》(以下称《司法确认规定》),2012年修订《民诉法》又在特别程序中专门增加"确认调解协议案件"一节。

二、确认调解协议的程序

(一)确认调解协议的申请

根据第194条的规定,申请确认的调解协议须是人民调解协议、其他法律规定可以申请司法确认的调解协议。申请确认还必须是双方当事人共同向法院提出,仅有一方当事人申请确认,不符合受理的条件;申请还需要在法律规定的期限内提出,即在调解协议生效之日起的30日内提出;申请需要向有管辖权的法院提出,有管辖权的法院为调解组织所在地的基层法院。

法院收到申请后,要对是否符合受理条件进行审查。在审查时,还应注意申请确认调解协议所涉及的纠纷是否属于法院受理民事案件的范围,是否要求法院确认身份关系、婚姻关系、收养关系,如果不属于受案范围,或者是要求确认上述三种关系,法院也不得受理《司法确认规定》第4条。

(二) 确认调解协议案件的审理

法院受理此类案件后,便进入了审查程序。法院对调解协议的审查,重点在于对调解协议内容的合法性进行审查,可以通过询问双方当事人、要求当事人提供必要的材料等方式进行审查。经审查,调解协议的内容符合法律规定的,就作出确认有效的裁定。这里所说的符合法律规定,应解释为调解协议不违反法律的禁止性规定,不损害国家利益和社会公共利益,不损害第三人的合法权益。

调解协议不符合法律规定的,法院就作出驳回申请的裁定。《司法确认规定》对不予确认的情形做了细化,它们是:(1) 违反法律、行政法规强制性规定的;(2) 侵害国家利益、社会公共利益的;(3) 侵害案外人合法权益的;(4) 损害社会公序良俗的;(5) 内容不明确,无法确认的;(6) 其他不能进行司法确认的情形(第7条)。

申请被法院驳回后,当事人可以通过调解方式变更原调解协议或者达成新的调解协议,也可以向人民法院提起诉讼。

第八节 实现担保物权案件

一、设置实现担保物权案件程序的必要性

在经济交往中,债权人为了保证其债权得以实现,对那些债务人不能及时履行的债务往往会要求债务人提供担保。在担保实务中,物权担保方式得到大量适用,尤其是抵押权的运用既多又广。

在设定物权担保的债务关系中,债务履行期届满债务人不履行债务时债权人就需要通过对担保物进行拍卖、变卖,以卖得的价金来优先受偿,或者以担保物抵债。对担保物权的实现方式,最初规定在《担保法》中,针对抵押权,《担保法》第53条规定:债务履行期届满抵押权人未受清偿的,可以与抵押人协议以抵押物折价或者以拍卖、变卖该抵押物所得的价款受偿;协议不成的,抵押权人可以向人民法院提起诉讼。按照此规定,在协商不成的情况下,抵押权人只能通过诉讼程序来实现抵押权。通过诉讼程序实现抵押权往往既费时又费力。诉讼有一套既定的程序,包括起诉、答辩、举证、质证、辩论、裁判,如果败诉一方不服提起上诉,还要进入第二审程序,整套程序走完后,有些债权人要花费一两年的时间才能实现其抵押权。而这类案件,由于双方当事人在抵押合同中对有关事项已作出明确的约定,在诉讼中往往并不存在实质性的争议,所以通过诉讼来实现抵押权,既不利于对债权人的保护,也浪费了宝贵的司法资源。针对担保物权实现方式存在的不足,2007年颁布的《物权法》作了修正,规定债务人不履行到期债务或者发生当事人约定的实现抵押权的情形时,抵押权人与抵押人先进行协商实现抵押权的方式,经协商未能达成协

议的,抵押权人可以请求人民法院拍卖、变卖抵押财产(第195条)。

《物权法》虽然规定了抵押权人可以不经诉讼直接请求法院拍卖、变卖,但在《民事诉讼法》中却未针对此项请求作出相应规定。由于缺乏相配套的程序规则,理论上对如何处理此类请求存在不同认识,有的认为抵押权人可以直接向法院申请强制执行,也有人认为由于《民事诉讼法》中并无相应的规定,抵押权人不能申请法院强制执行。程序规则的缺失也给法院处理此类请求造成了困惑和困难。

2012年《民诉法》修订在第15章"特别程序"中增加了第7节,专门规定了"实现担保物权案件"的程序。

二、实现担保物权案件的程序

(一) 担保物权人的申请

根据第196条的规定,此类案件由担保物权人以及其他有权请求实现担保物权的人依据物权法等法律提出。根据《物权法》第195条的规定,抵押权人首先应当与抵押人就实现抵押权的方式进行协商,协商不成的,才有必要请求法院拍卖、变卖抵押财产。依据《物权法》第220条、第237条的规定,在质权人、留置权人怠于行使质权、留置权,可能损害出质人、债务人利益时,出质人、债务人有权申请法院拍卖、变卖质押财产、留置财产。[①]

申请人应当向有管辖权的法院提出申请。这类申请,由担保财产所在地、担保物权登记地的基层法院管辖,由这两个地点的基层法院管辖既便于当事人申请,又便于法院进行审查。

(二) 法院受理后的处理

法院受理后,要对当事人之间是否存在合法的担保物权关系进行审查,审查时要听取担保物权关系的双方当事人的意见,尤其是不同意拍卖、变卖一方的意见。审查后,认为符合法律规定的,裁定拍卖、变卖,不符合法律规定的,裁定驳回。

申请人获得法院的拍卖、变卖的裁定后,便可以以此为依据,申请法院强制执行。申请被法院驳回的,当事人可以向法院提起诉讼。

阅读法规

《民诉法》第177—197条;《适用意见》第193—198条。

案例解析

【17-1】 甲外出打工后音讯全无,甲之妻乙向法院申请宣告甲死亡,法院受理后,发出公告,在公告期内,仍然没有甲的消息,公告期满后,法院作出宣告死亡的判决。判决宣

[①] 质权人、留置权人怠于行使质权、留置权,可能造成因市场价格的变动,质物、留置物价格的减少,甚至造成质物、留置物的灭失,在此情形下,出质人、债务人属于第196条规定的"其他有权请求实现担保物权的人"。

告后不久,甲回到本村。甲得知被宣告死亡后,认为这是一起错案,便向法院申请再审。

问:本案中甲应当如何寻求救济?

分析要点:甲应当向法院申请撤销死亡宣告,而不是申请再审。宣告死亡适用的是特别程序,当被宣告死亡的公民重新出现时,他本人和利害关系人可以向作出宣告的法院申请撤销宣告死亡的判决,而不需要通过再审程序来撤销生效判决。法院受理后,应当作出新判决、撤销原判决。

【17-2】 甲与乙因房屋买卖合同发生纠纷,乙将甲告上法院,要求甲按照合同约定交付房屋。诉讼进行中,甲的父母向法院提出,甲患有间歇性精神病,签订房屋买卖合同时正处于精神病发作期间,因此合同无效。法院决定先对甲进行医学鉴定,以确定甲是否患有间歇性精神病。

问:法院的处理是否正确?

分析要点:不正确,因为法院把应当适用特别程序审理的问题与适用普通程序审理的问题混在一起了。由于本案房屋买卖合同纠纷的裁判结果,取决于订立合同之时甲是否具有相应的民事行为能力,所以在甲的父母提出行为能力问题后,法院应当中止本案的诉讼,告知甲的父母向法院提出确认行为能力的申请,法院受理后,按照特别程序立案和审理。

【17-3】 某建筑公司在挖掘地基时,发现了3只装有银条的瓦罐,该建筑公司向当地的基层法院申请确认该批银条为无主财产,法院受理后,决定按照特别程序由审判员王某独任审理,并发出了寻找财产所有人的公告。发出公告后不到10日,刘某主张发现银条的地点是他祖上房屋的老宅,这些银条是其曾祖父埋在地下的。张某向法院提出,这些银条是他家祖上的,因为他的外祖父母长期租用刘家的房屋,直到八国联军入侵中国。

问:(1)法院适用的程序是否正确?
(2)刘某、张某提出主张后,法院应当如何处理?

分析要点:(1)法院适用的程序是正确的。该案件属于确认财产无主案件,由财产所在地的基层法院管辖,适用特别程序审理。

(2)刘某、张某在公告期前来认领后,法院应当裁定终结特别程序,告知他们另行起诉,适用普通程序审理。

司法考试题

2006年试卷三第86题"特别程序与调解";
2007年试卷三第82题"特别程序";
2009年试卷三第49题"选民资格案件的程序";
2012年试卷三第44题"特别程序"。

第十七章 督促程序

第一节 督促程序概述

一、督促程序的概念与特征

督促程序,是指法院根据债权人提出的给付金钱或者有价证券的申请,不经辩论,便向债务人发出支付令;债务人未在法定期限内提出异议,支付令即发生与生效判决同等效力的程序。简言之,它是法院以债权人单方面提出的债权文书为根据,督促债务人限期履行义务的程序。

督促程序具有以下特点:

(一) 一般因债权人提出申请而开始

督促程序多由债权人提出申请而开始,但根据第133条的规定,对适用通常诉讼程序的案件,当事人之间没有争议,符合督促程序规定条件的,法院也可以依职权将案件转入督促程序。

(二) 仅适用于限定的范围

督促程序只适用于部分债务纠纷案件,即仅适用于给付金钱和有价证券且符合一定条件的债务纠纷。其适用范围要比通常诉讼程序小得多。

(三) 程序的进行简便、迅速

在督促程序中,法院只对债权人的请求和提供的债权文书进行审查,而且只作形式上的审查,审查时无需组成合议庭、无需通知和询问债务人。形式审查符合条件,就可以直接向债务人发出限期清偿的支付令。因此该程序比通常诉讼程序中的简易程序更为简便、快捷。

(四) 无第一审、第二审和再审之分

通常诉讼程序分为第一审程序、第二审程序和再审程序,督促程序则无此种区分。法院发出支付令后,债务人在法定期间内未提出异议,支付令就产生强制执行的效力,债务人如提出书面异议,法院便裁定终结督促程序,对终结督促程序的裁定,申请人不得提出上诉。

二、督促程序的产生与发展

在商品经济发达的社会中,债权债务纠纷是大量存在的,在这些纠纷中,以金钱或有价证券为给付标的的占大多数,而这些金钱性质的债务中,有相当一部分是双方当事人对债权债务本身并无争议,债务人只是不愿主动履行或拖延履行,债权人向法院起诉,也只是为了获得一份可以强制债务人履行的判决书。对这类债务案件,按照通常诉讼程序起诉、答辩、开庭审理、判决、上诉,最终获得确定判决,既无必要,又有违诉讼经济原则。因此,需要根据这类案件的特点,设置一种简便、迅速的审判程序,于是,督促程序应运而生。1877 年德国民事诉讼法首先规定了督促程序。继德国之后,法国、奥地利、日本等国也在民事诉讼法中规定了督促程序。

从德国、日本运用督促程序的实践看,该程序在解决民事纠纷中作用显著。1987 年,德国法院用督促程序解决的民事案件为用通常诉讼程序解决的案件的 3 倍多,而债务人对支付令提出异议的不到 10%。1987 年,日本法院用督促程序处理的案件也是通常程序的 2 倍多,而债务人对支付令提出异议的只占 8.1%。① 1996 年,超过 810 万件督促程序的案件在德国的基层法院进行了审理,只有略多于 10% 的债务人对支付令提出了异议。②

我国实行社会主义市场经济以后,以金钱或有价证券为给付标的物的债务纠纷大幅度增加,其中有相当一部分债权债务关系十分明确,债务人到期不偿还债务,只是因为资金周转暂时有困难,甚至是由于法律意识淡薄,希望从拖欠中获取非法利益。对这类债务案件,完全有必要设置简便迅速的程序来解决。因此,我国 1991 年对《民诉法》(试行)进行修订时,增设了督促程序。

2007 年 12 月 29 日,我国颁布了《调解仲裁法》,该法扩大了督促程序的适用范围,规定对部分劳动争议调解协议可以适用支付令。在劳动争议纠纷中,有相当一部分是关于拖欠劳动者工资报酬、工伤医疗费,或者是关于经济补偿金、赔偿金的纠纷。这类争议一般来说事实比较简单,处理的标准也比较明确,劳动者与用人单位之间也不存在其他债务关系。另一方面,从劳动者一方说,劳动报酬、医疗费等都属于紧迫的需要,如用人单位应当付给,就应尽快给付。所以,《调解仲裁法》第 16 条规定:"因支付拖欠劳动报酬、工伤医疗费、经济补偿或者赔偿金事项达成调解协议,用人单位在协议约定期限内不履行的,劳动者可以持调解协议书依法向人民法院申请支付令。人民法院应当依法发出支付令"。这样规定,既有利于争议的迅速解决,也体现了对劳动者利益的特殊保护。

2009 年 7 月 24 日,最高人民法院颁布了《诉讼与非诉讼衔接的意见》,该《意见》的第 13 条第 1 款规定:"对于具有合同效力和给付内容的调解协议,债权人可以根据《中华人民共和国民事诉讼法》和相关司法解释的规定向有管辖权的基层人民法院申请支付令。申请书应当写明请求给付金钱或者有价证券的数量和所根据的事实、证据,并附有调解协议原件。"这就进一步扩大了督促程序的适用范围。

2012 年 8 月 31 日颁布的《修改决定》,对督促程序作了两处修改,一是规定支付令失效后自动转入诉讼程序,二是在审理前准备中规定对于当事人之间无争议的符合督促程序条件的案件,法院可以依职权将其转入督促程序。

---

① 参见白绿铉:《督促程序比较研究》,载《中国法学》1995 年第 4 期。
② 〔德〕皮特·高特沃特:《民事司法改革:接近司法·成本·效率》,载朱克曼主编:《危机中的民事司法》,傅郁林等译,中国政法大学出版社 2005 年版,第 200 页。

三、督促程序的意义

(一) 迅速保护债权

督促程序的设立,使债权人获得了一种实现债权最为迅速、便利的方式。督促程序省略了对案件的实体审理,法院根据债权人的申请发出支付令后,债务人有的按照支付令的要求履行了债务,有的虽未履行,但也未在规定期限内提出异议。在未提出异议的情况下,支付令便自动生效,债权人就可以据此向法院申请强制执行,从而使债权以最快的速度获得保护。

(二) 节约了诉讼成本

与通常诉讼程序相比,督促程序是一种成本低廉的程序。从费用上说,督促程序花费低远远低于通常诉讼程序。《交纳办法》第14条第3款的规定,债权人申请支付令,只需比照财产案件受理费标准的1/3交纳受理费。债务人收到支付令后履行了债务或不提出异议,要承担申请人预交的费用,这要比通常诉讼程序中因败诉而承担的诉讼费用少得多。从时间和精力上说,由于督促程序无需传唤双方当事人到庭进行调查和辩论,也不存在上诉问题,因而无论是法院还是当事人,所花费的时间和精力都远远少于通常诉讼程序,所以督促程序又是一种经济高效的程序。

第二节 支付令的申请与受理

一、支付令的申请

(一) 申请支付令的条件

债权人向法院申请支付令,必须符合法律规定的一定的条件,这些条件是:

1. 请求给付的标的物必须是金钱和有价证券

这一条件含有两层意思:一是支付令只限于给付请求,请求确认法律关系是否存在、请求变更或消灭民事法律关系,不适用支付令;二是并非所有的给付请求都可申请支付令,支付令的适用范围仅限于金钱和有价证券,有价证券包括支票、汇票、本票、可转让存单、股票、债券、国库券、提单等。

将请求给付的标的物限于金钱和有价证券的原因在于:首先,现实生活中的债务纠纷多数是债务人不按期向债权人给付金钱和有价证券引起的;其次,从债权人方面说,以金钱和有价证券为标的的债权,更有迅速得到满足的必要和可能。最后,督促程序是一种极为简略、快捷的程序,法院是在根据债权人单方面提出的申请和材料而未听取债务人意见情况下发出支付令,并且只要债务人未在规定期限内提出异议,就使支付令生效。这其中难免会发生错误。发现错误后,就需要将已交付给债权人的标的物返还给债务人,将请求范围限于金钱和有价证券,要比其他标的物易于返还。

2. 请求给付的金钱或有价证券需已到履行期且数额确定

债务到履行期,债权人才有权要求债务人履行,债务人才有履行的义务,否则,债权人不得申请支付令。债权人在支付令中要求给付的数额必须是确定的,否则法院无从发出支付令。债权人申请支付令的债权,绝大多数是合同之债,但支付令的范围,不限于合同之债,只要请求给付的标的为金钱或有价证券,且履行期届满、数额确定,非合同之债也可以申请支付令。如在因侵权行为引起的债权债务关系中,加害人与受害人已就赔偿问题达成了协议,但加害人未按协议规定给付赔偿金,受害人就可以以协议书为依据申请支付令。

3. 债权人与债务人没有其他债务纠纷

没有其他债务纠纷,一般是指债权人对债务人没有对待给付义务,即在债权人与债务人的关系中,只有债务人单方面向债权人负有给付义务,债权人则无同时或先行给付的义务。例如,在买卖合同关系中,出卖人已按合同规定交付了货物、买受人未付货款;在租赁合同中,出租人已将合同约定的租赁物交给承租人使用,承租人未交付租金,出卖人和出租人可以申请支付令。但如果出卖人、出租人未适当履行给付义务,出卖物、租赁物上存有质量纠纷,就不得申请支付令。此外,当债权人与债务人之间存有其他依法可以抵销的债务时,也不得申请支付令。

在上述情况下不得申请支付令的理由是:其一,支付令是法院根据债权人单方面的申请而发布的,在债权人有对待给付义务或债务人享有抵销权的情况下,仅命令债务人给付有失公平;其二,如果债务人与债权人之间存有债务纠纷,债务人收到支付令后必然会提出异议,督促程序迅速保护债权的作用就无法实现。

4. 支付令能够送达债务人

支付令发生法律效力的必要条件之一是债务人收到后未在法定期限内提出异议。支付令如不能够送达债务人,债务人便无从知晓支付令的内容,督促程序也就无法顺利进行。因此,支付令能够送达债务人便成为必备条件之一。支付令能够送达,一般是指法院能够采用直接送达的方式将支付令送达债务人,在直接送达受到阻碍的情况下,作为例外,才允许采用留置送达。支付令的送达不适用公告送达和以外交途径送达。公告送达不仅时间长,送受达人也往往并不了解法院已发出了支付令,无从提出异议。当债务人在国外时,通过外交途径送达不仅所费时间长,而且也难以保证债务人了解支付令的内容,因而这两种送达方式均不宜采用。由于不能采用这两种送达方式,所以当债务人不在我国境内或者虽在我国境内但下落不明时,不适用督促程序。

(二) 申请支付令的方式

债权人申请支付令,必须采用书面方式,向法院提交申请书,并附有债权文书。申请书须写明下列事项:

(1) 申请人与被申请人的基本情况,包括姓名或名称、性别、年龄、民族、籍贯、职业、工作单位、住所地;如为法人或其他组织,还应写明法定代表人或主要负责人的姓名和职务。

(2) 请求给付金钱或有价证券的数额、种类和所依据的事实、证据和理由。

(3) 写明申请人与被申请人之间无其他债务纠纷。

(三) 支付令的管辖与受理

支付令的管辖同样存在着级别管辖与地域管辖问题。关于级别管辖，《民诉法》明确规定了由基层法院管辖，将申请支付令划归基层法院管辖的原因是这类申请权利义务关系明确，双方当事人一般不存在争议。基层法院受理支付令案件，不受争议金额的限制。关于地域管辖，则实行一般地域管辖，即由债务人所在地的法院管辖。实行一般地域管辖的原因在于：《民诉法》并未规定对支付令实行特殊地域管辖，而未规定适用特殊地域管辖的，就应适用一般地域管辖。另一方面，实行一般地域管辖，也便于支付令的送达。

法院收到债权人申请后，应及时进行审查，以决定受理与否。此阶段的审查是从程序方面进行的，审查的内容包括：申请人有无诉讼行为能力，由他人代为申请时是否经过合法授权，申请给付的事项是否属于督促程序的范围；申请书记载的内容是否有欠缺，法院对申请有无管辖权等。经审查，对符合程序上要求的申请，应当在5日内通知受理；对程序条件有欠缺又可以补正的，告知申请人及时补正；对不符合程序要求又无法补正的，应在5日内通知不予受理。

二、支付令的审查与签发

(一) 支付令的审查

法院受理申请后签发支付令前还应对债权人的申请作一次审查。审查由一名审判员进行。这次审查是从实体方面进行的，审查的内容包括债权债务关系是否明确，申请人是否提供了表明债权债务存在的证据，债权人与债务人之间有无其他债务纠纷，支付令能否按照债权人提供的地址送达债务人。这一审查尽管从内容上说是实体方面的，但究其实质而言，仍然是形式审查。审查的目的不是要查明和确定申请人是否真正享有所主张的债权，而是要确定申请是否符合签发支付令的条件。例如，债权人申请法院发出支付令督促债务人偿付欠款，并提出一张借据作为证据，法院在审查时，只审查借贷关系是否合法，债务是否到清偿期，而不审查借据本身是否真实。法院仅对申请人一方陈述的事实和提供的材料进行审查，在审查过程中不通知债务人，不听取债务人的意见，并根据对单方审查的结果作出是否发出支付令的决定。这种审查明显地不同于法院在诉讼程序中对原告诉讼请求有无事实依据的审查。

法院对债权人申请无需作实质性审查的原因在于，债务人收到支付令后，会从实体上考虑债权人的主张有无理由和依据，如认为缺乏理由和依据，便会向法院提出异议。

(二) 支付令申请的驳回

经审查认为申请不符合条件而不能成立的，则应以裁定驳回申请。根据《适用督促程序规定》第5条，有下列情形之一的，法院应驳回申请：(1) 当事人不适格；(2) 给付金钱或者汇票、本票、支票以及股票、债券、国库券、可转让的存款单等有价证券的证明文件没有约定逾期给付利息或者违约金、赔偿金，债权人要求给付利息或者违约金、赔偿金；

(3) 债权人要求给付的金钱或者汇票、本票、支票以及股票、债券、国库券、可转让的存款单等有价证券属于违法所得;(4) 债权人申请支付令之前已向人民法院申请诉前保全,或者申请支付令同时又要求诉前保全。

(三) 支付令的签发与效力

法院审查后,如认为债权人的申请符合签发支付令的法定条件,应当在受理之日起15日内向债务人发出支付令。如认为申请书不符合条件又有补正可能的,可以通知债权人限期补正。

支付令是司法文书之一,是法院制作的责令债务人在规定期限内清偿债务的文书。支付令应当说明的事项包括:(1) 债权人、债务人姓名或名称等基本情况;(2) 债务人应当给付的金钱、有价证券的种类、数量;(3) 清偿债务或提出异议的期限;(4) 债务人在法定期间不提出异议的法律后果。支付令由审判员、书记员署名,加盖法院印章。

发出支付令并不意味着法院已经从实体上肯定了申请人所主张的债权。因此,支付令送达后对债务人并不产生必须清偿债务的拘束力,支付令将来能否发生拘束力和强制执行力,完全取决于债务人对支付令的态度。债务人收到支付令后,面临着两种选择,债务人如果认为债权人的主张是真实的,自己与债权人没有纠纷,那么他可以选择清偿债务和不提出异议,如果认为债权人的主张缺乏事实和法律依据或者有其他不应清偿债务的法定理由,那么他应在规定期限内向法院提出异议。只有在规定的异议期届满,债务人未提出异议的情况下,支付令才获得与生效判决相同的效力,债权人才能将支付令作为执行根据,申请法院强制执行。

第三节 支付令的异议和督促程序的终结

一、支付令的异议

支付令的异议,是指债务人因对债权人主张的债权债务关系有争执而向法院所作的自己不应清偿债务的表示。

允许债务人提出异议,既是为了保证程序的公正,又是为了保护债务人的合法权益。在督促程序中,法院仅仅根据债权人一方的主张和提出的事实与理由就发出了支付令,如果不给债务人提出异议的机会,显然有悖于双方当事人法律地位平等的要求,有失程序公正,同时也无法使债务人的合法权益获得有效的保护。

(一) 异议成立的条件

债务人提出异议,需符合一定的条件,才能成立,才能产生法律上的效力。这些条件是:

(1) 异议须以书面方式提出。我国《民诉法》规定债务人提出异议应当采用书面方式,因而以口头方式提出的异议无效。

(2) 异议须在法定期间提出。债务人如对清偿债务的命令有异议,应当在收到支付令次日起15日内向法院提出异议,超过此期间才提出异议的,异议无效。对支付令提出异议的期间是不变期间。

(3) 异议应当针对债权人的权利主张提出。在异议中,债务人应针对债权人的主张,向法院说明不同意债权人关于清偿债务的要求。债务人提出异议时,无需说明理由,即使说明了异议的理由,法院也无需审查理由是否正当。无需说明理由的原因在于,如果要求债务人提出异议时必须说明理由,法院势必要对理由能否成立进行审查,而这样做就会使督促程序混同于通常诉讼程序。债务人如对债务本身没有异议,但提出因经济拮据等原因而缺乏清偿能力,要求分期或延期清偿债务,异议不能成立。

(二) 异议的效力

债务人提出异议符合上述条件的,异议便有效成立,异议成立,说明债务人对债权人主张的权利有争议。因此,有效成立的异议产生使支付令失效的效果。在司法实务中,异议的效力有以下几种情况:其一,是债务人仅对债权人提出的几项独立给付请求中的一项表示异议,异议只对该请求产生效力,不能及于其他请求;其二,是几个债务人中仅有一债务人提出异议,此时异议的效力能否及于其他债务人,要视该项债务是否为共同债务,如为共同债务,效力及于全体债务人,如是可分债务,异议的效力不能及于其他债务人。债务人提出异议后,法院应当进行审查,审查异议是否符合条件,以确定异议的效力。对异议的审查同样为形式审查,法院无须审查异议中提出的事实是否真实可靠,也不必审查异议的理由是否充分,只要债务人对债权本身提出了异议,即使未附任何理由,也应视为异议成立。

债务人提出异议后,有时又会申请将异议撤回。但从程序上说,债务人是不得将已提出的异议撤回的,因为异议一经提出,支付令便失去效力,督促程序也随之终结。

二、督促程序的终结

督促程序的终结,是指在督促程序中,因发生法律规定的原因或者由于某些特殊情况而导致程序终止。督促程序因出现下列情形之一而终结:

(一) 债务人清偿了债务

支付令送达后,债务人在15日内清偿了债务,督促程序的目的已经实现,程序自然终结。

(二) 债务人提出了异议

债务人收到支付令后,在15日内提出了异议,督促程序无从解决有争议的债权债务关系,因此法院应当裁定终结督促程序。

(三) 支付令无法送达

法院签发支付令后,因债权人提供的地址有误或债务人下落不明等原因,支付令自发出之日起30天内无法送达债务人,督促程序无法继续进行,法院因此而终结督促程序。

(四) 债权人就同一债务关系又提起诉讼

在法院受理支付令申请后,债权人就同一债务关系又提起诉讼的,应视为又重新选择诉讼方式,所以应当裁定终结督促程序。

(五)法院撤销支付令

法院发现已发出的支付令有错误,可由本院院长提交审判委员会讨论,决定撤销的,以裁定撤销支付令,驳回债权人申请。督促程序也由此而终结。

对法院作出的终结督促程序的裁定,债权人不得上诉,也不能申请复议。但督促程序的终结,不影响债权人的诉权,债权人可以选择自动转入诉讼程序,通过诉讼实现其债权。

第四节 支付令失效后的处置

我国原有的督促程序与诉讼程序不相衔接。依照修订前法律的规定,债务人提出异议后,支付令便失去效力,督促程序随之而终止。债权人欲继续寻求救济,须另行提起诉讼。因此,督促程序不能直接转入诉讼程序,两者不能衔接。这种非衔接性的程序设置虽然在是否提起诉讼问题上充分尊重了当事人的意愿,但却妨碍了督促程序在实务中的使用,使督促程序难以发挥立法者所期待的作用。债务人对支付令提出异议无需附任何理由,债务人只要提出异议,支付令便失效,失效后又不能转入诉讼程序,这使得使用督促程序反而费时费力,不如一开始就进入诉讼程序,所以不少债权人宁可选择诉讼程序解决债权债务关系十分明确的债务纠纷。

为了充分发挥督促程序的作用,2012年修订明确规定支付令失效后案件自动转入诉讼程序,除非申请支付令的一方当事人明确向法院表示不同意提起诉讼(第217条第2款)。

阅读法规

《民诉法》第214—217条;《海事诉讼特别程序法》第99条;《劳动争议调解仲裁法》第16条;《适用意见》第215—225条;《督促程序规定》;《诉讼与非诉讼衔接的意见》第13条。

案例解析

【18-1】 甲将房屋租给乙,乙欠房租3个月未交,甲催讨无果,遂向出租房屋所在地的基层法院申请支付令,法院审查甲提交的租赁合同等材料后决定受理。法院向乙送达支付令时,乙拒绝签收。法院书记员李某和司法警察张某找当地居委会工作人员见证,居委会工作人员以工作忙为由推托,书记员便在送达回证上记明情况,和张某共同签名后把支付令留在乙的住处。10日后,乙以书面方式向法院提出由于最近生意做赔了,目前没有能力交付房租,但等到生意好转后一定补交。20日后,甲拿着法院的支付令申请强制执行。

问:(1)法院的送达是否合法?
(2)该支付令是否已经生效?

分析要点：（1）法院的留置送达合法。对于支付令，债务人拒收时，法院可以采用留置送达的方式。留置送达一般邀请当地的基层组织人员作为见证人，但被邀请作为见证人的人拒绝见证时，法院可以采用以上方法完成留置送达(《适用意见》第220条、第82条)。

（2）支付令已经生效。债务人向法院提出的意见，表明它对债务存在本身并无异议，只是提出一时缺乏清偿能力，因此该异议并不影响支付令发生效力(《适用意见》第221条)。

【18-2】 在上例中，如果乙未付房租是由于甲未按照合同约定对房屋进行维修，致使乙自己只好请人来维修并支付了维修费。甲是否还可以向法院申请支付令？

分析要点：不可以。因为适用支付令的前提条件是债权人与债务人没有其他债务纠纷，而甲未按照合同约定维修房屋，意味着他已经与乙有了其他债务纠纷。

【18-3】 A省B县的甲公司与C省D县的乙公司签订了农用车的买卖合同，合同约定由乙公司到B县提货。甲公司按照合同约定的时间交付10辆车后，乙公司支付了30万元的货款，还有10万元迟迟未付。甲公司向B县法院申请支付令，法院受理后发出支付令，乙公司收到后提出书面异议说，之所以未付清货款，是由于其中有两辆车刹车存在问题，甲公司则否认，认为乙公司是在寻找借口。

问：（1）B县法院是否有管辖权？
（2）法院是否需要审查刹车是否存在缺陷？
（3）如果乙公司的异议成立，程序如何进行？

分析要点：（1）B县法院有管辖权。《民诉法》规定"债权人可以向有管辖权的基层人民法院申请支付令"，本案中甲乙之间因买卖合同产生债权债务，而该买卖合同约定的履行地在B县，所以根据特殊地域管辖，B县的基层法院有管辖权。

（2）法院无需审理农用车的刹车是否存在质量缺陷。只要债务人对债权本身提出了书面的异议，法院就应当裁定终结督促程序。

（3）异议成立，法院裁定终结督促程序，以付令因此失效，甲、乙两公司之间的贷款纠纷自动转入诉讼程序，除非甲公司明确向法院表示不同意提起诉讼。

司法考试题

2002年试卷三第65题"督促程序"；
2003年试卷三第76题"支付令程序"；
2004年试卷三第74题"督促程序、公示催告程序"；
2006年试卷三第79题"对支付令异议"；
2007年试卷三第34题"督促程序"；
2008年试卷三第49题"对支付令的异议"；
2011年试卷三第85题"对支付令的异议"。

第十八章 公示催告程序

第一节 公示催告程序概述

一、公示催告程序的概念与特征

公示催告程序,是指法院根据申请人的申请,以公示方式告知并催促利害关系人在法定期间内申报权利,如逾期无人申报,则根据申请人的请求作出除权判决的程序。

公示催告程序是我国《民诉法》规定的一种特殊程序,与一般诉讼程序相比,具有下列特征:

(一) 在性质上属于非讼程序

一般民事诉讼程序是为解决双方当事人之间的争议而设置的,原告提起诉讼须说明谁是被告,被告不确定则无从提起诉讼。设置公示催告程序不是为了解决民事争议,而是以公示方式寻找利害关系人,催促其申报权利,在公示催告程序中没有利害关系对立的双方当事人。只有申请人而无被申请人。在公示催告程序中法院仅依据失票人的申请,确认丧失票据的事实。①

(二) 申请人具有特定性

在公示催告程序中,申请人必须是票据的最后持有人。根据《民诉法》的规定,在票据被盗、遗失或灭失的情况下,只有最后持有人才可以向法院申请公示催告。

(三) 程序分阶段进行

公示催告程序分为公示催告和除权判决两个相互关联的阶段,前一阶段是根据失票人申请,告知和催促利害关系人申报权利;后一阶段是在逾期无人申报的情况下,法院依据申请人的申请,以判决宣告票据或者其他事项无效。前一阶段是任何公示催告程序都必须经过的。后一阶段是否有必要进行则要视具体情况而定,如果利害关系人在规定期限内申报权利,公示催告程序在经历完第一阶段后便终止,在无人申报的情况下才有必要开始第二阶段。

(四) 判决为除权判决

法院依一般诉讼程序作出的判决,为确认、变更或形成权利的判决,而依公示催告程序作出的判决,则是通过宣告票据无效消灭该票据所载权利的判决。作出除权判决的目的,是为了使票据权利与票据相分离,使失票人重新获得票据权利,以保护失票人的合法权益。

---

① 公示催告程序在性质上为非讼程序,适用公示催告程序的案件在性质上为非讼案件,将该程序并入特别程序,作为特别程序中一个独立的程序,在立法体例上更为合理。

二、公示催告程序的适用范围

第 218 条对公示催告程序的适用范围作出了规定,依此规定,该程序的适用范围包括下列两项:

(一) 宣告可背书转让的票据无效

1991 年修订《试行法》时,我国的《票据法》尚未颁布,但随着计划经济向市场经济转型,实际生活中已开始大量使用票据,当时使用的票据为汇票、本票、支票。这些票据在使用过程中被盗或遗失、灭失的情况时有发生,而一旦发生这些情况后,不但会引起如何保护失票人的合法权利问题,而且会引发如何保护交易的安全和善意第三人利益问题。《民诉法》增设公示催告程序,主要是为了解决因可背书转让的票据被盗等引起的法律问题,以解决社会生活中的新问题。1995 年,我国颁布了《票据法》,对汇票、本票和支票的票据行为作出了规定。由于我国《票据法》未规定新的票据种类,所以公示催告程序仍适用于以下三种可背书转让的票据:

(1) 汇票。指由出票人签发的,委托付款人在见票时或者在指定日期无条件支付确定金额给收款人或者持票人的票据。汇票包括银行汇票和商业汇票。

(2) 本票。指出票人签发的,承诺自己在见票时无条件支付确定金额给收款人或持票人的票据。我国的本票,仅指银行本票。

(3) 支票。指由出票人签发,委托办理支票存款业务的银行或其他金融机构在见票时无条件支付确定的金额给收款人或者持票人的票据。

(二) 依法可申请公示催告的其他事项

《民诉法》之所以规定"依照法律规定可以申请公示催告的其他事项"也适用公示催告程序,是考虑到随着我国法制的进一步完善,新颁布的法律会对票据以外的其他有价证券(如股票、提单、仓单、保险单等)作出可申请公示催告的规定,是为今后扩大公示催告程序的适用范围留有余地。

我国目前已颁布了《公司法》、《票据法》、《证券法》、《保险法》、《海商法》等法律。依据《公司法》、《海商法》的规定,其他可适用公示催告的事项包括:

(1) 记名股票。记名股票被盗、遗失或者灭失,股东可依照公示催告程序请求法院宣告该股票无效,法院作出宣告后,股东可以向公司申请补发股票。

(2) 指示提单。海商法中的提单分为记名提单、指示提单和不记名提单,其中记名提单不得转让,不记名提单无需背书即可转让,唯有指示提单可经过记名背书或空白背书转让,因此,指示提单遗失、被盗或灭失,可适用公示催告程序[①],其余两种提单不得适用。

---

① 《海事诉讼法》第 100 条规定:"提单等提货凭证持有人,因提货凭证失控或灭失,可以向货物所在地海事法院申请公示催告。"

第二节 公示催告的申请与受理

一、公示催告的申请

申请公示催告,是指票据的最后持有人丧失票据后依法请求法院进行公示催告,引起公示催告程序发生的行为。申请公示催告必须具备下列条件:

(一) 必须有丧失票据的事实

票据丧失,是指持票人非出于自己的本意而丧失对票据的占有。票据丧失可以分为绝对丧失和相对丧失两种情形,前者指票据从物质上损毁,如被烧毁、撕毁等,后者指票据虽未损毁,但脱离了票据持有人的占有,如遗失、被盗等。上述失去票据的情形,均违反了票据持有人本人的意愿。

(二) 丧失的票据必须是可背书转让的有效票据

丧失的票据首先必须是有效的票据,我国《票据法》规定了汇票、本票、支票必须记载的事项,并规定凡记载事项有欠缺的,票据为无效票据,就无效票据申请公示催告,对申请人和法院都无意义。其次,丧失的票据还必须是可背书转让的票据,不可以背书转让的票据,即使丧失,也不得申请公示催告。我国《票据法》规定的三种票据均可以背书转让。但出票人在汇票上记载"不得转让"字样的,或者背书人在背书过程中在汇票上写上"不得转让"字样的,该汇票便成为不得背书转让的汇票。

(三) 申请人必须是丧失票据的最后持有人

在通常情况下,最后持有人即是失票人,也是依法可以行使票据权利的人。但最后票人不限于票据权利人,在以下几种例外情形下,非票据权利人的失票人也可以申请公示催告:(1) 发票人,即发票人在签发票据后交付前丧失票据;(2) 背书人,即背书人在背书后交付前丧失票据;(3) 付款人,即付款人已付款,但持票人未在票据上记载"收讫"字样并签名,付款人收回票据后又丧失。[①] 丧失票据的非最后持有人,如已将票据交付的发票人、背书人,无权申请公示催告。

(四) 利害关系人必须处于不明状态

票据因遗失、被盗等原因相对丧失后,该票据是否为他人占有及为谁占有、占有人是否为善意占有人均处于不明状态,这才有必要以公示和催告的方式催促存否不明的利害关系人申报权利,如果已知利害关系人是谁,失票人就没有必要申请公示催告,而可以按照一般的诉讼程序,直接以利害关系人为被告提起诉讼。

(五) 申请必须向有管辖权的法院提出

根据我国《民诉法》的规定,公示催告程序的级别管辖一律为基层法院,地域管辖为票据支付地的法院。票据支付地,是票据债务的履行地。票据的支付地点因票据类别不

---

① 参见赵威春:《票据权利研究》,法律出版社1997年版,第221页。

同而异。银行汇票以付款人所在地为支付地,商业汇票的支付地为承兑人或付款人的所在地,银行本票的支付地为发票人所在地,银行支票的支付地为发票人开户银行所在地。申请人应向有管辖权的基层法院申请公示催告,否则在程序上不合法。

二、申请公示催告的方式

申请人向法院提出公示催告的申请,必须采用书面方式,而不得以口头方式提出。申请书须写明票据的主要内容,即票据种类与号码、票面金额、发票人、持票人、背书人,以及申请的事实和理由。在理由与事实部分应写明票据丧失的具体情形,如被盗、被抢、遗失、灭失等。

三、公示催告申请的审查与受理

法院收到公示催告的申请后,应按照上述条件对申请进行审查,审查后,根据不同情形,分别作出处理:对符合申请条件的,应决定受理并通知申请人;对不符合申请条件的,应在7日内裁定驳回;对不属于本院管辖的,应告知申请人向有管辖权的法院提出申请;对申请书内容有欠缺或手续不完备且可以补正的,通知申请人限期补正。

四、公示催告申请的撤回

法院受理公示催告申请后,申请人申请公示催告的原因可能会消失,如遗失的票据失而复得,或者虽然未能找回票据但已知道谁是该票据的持有人。在出现上述情形时,进行公示催告已不再有必要,因此,申请人可以向法院撤回申请。申请人撤回申请,应当在法院公示催告前提出,但在公示催告进行期间,申请人也可以撤回申请,收到撤回的申请后,法院可以径行裁定终结公示催告程序。

第三节 公示催告案件的审理

一、发出止付通知

法院决定受理公示催告的申请后,应当向支付人发出停止支付的通知。无论申请人在丧失票据后是否向票据支付人办理挂失止付,法院受理后均应通知付款人停止支付。挂失止付停付款的期间很短,只是挂失后的3日内[①],法院停止支付通知书的效力则要长得多,及于整个公示催告期间,付款人收到通知后,应立即停止支付,直至公示催告程序终结。

停止支付,是法院采取的具有保全性质的措施。票据是无因性的有价证券,持有票据者向付款人行使票据权利时无需说明原因,付款人有见票即付的义务。因此,为防止申请

[①] 挂失止付只是一种临时性的防范措施,不是申请公示催告的必经程序,失票人可以直接向法院申请公示催告。

人以外的人行使票据权利,有必要采取保全措施,通知付款人停止支付。停止支付还具有协助执行的性质,付款人收到法院止付通知后拒不停止支付的,除了要承担法院作出除权判决后仍须向申请人支付的实体法律后果外,还要承担妨害民事诉讼的程序法律后果,即法院可以对拒不停止支付的付款人采取民事诉讼强制措施。

为防止票据持有人在公示催告期间转让票据,《民诉法》还规定,公示催告期间,转让票据权利的行为无效。

二、发布公告

公告是公示催告程序中十分重要的环节,是公示的具体表现。公告的作用是将申请人丧失的票据公示于众,催促利害关系人在公告规定的期限内向法院申报权利。停止支付的通知与受理公示催告同步进行,公告则应在受理后的 3 日内发出。公示催告的公告应写明以下内容:(1) 申请人的姓名或名称。(2) 票据的种类、号码、票面金额、发票人、持票人、背书人(如票面金额、持票人、背书人未填写,应作出说明);申请公示催告的原因,如丢失、被盗等。(3) 利害关系人申报权利的期间。[①] 即写明自公告之日起多少日内,利害关系人应向刊登公告的法院申报权利。《民诉法》允许法院根据具体情况决定公示催告期间的长短,但规定该期间不得少于 60 日。实务中法院规定的申报权利期间一般都是 60 日。(4) 无人申报和转让票据权利行为的法律后果,即写明如公告期满无人申报,法院将作出宣告票据无效的判决;在公示催告期间,转让票据权利的行为无效。

公告的方式包括在法院公告栏、在报纸等大众传媒上发布等,审判实务中大多采用在《人民法院报》刊登的办法。法院所在地有证券交易所的,同时还应将公告张贴于当地的证券交易所。

三、利害关系人申报权利

申报权利,是利害关系人为防止因法院宣告票据无效而失权,在公示催告期内向法院主张票据权利的行为。

法院发出公告后,票据持有人可能因除权判决而丧失票据权利,因而与该程序有重大利害关系,为防止出现失权的效果,利害关系人应在公告期内申报权利。

为使申报行为产生阻止除权判决的效果,申报权利需符合下列条件:

(一) 申报人应当是持票人

应由持票人申报的原因有两个方面:其一,是票据权利与票据密不可分,申报人如不持有被公告的票据,无从向法院主张票据权利;其二,是利害关系人申报权利时不得空口无凭,需向法院出示票据。在实务中,最常见的申报人是善意取得票据的人。

(二) 申报人须在法院指定的公告期内申报

法院的公告期一般为公告之日起 60 日内,利害关系人应在该期限内向发出公告的法

[①] 申报权利的期间即公示催告期,该期间的确定须长短适宜,期间太长对申请人不利,太短又不利于票据的现实持有人申报权利。

院申报权利。利害关系人未在公告期内申报,但在公告期届满法院作出除权判决前申报的,与在公示催告期内申报具有同等效力。

(三) 申报人出示的票据须与被公示催告的票据一致

利害关系人在向法院申报权利时,须出示票据,法院要通知申请人查看该票据,该票据须与申请人申请公示催告的失票为同一票据,申报权利才能成立,如两者不一致,法院应以裁定驳回利害关系人的申报。

申报权利一旦成立,即产生终结公示催告程序的效力。法院对利害关系人的申报进行审查后,认为符合申报条件的,就应当裁定终结公示催告程序。

四、对申报权利的审查

法院收到利害关系人的申报后,应及时进行审查,审查不是为了确定利害关系人是否享有票据权利,而是为了确定利害关系人持有的票据与申请公示催告的票据是否为同一票据。经审查,法院认为符合申报条件,应当裁定终结公示催告程序。否则,应以裁定驳回申请。公示催告实行一审终审,无论是法院裁定终结公示催告程序还是裁定驳回申请,申请人、申报人均不得上诉。他们如不服法院作出的裁定,可以将对方作为被告,向票据支付地或者被告住所地的法院提起诉讼。

在公示催告阶段,由一名审判员独任审理。

第四节 除权判决

一、除权判决的概念

除权判决是指法院在公示催告程序中作出的宣告票据无效的判决。作出除权判决,须满足以下条件:(1) 公示催告期届满;(2) 公示催告期内无人申报权利,或者虽然有人申报,但法院认为不符合条件将其驳回;(3) 申请人在规定期限内另行提出申请,请求法院作出除权判决。除权判决是公示催告程序中具有相对独立性的阶段,法院不得依职权主动开始这一阶段,须等待申请人提出请求。申请人应当在申报权利期间届满次日起1个月内向法院申请除权判决,逾期不提出申请,法院将终结公示催告程序。

在宣告票据无效的除权判决阶段,为慎重起见,法院应当组成合议庭进行审理。

法院作出除权判决后,应当公告和通知支付人。公告的目的一方面在于使公众有可能了解该票据已失去效力,不要再接受该票据;另一方面使因故未能申报权利的利害关系人得知法院已作出除权判决,以便采取救济措施。

二、除权判决的效力

除权判决经公告后,即产生一定的法律上的后果,这些后果体现了除权判决的法律效力。除权判决的法律后果包括程序和实体两个方面:(1) 宣告票据失效的效力。除权判决使该票据上的权利失去了效力,包括善意取得人在内的任何持票人都不得依该票据请求支付。(2)作为支付凭据的效力。申请人获得除权判决后,重新取得了票据权利人的地位,可以将除权判决作为依据,要求支付人支付票据的票面金额,支付人不得拒绝。(3)使支付人免责的效力。支付人向获得除权判决的申请人支付票面金额后,与对该票据的持票人清偿具有同样的效力,即使将来除权判决被撤销,付款人也可据此主张免责,不再承担向持票人付款的义务。(4)终结公示催告程序的效力。法院作出除权判决后,公示催告程序随之而终结。

在上述四个方面的法律效力中,前三方面为除权判决实体法上的效力,最后一方面为除权判决程序法上的效力。

三、除权判决的撤销

除权判决生效后,一般不得再将其撤销,但为了保护利害关系人的合法权益。作为例外,在一定情形下仍有撤销的必要。从德、日两国民诉法的规定看,撤销的原因主要是法院进行的公示催告程序本身不合法,如公示催告的票据不属于公示催告的范围、未按法定方式公告、未遵守规定的公示催告期间、作出除权判决的法官应当回避而未回避、法院在判决中未考虑已有人申报权利等。在具备提起撤销之诉的法定情形时,利害关系人可以申请人作为被告,向作出除权判决的法院提起撤销之诉。

我国《民诉法》未规定撤销之诉,而是规定在一定情形下利害关系人可以通过提起诉讼的方式寻求救济,即"利害关系人因正当理由不能在判决前向法院申报权利的,自知道或者应当知道判决公告之日起1年内,可以向作出判决的法院起诉"。正当理由,一般是指利害关系人因不可抗力而未能在公示催告期内申报权利。允许有正当理由的利害关系人提起诉讼,实际上是等于允许撤销除权判决,使程序恢复到因利害关系人申报权利而终结公示催告程序。

阅读法规

《民诉法》第218—223条;《适用意见》第226—239条;《公司法》第144条;《海事诉讼特别程序法》第100条。

案例解析

【19-1】 家住山西省太原市的高某取得一张南京鸿达公司的可以背书转让的汇票,汇票上的金额高达3000万人民币,汇票的承兑行是位于杭州市西湖区的某工商银行。高某去北京出差不慎将汇票丢失,发现后,准备向法院申请公示催告。

问:(1)高某应当向何地法院申请公示催告?

(2)公告期满后,如果无人来申报权利,法院可否作出除权判决?

分析要点：(1) 高某应当向杭州市西湖区法院申请公示催告。《民诉法》规定公示催告的管辖法院是票据支付地的基层法院，所以尽管该票据涉及的金额很大，但仍然由西湖区法院管辖。

(2) 法院不能主动宣告该汇票无效。公告期届满，无人向法院申报权利，法院也不能依职权作出票据无效的除权判决，而必须等申请人提出申请后，才能够作出除权判决。

【19-2】 巨人公司的业务员吴某在上海出差时，不慎将一张100万元的可背书转让的汇票丢失，汇票支付地银行位于厦门市的思明区，巨人公司向思明区的法院申请公示催告。

问：(1) 思明区法院是否需要组成合议庭审查？

(2) 法院向银行发出止付通知后，如果银行仍然向持票人付款，会产生何种法律后果？

(3) 在申报权利的期间届满后法院作出除权判决前，钱某持有该汇票到法院申报权利，法院应当如何处置？

(4) 如果持票人钱某被单位派到突尼斯工作6个月，回国后才得知巨人公司已经根据法院的除权判决兑付了该汇票，钱某如何寻求救济？

分析要点：(1) 对于公示催告的申请，法院可以决定由审判员一人独自审理；但在公示催告程序的第二阶段，针对申请人提出的除权判决的请求，则应当组成合议庭审理。

(2) 银行收到法院的止付通知后，应停止向票据持有人付款，直至公示催告程序终结。若仍然向持票人付款，不但会受到法院民事诉讼强制措施的处罚，而且在法院作出除权判决后，仍然有义务向申请人付款。

(3) 尽管钱某是在申报期届满后向法院申报权利的，但只要法院尚未作出除权判决，法院同样应当裁定终结公示催告程序。

(4) 钱某的这种情况属于因正当理由不能在法院作出除权判决前申报，因此可以在知道或者应当知道判决公告之日起的1年内，以巨人公司为被告，向思明区的法院提起诉讼。

司法考试题

2005年试卷三第40题"公示催告程序"；

2006年试卷三第76题"公示催告程序的特点"；第81题"除权判决"；

2007年试卷三第46题"公示催告程序、除权判决"；

2009年试卷三第89题"公示催告程序"；

2012年试卷三第46题"公示催告程序"。

第十九章 民事执行程序总论

第一节 民事执行制度概述

一、民事执行的含义与特征

民事执行,又称民事强制执行,是指国家执行机关依照债权人的申请,根据执行文书,遵循执行程序,运用国家强制力强制债务人履行义务,以实现债权人民事权利的活动。①

民事执行具有以下特征:

(一)民事执行是实现已确定私权的程序

进入民事执行程序的私权一定是已由生效法律文书所确定的私权,如果民事权利还存在争议,那就需要先通过诉讼、仲裁等程序解决,还不能申请强制执行。

(二)民事执行是国家运用公权力的行为

在民事执行中,国家要运用查封、扣押、冻结、强制拍卖等手段强制被执行人履行义务,在必要时,还要用罚款、扣留等强制措施对抗拒执行的被执行人实施制裁,所以民事执行具有公权力的显著特征。

民事执行应由国家机关实施。现代国家禁止私力救济,即使是生效法律文书中的债权人,也不得通过自己的力量或者借助私人机构的力量来实现自己的权利,而必须向国家授权的执行机关申请强制执行,由其运用国家强制力来帮助债权人实现其权利。我国负责强制执行的机关是法院,由设在法院中的执行机构具体负责执行事务。

(三)民事执行须有执行依据

执行依据又称"执行名义",是指判决书、裁定书等生效的法律文书,执行依据上载明了申请人的权利。有执行依据,当事人才有申请民事执行的权利,法院才能够受理申请执行人的申请并依据执行依据的内容进行强制执行。

(四)民事执行原则上须经申请人申请

民事执行制度主要在于实现私法上的请求权,而私法上权利的实现应尊重权利人的意思,故民事执行程序原则上须由申请人提出申请后方可启动。

二、民事执行的分类

依据强制执行的内容、对象、方法等,可以对民事执行做以下分类:

---

① 执行程序中的债权人,是申请强制执行的一方当事人,所以又称为"申请执行人",债务人为受到法院强制的一方,所以又称为"被执行人"。

（一）金钱执行与非金钱执行

这是依据执行依据所载请求权的性质的不同所作的分类。金钱执行是针对申请人请求被执行人给付金钱而进行的执行，当被执行人有金钱时，把被执行人的金钱强制地交付给申请人，就完成了执行，而当被执行人无可供执行的金钱时，就需要扣押被执行人的动产或不动产，通过变价将其转化为金钱后再交付给申请人。非金钱债权执行是指针对金钱以外的请求权而进行的执行，如关于交付特定物品，限制被执行人不得实施某种行为的执行等。

（二）对人执行与对物执行

这是根据执行标的不同所作的分类。对人执行是把被执行人的人身自由、名誉等作为执行对象，如对被执行人实行拘留、把被执行人列入"黑名单"等。对物执行是指把被执行人的财产或权利作为执行对象，如对被执行人的动产、不动产、被执行人对第三人享有的债权进行执行。

现代社会充分尊重每个人的人格和自由，民事执行一般都是指对物的执行，对人执行受到严格的限制，只有在法律规定的例外情况下才允许对人执行。

（三）直接执行、间接执行与替代执行

这是依据执行方法的不同所做的分类。直接执行是指执行机关为直接实现债权内容采取的执行措施，如划拨被执行人的存款、扣押、拍卖被执行人的动产或不动产等。间接执行是指不是对被执行人财产直接采取强制执行措施，而是通过对被执行人施加一定的不利益的方式，迫使其履行债务，如拘留被执行人、限制被执行人离境等。替代执行是指由第三人替代被执行人履行债务，所发生的费用由被执行人承担，如被执行人未按照执行通知书拆除违章建筑的，法院可以委托建筑队来拆除，费用则由被执行人承担。

（四）终局执行与保全执行

这是依据执行效果的不同所做的分类。终局执行是指使申请人得到满足的执行，故又称为"满足执行"。保全执行不是使申请人的债权得到满足，而是为了控制被执行人的财产，为进一步的执行措施做好准备。保全执行往往是终局执行的前奏。如冻结被执行人的存款是保全执行，而划拨存款则是终局执行。

（五）个别执行与一般执行

这是依据执行是为了满足个别申请人还是为了满足全体申请人所做的分类。个别执行是指为满足个别申请人的债权而对债务人财产进行的执行，执行的目的不是为了实现全体债权人的债权，也不以债务人不能清偿全部债务为条件。一般执行则是为了满足全体债权人的债权，对债务人的全部财产采取的执行措施。只有当债务人的财产不足以清偿全部债务时，才实行一般执行。民事诉讼中的执行指的是个别执行，破产程序中才涉及到一般执行。

三、民事执行的基本原则

(一) 执行合法原则

执行合法原则,是指执行机关的执行活动必须依法进行。

执行合法原则包括三个方面的含义:首先,是执行须以生效法律文书作为依据,无论是当事人申请强制执行,还是法院实施强制执行,都必须以生效法律文书作为依据;其次,是法院的执行行为须依法定程序进行,法律为强制执行设定了相应的程序,执行机关的执行行为须依照法律规定的程序进行,如强制被执行人迁出房屋或退出土地时,要由执行法院的院长发出公告,责令被执行人在指定期间履行,被执行人逾期不履行的,才能由执行员强制执行;最后,是执行措施也应当依法实施,如在查封、扣押财产时,应当通知被执行人或其成年家属到场,对被查封、扣押的财产,执行员必须造具清单,由在场人签名或盖章后,交被执行人一份。

确立执行合法原则,是为了规范强制执行权,保证这一权力依法行使。只有严格遵循这一原则,才能够保护执行程序中执行申请人、被执行人以及案外人的合法权利。

(二) 执行及时原则

执行及时原则,又称执行效果原则,是指强制执行应当迅速、及时和连续进行,非依法定事由不得停止。

民事执行的前提是双方当事人的权利义务关系已由生效法律文书确定,执行法院的任务是要实现法律文书所载明的权利,因而迅速、及时便成为反映执行程序特点和内在要求的原则。依此原则,执行程序一旦开启,就应当连续进行,除非出现了中止执行或终结执行的法定事由,执行员不得停止执行程序。

(三) 执行当事人不平等原则

执行当事人不平等原则,是指在执行程序中,申请执行的债权人与作为被执行人的债务人,在法律地位上并非处于平等状态,执行机关对待申请人与被执行人亦会实行差别待遇。

实行当事人不平等原则,是由执行程序的目的与任务所决定的。被执行人拒不履行生效法律文书是强制执行的起因,法律设置强制执行程序的目的是要通过这一程序帮助申请人实现其权利,在执行程序中,申请人是法律保护的对象,而被执行人则是实施强制执行行为的对象,所以在执行程序中被执行人不可能也不应当与申请人处于平等地位,这与实行双方当事人地位平等的民事诉讼程序不同。

(四) 执行标的有限原则

执行标的有限原则,首先,是指执行的标的是被执行人的财产,被执行人人身不能作为强制执行的对象,在执行中,不得通过扣押被执行人来迫使债务人清偿债务,也不得要求被执行人通过向申请人提供劳务的方法来清偿债务[①];其次,是指作为执行对象的被执

[①] 如果债务人自愿以提供劳务方式清偿债务,债权人也愿意接受这一清偿方式,法律并不禁止。

行人的财产,也不是全部都可以执行,执行人员在对被执行人的财产采取措施时,应当保留被执行人及其抚养家属的生活必需费用和生活必需用品。

执行标的有限原则是现代执行制度所确立的原则。实行执行标的有限原则,既是人道主义的要求,也是社会公共利益之所在,否则的话,被执行人就会一贫如洗成为社会救济的对象。

(五)协助执行原则

协助执行原则,是指国家机关、企业事业单位、社会团体均有义务协助执行生效的法律文书。① 民事执行虽然由人民法院的执行机构具体负责,但法院执行的是生效的法律文书,生效法律文书代表的是国家的意志,所以执行能否顺利进行,法律文书确定的内容能否通过执行得到实现,绝不仅仅只是法院的事。法院的执行,常常需要有关单位和部门的协助和配合,如在对被执行人的存款进行执行时,需要银行帮助查询、冻结、提取,在对被执行人采取限制出境措施时,需要公安机关的边防部门具体实施等。为了使协助执行能够顺利进行,法律设定了协助执行的义务,要求国家机关、企业事业单位、社会团体在收到法院协助执行的请求时,有义务提供协助,同时规定了法院有请求协助的权利。

四、民事执行法

(一)民事执行法的概念

民事执行法,是指规定执行机关、执行当事人及参加人在执行程序中的行为,以及执行机关与当事人等的权利义务关系的法律规范的总称。其内容主要包括执行机关的组织和权限、执行当事人、执行措施、执行程序、执行救济等。民事执行法也有狭义和广义之分,狭义的民事执行法专指依法典形式表现出来的民事执行法,广义的民事执行法则是指所有实质上属于民事执行的法律规范,而不管它们规定在哪部法律中,也不问它们是否以法律的形式表现出来。我国未单独制定民事执行法典,所以我国目前没有狭义的民事执行法,我国的民事执行制度主要规定在民事诉讼法中。我国广义的民事执行法除了包括《民诉法》中的相关规定外,还包括一些实体法中的规定,如《仲裁法》《调解仲裁法》、《公证法》中关于执行问题的规定。此外,最高人民法院针对执行问题作了大量的司法解释,这些司法解释也是广义的民事执行法。

(二)我国民事执行立法的发展

在新中国的第一部民事诉讼法(《试行法》)中,就规定了强制执行制度。该法第四编

---

① 在法国,执行令等于是国家元首向全国的公共力量发出的执行命令或者协助执行的命令。法国民事执行程序法规定,国家有义务对判决与其他执行根据的执行给予协助,国家拒绝给予协助产生损害赔偿请求权。负责执行事务的执达员可请求公共力量给予协助。法国还要求共和国检察官关注判决和其他执行根据的执行。在执达员经过努力,搜集债务人的情况仍然没有结果的情况下,共和国检察官可根据执达员的请求进行必要的努力,查明债务人以其名义设立账户之机构的地址,以及债务人本人及其雇主的地址。在检察官进行上述调查时,国家、地区、各省、市镇的行政部门,由国家、地区、各省、市镇的行政区准许租赁或受其监督的企业,受行政机关监督的各类机构与组织,必须向检察院通报要求提供的情况,不得以保守职业秘密进行对抗(第11、12、39、40条)。为了查找债务人,法国甚至授权检察官要求警察机关和宪兵机关提供他们所掌握的情况。原苏联和现在的俄罗斯在法律中明确规定全国所有的机构和个人都有义务协助执行法院的判决。

分四章对执行程序作出了规定,具体为执行程序的"一般规定"、"执行的移送与申请"、"执行措施"和"执行中止和终结"。1991年,全国人大对《试行法》进行了全面修订,在修订中,增加了执行担保、搜查、加倍支付迟延履行利息和迟延履行金、执行回转等规定。2007年,全国人大常委会对《民诉法》作了局部修订,在修订的两个程序中就包括执行程序。这次修订增加了立即执行、财产申报制度、限制出境、在征信系统记录或在媒体公布不履行义务的信息、对执行行为的异议、执行异议之诉等规定,并且把申请执行的期限统一规定为2年,把诉讼时效的中断与中止适用于申请执行的期限。2012年修订《民诉法》,再次对执行程序作出修订,包括进一步强化了立即执行,完善了恢复对法律文书的执行,增设了对执行活动的检察监督等。

第二节 执行标的与执行依据

一、执行标的

(一) 执行标的的概念

执行标的,又称执行客体、执行对象,是指强制执行行为所指向的对象。在现代社会能够成为执行标的的,原则上仅限于被执行人的财产,被执行人的身体、劳力不能成为执行标的。[①]

执行标的具有确定性。所谓确定性,是指执行机关只能按照执行依据所确定的标的进行执行,既不得随意改变执行标的,也不得随意停止对执行标的的执行。

执行标的因执行根据的内容的不同而异。对于物之交付请求权的执行来说,执行根据所确定的物就是执行标的,而对于行为请求权的执行来说,执行根据所确定的被执行人的作为或不作为便是执行标的,对于金钱债权的执行来说,被执行人的金钱、动产或者不动产就是执行标的。在对物之交付请求权和行为请求权进行执行时,执行标的从执行根据中可以方便地确定,但金钱债权的执行则不同,执行根据中仅载明命令债务人给付一定的金钱,而并未表明究竟对债务人的什么财产采取执行措施,究竟执行债务人什么财产,要由执行人员根据债务人的财产状况来确定。

(二) 执行标的的范围

现代各国的民事执行,均以对财产的执行为原则,对人身的执行为例外。

1. 财产

执行标的,原则上为被执行人的财产,执行开始时,被执行人所有的全部财产,均是申请债权的担保,对于金钱债权的执行来说,申请人可请求对被执行人现有的财产采取执行措施,法律明文禁止或性质上不得执行的除外。

作为执行标的物的财产既包括动产也包括不动产,既包括有形财产又包括无形财产,

[①] 在执行实务中,存在着被执行人以其劳动抵债的做法,但劳务抵债以被执行人自愿为前提,是被执行人自己选择的清偿债务的方式,并非是法院采取得强制执行措施。

无形财产如用益物权、股权、知识产权等。

下列财产不得成为强制执行的标的：

(1) 维持被执行人生存的财产。在提取劳动收入时，须保留被执行人及其所抚养家属的生活必需费用，在查封、扣押、冻结、拍卖被执行人财产时，应当保留被执行人及其抚养家属的生活必需品。这既是为保障被执行人的基本人权，也是为了防止被执行人成为社会救济的对象。

(2) 禁止流通物。禁止流通物虽然事实上具有使用价值和交换价值，但基于法律的规定不得成为交易的对象，自然也就不能成为强制执行的标的。如枪支弹药、毒品、盗版光盘等。对限制流通物中国家禁止自由买卖的物品，在执行中可交有关单位按照国家规定的价格收购。

(3) 用于社会公益的财产。对这类财产强制执行有损社会的公共利益，所以它们也不能成为执行的标的。这类财产如学校、幼儿园的教学设施，医院的医疗设备。

(4) 因维护善良风俗而不得执行的财产。有些财产，寄托着被执行人的情感，对它们采取强制执行措施，有悖善良风俗，如不得执行墓碑、遗像、祭祀用的物品等。

(5) 因维护社会经济安全不得执行的财产。如不得查封金融机构的营业场所，不得查封人民银行及其分支机构的办公楼。

(6) 因外交豁免而不得执行的财产。这是指根据我国缔结、参加的国际条约和协定，免于查封、扣押的外国使领馆的财产。

2. 行为

行为是否能够成为执行标的，理论上存在着争论。本教材认为行为能够成为执行标的。当执行依据命令债务人必须为或不为一定行为时，该特定的行为便成为执行标的，与财产作为执行标的所不同的是，法院针对行为的执行，不得采用直接强制的执行措施，而只能采用代履行或执行罚款间接强制的方法。例如，对可替代行为的执行，被执行人未按执行通知履行执行根据所指定行为的，执行法院可委托有关单位和个人完成该行为，费用由被执行人负担。

3. 人身

在现代法治国家，人身一般不能成为强制执行的对象，我国法律也不允许把人身作为强制执行的标的。最高人民法院在《适用意见》中明确"强制执行的标的应当是财物和行为"(第254条)；《婚姻法》规定了当事人离婚后的探望权，《婚姻法解释》(一) 将对探望权的强制执行限定为："婚姻法第48条关于对拒不执行有关探望子女等判决和裁定的，由人民法院依法强制执行的规定，是指对拒不履行协助另一方行使探望权的有关个人和单位采取拘留、罚款等强制措施，不能对子女的人身、探望行为进行强制执行"(第32条)。

我国虽然不把人身作为强制执行的标的，但执行机关可以依法对被执行人的人身自由进行限制，如对被执行人实行拘传、拘留、限制出境、限制其实施高消费行为。

二、执行依据

(一) 执行依据的概念与特征

执行依据,又称执行名义,是指执行机关据以采取民事强制措施后的法律文书。执行依据是当事人申请强制执行的前提,也是法院启动强制执行程序的必要条件,在强制执行过程中,执行依据必须始终存在,如果被依法撤销,执行程序就必须终止。

执行依据有如下法律特征:

(1) 它是一种法律文书。执行依据是一种公文书,是国家机关、组织在其职权范围内为确定私权对某些事项作出的处理决定。

(2) 它是已生效的法律文书。法律文书生效后,所规定的当事人之间权利义务才能够确定,债权人才能据此行使权利,债务人也才有履行义务的必要性。

(3) 它具有给付内容,且属于法律强制执行的范围。具有给付内容的法律文书才有执行的必要,属于法院强制的文书才能够执行,不具有给付内容或者虽有给付内容但不属于法院强制执行的,都不能作为执行依据,在执行依据中,还须具体表明债权人与债务人,应当强制执行的事项。

(二) 执行依据的种类

(1) 法院制作的文书。法院制作的文书包括判决书、裁定书、调解书、支付令。

(2) 仲裁机关的裁决书、调解书。对仲裁机关作出的发生法律效力的具有给付内容的裁决书、调解书,债务人拒不履行的,债权人可以据此向法院申请执行。

(3) 公证债权文书。对经公证的以给付为内容并载明债务人愿意接受强制执行承诺的债权文书,债务人不履行的,债权人可以申请强制执行。在实务中,这类文书一般为追偿债款和物品的债权文书。

债权人在向法院提出执行申请前,需先向原公证机关申请发给执行证书,公证机关经审查后,签发执行证书。所签发的执行证书应注明被执行人、执行标的和申请执行的期限。债权人凭公证书和执行证书向有管辖权的法院申请执行。

(4) 行政机关作出的依法应当由法院强制执行的决定。行政机关作出的行政处罚决定、行政处理决定往往具有执行内容,但这些决定并非要由法院来执行,当法律赋予行政级机关自己执行的权力时,行政机关自己即可采取强制性的执行措施,只有在法律规定需要通过法院来执行时,才由法院强制执行。

第三节 执行机关与执行管辖

一、执行机关

(一) 执行机关的设置

执行机关,是指依法行使民事执行权,负责办理民事执行事务的专门机构,我国的执行机关设在法院,根据1991年颁布的《民诉法》的规定,基层法院、中级法院根据需要,可以设立执行机构(第209条第3款)。我国基层法院、中级法院据此设置了执行庭,高级法院也设置了执行庭,最高法院则设置了执行办公室。

随着1999年中央11号文件的发布和《法院五年改革纲要》的制定,最高法院陆续颁布了一系列有关执行机构和执行体制改革的规定。在改革中,执行机构得到了加强,除最高法院执行办名称不变外,其余三级法院的执行机构均改名为执行局,执行局长升格为副院级。在改革中,还实行执行机构中裁判权与执行实施权相分离,执行局内设立专司裁判职能的机构和专司执行实施职能的机构,使这两个机构的人员既互相配合,又互相制约。根据这一新的发展,2007年全国人大常委会对民事诉讼法进行修订时,把旧法209条第3款修订为"人民法院根据需要可以设立执行机构"。

(二) 执行机关的组成人员

执行机关并非独立于法院的机构,它是法院的内设机构,但从职能上说,执行机关具有相对的独立性,执行机关由法院院长、执行局长、执行法官、执行员、书记员和司法警察组成。为了突出法院负担的强制执行的职能,也可以把负责执行的法院称作"执行法院"。

(1) 院长。院长是整个法院的负责人,也对执行工作负有领导责任。在执行中,执行员实施拘传、拘留、罚款等行为,要经过院长批准,采取搜查措施,要由院长签发搜查令。

(2) 局长。执行局长是执行机关的具体负责人,主持执行机关的日常工作,除办理执行案件外,还主持讨论执行中的重大事项,处理有关行政事务。

(3) 执行法官。执行法官主要负责执行中的裁判事项,指挥执行员实施执行工作。

(4) 执行员。执行员具体负责办理执行事务,对被执行人采取执行措施。在采取执行措施时,执行员须出示执行公务的证件,执行完毕后,还需要将执行情况制作成笔录。依据《法官法》,执行员不属于法官,但对执行员参照《法官法》的有关规定进行管理。

(5) 书记员。书记员担任执行中的记录工作,协助执行法官、执行员办理执行事项。

(6) 司法警察。司法警察受执行员指挥,协助执行员采取执行措施,负责维持执行秩序。采取重大执行措施时,必须有司法警察参加。

二、执行管辖

执行如同诉讼一样,同样存在着管辖问题,执行管辖所要解决的,是要确定不同级别的法院之间以及同一级法院之间受理执行案件的分工和权限,因而也包括级别管辖与地域管辖。

(一) 级别管辖

依据第224条的规定,需要执行的裁判文书,由第一审法院或者与第一审法院同级的被执行的财产所在地的法院负责执行。法律规定由人民法院执行的其他法律文书,由被执行人住所地或者被执行的财产所在地人民法院执行。

虽然从法律规定看,我国从基层法院到最高人民法院都能够管辖第一审民事案件,但实际上最高人民法院并不受理第一审案件,所以执行案件事实上只在除最高人民法院外的三级法院间分配。高级法院审理的第一审民事案件也是少之又少的,因而执行案件的级别管辖主要是在基层法院和中级法院之间分配案件。

1. 基层法院管辖的执行案件

基层法院管辖大量的执行案件,主要包括:(1) 以基层法院的生效法律文书为执行依据的案件;(2) 国内仲裁中的财产保全与证据保全;(3) 上级法院指定基层法院执行的案件。

2. 中级法院管辖的执行案件

中级法院也管辖部分执行案件,包括:(1) 以中级法院为第一审作出的法律文书为执行依据的案件;(2) 我国法院承认其效力的外国法院的判决、外国仲裁机构的裁决;(3) 中国涉外仲裁机构的裁决,以及涉外仲裁中的证据保全与财产保全;(4) 专利管理机关作出的处理决定和处罚决定;(5) 国务院各部门、省级人民政府和海关作出的处理决定和处罚决定;(6) 经法院认可的港、澳、台地区法院的判决、仲裁裁决;(7) 中级法院提级执行的案件和上级法院指定执行的案件。

3. 高级法院管辖的执行案件

高级法院管辖本院作出的第一审案件生效法律文书的执行。由于高级法院审理的第一审民事案件为数甚少,所以高级法院基本上不负责具体案件的执行。高级法院的主要工作是对本辖区内民事执行的领导、协调与监督。

(二) 地域管辖

地域管辖解决的是同级法院之间关于执行案件的分工和权限问题。

1. 裁判文书执行的地域管辖

法院作出的生效法律文书,由第一审法院或者由与第一审法院同级的被执行人所在地法院执行(第224条第1款)。1991年的《民诉法》仅规定由一审法院执行,2007年修订后增加了"被执行人财产所在地的法院"作为管辖法院。当执行标的物为财产,尤其为不动产时,由财产所在地法院管辖既便于执行的实施,又有利于节约执行的成本,所以由财产所在地的法院管辖便成为各国的通例,这一规定既解决了法院作出的法律文书执行时的级别管辖,又解决了地域管辖。

2. 其他法律文书的地域管辖

法律规定的由法院执行的其他法律文书,由被执行人住所地或者被执行财产所在地的法院执行(第224条第2款)。其他法律文书主要是指仲裁裁决书、调解书,仲裁过程中的财产保全、证据保全决定,公证债权文书、行政机关的决定书。这类诉讼外的法律文书,由被执行人住所地或者被执行财产所在地的法院执行。

(三) 执行管辖中特殊问题的处理

1. 共同管辖案件

执行案件也可能出现共同管辖,即两个以上的法院对同一执行案件都有管辖权。出现此类情况时,申请人有选择管辖的权利,可向其中一个法院申请执行。申请人如果向两个以上法院申请执行的,由最先立案的法院管辖。

2. 管辖权争议

两个以上法院如果对管辖权发生争议,首先由双方协商解决,协商不成的,报双方共同的上级法院指定管辖。

3. 提级执行

基层法院和中级法院管辖的执行案件,因特殊情况需要上级法院执行的,可以报请上级法院执行。上级法院在一定条件下也可以根据申请人的申请决定由自己执行。

4. 交叉执行

所谓交叉执行,是指根据上级法院的指定,由 A 法院执行 B 法院受理的执行案件,由 B 法院执行 A 法院受理的执行案件,也可以由 C 法院执行 A 法院受理的执行案件。实行交叉执行的目的,旨在克服执行中地方保护主义。

第四节 执行参与人

一、执行参与人的概念

执行参与人,是指在执行程序中,除法院之外的参与执行程序,依法享有权利和承担义务的组织或个人。执行参与人包括执行当事人和其他执行参与人,执行当事人的行为能够引起执行程序的发生、变更或终结,其他执行参与人虽然也在执行过程中享有一定的权利和义务,但他们的行为不具有使诉讼程序发生上述变动的效果。

二、执行当事人

执行当事人,是指执行依据中所指明的债权人和债务人,在我国执行程序中,债权人被称为申请执行人,债务人被称为被执行人。

执行依据的效力,原则上只及于执行依据中所载明的债权人和债务人,只有所载明的债权人才有权申请强制执行,法院也只对所载明的债务人采取强制执行措施。但在执行过程中,会出现案外人因法定的情形而成为执行程序中的权利人或义务人。这种现象在理论上称为执行承担。执行承担分为两种情形:

(一) 执行权利的担当

执行权利的担当包括以下情形:

(1) 申请执行人死亡或被宣告失踪,由其继承人、受遗赠人、遗嘱执行人、遗产管理人、财产代管人承担。

(2) 法人合并与分立。法人依法合并的,由合并后存续的法人担当。法人分立的,由分立协议中确定的承受债权的人担当。

(3) 其他组织被撤销。由设立该组织的公民或法人来担当。

(4) 法人进入清算程序。由清算人或负有清算义务的人担当。

(5) 姓名或名称变更。申请人姓名或名称变更,由变更后的申请人担当。

(6) 债权转让。在执行过程中,申请人转让其债权的,由受让人担当。

(7) 机关被撤销。作为申请人的机关法人被撤销的,由继续行使其权利的机关担当,没有继续行使其权利机关的,由作出撤销决定的机关担当。

(二) 执行义务的担当①

(1) 自然人死亡。作为被执行人的自然人死亡的,法院可继续执行其遗产。其遗产继承人没有放弃继承的,法院可以裁定变更被执行人,由该继承人在遗产范围内偿还债务;继承人放弃继承权的,法院不能变更被执行人,只能继续执行被执行人的遗产。遗产全部执行完毕,即使债权还未能得到全部清偿,执行也只能终结。

(2) 组织的终止。作为被执行人的法人或其他组织终止的,由其权利义务承受人作为被执行人,继续向申请人履行义务。在此种情形下,新的被执行人承担的义务不以其承受的原被执行人的财产为限,对新的被执行人的财产也可以执行。

(3) 组织的分立、合并。执行过程中作为被执行人的法人或其他组织分立、合并的,其权利义务由变更后的法人或其他组织承受。被执行人分立为两个或两个以上具有法人资格企业的,按法定程序分立的,由分立后续存的企业作为被执行人,按照分立协议所确定的债务比例对申请人承担责任;未按法定程序分立的,由分立后续存的企业按照从被执行企业分得资产占原企业的比例对申请人承担责任。

(4) 组织名称的变更。在执行中,作为被执行人的法人或其他组织名称变更的,由名称变更后的法人或其他组织作为被执行人。此种情况下,被执行人还是原来的被执行人,只是名称发生了变更而已。

(5) 法人分支机构不能清偿债务。被执行人为法人的分支机构且其财产不足以清偿债务时,法院可以将企业法人追加为被执行人。企业法人直接经营管理的财产仍不足清偿债务时,法院可以裁定执行该企业法人其他分支机构的财产。必须执行已被承包或租赁的企业法人分支机构的财产时,对承包人或承租人的投入及应得的收益应当依法保护。

(6) 独资企业。被执行人为无法人资格的私营独资企业,无能力履行法律文书确定的义务的,法院可以裁定执行该独资企业业主的其他财产。

《公司法》允许设立以一个自然人或者法人为股东的有限责任公司,这类公司被称为"一人公司"。"一人公司"的股东对公司债务是否承担连带责任,取决于是否具有独立于股东的属于公司所有的财产,如果有独立的财产,便以公司的财产对外承担民事责任,否则,股东须负连带责任。然而,"一人公司"是否具有独立的财产往往不容易判明,所以法律要求只有在股东能够证明公司具有独立财产时,股东才能够免于对公司债务承担连带责任(《公司法》第64条)。在公司财产不足以清偿债务时,申请执行人往往会要求追加股东为被执行人,而股东则会以公司有独立财产为由拒绝承担连带责任。此时,关于"一人公司"中股东财产与公司财产是否分离的争议,是一个有关实体权利义务的争执,需要

---

① 参见《适用意见》第271—274条;《执行规定》第76—83条。

通过审判程序来解决,所以,执行机关并不能直接适用《公司法》第64条把公司股东作为被执行人。

(7) 合伙组织或合伙型联营企业。被执行人为个人合伙组织或合伙型联营企业,无能力履行生效法律文书确定的义务的,法院可以裁定追加该合伙组织的合伙人或参加该联营企业的法人为被执行人。

(8) 开办单位。被执行人无财产清偿债务,如果其开办单位对其开办时投入的注册资金不实或抽逃注册资金,可以裁定变更或追加其开办单位为被执行人,在注册资金不实或抽逃注册资金的范围内,对申请执行人承担责任。被执行人被撤销、注销或歇业后,上级主管部门或开办单位无偿接受被执行人的财产,致使被执行人无遗留财产清偿债务或遗留财产不足清偿的,可以裁定由上级主管部门或开办单位在所接受的财产范围内承担责任。被执行人的开办单位已经在注册资金范围内或接受财产的范围内向其他债权人承担了全部责任的,法院不得裁定开办单位重复承担责任。

三、其他执行参与人

执行参与人,是指法院和执行当事人以外的参与执行程序的单位和个人,执行参与人包括执行代理人、执行见证人、协助执行人等。

在强制执行中,当事人也可以委托代理人,代理人接受委托后,便会参与执行程序,代理当事人实施一定的行为。

某些执行措施,如迁出房屋或退出土地,需要有见证人在场对执行活动进行观察和证明。

在执行中,执行机构有时需要有关单位或者个人的帮助才能够顺利地实施和完成执行措施,如需要金融机构帮助查询、冻结被执行人的存款,需要被执行人单位帮助提取被执行人的收入,需要车辆管理部门、土地管理部门、房屋管理部门帮助办理过户手续。这些按照法院发出的协助执行的通知,配合法院执行的单位或个人,便是协助执行人。

对协助执行人来说,协助强制执行是其法定义务,因而若拒绝予以协助的,须承担相应的法律责任。

第五节 委托执行与协助执行

一、委托执行

(一) 委托执行的概念与依据

委托执行,是指受理执行案件的法院,在被执行人或者被执行财产在外地时,委托当地法院代为执行。委托执行体现了法院之间的协助。

《民诉法》第229条规定了委托执行。最高法院曾颁发了多个关于委托执行的司法解释,最新的是2011年4月颁发的《关于委托执行若干问题的规定》(以下称《委托执行规定》),该司法解释实施后,其他有关委托执行的司法解释不再适用。

(二) 委托执行的条件

委托执行应当具备下列条件:(1) 被执行人在本辖区内已无财产可供执行。如果被执行人在本辖区内有财产可供执行,执行法院应当首先对该财产进行执行,没有必要委托外地法院执行。(2) 在其他省、自治区、直辖市内有可供执行财产。受托法院区域内有可供执行的财产,委托执行才有条件。在此情形下,不是由执行法院到异地执行,而是采用委托执行的方法,是因为被执行财产所在地的法院熟悉当地的情况,采取强制执行措施更为便利和经济,需要协助执行也更容易与当地相关部门沟通。

(三) 受托法院

委托执行在同级法院之间进行,执行标的物所在地或者执行行为实施地的同级法院为受托执行法院。有两处以上财产在异地的,主要财产所在地的法院为受托法院;被执行人是现役军人或者军事单位的,有管辖权的军事法院为受托法院;执行标的物是船舶的,有管辖权的海事法院为受托法院。

(四) 委托后的执行

受托法院收到委托执行函后,应当在 7 日内予以立案,并及时将立案通知书通过委托法院送达申请执行人,同时将指定的承办人、联系电话等书面告知委托法院。委托法院收到上述通知书后,应当在 7 日内书面通知申请执行人案件已经委托执行,并告知申请执行人可以直接与受托法院联系执行相关事宜。

受委托法院收到委托函件后,必须在 15 日内开始执行,不得拒绝。执行完毕后,应当将执行结果及时函复委托法院;在 30 日内如果还未执行完毕,也应当将执行情况函告委托人民法院。受托法院自收到委托函件之日起 15 日内不执行的,委托法院可以请求受托法院的上级法院指令受托法院执行。

受托法院接受委托后,依法采取强制执行措施。受托法院发现被执行人在受托法院辖区外另有可供执行财产的,可以直接异地执行,一般不再行委托执行。

(五) 委托执行的例外

当被执行财产在其他高级法院辖区内时,例外情况下也可以不采取委托执行的方法,而由执行法院直接到异地去执行。《委托执行规定》对异地执行做了严格的限制,规定"执行案件中有三个以上被执行人或者三处以上被执行财产在本省、自治区、直辖市辖区以外,且分属不同异地的,执行法院根据案件具体情况,报经高级人民法院批准后可以异地执行"(第 1 条第 2 款)。

二、协助执行

(一) 协助执行的概念

协助执行,是指有关单位和个人在接到执行法院的通知或请求后,协助其执行生效法律文书所确定内容的一项制度。狭义的协助执行仅指有关单位与个人对法院的协助,广义上的协助执行,还包括法院之间的协助执行。

（二）协助执行的内容

有协助义务的单位或个人主要是指金融机构（如银行、信用合作社和其他有储蓄业务的单位）、登记机关（包括房屋、土地登记机关、工商登记机关等）、公安机关、用人单位等。

有关单位或个人协助执行的内容包括：

（1）协助冻结、划拨存款。当被执行人在金融机构有或可能有存款时，法院可以请求金融机构予以协助，帮助法院查询、冻结、划拨被执行人的存款。

（2）协助提取劳动收入。法院针对被执行人的劳动收入采取执行措施时，需要被执行人所在单位的协助，由所在单位帮助扣留、提取被执行人的劳动收入。

（3）协助办理或禁止办理证照转移手续。前者如法院在拍卖被执行人房屋时，要求房屋管理部门协助办理房屋产权登记转移手续，后者如法院在对房屋、车辆、船舶进行保全时，要求车辆、船舶管理机关不予办理产权转移手续。

（4）协助交付有关物品。当执行标的物由案外人持有，案外人应当按照法院的协助执行通知将该物品交付给申请人或法院的执行员。

（5）协助限制离境。对拒不履行法律文书确定义务的人，法院可对其采取限制出境措施。法院作出的限制离境的决定，需要由公安机关来具体实施。

（6）协助记入征信系统、协助公布不履行信息。对拒不履行法律文书确定义务的人，法院可以将其记入"黑名单"，即可在征信系统记录、通过媒体公布不履行义务的信息。征信系统既包括法院的执行案件信息管理系统，也包括法院外的相关的信息系统，如金融机构的信息系统、工商管理机关的信息系统等，当需要把被执行人不履行义务的信息记入法院外的信息系统时，就产生了协助执行的问题。当法院通知报刊、电台、电视台等媒体对不履行义务的被执行人曝光时，这些媒体也是协助执行人。

法院需要有关单位或个人协助执行时，应当发出协助执行的通知书，通知书中应载明需要协助的具体事项。

（三）拒不协助的法律后果

1. 罚款、拘留

罚款适用于有下列行为之一的有义务协助执行的单位：（1）有关单位拒绝或者妨碍人民法院调查取证的；（2）银行、信用合作社和其他有储蓄业务的单位接到人民法院协助执行通知书后，拒不协助查询、冻结或者划拨存款的；（3）有关单位接到人民法院协助执行通知书后，拒不协助扣留被执行人的收入、办理有关财产权证照转移手续、转交有关票证、证照或者其他财产的；（4）其他拒绝协助执行的。法院对有前款规定的行为之一的单位，可以对其主要负责人或者直接责任人员予以罚款。

罚款金额，对个人的为 10 万元以下，对单位的为 5 万元以上 100 万元以下。

拘留适用于有上述行为之一的单位负责人和直接责任人员。拘留是最严厉的民事强制措施，所以在适用上，是作为后位的措施来适用的。对有上述行为的人员，法院首先采用罚款，用罚款促使其协助执行，但对罚款后仍不履行协助义务的，则可以予以拘留；并可以向监察机关或者有关机关提出予以纪律处分的司法建议。① 拘留的期限,为15日以下。在拘留期间,被拘留人承认错误并协助法院执行的,法院可以决定提前解除拘留。

2. 赔偿责任

《执行规定》还针对拒不履行协助执行义务的行为规定了具有损害赔偿性质的民事责任。有义务协助执行的单位和个人,在收到法院协助执行的通知后拒不履行协助义务,致使申请执行人遭受损失的,须承担损害赔偿责任。承担责任的具体情形包括:

第一,金融机构擅自解冻被法院冻结的款项,致冻结款项被转移的,法院有权责令其限期追回已转移的款项。在限期内未能追回的,应当裁定该金融机构在转移的款项范围内以自己的财产向申请执行人承担责任(第33条)。

第二,有关单位收到法院协助执行被执行人收入的通知后,擅自向被执行人或其他人支付的,法院有权责令其限期追回;逾期未追回的,应当裁定其在支付的数额内向申请执行人承担责任(第37条)。

第三,受法院委托保管财产的人擅自处分已被查封、扣押、冻结财产的,法院有权责令责任人限期追回财产或承担相应的赔偿责任(第44条)。

第四,有关企业收到法院发出的协助冻结通知后,擅自向被执行人支付股息或红利,或擅自为被执行人办理已冻结股权的转移手续,造成已转移的财产无法追回的,应当在所支付的股息或红利或转移的股权价值范围内向申请执行人承担责任(第56条)。

（四）法院之间的协助

法院之间的协助执行是指其他法院在收到执行法院的请求后,协助执行法院采取执行措施。法院间的协助执行主要发生在被执行人或被执行财产在外地法院辖区,执行法院直接到外地执行的场合。在此种情况下,受理执行申请的法院是执行法院,执行行为主要由其负责和实施,外地法院只是根据请求,作一些配合、帮助的辅助性工作。

协助执行不同于委托执行,协助执行虽然也有外地法院参与,但外地法院只起次要的、辅助性作用,执行法院仍然是本地法院,是本地法院到外地去执行;而委托执行则是受理执行申请的法院把整个执行事务委托给外地法院,由被执行人所在地或被执行财产所在地法院负责执行。

法院之间有互相协助和配合的职责,接受请求的法院,应积极协助请求法院采取执行措施,尤其是要帮助排除执行中的障碍,保证请求法院执行人员的人身安全。

第六节　执行的进行

一、执行开始

执行程序的开始以债权人申请执行为原则,以法院移送执行为例外。这是由于民事

---

① 对拒不协助执行的单位负责人或直接责任人员予以拘留,向监察机关或者有关机关提出予以纪律处分的司法建议是2007年修订《民诉法》时新增加的规定。

执行程序所实现的主要是私权和当事人对其私权享有处分权所决定的。

(一) 申请执行

申请执行,是指债权人在债务人拒不履行执行根据所确定的给付义务时,向法院提出申请,请求法院强制债务人履行义务的行为。

债权人申请执行,须符合下列条件:(1) 有执行依据,即有给付内容的生效法律文书。(2) 执行依据所确定的履行期限已届满,债务人仍未履行义务。(3) 在法定期限内提出。依据修订后的《民诉法》,申请执行的期间为2年,该期限从执行依据所规定的履行期间的最后一日起计算,分期分批履行的,从规定的每次履行期间的最后一日起计算;申请执行期限的计算可因出现法定事由而中止、中断,中止、中断适用《民法通则》关于诉讼时效中止、中断的规定。(4) 向有管辖权的法院提出申请。

债权人申请执行,应当向法院提交下列文书和证件:(1) 申请执行书,在该文书中须写明申请执行的申请人与被执行人的基本情况,申请执行的事项和理由,申请人所了解的执行人财产状况[①];(2) 执行根据的副本;(3) 申请人的身份证明。如果是由继承人或权利承受人申请执行的,还应当提交继承或权利承受的证明文件;(4) 其他应当提交的文件或证件。

申请执行仲裁机构的仲裁裁决,应当提交有仲裁条款的合同书或仲裁协议书。申请执行国外仲裁机构的仲裁裁决的,应当提交经我国驻外使领馆认证或者我国公证机关公证的仲裁裁决书中文文本。

按照《交纳办法》,债权人申请强制执行,无需预交申请费,等到执行后再交纳。

债权人也可以委托代理人申请执行。委托时应当向法院提交经委托人签字或盖章的授权委托书,写明委托事项和代理人的权限。委托代理人代为放弃、变更民事权利,或代为进行执行和解,或代为收取执行款项的,应当有委托人的特别授权。

(二) 移送执行

移送执行,是指法院的审判组织依职权将法院作出的生效法律文书交付执行机关执行的行为。

移送执行,作为补充性的启动执行程序的方法,仅在一定范围内适用,主要适用于三类法律文书:(1) 具有给付赡养费、抚养费、抚育费内容的法律文书;(2) 民事制裁决定书;(3) 刑事附带民事判决、裁定、调解书。

二、执行案件的受理与被执行人财产的查明

(一) 执行案件的受理

执行机构收到执行申请后,应当及时进行审查,由于当事人申请执行应当具备的条件也就是法院受理执行案件应当具备的条件,所以法院的审查应当针对这些条件进行。

[①] 申请人如确实不了解被执行人的财产状况,此项内容可以不写。缺少该项内容并不属于申请执行不合法,因为法院在受理后可以通过责令被执行人申报财产,搜查等方式去发现被执行人的财产。

经审查后,认为符合受理条件的,应当在 7 日内立案,不符合受理条件的,应当在 7 日内裁定不予受理。受理执行案件后,一般应当在 3 日内向被执行人发出执行通知书,责令其在指定的期间内履行生效法律文书确定的义务,并承担第 253 条规定的迟延履行期间的债务利息或迟延履行金。但是,如果被执行人有可能隐匿、转移财产的,执行员可以立即采取执行措施。① 2012 年修订进一步规定"执行员接到申请执行书或者移交执行书,应当向被执行人发出执行通知,并可以立即采取强制执行措施。"按照新的规定,发出执行通知和采取执行措施可以同步进行,作出新规定的目的在于防止被执行人收到执行通知书后转移、隐匿财产。

(二) 被执行人财产的查明

查明被执行人的财产状况,对顺利地完成执行工作极为重要。只有查明了被执行人的财产状况,法院才能够区分被执行人是不愿履行还是不能履行,才能够有针对性地采取执行措施,才能对拒不履行的被执行人进行制裁。法院掌握被执行人财产的方法越多、能力越强,就越能促使被执行人自动履行义务,越能促使被执行人如实申报财产,越能减少协助被执行人逃避执行的行为。法院获悉被执行人财产的方法有:

1. 申请人提供财产线索

一些申请人在纠纷发生前就与被执行人认识,甚至与被执行人有过长期的民事交往与合作,他们或多或少了解被执行人的财产状况,因此完全有能力向法院提供这方面的情况,另一些申请人虽然在发生纠纷前与被执行人素不相识,(如交通肇事等突发性行为引起的侵权诉讼),但纠纷发生后,权利人也会留意被执行人这方面的情况,因此也有可能了解到一部分被执行人的财产状况;另一方面,申请人同执行结果有直接的利害关系,他们最有提供被执行人财产状况的积极性,只要他们掌握了这方面的信息,总是乐意将这方面的情况提供给法院的。

2. 被执行人申报财产

被执行人比任何人更清楚自己的财产状况,他们不仅知道自己到底有哪些财产和究竟有没有能力偿还债务,而且对处于自己占有下的财产,哪些是自己的哪些是别人寄放的或者是借用别人的也很清楚。因而让被执行人来向法院说明究竟有没有财产、有哪些财产,不仅没有任何困难而且也是一种最为经济的发现财产的方法。当然,由于被执行人同案件有直接利害关系,财产一旦被发现就意味着不得不履行被生效法律文书所确定的债务,他们自然是极不情愿向法院申报财产的,即使不得不去申报,也会尽量地瞒报。所以,必须用行之有效的法律规则来约束被执行人,使他们必须申报并且必须据实申报。2007 年修订《民诉法》,增加了申报财产的规定:"被执行人未按执行通知履行法律文书确定的义务,应当报告当前以及收到执行通知之日前 1 年的财产情况。被执行人拒绝报告或者虚假报告的,人民法院可以根据情节轻重对被执行人或者其法定代理人、有关单位的主要

---

① 这是 2007 年修订《民诉法》时新增加的规定。如果一律要求执行员先发执行通知书再执行,有些被执行人就会利用这段时间转移、隐匿财产,使法院的执行落空,对那些拒不履行义务并有可能转移、隐匿财产的被执行人,完全有必要采取先发制人的执行措施,所以《民诉法》增加了可以立即执行的规定。

负责人或者直接责任人员予以罚款、拘留"(第241条)。

3. 法院依职权调查

法院依职权调查是指法院通过自己的调查来发现被执行人的财产。在执行实务中，由于申请执行人常常不能向法院提供被执行人财产状况，或者至多提供一些财产线索，法院需要通过自己的调查来发现被执行人的财产。法院具有强制性的调查权，在法院进行调查时，被调查的单位和个人有协助调查的义务，必须合作和配合，如实向法院提供被执行人的财产情况。对违反协助义务的人，法院可以采取民事诉讼强制措施。所以，法院的职权调查，是发现被执行人财产的极具实效性的方法。2012年修订《民诉法》，立法机关根据被执行人的财产已经不仅仅是存款的这一现实，规定"被执行人未按照执行通知履行法律文书规定义务的，人民法院有权向有关单位查询被执行人的存款、债券、股票、基金份额等财产情况，人民法院有权根据不同情形扣押、冻结、划拨、变价被执行人的财产，人民法院查询、扣押、冻结、划拨、变价的财产不得超出被执行人应当履行义务的范围"(第242条)。

4. 法院的搜查

搜查本身并不是强制执行的措施，但却是执行中查找被执行人财产的一种必不可少的手段，通过搜查，执行机关才能发现被隐匿的财产，才能发现被执行人转移财产的线索。[①] 根据第248条的规定，在被执行人不履行法律文书确定的义务并隐匿财产时，法院有权发出搜查令，对被执行人的人身、住所或财产隐匿地进行搜查。赋予法院进行搜查的权力，是立法机关强化执行措施的一项重要举措。这项权力，若能充分运用，能极大增强法院发现被执行人财产的能力，并对不如实申报财产、隐匿或转移财产的被执行人起到震慑作用。

5. 其他国家机关的协助

由于被执行人的生活、生产经营活动势必会同相关的国家机关发生联系，相关国家机关在进行社会管理和经济管理的过程中也会掌握被执行人的财产信息，所以，通过这些机关的协助，能够有效地获得被执行人的财产信息。如通过公安机关，可以了解被执行人的行踪，找到外出躲债的被执行人，通过税务机关，可以了解到被执行人经营活动的情况、了解到被执行人的银行账号。通过工商行政管理机关，可以了解到被执行人的出资情况、合并、分立情况以及由此引起的财产变动。

6. 民间调查机构的调查

在市场经济条件下，需要注意发挥民间调查机构或组织的作用。由这些民间的调查机构去调查被执行人的财产，往往更有效率。调查机构接受委托后，其报酬与工作成果挂钩，报酬的高低取决于能否发现被执行人财产以及发现财产的多少，这一经济上的约束会促使调查机构积极主动地去完成调查任务。

[①] 1982年《民诉法》(试行)并未规定法院在执行中有权搜查。但后来执行实践表明，若不赋予法院此项权力，面对隐匿财产而拒绝法院查看的被执行人，执行人员将束手无策。另一方面，如果不规定法院有权搜查，也会妨碍法院发现被执行人的动产并进而进行扣押。所以，在1991年修订《民诉法》时根据执行实务的需要增设了这一措施。

7. 群众的举报

群众举报也是发现被执行人财产的一种有效方法。被执行人总是生活在一定的社区中,他们的活动有可能被周围的群众所知悉,群众对有能力还债而拒不偿还的被执行人一般会有义愤感。所以,当法院公告了被执行人的情况,要求群众协助时,一些了解情况的群众往往会向法院举报。在执行实务中,法院和申请执行人往往通过悬赏举报的方法寻找被执行人的财产线索。[1] 通过悬赏,一方面可以动员更多的民众参与寻找被执行人财产的工作,增强法院发现被执行人财产的能力,另一方面也可以加大对被执行人的压力,促使被执行人主动清偿债务。

三、采取执行措施

采取执行措施,是强制执行中的核心环节,执行程序中申请执行人权利的实现,最终要依赖于执行机关采取一定的执行措施。

执行机关究竟采用哪一种执行措施,要根据执行依据所确定的债权的内容来决定。对物的交付请求权的执行、对行为请求权的执行与对给付金钱请求权的执行,所需要采用的执行措施显然是不同的。作为执行机关来说,应根据案件的具体情况,选择最为快捷、经济的执行措施。例如,在对金钱债权进行执行时,如能够对被执行人的存款进行执行,或者能够提取被执行人的劳动收入的,应当采取这样的执行措施,而不能去执行被执行人的动产或者不动产。

四、执行竞合及其处理

(一) 执行竞合的概念与条件

执行竞合,是指两个或两个以上的债权人依据不同的执行依据,针对被执行人的同一财产同时或者先后向法院申请强制执行,从而产生各债权人请求之间互相竞争与排斥,权利难以获得全部满足的状况。执行竞合包括三种类型:保全执行的竞合、终局执行的竞合、终局执行与保全执行的竞合。

产生执行竞合,须具备下列条件:(1) 有两个或两个以上权利人存在;(2) 执行的对象须为同一被执行人的同一特定财产;(3) 数个债权人持有各自独立的执行依据;(4) 数个执行依据的执行,发生在同一时期内。

(二) 执行竞合的处理

1. 保全执行竞合的处理

保全执行竞合分为不同保全措施的竞合与同种类保全措施竞合两种情形。

不同保全措施,如查封、扣押、冻结发生竞合时,各债权人对执行标的无担保物权的,依采取保全执行措施的先后而定,财产保全执行措施在先的有优先受偿的权利。

---

[1] 悬赏举报早已为我国的许多法院所采用,例如,早在 1999 年,海南省高级人民法院就颁布了《关于执行工作中举报奖励规定》,2005 年,江苏省高级人民法院在其发布的《执行工细则(试行)》中对执行悬赏公告作出了规定。现在,一些网站也开展了这方面的业务,还出现了专门为此设立的网站,如中国悬赏清欠网、中国重金悬赏网等。

同种保全措施发生竞合的,如果后采取的保全措施与先采取的保全措施相抵触(如对同一标的物再次进行查封),后采取的保全措施无效。后采取的保全措施与先采取的保全措施相抵触主要包括三种情形:(1)后保全措施撤销或者变更先采取保全措施内容的;(2)后保全措施旨在除去或禁止前保全措施的;(3)后保全措施在内容上与前保全措施不相容的。

2. 终局执行竞合的处理

终局执行竞合,有以下三种情形:

(1)交付同一物的竞合。两个或多个执行依据指定的交付物为同一物时,各法院应当立即停止执行,然后报请共同的上级法院处理。

(2)多个具有金钱给付内容执行依据的债权人对执行标的物均无担保物权的,且均对被执行人的同一标的物申请执行,各债权人对执行标的物按照执行法院采取执行措施的先后顺序受偿。

(3)债权种类不同的竞合。多个债权人的债权种类不同,有基于所有权或担保物权的,有基于一般金钱债权的,基于所有权和担保物权而享有的债权,优先于金钱债权受偿。有多个担保物权的,按照各担保物权成立的先后顺序清偿。

3. 终局执行与保全执行竞合的处理

这类竞合主要有两种情形:

(1)保全执行在先,终局执行在后的竞合。《民诉法》禁止重复查封、冻结。法院已实施保全执行,对被执行人财产查封、冻结的,其他法院不得重复查封,冻结。① 如查封的财产为不可分物的,也只能等待保全在先的法院处理。保全债权人在取得终局执行的根据后,可以直接申请法院把保全执行转变为终局执行。

(2)终局执行在先,保全执行在后的竞合。案件虽已进入终局执行,但执行法院并未对被执行财产采取控制性执行措施,或者虽然采取了控制性执行措施,但在程序上存在瑕疵,终局执行不得对抗保全执行。这里的关键在于哪一个执行法院首先采取合法的执行措施取得对被执行人财产的控制。

五、执行担保与执行和解

(一)执行担保

1. 执行担保的概念

执行担保,是指在执行过程中,被执行人为暂缓执行,向执行法院提供担保,经申请人同意后,法院决定暂缓执行。

2. 执行担保的条件

鉴于执行担保会产生暂缓执行的效力,与申请人执行的利益关系甚大,根据第 231 条的规定,法院决定执行担保,须符合下列条件:

---

① 但轮候查封是允许的。

(1) 被执行人向法院提供切实可靠的担保。被执行人可以自己财产提供担保(通常发生在诉讼保全阶段),也可以由第三人提供财产担保或者出具保证,以财产担保的,应提交保证书,由第三人担保的,应当提交担保书。担保适用《担保法》的相关规定,以动产担保的,一般应当将担保财产交到执行法院,以不动产担保的,要依法到有关机关办理登记手续。

(2) 须经申请执行人同意。执行担保具有暂缓执行的效力。与申请执行的债权人的利益关系甚大,所以需要经过其同意后方可实施。

(3) 须经法院许可。执行担保是向法院作出的担保,所以应当经法院准许。法院如准许执行担保,还需要决定暂缓执行的期限,如果担保是有期限的,暂缓执行的期限应当与担保期限相一致,但最长不得超过1年。

3. 执行担保的效力

执行担保具有暂缓执行的效力。执行担保成立后,执行程序暂时中止,申请人不得要求被执行人履行义务,法院也不得对被执行人采取执行措施。当然,尽管成立了执行担保,被执行人仍然可以主动向申请人履行义务。

在暂缓执行期间,被执行人或担保人如有转移隐匿、变卖、毁损担保财产的行为,申请人有权要求法院恢复执行,法院亦应当恢复执行。

暂缓执行后被执行人在暂缓执行期限届满仍然不履行债务的,法院可直接执行担保财产或者裁定执行担保人的财产。

法院在审理案件期间,原告申请对被告采取财产保全措施,由于保证人为被告提供保证,法院据此未采取保全措施或解除保全措施的,案件审结后如果被执行人无财产可供执行或其财产不足清偿债务时,即使生效法律文书中未确定保证人承担责任,法院有权裁定执行保证人在保证责任范围内的财产(《执行规定》第8条)。

(二) 执行和解

1. 执行和解的概念

执行和解,是指在执行过程中,双方当事人通过自愿协商,就如何履行生效法律文书所确定的义务达成协议,经法院审查批准后,结束执行程序的行为。

执行和解是执行程序中的当事人行使处分权的行为。法院应当尊重当事人的处分行为,只要协议是双方自愿达成,协议内容不违反法律的禁止性规定,不损害社会公共利益和他人的权益,法院就应当准许。

执行和解不同于诉讼调解。诉讼调解是在法官的参与、主持下进行,执行和解则是由当事人自己进行,不需要执行机构的介入。在执行程序中,执行机构的任务是强制实现生效法律文书所确定的义务,无权变更法律文书的内容。所以在执行程序中,执行机构既无权进行调解,也不得以促使双方和解为名,说服、强迫申请人让步。

2. 执行和解的内容

执行和解是当事人处分自己权利的行为,达成何种内容的和解协议,取决于双方当事人的自愿,只要不超出处分权的限度,法律并不干涉。在实务中,执行和解协议的内容一般有四种情形:(1)变更履行主体,即由第三人替代被执行人向申请人履行义务;(2)变更标的物及其数额,即将执行依据的指定的标的物改变为其他标的物或者申请人放弃部分债权;(3)变更履行期限,即申请人同意放弃期限利益,放宽履行期限或者将一次全部履行的变更为分期分批履行;(4)变更履行方式,如把给付金钱的履行改为以物抵债方式履行,以债转股方式履行等。

3. 执行和解的效力

(1)执行和解实体上的效力。执行和解协议实体法上的效力需等到和解协议履行完毕之后方能显现出来。执行和解协议对被执行人并没有法律的约束力,订立和解协议后,被执行人不履行的,申请执行人既不能追究被执行人的违约责任,又不能请求法院强制执行和解协议。但是,和解协议对申请执行人是由约束力的,和解协议重新确定了双方当事人之间的权利和义务,被执行人按和解协议履行完毕义务后,申请执行人不得反悔,不得要求法院再执行原法律文书。①

(2)执行和解在程序上的效力。如果在当事人达成执行和解协议的同时,被执行人已按协议约定全部履行了义务,在程序上便具有终结执行的效力,法院应当结束执行案件;如果达成和解协议后,并未即时履行,那就只能中止原执行程序,等到被执行人履行完毕义务后再结束执行。如被执行人不履行或未能全部履行和解协议,则根据申请执行人的申请,法院再恢复执行,在恢复执行时,对已经履行的部分应予扣除。

4. 恢复对原生效法律文书的执行

当事人达成执行和解协议后,法院就无需再对原生效法律文书进行执行,但在以下两种特殊情况下,仍然需要执行原生效法律文书:

(1)申请人因受欺诈、胁迫与被执行人达成和解协议。这是2012年修订第230条第2款新增加的内容。和解协议一般是申请执行人在协议中对被执行人作出让步,如同意减少债权的数额、同意以物抵债等,这样的让步只有建立在自愿的基础上才具有正当性,然而在实务中,有的申请执行人是受到被执行人的欺诈甚至胁迫才同意做出让步的,所以有必要对受到欺诈或者胁迫的申请执行人进行救济。当然,在达成和解协议后,申请执行人仅仅主张存在欺诈或者胁迫是不够的,还必须提出证据证明存在欺诈或胁迫的事实。

(2)被执行人不履行和解协议。被执行人不履行和解协议,表明被执行人出尔反尔,执行和解已经失去了基础,在此情形下,允许申请执行人申请恢复对原生效法律文书执行是必要的。

---

① 对和解协议履行完毕前,债权人能否反悔,理论界有不同认识。有学者认为债权人在达成和解协议后不得再请求恢复对原法律文书的执行,也有学者认为在和解协议对债务人并无约束力的情况下,不允许债权人反悔是不公平的。

六、暂缓执行与不予执行

(一) 暂缓执行

1. 暂缓执行的概念与依据

暂缓执行,是指执行过程中,因出现了一些特殊的情形,法院依申请或者依职权决定在一定期限内暂时停止采取执行措施。

暂缓执行的法律依据是民诉法第 231 条,《适用意见》第 263、264 条,《执行规定》第 130、133、134 条以及《暂缓执行规定》。

2. 适用暂缓执行的情形

(1) 因被执行人提供担保而决定暂缓执行。这种暂缓执行实际上是经过申请人同意后法院决定暂缓执行。

(2) 依当事人申请决定暂缓执行。有下列情形之一的,经当事人或者其他利害关系人申请,执行法院可以决定暂缓执行:执行措施或者执行程序违反法律规定的;执行标的物存在权属争议的;被执行人对申请执行人享有抵销权的。

法院决定暂缓执行时,应当同时责令申请暂缓执行的当事人或者其他利害关系人在指定的期限内提供相应的担保。对此,如果申请执行人提供担保要求继续执行的,执行法院可以继续执行。

(3) 法院依职权决定暂缓执行。法院可以依职权决定暂缓执行的情形包括:上级法院已经受理执行争议案件并正在处理的;法院发现据以执行的生效法律文书确有错误,正在按照审判监督程序进行审查的。

法院决定暂缓执行的,一般应由被执行人提供相应的担保。

3. 暂缓执行的程序

对暂缓执行的案件,法院应当组成合议庭进行审查,必要时应当听取当事人或者其他利害关系人的意见。

法院在收到暂缓执行申请后,应当在 15 日内作出决定,并在作出决定后 5 日内将决定书发送当事人或者其他利害关系人。

4. 暂缓执行的效力

暂缓执行的效力主要表现在三个方面:(1) 执行程序暂时停止。法院在停止期间不得继续已经开始的执行行为,也不得再采取新的执行措施;(2) 维持原有的执行措施的效力。对暂缓执行前已经采取的执行措施,不因为暂缓执行而失去其效力,如已经实施的查封、扣押,依然有效,不因为暂缓执行而自动解除;(3) 恢复执行。暂缓执行的事由消灭或者暂缓执行期间届满的,法院应当立即恢复执行。

5. 暂缓执行的期限

为防止执行被长期延缓,对暂缓执行需要设定期限。暂缓执行的期间不得超过 3 个月。因特殊事由需要延长的,可以适当延长,延长的期限不得超过 3 个月。

(二) 不予执行

1. 不予执行的概念与依据

不予执行,是指法院在对仲裁裁决、公证债权文书、外国法院判决和裁定、涉外仲裁裁决进行审查时,发现了法律规定的不予执行的事由而作出不予执行的裁定。不予执行的裁定通常在申请执行期间作出。但也可能法院在执行过程中才发现不予执行的事由而裁定终止执行程序。

《民诉法》第237条、238条,274条、276条,《仲裁法》第63条、第71条,《公证法》第37条对不予执行作了规定。

2. 仲裁裁决的不予执行

不予执行国内仲裁裁决的法定情形是:(1) 当事人在合同中没有订有仲裁条款或者事后没有达成书面仲裁协议的;(2) 裁决的事项不属于仲裁协议的范围或者仲裁机构无权仲裁的;(3) 仲裁庭的组成或者仲裁的程序违反法定程序的;(4) 裁决所根据的证据是伪造的;(5) 对方当事人向仲裁机构隐瞒了足以影响公正裁决的证据的;(6) 仲裁员在仲裁该案时有贪污受贿,徇私舞弊,枉法裁决行为的(第237条)。①

不予执行涉外仲裁裁决的法定情形是:(1) 当事人在合同中没有订有仲裁条款或者事后没有达成书面仲裁协议的;(2) 被申请人没有得到指定仲裁员或者进行仲裁程序的通知,或者由于其他不属于被申请人负责的原因未能陈述意见的;(3) 仲裁庭的组成或者仲裁的程序与仲裁规则不符的;(4) 裁决的事项不属于仲裁协议的范围或者仲裁机构无权仲裁的(第274条)。

对因为存在上述情形而不予执行的,要由被申请人向法院提出。被申请人提出证据证明仲裁裁决的确存在上述情形之一,并由受理执行申请的法院组成合议庭审查核实,作出不予执行的裁定。

法院认为执行仲裁裁决违背社会公共利益的,可以依职权做出不予执行的裁定。

3. 公证债权文书的不予执行

执行法院认为作为执行依据的公证债权文书确有错误的,裁定不予执行,并将裁定书送达双方当事人和公证机关。

4. 外国法院判决、裁定的不予执行

当事人申请执行外国法院的判决、裁定的,执行法院需进行审查,经审查后如认为该判决、裁定违反了我国法律的基本原则,或者损害了我国国家主权、安全、社会公共利益,便做出不予承认和执行的裁定。

法院作出不予执行的裁定后,执行程序便告终结,法院需办理执行结案的手续。

---

① 第(4)、(5)两项,2012年修订前的《民诉法》规定的为"认定事实的主要证据不足的"、"适用法律确有错误的",由于这两种情形在认定起来有相当的困难和不确定性,1994年8月颁布的《仲裁法》在规定撤销仲裁裁决的事由时,用"裁决所根据的证据是伪造的"、"对方当事人隐瞒了足以影响公正裁决的证据的"取代了上述两项。为了和《仲裁法》的规定保持一致,所以才做了修改。

七、执行中止与执行终结

(一) 执行中止

执行中止,是指在执行过程中,因发生了特殊情况需要暂时停止执行程序,等特殊情况消除后,再恢复执行程序,继续进行执行,依据第256条的规定,有下列情形之一的,法院应当裁定中止执行:

1. 申请执行人表示可以延期执行的。申请执行权亦属于处分权范畴。申请执行人有权申请执行,也有权申请延期执行。在申请执行人作出延期执行的表示后,法院应尊重申请执行人的选择而延期执行。

2. 案外人对执行标的提出确有理由的异议。为防止强制执行行为侵害案外人的合法权益,《民诉法》规定了案外人异议制度。案外人提出异议后,经执行员审查理由成立后的,报院长批准后中止执行。

3. 作为一方当事人的公民死亡,需要等待继承人继承权利或者承担义务。作为一方当事人公民死亡,因继承发生权利的承受和义务的承担,在此期间,需要暂停执行程序的进行。如果死亡的是被执行人,其继承人没有放弃继承遗产的,法院可以裁定变更被执行人。

4. 作为一方当事人的法人或其他组织终止,尚未确定权利义务承受人。此时客观上无法立即继续执行,需要等到权利义务承受人确定后,执行程序才有可能恢复。

5. 法院认为应当中止执行的其他情形。应中止执行的其他情形包括:法院已受理以被执行人为债务人的破产申请的;被执行人确无财产可供执行的;执行的标的物是其他法院或仲裁机构正在审理的案件争议标的物,需要等待该案件审理完毕确定权属的;一方当事人申请执行仲裁裁决,另一方当事人申请撤销仲裁裁决的;仲裁裁决的被申请执行人向法院提出不予执行请求,并提供适当担保的;法院已决定再审的案件(《执行规定》第102条)。

中止执行应采取裁定方式,裁定书须写明中止执行的理由和依据,中止执行的情形消除后,法院可根据当事人的申请或依职权恢复执行,恢复执行应当书面通知当事人。

(二) 执行终结

执行终结,是指在执行过程中,因出现了法律规定的某些特殊情况,执行程序没有必要进行或无法继续进行,依法结束执行程序。

执行终结不同于执行程序的正常终结。正常终结是指法院按照执行依据的规定,执行完毕,实现了法律文书所确定的义务而终结,执行终结也不同于执行中止,中止是程序的暂时停止,待致使中止的原因消灭后,执行程序还会恢复,终结则是结束了执行程序。

依据第257条的规定,有下列情形之一的,法院应裁定终结执行:

(1) 申请执行人撤销申请的。这同样是依据处分原则而终止执行。

(2) 据以执行的法律文书被撤销的。执行依据是执行程序的基础,在整个程序中必须始终存在,执行依据因确有错误而被依法撤销,执行便失去了前提,程序只能终止。

（3）作为被执行人的公民死亡，无遗产可供执行，又无义务承担人的。这是由于执行程序客观上无法继续而终止，被执行人死亡，有遗产的应执行遗产，有义务承担人的可责令义务承担人履行义务，如果两者皆无，就只能终结执行。

（4）追索赡养费、抚养费、抚育费案件的权利人死亡的。这是由于执行程序因失去的权利人没有必要继续而终结，在上述三费案件中，权利人的权利基于特定的身份关系而产生，与权利人的主体资格不可分离，这些权利既不能继承又不能转让。权利人死亡后，权利也随之消灭，执行程序亦应终止。

（5）作为被执行人的公民因生活困难无力偿还借款，无收入来源，又丧失劳动能力的。这也是执行程序因客观上无法继续而终止。这里的丧失劳动能力是指永久性地丧失劳动能力，如果只因伤、因病暂时丧失劳动能力，则不能终结执行。

（6）法院认为应当终结的其他情形。如被执行人被法院裁定宣告破产等。

第七节 执行救济

一、执行救济的概念

执行救济，是指法律为使执行程序中的当事人、利害关系人免受违法执行或不当执行的侵害，所规定的救济方法和救济程序。

违法执行，是指执行行为违反法律的规定，如依据尚未生效的判决书采取执行措施，对法律禁止执行的财产进行查封或扣押等。不当执行，则是指执行行为虽然并不违反法律的规定，但执行结果却是侵害了被执行人或第三人实体法上的权利，如执行机关将被执行人家中的一件文物扣押，而该文物实际上是他人委托被执行人保管的。

违法或不当执行行为侵害了执行当事人和利害关系人的利益，在执行程序中须设置一定的方法来除去这种侵害，这便是设置执行救济制度的宗旨。

执行救济的方法主要分为两种：

（一）程序上的救济

程序上的救济，是指对违反执行程序规定的执行行为的救济方法。在我国，程序上的救济采用提出执行异议方法，具体步骤是：一声明异议，二是申请复议。前者指当事人、利害关系人对违反法律规定的执行行为可向法院提出异议。后者指当事人、利害关系人对法院就异议所作出的裁定不服的，可向上级法院申请复议。

（二）实体上的救济

实体上的救济，是指被执行人或第三人基于实体上的权利排除不当强制执行的救济方法。在德、日等国，实体上的救济包括了被执行人异议之诉与第三人异议之诉，我国《民诉法》第227条仅规定了案外人异议之诉。

二、执行异议

(一) 执行异议的概念

执行异议,是指当事人和利害关系人认为执行行为违反法律规定的,向法院表示异议,请求法院纠正的制度。

执行异议,是针对执行中程序上的违法行为提出,程序上的违法行为包括作为与不作为两种情形。前者如查封、扣押财产时未通知被执行人到场或强制迁出房屋时未先发布责令搬迁的公告,后者如应当责令被执行人申报财产的未责令申报,应当立即采取执行措施的未采取等。对不作为的违法行为,异议人是要求执行机采取相应的执行行为。

(二) 执行异议的主体

执行异议的主体为当事人和利害关系人,申请执行人与被执行人为执行程序中的当事人,可对违法的执行行为提出异议,利害关系人是指其法律上的权益受执行行为侵害的人,仅与执行行为有事实上的利害关系,不得提出执行异议。

(三) 执行异议的事由

我国《民诉法》未对可以对哪些执行行为提出异议作出具体规定,但一般认为执行异议的事由包括以下四种:

(1) 强制执行命令。执行法院在执行过程中会向当事人、利害关系人发出种种命令,如命令被执行人申报财产等。

(2) 执行措施。执行法院在执行中会采取各种执行措施,如冻结被执行人的银行存款,查封、扣押被执行人的财产,如执行人员未依法采取执行措施,亦可对此提出异议。

(3) 执行程序。执行法院还须严格依据法律规定的程序实施执行行为,未按规定程序执行的,如拍卖、变卖被执行人财产时,未委托依法成立的资产评估机构进行价格评估,执行中止的情形消失后,未依照当事人的申请恢复执行等。

(4) 其他侵害权益的事由。除上述三种事由外,执行机关其他违法执行行为侵害当事人、利害关系人权益的,亦可提出异议。如根据《民诉法》第203条的规定,法院自收到申请执行书之日起超过6个月未执行的,申请人可以对此提出异议,并向上一级法院申请执行。

上述四种事由有时不能截然区分,同一违法执行行为兼属两种甚至两种以上事由的,有时也会发生。

(四) 执行异议的程序

1. 异议的提出

当事人、利害关系人须采用书面方式提出异议,异议书须载明异议的对象、异议的理由,采用书面方式既能够促使异议人慎重行使异议权,也便于法院对异议进行审查。

2. 管辖法院

管辖异议的法院,是负责执行的法院,也就是谁实施受到异议的行为,就向谁提出。在委托执行的情况下,由于是由受托法院负责执行,所以异议应当受托法院提出。

3. 异议的审查与裁决

执行程序注重效率,所以法院对提出的异议须在收到异议书之日起的15日内进行审查,经审查,认为异议理由成立的,裁定撤销或更正被异议的行为,异议理由不成立的,以裁定方式驳回。

4. 申请复议

对法院作出的裁定,当事人、利害关系人如果不服的,有申请复议的权利,可以自裁定送达之日起10日内向上一级法院申请复议。

(五) 异议对执行的影响

为保证执行行为的效率性,执行异议的审查和复议期间,不停止执行。在必要时,法院可以使被执行人提供充分、有效的担保后停止执行,也可以使申请执行人提供充分、有效的担保后继续执行。

三、案外人异议

(一) 案外人异议的概念

案外人异议,是指未参加执行程序的人认为法院对标的物的执行侵害其实体权利时,就对执行标的物的全部或部分,向执行法院提出异议。案外人异议,是专门针对案外人实体权利提供的救济的一种方式。

执行程序贵在迅速、快捷,所以执行机关在对标的物采取查封、扣押、冻结措施时,遵循形式化原则,即法律允许执行人员仅凭其外观来判断其权属,不要求对标的物的权属进行实质审查后再采取执行措施,如执行人员发现被执行人家中有金银首饰,无须查明该首饰究竟是属于被执行人所有还是属他人所有,就可将其扣押。但如此一来,就有可能把案外人的财产当做被执行人的财产来执行,所以,为保护案外人的利益,需要赋予其提出异议的权利。

(二) 案外人异议与执行异议的区别

案外人异议与执行异议虽然都是执行救济的方式,但两者存在相当大的区别:

1. 异议的原因不同

案外人异议的原因是法院的执行行为侵害了案外人的实体权利,案外人对执行标的物有足以排除强制执行的实体权利,而执行异议的起因是当事人等认为执行法院执行时采取的方法、措施违法。

2. 异议的目的不同

案外人异议的目的是要排除对标的物的强制执行,而执行异议的目的则是要求执行机关撤销或变更被异议的具体执行行为。

3. 方式不同

案外人异议由于涉及实体权利的争执,所以可能要采取申请再审甚至异议之诉的方式提出,而执行异议涉及的仅是程序性问题,只需要采用提出异议的方式。

4. 处理的程序不同

案外人异议首先由执行机构进行初步审查,当事人如对初步审查后作出的裁定不服,就会申请再审或提起诉讼,这时就需要适用审判程序来解决。而执行异议只需适用执行程序的相关规定进行审查,无需适用审判程序。

（三）案外人异议的要件

案外人提出异议,须具备一定的条件。它们是:

（1）异议的主体须是案外人。这里的案外人,是指执行当事人以外的人,是执行依据的效力所不及之人,如执行标的物的共有人,便可提出异议。

（2）异议的事由是案外人对执行标的物有所有权或者其他阻止标的物转让或者交付的权利。案外人对执行标的物提出异议,多数是基于所有权,但不限于所有权,基于承包经营权、宅基地使用权、建设用土地使用权等其他足以阻止标的物转让或交付的权利的,也可以提出异议。

（3）异议的期间是执行过程中。执行过程是指强制执行已经开始至执行完毕前,执行尚未开始,执行法院还未对标的物采取执行措施,自然没有提出异议的必要①,执行已经完毕,标的物已被处分,再提出异议为时已晚,起不到救济作用。

（4）异议须采用书面形式提出。② 案外人提出异议,须采用书面形式,须在异议书中说明异议的事由,如果有能够证明异议事由的证据,也应一并提出。法律要求以书面形式提出异议,一方面是为了促使案外人在提出异议时慎重行事,另一方面则在于便于法院对异议进行审查。

（四）案外人异议的程序

案外人提出异议后,执行机构应当在收到书面异议之日起的15日内进行审查,审查后,根据情况作出如下处置:

（1）异议的理由成立的,裁定中止对该标的物的执行,执行机构对异议的审查只是初步审查,所以即便理由成立,也只是暂时停止对该标的物的执行。既然是中止执行,当然也就不排除恢复执行的可能。

（2）异议理由不成立的,裁定驳回。经过初步审查后,执行机构认为理由不成立的,须以裁定方式驳回异议。

（3）对裁定的救济。执行机构对异议的审查只是初步的审查和处理,所以对初步处理的结果还应当提供进一步的救济措施,由于初步处理的结果既影响到案外人的利益,又影响到当事人的利益,所以救济的对象既包括案外人,又包括当事人。

案外人的救济途径有两条:一是就生效的裁判文书申请再审,一是向法院提起诉讼。如果对标的物的执行直接源于作为执行依据的裁判文书,如裁判文书中指定将某辆汽车

---

① 在例外情形下,应当允许案外人在执行开始前提出异议。当法律文书确定的义务是特定物的交付时,由于执行一旦开始,就会迅速完毕,等到执行开始再提出异议可能来不及,所以应当允许案外人在执行开始前提出异议。

② 1991年的《民诉法》未对异议形式作出规定,法院在执行实务中虽然也要求案外人以书面形式提出异议,但对书面提出确有困难的,也允许口头提出。2007年修订《民诉法》后,一律要求采用书面形式提出。

交给申请执行人,案外人的异议被裁定驳回后,须以申请再审的方式寻求进一步的救济,因为既然是裁判文书指明要执行该汽车,不通过撤销这一文书,就无法改变对该标的物的执行。如果该标的物并非裁判文书中指定执行的物,而是执行法院为执行金钱债权而扣押的物,如为执行50万元的货款,将被执行人家中的名贵钻石扣押。由于执行标的物与作为执行依据的生效裁判无直接关系,所以案外人无需申请再审,而是需要通过提起诉讼的方式来寻求进一步的救济。此时,案外人实际上是提起了执行异议之诉。

案外人提起异议之诉,须在驳回的裁定送达之日起15日内提出。异议之诉是一个新的解决执行标的物实体权利争议的诉讼,所以要符合起诉的一般要件。该诉的被告,一般为申请执行人,但被执行人主张该标的物归其所有时,被执行人也应成为本诉的共同被告。案外人提起异议之诉后,法院应当按照通常的诉讼程序进行审理,对案外人提出的排除强制执行的请求作出裁判。

案外人提出异议后,如果法院裁定中止执行,对这一裁定,法律也为当事人提供了救济。在此种情形下,提出救济的为申请执行人。

(五)案外人异议对执行的影响

在法院审查和处理异议期间,即使案外人已经申请再审或者提起异议之诉,执行法院仍然可以对执行标的物采取查封、冻结、扣押等控制性执行措施,但一般不得对标的物进行处分,正在实施的处分措施应当停止。当异议能否成立一时难以确定时,在案外人已经提供了确实有效的担保的情况下,也可以解除查封、扣押措施,而在申请执行人提供确实有效担保的情况下,也可以继续执行(《执行规定》第71条、第74条)。

四、执行回转

(一)执行回转的概念

执行回转,是指全部或部分执行完毕后,由于据以执行的法律文书被撤销或变更,执行机构将已经执行的财产返还给被执行人,使被执行人的财产恢复到执行程序开始前的状态。

(二)执行回转的情形

在强制执行的实务中,引起执行回转的情形有下列几种:

(1)执行依据依审判监督程序被撤销。判决、裁定、调解书执行完毕后,法院依审判监督程序对案件进行了再审,依法撤销了生效法律文书,被执行人可依据再审后作出的生效法律文书,申请执行回转。

(2)先予执行的裁定被撤销。法院制作的先予执行的裁定在执行完毕后,又被本院的生效判决或上级法院的终审判决撤销。

(3)其他机关的生效法律文书(如仲裁裁决书、经公证的债权文书等)执行完毕后,又被制作机关依法撤销。

(三)执行回转的条件

依据第233条的规定,执行回转须具备以下条件:

1. 执行已经完毕

这里的执行完毕是指执行程序全部或部分结束后。在法院对被执行人采取强制执行措施前，被执行人的财产还未被执行，不发生执行回转的问题。在执行过程中，如执行依据被撤销，法院须先结束执行程序，不能立即开始执行回转，只有在执行程序完毕后，才可能开始执行回转。执行回转既可能发生在全部执行完毕后，也可能发生在部分执行完毕后。

2. 执行依据被依法撤销

执行依据的存在是执行程序得以进行的前提和基础，在执行过程中，执行根据须始终存在。作为执行根据的法律文书一旦被依法撤销，执行便失去了合法的依据。

3. 申请执行人拒不返还财产

执行依据被依法撤销后，申请执行人依强制执行措施获得的财产便失去了法律依据，继续占有财产属非法状态的占有，应依据《民法通则》返还不当得利的规定返还被执行人，申请执行人主动返还的，没有必要执行回转，拒不返还的，才有必要执行回转。

4. 须有执行回转的裁定书为依据

执行回转是法院强制申请执行人返还财产，是一种新的执行程序，所以须有新的法律文书作为依据。撤销原执行依据的法律文书，只是宣告了原执行依据无效，并无要求执行程序中的申请人返还财产的内容，因而不能作为执行回转的依据，被执行人须以撤销原执行依据的新的法律文书为依据，向执行法院申请执行回转，执行法院据此作出的执行回转的裁定，才是执行回转的根据。

（四）执行回转的措施

申请执行人拒不返还已取得的财产的，法院便会采取相应的强制执行措施，执行标的物是特定物的，应强制其交还特定物，不能退还原物的，则折价抵偿，如执行标物的有孳息的，应一并执行回转。如标的物已由申请人合法转让给第三人的，则不能对该标的物采取执行回转措施，只能强制申请人按相应的价值向被执行人给付。

阅读法规

《民诉法》第224—240条、第256—258条；《执行规定》第1—31条、第70—128条；《执行解释》第1—35条；《制裁规避执行意见》。

案例解析

【20-1】 甲以感情破裂为由向法院起诉离婚，经法院调解被告乙也同意离婚，但双方都要求六岁的儿子随自己一起生活，经过法院进一步做调解工作后，双方达成调解协议，孩子跟其母亲乙一起生活，但每周的周五下班后，甲可把儿子接回家，至周日晚上六点前送回乙处。后来，由于乙不让甲接儿子，甲向法院申请强制执行。

问:(1) 本案的执行标的是什么?
(2) 法院如何强制执行?

分析要点:(1) 本案涉及的是对探视权的执行,对探视权的执行与离婚时交付子女的执行有一定的相似之处,申请执行人都是要求法院强制被执行人把子女交给自己,但离婚时交付子女的执行是一次性的行为,而本案则是每周末的探视权的实现。

(2) 法院在执行时,可采用向被执行人发出命令,命令乙允许申请人接走孩子,如不执行法院的命令,就对其进行罚款、拘留。

【20-2】 南阳市的甲与襄樊市的乙订立了买卖合同,由于乙拖欠货款50万元,甲欲向法院提起诉讼,乙知道后与甲协商,达成还款协议,为了保证还款协议的切实履行,还款协议在南阳市的公证处进行了公证,公证书写明:如果乙不按时还款,甲可以向法院申请强制执行50万元的本金和8万元的利息。还款期到来后,乙未按时还款。甲获悉乙在湖北省的黄冈市有一套三居室的商品房。

问:(1) 甲应向哪一地点的法院申请执行?
(2) 在执行中,如果乙愿意提供担保,可否由丙作为保证人?
(3) 由于丙提供了担保,法院是否可以决定暂缓执行?
(4) 在执行中如果甲与乙达成和解协议,约定乙如能在2010年年底前支付50万元,甲自愿放弃8万元的利息。到了该年的年底,乙总共只付款30万元。甲此时如何处置?

分析要点:(1) 可以向襄樊市或者黄冈市的法院申请执行。公证债权文书的执行,由被执行人的住所地或者被执行人财产的所在地的法院管辖,因此上述两个地点的法院都有管辖权。不过,如果甲请求法院执行乙在黄冈市的商品房,则应当向黄冈市法院申请强制执行。

(2) 可以由丙作为保证人,丙提供担保应当向法院提交保证书。

(3) 提供担保后,法院在征得申请人同意后,可以决定暂缓执行。被执行人在暂缓执行期限到来后仍不履行的,法院可以恢复执行,还可以执行担保人丙的财产。

(4) 此时甲可以向法院申请恢复执行原来经公证证明的债权文书。

【20-3】 甲在全国性报纸上发表文章称,某大学经济学教授乙发表在知名刊物上的一篇论文是抄袭他人的。乙为此起诉甲,法院审理后认为甲所主张抄袭事实不存在,判决甲不得再发表乙抄袭的言论,并且在全国性报纸上向乙赔礼道歉,为乙消除影响、恢复名誉。对法院的这一判决,甲未上诉。但是,甲不仅不向乙赔礼道歉,而且仍然在博客上发表言论,称乙的这篇文章是抄袭的。鉴于此,乙向法院申请强制执行胜诉判决。

问:法院对此可以采用哪些措施?

分析要点:法院可以让甲支付迟延履行金,通过迟延履行金促使甲履行义务。法院还可以采用替代之行的方法,决定将判决书的内容和有关情况刊登在全国性的报纸上,费用由被执行人乙承担。针对甲依然在博客上发表损毁乙名誉的言论,法院可以决定对甲采取罚款甚至拘留措施。

【20-4】 甲与乙为一块奇石发生纠纷,甲向法院起诉,称双方已经就这块奇石订立买卖合同,自己已经支付了部分价款,请求法院判决乙交付奇石。法院审理后,支持了甲的诉讼请求,并根据甲的申请,采取执行措施完成了奇石的交付。这块奇石实际上是乙好友丙出国前寄放在乙处的,丙回国后才得知此事。

问:(1) 丙可采取什么方法来维护自己的权利?
(2) 如果丙申请再审成功,法院应当如何执行?

分析要点:(1) 丙只能向法院申请再审。丙只能选择申请再审作为救济手段的原因在于:该奇石是特定物,法院在生效裁判中判令乙交付给甲,如果该判决确有错误,也只能通过再审程序将原判决撤销。

(2) 如果法院再审后撤销原判决,确认该奇石属于丙所有,乙应当返还奇石,乙拒绝返还的,法院可以根据丙的申请采取执行回转措施。

司法考试题

2002 年试卷三第 66 题"执行和解";第 78 题"仲裁裁决不予执行的处理";

2003 年试卷三第 28 题"执行中止的事由";第 69 题"暂缓执行(因执行担保而暂缓执行)";第 75 题"执行根据(生效法律文书的执行)";

2004 年试卷三第 48 题"执行和解";第 49 题"执行回转的适用";第 50 题"委托执行、执行中止";

2005 年试卷三第 44 题"执行法院的确定";第 47 题"仲裁案件财产保全的执行管辖";第 49 题"仲裁裁决不予执行的处理";第 72 题"执行根据";第 80 题"执行开始、申请执行的期限、执行根据";

2006 年试卷三第 87 题"执行终结";

2007 年试卷三第 42 题"执行和解";第 49 题"仲裁裁决不予执行";第 84 题"执行程序";

2008 年试卷三第 47 题"委托执行中案外人异议的处理方式";第 85 题"执行法院、执行异议的救济、执行和解、申请执行的期限";第 89 题"执行标的";

2009 年试卷三第 48 题"申请再审的情形、执行异议";第 50 题"执行担保、暂缓执行";

2010 年试卷三第 45 题"执行阻却、执行和解";第 49 题"执行标的异议中被告的确定";第 90 题"执行中当事人的异议权";

2011 年试卷三第 47 题"执行异议";第 49 题"仲裁裁决的不予执行";

2012 年试卷三第 42 题"执行依据";第 50 题"仲裁的执行"。

第二十章 民事执行程序分论

第一节 各类执行措施概述

一、执行措施的概念与特征

执行措施,是指法院所采取的强制被执行人履行义务的各种手段和方法。法院采取执行措施的行为,称为执行行为。

执行措施具有如下特征:

(一) 强制性

执行措施是执行法院运用国家公权强迫被执行人履行生效法律文书所确定的义务,是强制执行的具体表现。

(二) 法定性

公权力的实施,须依法进行,法律对执行措施的种类、适用条件、程序等作出了具体而明确的规定,执行法院须严格依照法律的规定运用执行措施。

(三) 多样性

民事执行的对象具有多样性,执行措施须具有针对性,债权的内容不同,执行对象不同,需要采取的执行措施也不同,所以法律需要规定多种执行措施。

二、执行措施的分类

(一) 金钱债权的执行措施与非金钱债权的执行措施

这是根据执行依据中所确定的债权的内容所作的分类。为实现金钱债权所采用的执行措施为金钱债权的执行,对金钱债权的执行除直接扣押、冻结、划拨金钱外,还包括对动产与不动产的执行。非金钱执行措施是指针对物的交付请求权和行为请求权采取的执行措施。

(二) 控制性执行措施与处分性执行措施

依据执行措施能否直接实现执行目的,可将执行措施分为以上两类。控制性执行措施是执行机关为防止被执行人转移、隐匿、出卖财产而采取的执行措施,包括查封、扣押、冻结等具体措施。处分性执行措施是指将被执行人的财产变价来清偿债务的执行措施。由于从查封、扣押到变价需要办理各种手续,需要经过一段时间,所以法院在对动产、不动产执行时,常常需要先采取控制性执行措施,然后再采取处分性执行措施。

(三) 直接执行措施、间接执行措施和代执行措施

这是根据执行措施能否直接实现执行根据所确定的债权的内容所做的分类。直接执

行措施,是指能够直接实现债权内容的执行措施,如划拨银行存款、变卖被查封或扣押的动产与不动产。间接执行措施,是指虽然不能直接实现债权的内容,但可以通过对被执行人施加压力,促使其履行债务的执行措施,如拘留、罚款、限制离境、将不履行情形记入征信系统等措施。代执行措施是指运用代执行时所采取的执行措施,即通过第三人的行为来实现债权的内容,费用由被执行人负担。如判决的内容是被执行人须拆除违章建筑,在被执行人拒不履行时,法院指定某个工程队拆除,费用则由被执行人负担。

《民诉法》第21章专门对执行措施作了规定,该章规定的执行措施有10种之多。《适用意见》、《执行规定》等司法解释对执行措施作了更为具体的规定。

第二节 金钱债权的执行

一、金钱债权执行概述

(一) 金钱债权执行的概念

金钱债权,是指以给付一定数额的金钱为目的的债权。金钱债权的执行,是指为实现执行根据所确定的金钱债权而进行的执行。

金钱债权的范围很广,除执行根据中载明的返还借款,给付租金、货款等外,还包括诉讼费、执行费、代执行所产生的费用,迟延履行金等。

(二) 金钱债权执行的意义

在整个民事执行中,金钱债权的数量最多,比例最大,法院的执行工作,主要是围绕着金钱债权的执行进行的。对金钱债权的执行之所以成为法院执行工作的主要内容,一方面是由于金钱债权的范围本身很广,另一方面则是因为一些非金钱债权的执行也可以转化为金钱债权的执行,如法院在采用代执行措施时,实际上是把对特定行为的执行变为对被执行人金钱的执行。

鉴于金钱债权在整个民事执行中的重要地位,一些国家的执行法用相当大的篇幅对其加以规定。

(三) 金钱债权执行的方法

当被执行人有金钱时,执行起来相对比较简单,如将扣押的被执行人的现金交付给申请执行人,把被执行人账户中的现金划拨给申请执行人。如被执行人无可供执行的金钱,就需要执行被执行人的其他财产,由于需要把其他财产转换为金钱,所以执行起来就比较复杂。对动产、不动产等其他财产的执行,通常分三个阶段进行。首先,是采取控制性执行措施,将财产查封或扣押,禁止被执行人处分该财产;其次,是通过拍卖或变卖,将被查封或扣押的财产变为金钱;最后,是把通过变价所取得的金钱交给申请人,完成整个执行行为。

金钱债权的执行,具体可分为对存款等的执行、对劳动收入的执行、对到期债权的执行、对动产、不动产的执行和对特殊财产的执行。在对金钱债权的执行中,还会涉及参与分配的问题。

二、对存款等财产的执行

被执行人未按执行通知履行法律文书确定的义务,法院有权向有关单位查询被执行人的存款、债券、股票、基金等财产情况,有权冻结、划拨被执行人的上述财产,但查询、冻结、划拨不得超出被执行人应当履行义务的范围。

法院在执行时,首先需要通过查询获得或者核实相关的存款等财产的信息,在确定被执行人在银行等金融机构确有财产后,再发出协助执行通知书,根据执行案件的具体情况,或者先冻结再划拨,或者直接要求金融机构划拨。

被执行人为金融机构的,对其交存在人民银行的存款准备金和备付金不得冻结扣划,但对其在本机构、其他金融机构的存款,及其在人民银行的其他存款可以冻结、划拨,并可对被执行人的其他财产采取执行措施,但不得查封其营业场所。

财产一旦被法院冻结,有关单位不得擅自解冻,擅自解冻被法院冻结的财产,致使财产被转移的,法院有权责令其限期追回已转移的财产。在限期内未能追回的,应当裁定有关单位在被转移财产范围内以自己的财产向申请执行人承担责任。

三、对劳动收入的执行

被执行人不履行法律文书指定的给付金钱的义务而有劳动收入时,执行法院可采用扣留、提取劳动收入的方法执行。由于劳动收入关系到被执行人及其家属的生活来源,所以在采取这一执行措施时,法院需保留被执行人及其所抚养家属的生活必需费用。

法院在采取这一执行措施时,同样需要有关单位的协助,所以一方面需要制作扣留、提取劳动收入的裁定书,另一方面需要向被执行人的工作单位、银行、信用合作社等金融机构发出协助执行通知书。

四、对到期债权的执行

(一) 概念与特征

对到期债权的执行,又称"代位申请执行",是指被执行人不能清偿债务,但对第三人享有到期债权的,法院根据当事人的申请,强制收取被执行人对第三人债权的执行行为。[①]

对到期债权执行的特征是:(1) 以被执行人到期债权为执行对象;(2) 以实体法上的代位权和程序法上的执行力扩张为理论基础;(3) 把申请执行人与被执行人、被执行人与第三人两个债权债务关系一并处理。

(二) 执行到期债权的条件

执行对第三人的到期债权,应当具备下列条件:

---

① 为了规范对到期债权的执行,《执行规定》第七部分(第61—69条)专门规定了"到期债权的执行"。

1. 被执行人不能清偿到期债务

执行程序开始后,首先应当执行被执行人的财产,如果被执行人财产已能够清偿债务,就无需舍近求远地去执行到期债权,只有在对被执行人的财产采取强制执行措施后仍不能满足申请人债权时,才有必要去执行被执行人对第三人的到期债权。

2. 被执行人对第三人有到期债权

被执行人须对第三人享有债权,该债权已届清偿期,如尚未到期,被执行人无权要求被执行人履行,也就不能代位执行。

3. 该债权不是专属于被执行人的权利

根据《合同法》第73条关于代位权的规定,代位权的行使以被执行人对第三人的债权不具有专属性为前提条件,如该债权在性质上为专属于被执行人的权利,就无从适用代位执行。

4. 当事人提出申请

对到期债权的执行,须由当事人提出申请,法院不主动实施,申请可以由申请执行人提出,也可以由被执行人提出,实务中大多数情况下由申请执行人提出。提出申请,原则上应当采用书面形式。

5. 第三人不提出异议

法院执行到期债权须向第三人发出履行债务的通知,第三人收到通知后既不提出异议,又不履行债务,才能执行。

(三) 执行到期债权的程序

1. 申请与审查

首先,应由申请执行人或被执行人向执行法院提出书面申请,申请书应写明被执行人对第三人享有到期债权的事实、债权的种类与数额、申请代位执行的理由。法院收到申请后,应对上述五个方面的条件进行审查,以决定是否对到期债权采取执行措施。

2. 发出履行通知书

对符合条件的申请,法院应当向第三人发出履行到期债务的通知,通知须直接送达第三人,履行通知应包括如下内容:(1) 第三人直接向申请执行人履行其对被执行人所负的债务,不得向被执行人清偿;(2) 第三人应当在收到履行通知后的15日内向申请执行人履行债务;(3) 第三人对履行到期债权有异议的,应当在收到履行通知后的15日内向执行法院提出;(4) 第三人违反上述义务的法律后果。

3. 第三人异议

第三人收到履行通知后,有权提出异议。第三人提出异议,须在履行通知书指定期间内提出,并且一般应当采取书面方式提出。异议的内容为或者否认与被执行人之间存在债务关系,或者虽然承认存在债务关系但未到履行期限,如果仅仅在异议中提出自己无履行能力或自己与申请人无直接法律关系,不属于法律认可的异议。第三人的异议,既可以针对全部债权提出,也可以仅针对部分债权提出。

执行法院对第三人提出的异议,只作形式上审查,不审查第三人与被执行人债权债务关系是否存在及存在的实际状况(不作实质审查的原因是第三人与被执行人之间的债权债务,毕竟是另外一个法律关系,由执行机构在执行过程中审查是不恰当的)。经形式审查异议成立的,法院不得对第三人强制执行。这说明第三人异议有绝对排除强制执行的效力。

4. 第三人自动履行

第三人收到法院送达的履行通知书后,如未提出异议并按通知书的要求向申请执行人履行了义务,法院应当为第三人出具相关的证明。该证明表明第三人通过履行已全部或部分清偿了债务,被执行人对第三人的债权因此而消灭或减少。

5. 对第三人强制执行

第三人在履行通知的指定期限内未提出异议,又不履行的,执行法院即可裁定对其强制执行;第三人仅对部分债务提出异议的,则对未提出异议部分裁定强制执行。对第三人采取强制措施后,执行法院应当出具相关证明。

法院只能执行被执行人对第三人的到期债权而不得再执行第三人对他人的到期债权,如果第三人无财产可供执行或者其财产只够清偿部分债务,执行到期债权也必须终结,即使第三人对他人还享有债权,也不得再对第三人的债务人强制执行。

履行通知对被执行人和第三人均有法律的约束力。被执行人收到履行通知后,放弃其对第三人的债权或延缓第三人履行期限的行为无效,法院仍可在第三人无异议又不履行的情况下予以强制执行。第三人收到履行通知后,擅自向被执行人履行,造成已向被执行人履行的财产不能追回的,除在已履行的财产范围内与被执行人承担连带清偿责任外,还可以追究其妨害执行的责任。

五、对动产、不动产的执行

(一) 对动产、不动产执行的含义

对动产、不动产的执行,是指法院为了满足申请人的金钱债权,对属于被执行人所有的动产、不动产采取查封、扣押、拍卖、变卖等执行措施。动产、不动产不能直接用于清偿债务,需要通过一定的方式将其转化为货币后才能用来偿付金钱债权。对动产、不动产的执行往往需要先采用控制性执行措施,将其查封扣押,然后再采取处分性执行措施,将查封、扣押的财产通过拍卖、变卖转化为货币。

由于动产,不动产的性质不同,在社会经济生活中的重要性不同,法律规定的这两类财产的取得,变动方式不同,域外立法一般是将对动产的执行与对不动产的执行分别予以规定。但另一方面,对这两类财产的执行都是为了实现金钱债权,在执行的程序与执行的措施上两者也有许多相同之处,所以我国法律对这两类财产的执行未作严格区分。

(二) 查封、扣押①

查封是指执行法院将执行标的物加贴封条就地(通常为就地)或异地封存,扣押是指

---

① 2004年,最高人民法院颁发了《查封、扣押、冻结规定》,对查封、扣押、冻结的程序、方法、效力、期限等问题作了具体规定。

执行法院将执行标的物运送到有关场所扣留。

采取查封、扣押措施,须遵循下列原则:(1)公示原则。公示原则是指执行法院在对被执行人的财产查封、扣押时,应当按照法律规定的方式进行,使被执行人、案外人、其他执行法院及社会公众能够知晓财产已被查封、扣押的事实。(2)价值相当原则。价值相当原则是指查封、扣押的财产以其足以清偿申请执行的债权及执行费用为限,不得明显超出以上限度。(3)禁止重复查封、扣押原则。该原则是指在执行法院对被执行人财产进行查封、扣押后,包括其他法院在内的任何机关均不得再对该财产实施查封、扣押,否则,后来实施的查封、扣押行为无效。实行这一原则是为理顺执行顺序,同时也为解决执行争议提供依据。禁止重复查封、扣押并不排斥轮候查封、扣押。轮候查封、扣押是指对已被法院查封、扣押的财产,其他执行法院可以进行轮候查封、扣押。在先的查封、扣押解除的,登记在先的查封、扣押自动生效(《查封规定》第28条)。(4)查封、扣押财产豁免原则。该原则是指被执行人的某些财产为免于执行的财产,对这些财产不得采取查封、扣押措施。实行这一原则是为了保证被执行人的生存权,保护被执行人的利益和维护社会的公序良俗。

对法院进行查封、扣押,须作出书面裁定,执行法院决定采取查封、扣押措施时,须作出书面裁定,裁定应表明需要查封、扣押之物。裁定须送达双方当事人及有关单位。在需要有关单位协助查封、扣押时,应当向有关单位发出协助执行通知书。查封、扣押具体采用张贴封条、搬运财物、刊发公告,办理查封登记等方式。这些是执行法院具体实施的控制财产的措施,在具体案件中究竟采取哪些措施,要依据财产性质而定。不动产进行查封时,还需要提取有关证照。进行查封、扣押,还需通知相关人员到场,并制作笔录、清单。

对查封、扣押的财产,原则上应由执行法院负责保管,但也可视情况指定被执行人保管,委托第三人保管或交申请执行人保管。保管人一般不得使用被查封、扣押的财产,但如果继续使用对其价值无重大影响的,执行法院可以允许被执行人继续使用。

(三)强制拍卖[①]

1. 强制拍卖的概念

强制拍卖,是指执行法院把已经被查封、扣押的财产,以公开竞价的方式卖给出价最高的买受人。拍卖是公开、透明的变价方式,能够实现拍卖物价值的最大化,有利于保障申请执行人和被执行人的利益,因此,2012年《民诉法》把拍卖规定为首选的变价方式,规定"被执行人逾期不履行的,人民法院应当拍卖被查封、扣押的财产"。只有在不适合拍卖或者双方当事人不同意拍卖的情况下,才采取变卖的方式。

2. 强制拍卖主体的立法变迁

1991年《民诉法》规定,财产被查封、扣押后,债务人在指定期间内不履行义务的,法院可以按照规定交有关单位拍卖或变卖(第226条)。根据这一规定,我国法院在执行中一直实行的是委托拍卖,由拍卖机构根据法院的委托进行拍卖。2012年《民诉法》不再实

[①] 《拍卖、变卖规定》对执行中的拍卖、变卖问题作了相当具体的规定。

行委托拍卖,而是规定由法院自行拍卖(第247条)。因此,今后对被法院查封、扣押财产的拍卖由执行法院组织进行,司法拍卖的性质更加清晰。由法院自行拍卖,可以增强拍卖的公信力,可以节省委托拍卖需支付的佣金,有利于保护申请执行人和被执行人的利益。

3. 拍卖的程序

(1) 委托评估。对拟拍卖的财产,法院应当委托具有相应资质的评估机构进行价格评估。但下列情形除外:第一,财产价值较低或者价格依照通常方法容易确定的;第二,当事人双方及其他执行债权人申请不进行评估的。

评估机构由当事人协商一致后经法院审查确定;协商不成的,从负责执行的法院或者被执行人财产所在地的法院确定的评估机构名册中,采取随机的方式确定;当事人双方申请通过公开招标方式确定评估机构的,法院应当准许。

(2) 发布拍卖公告。拍卖应当先期公告。拍卖动产的,应当在拍卖7日前公告。拍卖不动产或者其他财产权的,应当在拍卖15日前公告。拍卖公告的范围及媒体由当事人双方协商确定;协商不成的,由法院确定。拍卖的财产具有专业属性的,应当同时在专业性报纸上进行公告。

(3) 预缴保证金。拍卖不动产、其他财产权或者价值较高的动产的,竞买人应当于拍卖前向法院预交保证金。申请执行人参加竞买的,可以不预交保证金。保证金的数额由法院确定,但不得低于评估价或者市价的5%。应当预交保证金而未交纳的,不得参加竞买。拍卖成交后,买受人预交的保证金充抵价款。

(4) 拍卖成交。拍卖成交的,法院应当作出裁定,并于价款或者需要补交的差价全额交付后10日内,送达买受人或者承受人。买受人应当在拍卖公告确定的期限或者法院指定的期限内将价款交付到法院或者汇入法院指定的账户。法院应当于裁定送达后15日内,将拍卖的财产移交买受人或者承受人。被执行人或者第三人占有拍卖财产应当移交而拒不移交的,强制执行。

(5) 重新拍卖。拍卖成交或者以流拍的财产抵债后,买受人逾期未支付价款或者承受人逾期未补交差价而使拍卖、抵债的目的难以实现的,法院可以裁定重新拍卖。重新拍卖时,原买受人不得参加竞买。重新拍卖的价款低于原拍卖价款造成的差价、费用损失及原拍卖中的佣金,由原买受人承担,法院可以直接从其预交的保证金中扣除。扣除后保证金有剩余的,应当退还原买受人;保证金数额不足的,可以责令原买受人补交;拒不补交的,强制执行。

(6) 流拍后的再拍卖。拍卖时无人竞买或者竞买人的最高应价低于保留价,到场的申请执行人或者其他执行债权人不申请以该次拍卖所定的保留价抵债的,应当在60日内再行拍卖。

(四) 强制变卖

强制变卖是指执行法院不经过竞价,直接把执行标的物出卖。与拍卖相比,变卖是一种简便的出卖方式,但所卖得的价金,往往不如拍卖高。所以,变卖只是在以下情形下适用:(1) 不适合拍卖;(2) 当事人双方均同意不进行拍卖。

变卖可以由法院委托有关单位实施,也可以由法院执行变卖。

变卖的价格应当合理。当事人对价格有约定的,按约定价格变卖;无约定价格但有市价的,变卖价格不得低于市价;无市价但价值较大、价格不易确定的,应当委托评估机构进行评估,并按照评估价格进行变卖。按照评估价格变卖不成的,可以降低价格变卖,但最低的变卖价不得低于评估价的二分之一。

在强制变卖财产时,法院及其工作人员不得作为买受人。

强制拍卖、变卖具有以下效力:

(1) 所有权转移的效力。动产拍卖或者变卖成交后,其所有权自该动产交付时起转移给买受人。不动产、有登记的特定动产或者其他财产权拍卖或变卖成交后,该不动产、特定动产的所有权、其他财产权自拍卖成交时起转移。

(2) 拍卖、变卖物上负担的处理。拍卖财产上原有的担保物权及其他优先受偿权,因拍卖而消灭,拍卖所得价款,应当优先清偿担保物权人及其他优先受偿权人的债权,但当事人另有约定的除外。拍卖财产上原有的租赁权及其他用益物权,不因拍卖而消灭,但该权利继续存在于拍卖财产上,对在先的担保物权或者其他优先受偿权的实现有影响的,法院应当依法将其除去后进行拍卖。

(3) 拍卖、变卖所得价金的处理。拍卖、变卖所得价金按照以下顺序偿付:首先用来偿付执行费用(包括查封、扣押、拍卖、变卖过程中实际发生的费用),然后用来偿付有优先权的申请人,再向普通申请人偿付。如还有剩余,应退还给被执行人。

(五) 以物抵债

以物抵债,是指将被执行人的财产作价后,将财产直接交给申请执行人,用该财产来折抵债务。

对拍卖物,有下列情形之一的,法院可将拍卖物交申请执行人或者其他执行申请人抵偿债务:拍卖时无人竞买或者竞买人的最高应价低于保留价,到场的申请执行人或者其他执行申请人申请或者同意以该次拍卖所定的保留价接受拍卖财产的;第二次拍卖仍流拍的动产。

实行以物抵债的,动产的所有权自交付之时起转移给申请执行人,不动产、有登记的特定动产的所有权自抵债裁定送达申请执行人时转移于申请执行人。

对第二次流拍的动产,申请执行人或者其他执行申请人拒绝接受或者依法不能交付其抵债的,法院应当解除查封、扣押,并将该动产退给被执行人。

(六) 强制管理

强制管理是指由执行法院选任管理人,对已被法院查封的不动产和船舶、航空器等特定动产进行管理,用管理所得的收益清偿债务的执行措施。强制管理是以被管理财产所生收益为对象的执行。

1. 强制管理的特点

强制管理具有以下特点:(1) 强制管理的对象原则上为不动产,但船舶、民用航空器亦可作为强制管理的对象。(2) 强制管理以被管理财产所产生的收益为执行对象。管理期内所产生的收益扣除管理费用后,用来满足债权。在强制管理期间内,被执行人对收益丧失了处分权。(3)强制管理持续的时间一般较长。强制管理以收益为执行对象,与所需满足的债权相比,其数额一般较小,需要较长时间的强制管理,才能够完全满足债权。

2. 强制管理与拍卖

强制管理与拍卖均为对不动产查封后所采取的执行措施,但对于申请执行人来说,拍卖仍然是首选的执行措施。拍卖是将不动产变价,所获金额相对较多,申请执行人的权利可迅速得到满足;强制管理是对不动产收益的执行,收益数额不多,债权难以尽早获得清偿。所以,对已查封的不动产在一定条件下,如查封的不动产依其性质不宜拍卖,采取拍卖措施显失公平,经两次拍卖均未拍定等,才适用强制管理。

3. 强制管理的开始与终结

强制管理一般依申请执行人的申请而开始,执行法院审查后,认为适合强制管理的,在选定管理人后,发出强制管理的命令。

依据强制管理的命令,管理人取得了对不动产及其收益的管理权。被执行人则不得干涉管理人的管理活动,如收益系由第三人交付,第三人应依法院的管理命令将收益交付给管理人。管理人在管理中享有一定的权利和义务,其管理活动受执行法院监督。对所获得的收益,管理人在扣除管理费和其他必要费用后,应当及时交给执行法院。

当强制管理所获得的收益已清偿全部债务时,申请执行人已通过这一执行措施得到满足,执行法院应终结强制管理。当收益扣除管理费与其他必要支出后已无剩余时,强制管理已无实际意义,所以也应撤销强制管理。

六、对特殊财产的执行

特殊财产,是指知识产权、利息、红利、投资权益、股权、股份凭证等非金钱性财产。

(一) 对知识产权的执行

知识产权中既包括财产权又包括人身权,其中的财产权可以用来清偿债务,故可以作为强制执行的对象。对被执行人所有的知识产权,法院可以先采取保全性执行措施,裁定禁止被执行人转让其专利权、注册商标专用权、著作权(财产权部分)等知识产权。上述权利有登记主管部门的,应当同时向有关部门发出协助执行通知书,要求其不得办理财产权转移手续,必要时可以责令被执行人将产权或使用权证照交法院保存。然后再对知识产权中的财产权采取拍卖、变卖等执行措施(《执行规定》第50条)。

(二) 对利息、红利等收益的执行

对利息、红利等收益的执行分为已到期和未到期两种情况。对被执行人从有关企业中应得的已到期的股息或红利等收益,法院有权裁定禁止被执行人提取和向被执行人支付,并要求有关企业直接向申请执行人支付。对被执行人预期从有关企业中应得的股息或红利等收益,法院可以采取冻结措施,禁止到期后被执行人提取和有关企业向被执行人支付。到期后法院可从有关企业中提取,并出具提取收据(《执行规定》第51条)。

(三) 对投资权益、股权的执行[①]

对被执行人在有限责任公司、其他法人企业中的投资权益或股权,法院可以采取冻结措施。冻结投资权益或股权的,应当通知有关企业不得办理被冻结投资权益或股权的转移手续,不得向被执行人支付股息或红利。被冻结的投资权益或股权,被执行人不得自行转让。

对被执行人在有限责任公司中被冻结的股权,法院应当依据《公司法》第73条规定执行,即"人民法院依照法律规定的强制执行程序转让股东的股权时,应当通知公司及全体股东,其他股东在同等条件下有优先购买权。其他股东自人民法院通知之日起满20日不行使优先购买权的,视为放弃优先购买权。"

对被执行人在其他股份有限公司中持有的股份凭证(股票),法院可以扣押,并强制被执行人按照《公司法》的有关规定转让,也可以直接采取拍卖、变卖的方式进行处分,或直接将股票抵偿给申请人,用于清偿被执行人的债务。

法院也可允许并监督被执行人自行转让其投资权益或股权,将转让所得收益用于清偿对申请执行人的债务。

被执行人在其独资开办的法人企业中拥有的投资权益被冻结后,法院可以直接裁定予以转让,以转让所得清偿其对申请执行人的债务。

对被执行人在中外合资、合作经营企业中的投资权益或股权,在征得合资或合作他方的同意和对外经济贸易主管机关的批准后,可以对冻结的投资权益或股权予以转让。如果被执行人除在中外合资、合作企业中的股权以外别无其他财产可供执行,其他股东又不同意转让的,可以直接强制转让被执行人的股权,但应当保护合资他方的优先购买权。

对红利、股息、投资权益、股权的执行,需要有关企业的协助。有关企业收到法院发出的协助冻结通知后,擅自向被执行人支付股息或红利,或擅自为被执行人办理已冻结股权的转移手续,造成已转移的财产无法追回的,应当在所支付的股息或红利或转移的股权价值范围内向申请执行人承担责任。

七、参与分配

(一) 参与分配的概念

参与分配,是指在执行过程中,被执行人财产不足以清偿各申请人的债权时,申请执行人以外的其他债权人向法院申请加入执行程序,从执行标的中获得公平受偿的制度。

参与分配是执行程序中为多个债权人提供公平保护而设立的制度。被执行人的全部财产,是对全部债务进行清偿的担保,因此某一申请执行人申请强制执行后,其他债权人有权申请加入执行程序,就执行所得全额接受清偿。《执行规定》第88—96条规定了"多个债权人对一个债务人申请执行和参与分配"问题。

[①] 以下内容,参见《执行规定》第51—56条。

(二) 参与分配的条件

(1) 有多个申请执行人。存在多个申请执行人,才有参与分配的必要,只有仅有的一个申请执行人,则不发生参与分配问题。

(2) 参与分配的债权须为金钱债权。参与分配是针对金钱债权而设置的制度,申请执行和参与分配的债权均须为金钱债权,如债权的内容为物的交付请求权,作为或不作为的请求权,则不适用参与分配。

(3) 申请参与分配人须具备一定条件。并非所有的债权人都有资格申请加入参与分配。在我国仅有下列债权人有参与分配的资格:已经取得执行依据的债权人;已向被执行人提起诉讼的债权人;法院已对被执行人的财产采取查封、扣押、冻结措施的,对该项财产享有优先权、担保物权的债权人。

(4) 在执行程序开始后,执行完毕前提出申请。债权人欲参与分配,须在执行程序开始后被执行人财产执行完毕前提出申请。执行程序开始前无从参与,执行完毕后因程序已终结而同样无从参与。

(5) 被执行人为公民或其他组织。我国对企业法人实行破产制度,法人以外的公民或其他组织不适用破产。因此,如果多个申请人申请执行企业法人的财产,其财产不足以清偿债务时,应当通过破产程序使申请人得到公平受偿,此际,法院可告知当事人申请破产。

(6) 被执行人财产不足以清偿所有债权。当一个或部分申请人已申请强制执行,被执行人的全部或者主要财产已被开始执行程序的法院查封、扣押或者冻结,其他债权人发现被执行人已无其他财产可供执行或者其他财产已不足以清偿债务,此际才产生参与分配的必要性。如被执行人还有其他财产可供执行,并且这些财产足以清偿债务,其他债权人应单独申请强制执行,不得参与分配。

(三) 参与分配的程序

(1) 债权人欲参与分配,须向主持分配的法院提交申请书,申请书应写明参与分配的理由,并附有执行依据。

(2) 参与分配由首先查封、扣押或冻结的法院进行。首先查封、扣押或冻结的法院所采取得执行措施如为执行财产保全的裁定,具体分配应在案件审理终结后进行。诉讼期间进行分配的,执行法院应当将与争议债权数额相当的款项予以提存。

(3) 分配方案的确定。依据《执行解释》第 25 条的规定,分配方案由法院制作后送达各申请执行人和被执行人。申请执行人或者被执行人对分配方案有异议的,应当自收到分配方案之日起 15 日内向执行法院提出书面异议。异议提出后,执行法院应当通知未提出异议的申请执行人或被执行人。

未提出异议的人收到通知之日起 15 日内未提出反对意见的,执行法院依异议人的意见对分配方案审查修正后进行分配;提出反对意见的,应当通知异议人。提出反对意见后,意味着对方配方案产生了争议,该争议需要通过诉讼途径解决。异议人可以自收到通知之日起 15 日内,以提出反对意见的申请执行人、被执行人为被告,向执行法院提起诉讼;异议人逾期未提起诉讼的,执行法院依原分配方案进行分配。

(4) 分配的两种情形:第一种是优先受偿。对法院已查封、扣押或冻结的财产享有优先权,担保物权的申请人,可主张优先受偿权,法院在分配财产时,也应当依照法定顺序使他们的债权优先得到满足。第二种是按比例分配。没有优先权或担保物权,按各个案件债权额的比例进行分配。

(5) 剩余债务的清偿。被执行人的财产被分配给申请人后,被执行人对其余债务应当继续清偿。申请人发现被执行人有其他财产的,法院可根据申请人的申请继续执行。

(三) 参与分配的顺序

法院应根据参与分配债权的数额,以及被执行人可供执行的财产的范围制作分配表。财产分配的顺序,应参照《破产法》第113条规定的清偿顺序进行,即从被执行财产中扣、执行费用和保全费用和除诉讼费用后,依照下列顺序清偿:(1) 法律规定优先于担保物权受偿的债权;(2) 在执行标的物上设有担保物权的债权,在同一标的物上设有多个担保物权的,按照各担保物权成立的先后顺序受偿;(3) 普通债权。

被执行财产不足以满足同一顺序的清偿要求的,按照比例分配。

第三节 非金钱债权的执行措施

一、非金钱债权执行措施概念

非金钱债权,是指不是以给付金钱为目的的债权,其内容主要包括两种类型,一种是以物的交付为给付内容的债权,另一种是以为或不为一定行为为给付内容的债权。非金钱债权的执行,是指执行法院为实现以物的交付为给付内容的债权和以行为给付为内容的债权而进行的执行。

在执行措施上,非金钱债权与金钱债权有明显区别。执行金钱债权往往需要对动产与不动产进行执行,在执行中其程序一般由查封或扣押、变价、偿付三个阶段构成。首先需要把它们转化金钱,然后才能用来满足申请人的债权。非金钱债权的执行不是以金钱交付为目的,故不存在变价问题,亦不存在偿付问题。

在执行方法上,对非金钱债权需根据具体情形,分别适用直接强制、间接强制、代替履行和损害赔偿四种方法。

二、物的交付请求权的执行

(一) 物的交付请求权的执行概述

物的交付请求权的执行,是指执行法院针对交付请求权采取的执行措施,执行行为针对法律文书所指定的、由被执行人占有的物进行,目的是把该物转移给申请人。

物的交付请求权的执行包括对动产的执行与对不动产的执行。在对金钱债权的执行中,也有对动产与不动产的执行,但两者存在重大差别:(1) 执行的目的不同。前者的目的在于满足金钱债权,后者的目的在于实现物的交付请求权;(2) 执行的方法不同。前者对动产、不动产进行查封或扣押后要进行变价,后者只需把物交付给申请人即可,不需要进行经过变价,查封或扣押也不是必经程序。

在对物的交付请求权进行执行时,执行的标的物具有特定性,只能是执行依据所指定的物,不能因为被执行人无该物而执行被执行人的其他财产。

(二) 交付动产的执行

交付动产的执行,是指执行法院将由被执行人占有的动产交取申请执行人占有。动产的范围包括可替代物,不可替代物和有价证券。

1. 被执行人占有执行标的物

当被执行人占有法律文书指定交付的财物或有价证券时,由执行人传唤双方当事人到场后当面交付,或者由执行员从被执行人处取走后转交申请人,无论是当面交付还是转交,均应当由被交付人签收(第249 条第1 款)。

执行标的物为特定物的,应当执行原物。原物被隐匿或非法转移的,执行法院应责令其交出。原物确已变质、损坏或灭失的,应裁定折价赔偿或按标的物的价值执行被执行人的其他财产(《执行规定》第57 条)。

当应交付物为证照、印章或其他凭证时,原则上应当采用当面交付或转交的方式执行,如被执行人拒不交出,可对其采取间接强制措施,即对其罚款或拘留,以迫使其交出。如当面交付或转交无法实施的,执行法院可根据申请执行人的申请,以裁定宣告书据、印章等无效,然后由申请执行人凭法院裁定向有关机关申请发给新的书据、印章或其他凭证。

2. 第三人占有执行标的物

当执行标的物为第三人占有时,应当区分第三人是为被执行人利益占有还是为自己的利益占有,如第三人是为自己利益占有,还需要进一步区分是有偿占有还是无偿占有。

当第三人是为被执行人的利益而占有执行标的物时,实际上是有关单位或公民持有执行标的物。对此,《民诉法》作出了明确的规定,即:"有关单位持有该项财物或票证的,应当根据人民法院的协助执行通知书转交,并由被交付人签收。有关公民持有该项财物或票证的,人民法院通知其交出。拒不交出的,强制执行"(第249 条第2、3 款)。有关单位或公民在接到协助执行的通知后,如协同被执行人转移财物或票证,法院有权责令其追回,逾期未追回的,应当裁定其承担赔偿责任。有关单位或公民因过失致使持有的物品或票证毁损、灭失的,法院可责令其赔偿,拒不赔偿的,可按标的物的价值强制执行(《执行规定》第58 条)。

(三) 交付不动产的执行

交付不动产的执行,是指执行法院根据法律文书所确定的交付义务,解除被执行人对不动产的占有,并使申请执行人取得不动产的占有。不动产主要是指土地及土地上的建筑物,故第250 条、251 条规定了对迁出房屋和退出土地的执行。

1. 交付不动产执行程序

(1) 发出公告,限期履行。

对迁出房屋或退出土地的强制执行,要由执行法院的院长签发公告,责令被执行人在指定期限内履行,逾期不履行的,才强制执行(第 250 条第 1 款),公告的目的是促使被执行人自动履行,给被执行人一次避免强制执行的机会。

(2) 通知当事人及有关单位派人到场。

执行开始前,应当通知相关人员到场,被执行人是公民的,应通知其本人或其他成年家属到场,被执行人是法人或其他组织的,应通知其法定代表人或者主要负责人到场。拒不到场的,不影响执行。被执行人是公民的,其工作单位或者房屋、土地所在地的基层组织应当参加。基层组织参加一方面在于了解执行的过程,另一方面在于协助法院做被执行人的工作。

(3) 强制搬迁或退出。

对被执行人占有的房屋或土地,需要采用强制搬迁的方法解除其占有。这一执行措施,可由参与执行的执行员、书记员、司法警察完成,也可委托给其他人员实施,费用由被执行人承担。迁出的财物,交给被执行人或其成年家属,拒绝接收的,由此造成的损失由被执行人承担。

(4) 交付申请执行人。

强制被执行人迁出或退出后,执行人员应当将房屋或土地交付给申请执行人占有,整个执行程序到此结束。

执行完毕后,执行人员应当将强制执行的情况记入笔录,由在场人签名或盖章。

(5) 通知有关单位办理证照转移手续。

当需要办理证照转移手续时,执行法院应当向办理证照手续的单位发出协助执行通知书,收到通知书的单位必须办理。[1]

2. 被执行人再次占有不动产的处理

迁出房屋或退出土地的执行结束后,被执行人可能再次非法占有该房屋或土地。对这一行为,域外的强制执行法一般均赋予申请执行人再次申请执行的权利,以维持执行的效果。执行机关受理申请后,再次实施强制执行。我国《民诉法》对此未专门作出规定,但《适用法意见》第 303 条规定:可采取以下措施:(1) 法院再次采取执行措施,排除妨碍;(2) 对被执行人采取民事强制措施;(3) 给申请执行人造成其他损害的,受害人可另行起诉。

四、行为请求权的执行

(一) 行为请求权的执行概述

行为请求权的执行,是指执行法院依据生效法律文书,强制被执行人为或不为一定行

---

[1] 参见《民诉法》第 251 条。

为,以实现申请执行人的行为请求权。

行为请求权分为积极行为请求权与消极行为请求权两种。前者为申请执行人要求被执行人为特定行为的请求权,如拆除违章建筑,安装消除噪音的设备、刊登赔礼道歉的启示等;后者则是申请执行人要求被执行人不为一定行为的请求权,即容忍申请人为特定行为的请求权,如容忍地役权人在其土地上通行、容忍邻人在其土地上埋管线等。

与对金钱债权、物的交付请求权的执行不同,法院对行为请求权难以采取直接执行的方法,而是通过将行为给付转化为金钱给付等方式,来满足申请执行人的请求。

行为请求权,以该行为是否能够由第三人替代完成,分为可替代行为请求权与不可替代行为请求权两种。这两种请求权的执行方法有所不同。

(二) 可替代行为请求权的执行

可替代行为请求权的执行,是指法律文书所确定的履行行为属于具有替代性的行为。对可替代性行为,被执行人不履行时,可以通过把对行为的执行转化为对金钱的执行来完成。执行机关可以委托第三人来完成特定的行为,然后让被执行人负担完成该行为所支付的费用。被执行人如拒绝负担,执行机关可依照金钱债权执行的程序和方法对其财产强制执行。

(三) 不可替代行为请求权的执行

不可替代行为请求权,是指请求权所涉行为依其性质只能由被执行人本人实施,而不能由第三人替代其完成。这类行为涉及被执行人特定的身份、知识、技能,第三人无法替代其完成或者虽然能够替代完成但却不能达到原来的效果。如请求权内容为要求某著名歌星履行演出合同、某著名画家提供作品的合同时,执行法院就不能委托第三人代为履行。对这类行为,执行机关只能采取间接强制的方法促使被执行人履行。间接强制的方法有:

(1) 罚款、拘留。被执行人不按执行通知的要求履行时,法院对被执行人进行教育,说服其主动履行,经教育仍不履行的,法院按照妨碍执行行为的有关规定对其采取罚款、拘留的强制措施。采取强制措施的目的,是要迫使被执行人实施不可替代的行为,因此,采取强制措施并不免除被执行人的履行义务。

(2) 支付迟延履行金。支付迟延履行金,也是一种间接强制的办法。在被执行人拒不履行生效法律文书指定的义务时,法院还可以责令被执行人向申请执行人给付迟延履行金,迟延履行金的数额由法院根据案件的具体情形决定。被执行人如拒不支付,则按对金钱债权的执行方法强制执行。

不可替代的行为请求权的执行,还包括了对意思表示请求权的执行。对意思表示请求权的执行,是指法律文书所载明的申请执行人的请求行为,系要求被执行人为一定的意思表示。被执行人作出一定的意思表示后,即发生一定的法律效果,申请执行人即可实现其权利。

被执行人的意思表示,也是一种不可替代的积极行为,但对此种行为,采用法律拟制的方法可比间接强制更便捷地实现申请人的权利。所谓法律拟制,是指要求被执行人为一定意思表示的法律文书一旦生效,无需被执行人作任何表示,法律便视为被执行人已作出所要求的意思表示。

第251条关于办理财产权证照转移手续的执行,实际上是意思表示请求权的执行。办理证照转移手续,原本需要被执行人向登记机关提出申请,但被执行人通常不愿意作出这样的意思表示,所以由法院依据生效法律文书,向办理证照的单位发出协助执行通知书,有关单位收到协助执行通知书后,无需被执行人申请就立即按照通知书的要求办理证照转移手续。

阅读法规

《民诉法》第241—255条;《适用意见》第279—303条;《执行规定》第32—69条,第88—96条;《执行解释》第36—39条;《关于限制被执行人高消费的若干规定》。

案例解析

【21-1】 甲公司因乙公司欠其租金20万元,向A市B区法院提起诉讼,法院判决乙公司支付租金和违约金,乙公司不服,上诉至A市中级法院,被中院驳回。判决生效后,乙公司未履行。

(1) 甲公司应当向哪一级法院申请执行?

(2) 如果乙公司确实无财产可供执行,但丙公司欠乙公司15万元的货款且已到清偿期,甲公司可否申请这笔货款?

(3) 如果丙公司向法院提出,由于乙公司交付的部分货物质量不合格,才未将货款付清的,法院可否对丙公司执行?

(4) 在此情形下,法院应当采取何种措施?

分析要点:(1) 甲公司应当向B区法院申请执行,因为发生法律效力的民事判决书、裁定书中的财产部分,由第一审法院或者与第一审法院同级的被执行的财产所在地的法院负责执行。

(2) 可以申请丙公司的这笔货款,这属于对第三人到期债权的执行。

(3) 法院不能再执行。对到期债权的执行以第三人不提出异议为前提条件,丙公司提出因质量问题而未付清货款,实际上是提出了异议。法院对第三人提出的异议,不做实质审查。

(4) 法院应当裁定执行中止。既然被执行人无财产可供执行,也不能执行到期债权,法院只能根据《执行规定》第102条的规定,裁定中止执行。

【21-2】 甲欠了乙、丙、丁等六位债权人的货款,这些债权人对甲提起了诉讼并获得了胜诉的判决,六位债权人总共对甲享有约500万元的债权。判决生效后,各债权人申请法院强制执行。法院在执行中查明,甲已无其他财产可用于执行,但甲有一座商业性质的

大楼位于闹市区,该座楼的市价约 8000 万。

问:法院应当选择何种执行措施?

分析要点:对于六位债权人的金钱债权,法院可采用强制管理的执行措施。即对该大楼进行强制管理,将该楼查封后,指定管理人,然后将大楼的房间出租,用承租人交付给管理人的租金对债权人进行清偿。

【21-3】 甲公司与乙公司达成股权转让协议,乙公司按照合同约定支付了股权转让金,甲公司迟迟不办理股权转让登记,乙公司起诉到法院,法院判决支持了乙公司的诉讼请求。甲公司在判决生效后仍然不办股权转登记,乙公司申请强制执行。

问:法院如何执行?

分析要点:法院可以先将判决转让的那部分股权冻结,责令甲公司与乙公司一起到工商管理部门办理股权转让的登记;如果甲公司仍然不履行,法院也可以向工商管理局发出协助执行通知书,由工商局根据判决书的要求办理股权变更登记。

【21-4】 张某是一名著名歌手,她与某演出公司签订了一份合同,合同约定 2012 年 10 月 2 日到上海演出三天,演出公司为此做了大量的宣传,并预售了部分门票。后因为其他事情张某与演出公司产生了矛盾,张某扬言将不再履行这一合同。演出公司为此将张某告上法院,请求法院判令张某履行合同。法院判决支持了原告的诉讼请求。因张某仍然表示拒绝到上海演出,演出公司向法院申请强制执行。

问:法院如何执行此案?

分析要点:法院可以采用间接执行措施,以罚款、拘留作为威慑手段,促使张某履行生效判决。由于演出公司在上海的演出,是以特定的演员表演的特定的节目为内容的,张某的演唱,不是其他演员所能替代的,所以本案涉及的是对不可替代行为请求权的执行。对这类行为,间接执行措施是恰当的执行措施。

司法考试题

2003 年试卷三第 23 题"被执行人到期债权的执行";
2004 年试卷三第 94—97 题(不定项选择)"被执行人到期债权的执行";
2005 年试卷三第 73 题"执行措施(侵犯他人名誉权案件判决的执行)";
2006 年试卷三第 78 题"被执行人到期债权的执行、执行中止";
2011 年试卷三第 46 题"执行程序中的参与分配制度"。

后 记

经全国高等教育自学考试指导委员会同意,由法学类专业委员会负责高等教育自学考试法律专业教材的审定工作。

律师专业《民事诉讼原理与实务(一)》自学考试教材由南京师范大学法学院李浩教授撰写。

参加本教材审稿并提出修改意见的有北京大学法学院潘剑锋教授、中国政法大学宋朝武教授、中国人民大学法学院邵明教授,在此表示真诚的谢意。

全国高等教育自学考试指导委员会
法学类专业委员会
2012 年 11 月